汽车电气系统及检修

主　编：陈晟闽　钱　燕　王树云
副主编：王　莹　魏　婕

电子工业出版社
Publishing House of Electronics Industry
北京·BEIJING

内 容 简 介

本书以六种汽车电气设备常见故障——汽车无法起动、充电指示灯亮起、线束维修、车载网络系统故障、车窗失效、前照灯失效，引出七个工作任务——蓄电池状态检查与跨接起动、交流发电机检修、起动机检修、汽车电路检修、车载网络系统检修、汽车照明系统检修、辅助电气系统检修，主要内容包括蓄电池、交流发电机、起动机、汽车电路、车载网络、照明与信号系统、汽车辅助电气设备等，系统讲述了现代汽车电气设备的结构、工作原理、使用特性、常见故障排除等。

本书可作为高等职业院校汽车工程相关专业的教材，也可供工程技术人员参考。

未经许可，不得以任何方式复制或抄袭本书之部分或全部内容。
版权所有，侵权必究。

图书在版编目（CIP）数据

汽车电气系统及检修 / 陈晟闽，钱燕，王树云主编. -- 北京 : 电子工业出版社, 2024. 9. -- ISBN 978-7-121-48980-8
Ⅰ. U472.41
中国国家版本馆 CIP 数据核字第 20242WB431 号

责任编辑：吴　琼　　特约编辑：田学清
印　　刷：三河市兴达印务有限公司
装　　订：三河市兴达印务有限公司
出版发行：电子工业出版社
　　　　　北京市海淀区万寿路 173 信箱　　邮编：100036
开　　本：787×1092　1/16　　印张：17　　字数：435.2 千字
版　　次：2024 年 9 月第 1 版
印　　次：2024 年 9 月第 1 次印刷
定　　价：55.00 元

凡所购买电子工业出版社图书有缺损问题，请向购买书店调换。若书店售缺，请与本社发行部联系，联系及邮购电话：(010) 88254888，88258888。
质量投诉请发邮件至 zlts@phei.com.cn，盗版侵权举报请发邮件至 dbqq@phei.com.cn。
本书咨询联系方式：wuqiong@phei.com.cn，（010）88254541。

前　言

本书的编写切合高等职业教育教学的实际情况，以汽车制造与维修行业人才需求为依据，面向汽车制造企业和售后服务企业的相关岗位，以提高学生的职业实践能力和职业素养为宗旨，倡导以学生为本的教育理念，基于真实工作任务组织课程内容，提出问题，循序渐进地引导学习，布置任务驱动学习进程，利用工单指导实践，理论与实践相结合，培养学生独立思考和协同合作的意识，注重学生的专业能力、方法能力和社会能力的培养，使学生能够知行合一，学以致用。同时在工作任务中，通过因势利导的思政教育，传递以人为本、诚信务实的服务观，勇于担当、精益求精的劳动观，积极进取、追求卓越的人生观，自强不息、与时俱进的价值观。

本书根据高职院校汽车工程相关专业的培养目标和教学大纲编写，依托七个客户委托，分别就汽车无法起动、充电指示灯亮起、线束维修、车载网络系统故障、车窗失效、前照灯失效等问题，开展理论学习和实践操作。理论与实践相结合、应知和应会相结合，注重知识体系的实用性，突出操作的实践性，贯穿任务的连续性，体现思想教育的先进性。本书文字简洁，通俗易懂，图文并茂，形象直观，形式生动，培养学生的学习兴趣，提高学生的学习效果。

参加本书编写的人员都是有多年教学经验的老师。无锡职业技术学院汽车与交通学院的陈晟闽、钱燕、王树云老师担任主编，王莹、魏婕老师担任副主编。

在编写本书过程中参考了大量文献资料，在此向这些文献作者表示衷心的感谢。在本书编写的过程中还得到无锡宝诚汽车销售服务有限公司、无锡可达一汽大众销售服务有限公司技术人员的大力支持，在此一并表示感谢。由于编者的精力和水平有限，不足之处在所难免，敬请读者谅解并批评指正，以便本书再版修订时改正。

编　者

目　录

项目一　蓄电池状态检查与跨接起动 …… 1
　任务一　蓄电池基本知识 …………… 2
　　一、蓄电池的作用 ………………… 2
　　二、蓄电池的安装位置 …………… 3
　　三、蓄电池的固定 ………………… 3
　　四、蓄电池的类型 ………………… 4
　　五、蓄电池的型号 ………………… 4
　任务二　蓄电池结构与工作原理 …… 6
　　一、蓄电池的结构 ………………… 6
　　二、蓄电池容量 …………………… 8
　　三、蓄电池的工作原理 ………… 10
　　四、蓄电池的工作特性 ………… 11
　任务三　检查更换蓄电池 …………… 13
　　一、蓄电池检查的注意事项 …… 13
　　二、蓄电池的储存、拆装与
　　　　维护 …………………………… 13
　　三、蓄电池的状况检查 ………… 14
　　四、蓄电池的更换 ……………… 16
　任务四　蓄电池充电和跨接起动 …… 17
　　一、蓄电池的充电 ……………… 17
　　二、蓄电池的3min充电试验 …… 20
　　三、蓄电池的跨接起动 ………… 20

项目二　交流发电机检修 …………… 32
　任务一　交流发电机的结构 ……… 33
　　一、发电机的初步认识 ………… 33
　　二、拆解交流发电机 …………… 36
　　三、交流发电机的构造 ………… 37

　任务二　交流发电机检测 ………… 40
　　一、交流发电机的元件检测 …… 40
　　二、交流发电机的装配 ………… 42
　　三、交流发电机的不解体检测 … 42
　任务三　交流发电机的工作原理 …… 43
　　一、交流发电机的发电原理 …… 43
　　二、交流发电机的整流原理 …… 44
　　三、交流发电机的励磁原理 …… 45
　　四、交流发电机的电压调节 …… 45
　　五、交流发电机的工作特性 …… 49
　任务四　交流发电机试验与就车
　　　　　检测 ……………………… 50
　　一、交流发电机的试验 ………… 50
　　二、交流发电机的使用注意
　　　　事项 …………………………… 50
　　三、交流发电机的就车检测 …… 50
　　四、交流发电机的常见故障
　　　　检修 …………………………… 52

项目三　起动机检修 ………………… 64
　任务一　起动机的结构 …………… 65
　　一、起动机概述 ………………… 65
　　二、起动机的分类 ……………… 66
　　三、起动机的型号 ……………… 69
　　四、起动机的拆解 ……………… 69
　　五、起动机的构造 ……………… 71
　任务二　起动机的元件检测与装配
　　　　　试验 ……………………… 79

一、起动机励磁绕组的检测 …… 79
　　二、电枢的检测 ……………… 79
　　三、电磁开关的检测 ………… 80
　　四、电刷的检测 ……………… 81
　　五、单向离合器的检测 ……… 81
　　六、起动机的装配 …………… 82
　　七、起动机的试验 …………… 82
　任务三　起动机工作过程的分析 …… 83
　　一、起动电路的分析 ………… 83
　　二、微机控制起动电路 ……… 84
　　三、起动系统线路的检测 …… 85
　　四、起动系统的常见故障检修 … 85
　任务四　起动机的就车检测 ………… 86
　　一、起动机的正确使用 ……… 86
　　二、起动电压、起动电流的
　　　　检测 ……………………… 87
　　三、起动电压降的检测 ……… 87

项目四　汽车电路检修 ……………… 99
　任务一　汽车的电路组成 …………… 100
　　一、汽车电气设备的发展
　　　　历程 ……………………… 100
　　二、现代汽车电气设备的现状
　　　　及趋势 …………………… 101
　　三、汽车电路组成部分 ……… 102
　任务二　汽车电路的识读 …………… 112
　　一、汽车电气系统的特点 …… 112
　　二、汽车电路常用符号 ……… 114
　　三、汽车电路图的分类 ……… 119
　　四、汽车电路控制模式 ……… 122
　　五、电路原理图识读方法和
　　　　步骤 ……………………… 124
　任务三　汽车电路的故障检修 ……… 129
　　一、电气故障检修基本知识 … 129
　　二、直流电路基本参数检测 … 129

　　三、线束维修 ………………… 131

项目五　车载网络系统检修 ………… 146
　任务一　车载网络系统概述 ………… 147
　　一、车载网络系统的应用 …… 147
　　二、车载网络的结构 ………… 149
　任务二　CAN 总线系统组成 ……… 151
　　一、CAN 总线特点 ………… 151
　　二、车载网络 CAN 总线系统
　　　　组成 ……………………… 151
　　三、CAN 总线结构组成 …… 153
　任务三　CAN 总线数据传输 ……… 157
　　一、CAN 总线数据传输模式 … 157
　　二、总线上生成的信号 ……… 158
　　三、二进制数和比特 ………… 160
　　四、信号传输速度 …………… 161
　　五、CAN 总线通信 ………… 161
　　六、信息帧 …………………… 163
　　七、数据传输过程 …………… 164
　　八、冲突仲裁 ………………… 167
　任务四　CAN 总线电压波形及数
　　　　　据保真 ……………………… 168
　　一、CAN 总线电压波形 …… 168
　　二、数据保真 ………………… 168
　任务五　CAN 总线的常见故障及
　　　　　检测 ………………………… 171
　　一、网络系统故障检测方式 … 171
　　二、CAN 总线故障类型 …… 172
　任务六　LIN 子总线系统检修 …… 174
　　一、LIN 子总线概述 ………… 174
　　二、LIN 子总线结构 ………… 177
　　三、LIN 子总线信息传输 …… 178
　　四、LIN 子总线故障检测 …… 183

项目六　汽车照明系统检修 ………… 197
　任务一　汽车照明系统概述 ………… 198

- 一、照明系统分类 …………… 198
- 二、照明系统及灯光信号组成 …………… 198
- 三、前照灯的照明要求和布置形式 …………… 200

任务二 前照灯 …………… 200
- 一、前照灯的结构 …………… 200
- 二、前照灯的分类 …………… 205
- 三、实施更换前照灯 …………… 207

任务三 前照灯的检测与调整 …… 207
- 一、前照灯的防眩目措施 …… 207
- 二、前照灯校准规范 …………… 209
- 三、前照灯检测与调整的准备工作 …………… 209
- 四、前照灯检测与调整的步骤 …………… 210

任务四 前照灯电路分析 ………… 211
- 一、前照灯电路 …………… 211
- 二、前照灯控制系统 …………… 213

任务五 信号系统电路分析 ……… 215
- 一、倒车灯 …………… 215
- 二、转向信号灯与危险报警灯 …………… 216
- 三、制动灯 …………… 217

项目七 辅助电气系统检修 …………… 232

任务一 辅助电气系统概述 ……… 233
- 一、舒适系统的作用 …………… 233
- 二、舒适系统的常见组成 …… 233
- 三、辅助电气系统的常见电动机 …………… 236

任务二 中央控制电动门锁系统电路分析 …………… 238
- 一、中央控制电动门锁系统的组成 …………… 238
- 二、中央控制电动门锁系统的工作原理 …………… 239

任务三 电动雨刮器故障分析 …… 241
- 一、传统电动雨刮器及其工作原理 …………… 242
- 二、自动雨刮器 …………… 244
- 三、ECU 控制的电动雨刮器 ·· 245

任务四 电动车窗及电动后视镜检修 …………… 246
- 一、电动车窗的组成 …………… 246
- 二、电动车窗的工作原理 …… 247
- 三、电动后视镜 …………… 250

项目一
蓄电池状态检查与跨接起动

▎任务情境描述▎

某 4S 店服务顾问接到客户电话,客户反映早上起动车辆,打开点火开关后,车辆无法起动。要求服务顾问能向客户解释清楚原因,并实施汽车跨接起动救援或更换蓄电池。

▎所属课程▎

学习领域	汽车电气系统及检修
学习情境	蓄电池状态检查与跨接起动
客户委托	汽车无法起动

▎学习目标▎

行动目标 (培训目标)	汽车跨接起动救援或更换蓄电池
学习内容	蓄电池的作用、基本结构 蓄电池种类与型号 蓄电池标识的含义 蓄电池工作原理 蓄电池状况的检查 蓄电池充电操作 蓄电池使用注意事项 跨接起动操作
学习成果	画出蓄电池的组成(功能单元)一览 描述蓄电池各元件的作用和功能 画出蓄电池工作原理图 制订工作计划,检测蓄电池并评估其工作状态 制订工作计划,按照规范进行汽车的跨接起动

续表

能力与素质目标	专业能力： 行有规，执事敬 了解蓄电池的结构、种类和工作原理 了解蓄电池的充电方法 熟悉蓄电池的检测方法 了解蓄电池的使用注意事项 熟练进行蓄电池的跨接起动 能制订工作计划，能初步排查发动机的无法起动故障	社会能力： 尚和合，重民本，守诚信 善解人意 诚实守信 友好沟通 团队合作	个人能力： 志于学，学有思 有责任心 追求成功 有自我反省的意识 努力学习

任务一 蓄电池基本知识

蓄电池（Battery）俗称电瓶，是一种可逆的直流电源，有放电和充电两种工作状态。在放电状态下，蓄电池将化学能转变为电能；在充电状态下，蓄电池将电能转变为化学能。传统内燃机汽车上的蓄电池必须能满足发动机起动需要，即在5～10s内要供给汽车起动机足够大的电流。一般，汽油机的起动电流为200～600A，有的柴油机的起动电流达1000A。所以，对汽车用蓄电池的基本要求是容量大、内阻小，以保证蓄电池具有足够的起动能力。

一、蓄电池的作用

在汽车上，蓄电池与发电机并联向用电设备供电，蓄电池与汽车电气设备并联电路如图1-1所示。当发动机工作时，用电设备所需电能主要由发电机供给，与此同时，蓄电池将发电机多余的电能转变为化学能储存起来，即蓄电池处于充电状态。

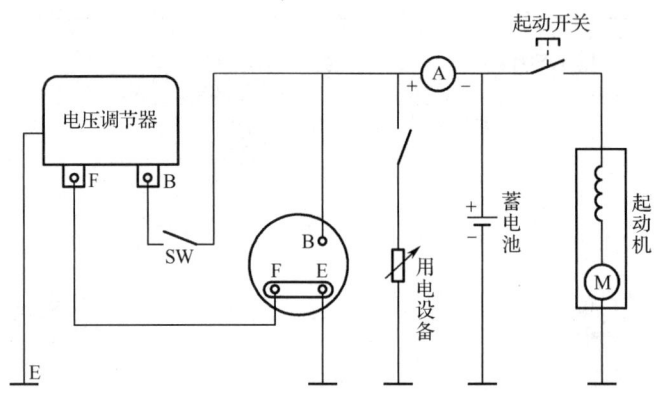

图1-1 蓄电池与汽车电气设备并联电路

蓄电池的主要作用如下。

（1）起动发动机时，蓄电池向起动机提供强大的起动电流，同时给点火系统、电控燃油喷射系统、仪表系统等电气系统供电。

（2）当发电机电压较低或不发电时，由蓄电池为用电设备供电。

（3）当发电机端电压高于蓄电池电动势时，蓄电池将一部分电能转化为化学能储存起来。

（4）当发电机过载时，蓄电池协助发电机供电。

（5）蓄电池可以吸收电路中的瞬时过电压，保护车用电子元件。

二、蓄电池的安装位置

蓄电池的安装位置既要便于制造过程中的装配，也要便于维修技师进行定期保养与维护。既要易于安装蓄电池，也要注意保温、隔热、防尘、防潮、防振，防止接触机油、燃油和溶剂。

蓄电池在汽车上的安装位置根据汽车的车型和结构而定。大多数轿车的蓄电池装在发动机舱内，如图 1-2 所示，也有装在行李箱内，甚至装在前排乘客座椅下方，如图 1-3 所示。原则上蓄电池离起动机越近越好，但也不能直接靠近发动机体或排气管，不然就会使蓄电池发热，加速蓄电池不良的化学过程，如果蓄电池温度长时间超过 50℃，会出现自放电现象，从而影响其使用寿命。

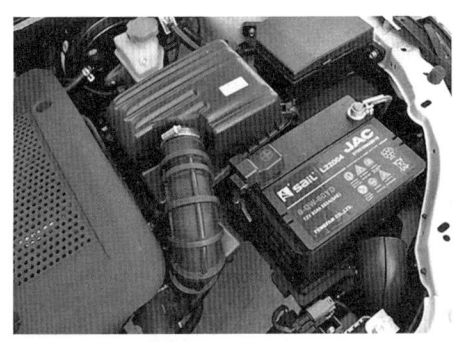
图 1-2　蓄电池在发动机舱内

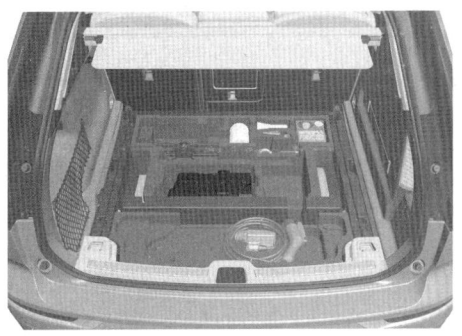
图 1-3　蓄电池在行李箱内的备胎下面

货车蓄电池的安装位置以空载时质量平衡为原则，一般装在车架前部的左侧或右侧；客车蓄电池多装在车厢内。

三、蓄电池的固定

为了防止在汽车运行过程中由于剧烈振动造成蓄电池的机械损伤，或在极端行驶状况下，车辆发生轻微碰撞而使蓄电池发生移位，蓄电池一定要固定牢靠，可采用夹紧框、带夹紧螺钉的把手或底座固定，如图 1-4 所示。

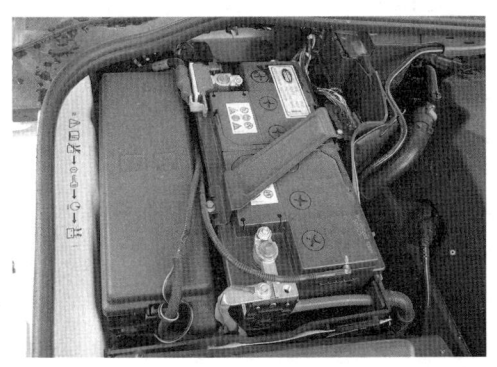
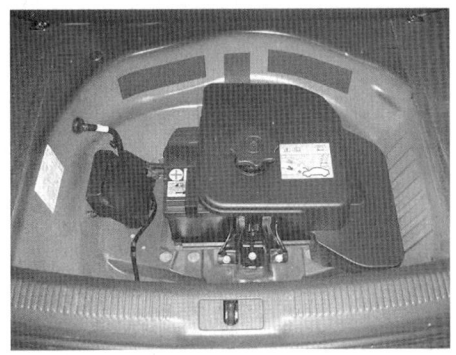
图 1-4　蓄电池的固定方式

※请观察实车，描述蓄电池的安装位置和固定方式。

四、蓄电池的类型

汽车用的蓄电池有铅酸蓄电池和碱性蓄电池两大类。起动型铅酸蓄电池的突出特点是内阻小、起动性能好、电压稳定,此外还有成本低、原料丰富等优点,所以在汽车上得到广泛应用。

汽车用铅酸蓄电池又分为普通铅酸蓄电池、干荷电铅酸蓄电池、湿荷电铅酸蓄电池、免维护铅酸蓄电池等,如表1-1所示。

表1-1 铅酸蓄电池的类型及特点

类型	特点
普通铅酸蓄电池	新铅酸蓄电池的极板不带电,使用前需按规定加注电解液并进行初充电,初充电的时间较长,使用中需要定期维护
干荷电铅酸蓄电池	新铅酸蓄电池的极板处于干燥的已充电状态,电池内部无电解液。在规定的保存期内,若要使用,只需按规定加入电解液,静置20~30min即可,使用中需要定期维护
湿荷电铅酸蓄电池	新铅酸蓄电池的极板处于已充电状态,蓄电池内部带有少量的电解液。在规定的保存期内,若要使用,只需按规定加入电解液,静置20~30min即可,使用中需要定期维护
免维护铅酸蓄电池	使用中无须维护,可用3~4年不需要补加蒸馏水,接线柱腐蚀极少,自放电少

五、蓄电池的型号

汽车用铅酸蓄电池的型号都是按照一定的标准来命名的,在国内市场上使用的蓄电池型号主要是按照国家标准、德国标准、美国标准和日本标准等命名的。

1. 国产蓄电池的型号

以我国机械行业标准JB/T2599—2012《铅酸蓄电池名称、型号编制与命名办法》为例,铅酸蓄电池型号由三部分组成,如图1-5所示。

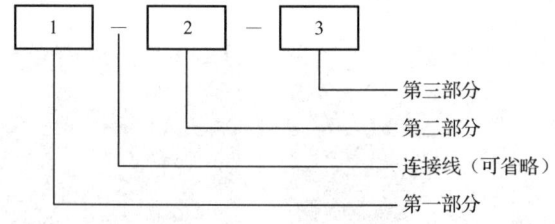

图1-5 蓄电池型号

(1)第一部分为串联的单体蓄电池数,用一位阿拉伯数字表示,蓄电池标准电压是这个数字的2倍。

(2)第二部分为蓄电池用途、电池特征代号。

① 根据其主要用途划分电池类型,用一个汉语拼音大写字母表示,起动型铅酸蓄电池用"Q"表示,符号"Q"是"起"的汉语拼音大写首字母。

② 电池特征为附加部分,用一个汉语拼音大写字母表示,如表1-2所示,仅在同类用途

的产品中有某种特征，而在型号中又必须加以区分时采用。当产品同时具有两种特征时，应按表中的顺序将两个符号并列表示。

表1-2 电池特征

序号	1	2	3	4	5	6	7
电池特征	干荷电	湿荷电	免维护	少维护	激活式	密闭式	胶体式
符号	A	H	W	S	I	M	J

（3）第三部分为标准规定的额定容量，额定容量是指 20h 放电率额定容量，用阿拉伯数字表示，单位为 A·h（安培小时），在蓄电池型号中省略不写。有时在额定容量后面用一个字母表示特殊性能，如"G"表示高起动率，"S"表示塑料外壳，"D"表示低温起动性好。

※分别说出 6-Q-105、6-QAW-40S 的含义。

_____
_____
_____
_____

2. 德国蓄电池的型号

按德国 DIN 标准生产的铅酸蓄电池，其型号由 5 个数字组成，分为前、后两部分，中间用空格隔开。前三个数字表示铅酸蓄电池的额定电压和额定容量，后两个数字表示铅酸蓄电池的特殊性能。

DIN 标准规定：首位数字为"0"表示铅酸蓄电池由 3 个单体组成，首位数字为"5"表示铅酸蓄电池由 6 个单体组成；第二位、第三位数字表示铅酸蓄电池额定容量的十位数和个位数，但是当额定容量超过 100A·h 后，每增加 100A·h，首位数字要加"1"。例如："098 11"表示铅酸蓄电池的额定电压为 6V，额定容量为 98A·h；"135 12"表示蓄电池的额定电压为 6V，额定容量为 135A·h。再如旧款桑塔纳轿车配用的铅酸蓄电池的型号为"554 15"，表示其额定电压为 12V，额定容量为 54A·h。

空格后的两位数字表示蓄电池的技术性能和结构特征。

3. 美国、日本蓄电池的型号

按美国 BCI 标准生产的铅酸蓄电池，其型号由两组数字组成，中间用短横线相连。第一组数字表示铅酸蓄电池的组号，即铅酸蓄电池的外形尺寸；第二组数字表示铅酸蓄电池的低温起动电流。

北京切诺基汽车的铅酸蓄电池型号为"58-475"或"58-500"，其外形尺寸一致，-17.8℃时的起动电流分别为 475A 和 500A。

按日本标准生产的铅酸蓄电池，其型号由两部分组成，如 6N2-2A、12N2A-4A、12N7-3B。

第一部分表示蓄电池的型式。开头的数字"6"或"12"表示蓄电池的额定电压；"N"表示日本；后面的数字表示 10h 的电池额定容量；数字之后的字母表示同一电池容量下的电槽的种类。

第二部分表示端子及排气口的位置。数字表示端子的位置，字母表示排气口的位置。日系车较多使用的是可以添加电解液的铅酸蓄电池。

※请观察实车，记录所用铅酸蓄电池的型号与标识，并说明其含义。

_____
_____
_____

任务二　蓄电池结构与工作原理

一、蓄电池的结构

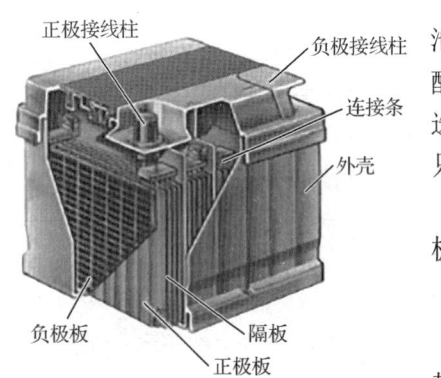

图1-6　铅酸蓄电池的结构

现代汽车用的普通铅酸蓄电池由3只或6只单格电池串联而成，每只单格电池的电压约为2V，串联后铅酸蓄电池电压为6V或12V。目前国内外汽油机汽车均选用12V铅酸蓄电池，货车的电源电压为24V，即用两只12V的铅酸蓄电池串联供电。

铅酸蓄电池的结构如图1-6所示，主要由极板、隔板、电解液、外壳、接线柱、连接条等组成。

1. 极板

极板是铅酸蓄电池的核心构件，由栅架和涂覆在栅架上的活性物质组成，如图1-7所示。其作用是接受充入的电能和向外释放电能。

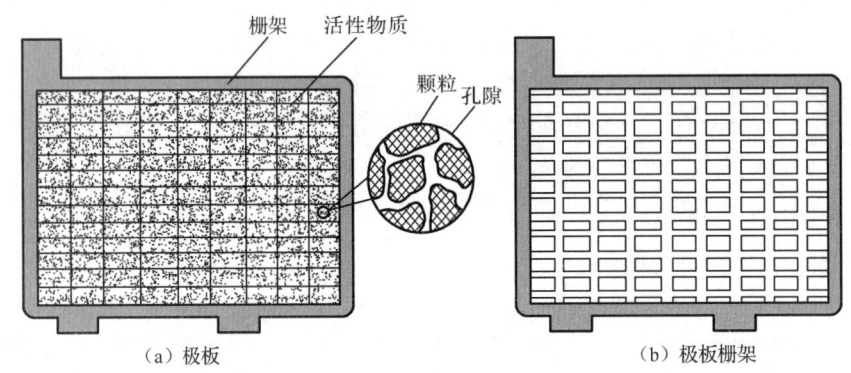

图1-7　极板

极板分为正极板和负极板两种。铅酸蓄电池在充、放电过程中，极板上活性物质和电解液中的硫酸（H_2SO_4）通过电化学反应实现电能和化学能的相互转换。正极板上的活性物质是二氧化铅（PbO_2），呈棕褐色；负极板上的活性物质是海绵状纯铅（Pb），呈青灰色。正、负极板上的活性物质分别填充在栅架上。栅架一般由铅锑合金制成，有良好的导电性和耐腐蚀性，有一定的机械强度。为了降低铅酸蓄电池的内阻，提高起动电流，改善铅酸蓄电池的起动性能，很多铅酸蓄电池采用了放射形的栅架。

极板的数量和正、负极板的表面积决定了单格电池的容量。为了增大铅酸蓄电池容量，一般将多片正极板（4～13片）和多片负极板（5～14片）分别并联，组成正极板组和负极板组。正、负极板组置于存有电解液的容器中构成单格电池。单格电池的标称电压为2V，12V的铅酸蓄电池由6个单格电池串联而成。正极板上的活性物质较疏松，机械强度低，每两片负极板夹一片正极板，这样正、负极板互相嵌合，可使其两侧放电均匀，在工作时不易因活性物质膨胀而翘曲，活性物质不容易脱落。所以在每个单格电池中，负极板的数量总是比正极板多一片，最外面两片极板都是负极板。

2. 隔板

为了减少铅酸蓄电池内阻和尺寸，铅酸蓄电池的正、负极板彼此靠得很近。但为了防止相邻正负极板因彼此接触而短路，正、负极板之间要用隔板隔开。隔板应具有较好的绝缘性，材料具有多孔结构，以便电解液自由渗透，而且化学性能应稳定，具有良好的耐酸性和抗氧化性以适应其工作条件。因此多采用木材、微孔塑料、橡胶、纸及玻璃纤维等耐酸材料制成。

3. 电解液

电解液是用纯硫酸和蒸馏水按一定比例配制而成的，极板上的活性物质与其反应，完成充、放电过程。电解液密度对铅酸蓄电池的性能和寿命影响很大。电解液的密度大，可以提高铅酸蓄电池容量及降低电解液的冰点。但密度过大，黏度上升会使其流动性变差，反而会降低铅酸蓄电池容量，且腐蚀作用会增强，加快了隔板和极板的损坏，缩短铅酸蓄电池的使用寿命。在不同地区和气候条件下，电解液密度是有差异的，如表1-3所示。

表1-3 不同地区和气候条件下的电解液密度

气候条件	铅酸蓄电池完全充足电时电解液的密度（电解液温度为25℃）/ (g/cm^3)	
	冬 季	夏 季
冬季气温低于-40℃的地区	1.30	1.26
冬季气温在-40～-30℃的地区	1.28	1.25
冬季气温在-30～-20℃的地区	1.27	1.24
冬季气温在-20～0℃的地区	1.26	1.23
冬季气温在0℃以上的地区	1.24	1.23

4. 外壳

外壳用来盛装电解液和极板组，使铅酸蓄电池构成一个整体。外壳材料有硬橡胶和塑料两种。

5. 接线柱

接线柱也称为极桩、柱。为保证铅酸蓄电池接线柱与端子固定可靠且具有良好的接触性能，接线柱多为锥体，正极接线柱连接起动机的线缆，负极接线柱连接车身或车架的搭铁线。为防止正、负极混淆，正极接线柱直径大于负极接线柱；正极接线柱旁标有"+"或"P"记号；负极接线柱旁标有"-"或"N"记号。铅酸蓄电池处的端子有两种形式，螺丝拧紧型和焊接型，多数蓄电池采用前者，且有拧紧扭矩要求，这样在剧烈振动或发生碰撞事故时导线接头不容易松动。

6. 连接条

连接条的作用是将各个单格电池串联起来，形成整个铅酸蓄电池的端电压，一般由铅锑合金制造而成。为减小铅酸蓄电池的内阻和质量，现代铅酸蓄电池采用单格电池直接连接连接条。各个单格电池的极板连接条通过单格电池隔离壁以最短距离相互连接，这样可减少由于外部影响造成短路的危险。

※铅酸蓄电池由哪些构件组成？请用思维导图描述铅酸蓄电池的主要组成及其作用。

_____
_____
_____
_____

二、蓄电池容量

1. 定义

蓄电池容量是指蓄电池在完全充足电的情况下，在允许放电的范围内对外输出的电量，单位为安培小时（A·h）。

2. 类型

为了准确地表示出蓄电池的准确容量，要规定蓄电池的放电条件。在一定放电条件下，蓄电池容量分为额定容量和起动容量。

1）额定容量

额定容量是指完全充足电的蓄电池在电解液平均温度为25℃的情况下，按规定的放电电流 I_{20}（也叫作20h放电率）连续放电20h至单格电池电压降至1.75V（蓄电池电压为10.5V）时所输出的电量。

例如，一只起动型蓄电池，在电解液平均温度为25℃的情况下，以 $I_{20}=4.5A$ 的放电电流连续放电20h后，单格电池电压降至1.75V，则它的额定容量为 $Q_{20}=4.5\times20=90A\cdot h$。

额定容量可表示蓄电池所贮存能量的多少，与蓄电池中的活性物质数量和电解液密度有关。

2）起动容量

（1）常温起动容量：在电解液温度为25℃的情况下，以5min放电率连续放电至规定的终止电压时所输出的电量（此时，6V蓄电池的终止电压为4.5V，12V蓄电池的终止电压为9V）。

（2）低温起动容量：在电解液温度为-18℃的情况下，以3倍额定容量的电流连续放电至规定的终止电压时所输出的电量（此时，6V蓄电池的终止电压为3V，12V蓄电池的终止电压为6V）。

对于起动型蓄电池而言，其低温起动容量远比常温起动容量高。影响低温放电能力的主要因素是极板数、极板面积、极板距离和隔板材料。

3. 影响因素

蓄电池容量与活性物质的数量、极板的厚度、活性物质的孔率、极板的结构、极板的生产工艺、放电电流、电解液温度、电解液密度等因素有关。

1）放电电流对蓄电池容量的影响

放电电流越大，蓄电池容量越低，如图1-8所示。

放电电流过大，则单位时间内参加反应的活性物质及硫酸增多，由于极板孔隙内的硫酸消耗过快，极板外部的硫酸来不及渗入极板内部，使得极板孔隙内的电解液密度下降过快，导致蓄电池的端电压下降过快，从而提前到达终止电压。

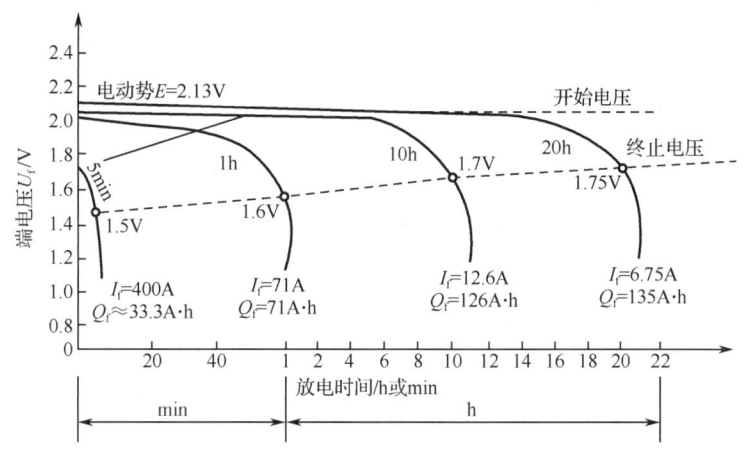

图1-8　放电电流对蓄电池容量的影响

由于硫酸来不及渗入极板的内部，反应在极板的表面进行，生成的硫酸铅（PbSO$_4$）也附着在极板的表面，阻碍硫酸渗入极板内部，则极板内部的活性物质得不到充分利用，使蓄电池容量减小。一言以蔽之，放电电流大时，电化学反应只发生在极板表面；放电电流小时，电化学反应能缓慢地进入极板微孔深处，蓄电池容量变大。

蓄电池使用注意事项：使用起动机起动发动机时，蓄电池会大电流放电，端电压会急剧下降，输出容量会减小且容易损坏。因此，起动时应注意，一次起动时间不应超过 5s，连续两次起动应间隔 15s。

2）电解液的温度

当电解液温度较低时，其黏度会增大，渗透能力下降，电化学反应缓慢，致使蓄电池容量减小；而且当电解液温度较低时，电解液的溶解度和电离度也会降低，同样加剧了蓄电池容量的下降。电解液温度对蓄电池容量的影响如图 1-9 所示。

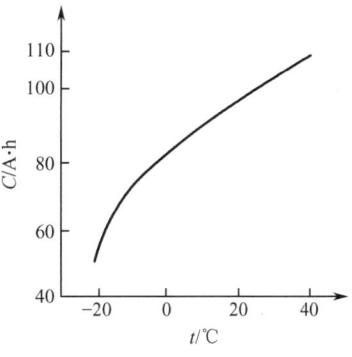

图1-9　电解液温度对蓄电池容量的影响

蓄电池使用注意事项：寒冷地区要注意给蓄电池保温。

3）电解液的密度

适当增加电解液的密度，减小电解液的内阻，其渗透能力有所提高，有利于增加蓄电池容量。但电解液密度过高，由于电解液的黏度增加，其内阻也会增加，渗透能力反而有所降低，使蓄电池容量降低。

因此，当电解液的密度偏低时，蓄电池容量、放电电流增加。所以，冬季在电解液不结冰的前提下，尽量采用低密度的电解液。

4）电解液的纯度

电解液中的一些杂质会腐蚀极板的栅架，杂质沉附于极板上还会形成局部回路产生自放电，导致蓄电池输出容量降低。

5）结构因素

蓄电池极板的表面积越大，极板片数越多，参加反应的活性物质就越多，容量就越大。另外，极板越薄，活性物质的多孔性越好，则电解液向极板内部的渗透就越容易，活性物质的利用率就越高，输出容量也就越大。

※请描述蓄电池为什么要进行保温、隔热的防护。

___
___
___
___

三、蓄电池的工作原理

1. 蓄电池电动势的建立

极板浸入电解液后，由于少量的活性物质溶于电解液，会产生电极电位，正、负极板的电极电位不同，正极为2.0V，负极为-0.1V，故两者之间的电势差为2.0V-(-0.1V)=2.1V，该值为单格电池的电动势，6个单格电池串联就形成了蓄电池的电动势，如图1-10（a）所示。

2. 蓄电池的放电过程

当蓄电池的正、负极板浸入电解液时，在正、负极板间就会产生2.1V的静止电动势。此时若接入负载，在电动势的作用下，电流就会从蓄电池正极经外电路流向蓄电池负极，这一过程称为放电，是化学能转变为电能的过程，如图1-10（b）所示。如果将蓄电池与外电路的负载接通，如点亮汽车前照灯，蓄电池与前照灯就组成了完整的电路。

放电时，正极板上的二氧化铅和负极板上的铅都与电解液中的硫酸发生反应，生成硫酸铅，沉附在正、负极板上。此时电解液中的硫酸不断减少，电解液密度也随之下降。

3. 蓄电池的充电过程

充电时，蓄电池的正、负极分别与直流电源的正、负极相连，当电源电压高于蓄电池的电动势时，在电场力的作用下，电流由蓄电池的正极流入，从蓄电池的负极流出，这一过程为充电，是电能转化为化学能的过程，如图1-10（c）所示。

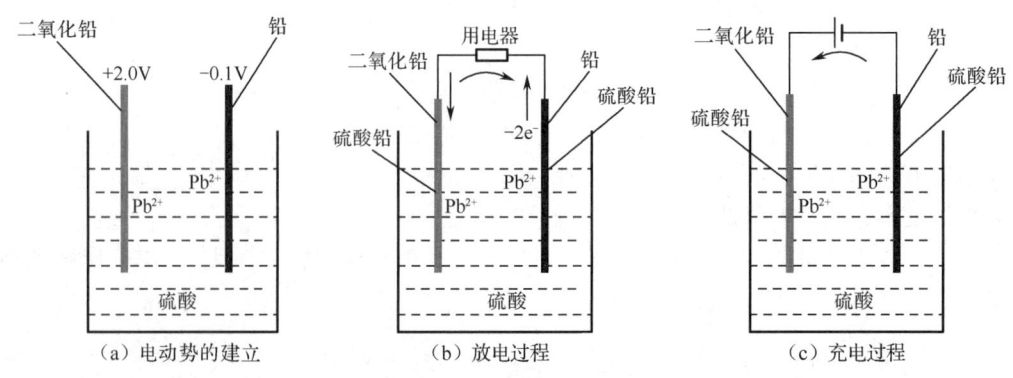

图1-10 蓄电池的工作原理

充电时，蓄电池正、负极板上的硫酸铅被还原成二氧化铅和铅，电解液中的硫酸不断增多，电解液密度上升。

蓄电池在充、放电过程中的化学反应是可逆的，其化学反应方程式可简化为

$$PbO_2 + Pb + 2H_2SO_4 \underset{充电}{\overset{放电}{\rightleftharpoons}} 2PbSO_4 + 2H_2O$$

蓄电池处于过充电状态时，会引起水的电解。其反应式为

$$2H_2O \overset{通电}{=\!=\!=} O_2\uparrow + 2H_2\uparrow$$

※请分别写出蓄电池充、放电的化学反应方程式，并说出充、放电完成后，正、负极板上的活性物质分别是什么。

_____

_____

_____

_____

四、蓄电池的工作特性

蓄电池的工作特性包括蓄电池的内阻、单格电池电压、充电电压、放电特性和充电特性。

1. 内阻

蓄电池的内阻反映了它的负载能力，是蓄电池起动性能的特征参数。在条件相同时，蓄电池的内阻越小，输出电流越大，负载能力越强。蓄电池的内阻主要由极板电阻、隔板电阻、电解液电阻和连接条电阻组成。

2. 单格电池电压

单格电池电压是浸入电解液的正、负极板之间的电压差，它随电解液温度和密度变化而变化。单格电池的额定电压为2V。整个蓄电池的额定电压为单格电池额定电压与串联的单格电池数的乘积，如24V汽车蓄电池的电压，可由两个12V的蓄电池串联得到。

3. 充电电压

充电电压又叫起泡电压，即高于此电压时，蓄电池中的水会因电解产生氢气和氧气，从而看到明显的气泡，并因此产生水的损耗。不同蓄电池的充电电压有所不同，12V的蓄电池一般应限制在14.1～14.7V，免维护蓄电池一般应限制在13.8～14.1V。

4. 放电特性

蓄电池的放电特性是指在蓄电池恒流放电过程中，单格电池的端电压U_f和电解液密度ρ_{25}随时间t_f的变化规律。

将一只完全充电的蓄电池以20h放电率的电流进行恒流放电，在放电过程中，每隔一定时间，测量其单格电池的端电压U_f和电解液密度ρ_{25}，便可得到其放电特性曲线，如图1-11所示。

开始放电时，由于极板孔隙内硫酸迅速消耗，电解液密度迅速下降，浓差极化增大，端电压由2.4V迅速下降至2.1V；当极板孔隙外向孔隙内扩散的硫酸与孔隙内消耗的硫酸达到动态平衡时，孔隙内、外电解液密度一起缓慢下降，所以端电压缓慢下降至1.85V；随着放电的继续，当放电接近结束时，电化学极化、浓差极化、欧姆极化显著增大，端电压由1.85V迅速下降至1.75V，此时应停止放电。如果此时继续放电（过度放电），会在孔隙中生成粗结晶的硫酸铅，导致极板损坏，蓄电池容量下降，故应尽量避免过度放电。当停止放电后，因

极板孔隙中的电解液和壳体内的电解液相互渗透趋于平衡,而使端电压有所回升。

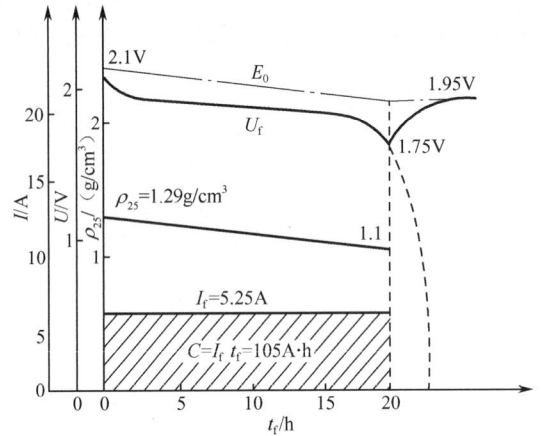

图 1-11 蓄电池的放电特性曲线

蓄电池放电结束的特征如下。

(1) 单格电池电压下降至放电终止电压,以 20h 放电率放电时,单格电池电压降至 1.75V。

(2) 电解液的相对密度下降至最小许可值,大约为 $1.11g/cm^3$。

5. 充电特性

蓄电池的充电特性是指在蓄电池的恒流充电过程中,单格电池的端电压 U_c 和电解液密度 ρ_{25} 随时间 t_c 而变化的规律。

以一定的充电电流 I_c 给一只完全放完电的蓄电池充电,在充电过程中,每隔一定时间,测量其单格电池的端电压 U_c 和电解液密度 ρ_{25},便可得到其充电特性曲线,如图 1-12 所示。

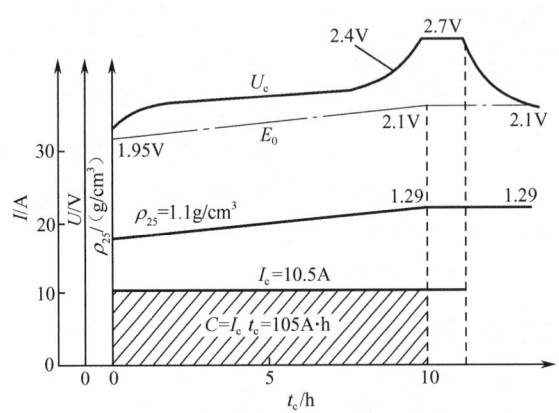

图 1-12 蓄电池的充电特性曲线

从蓄电池的充电特性曲线可以看出:充电时,电解液密度 ρ_{25} 按直线规律上升。这是因为恒流充电时,电流一定,故化学反应速度一定,单位时间内生成的硫酸量一定。

开始充电时,极板孔隙内迅速生成硫酸,浓差极化增大,端电压迅速上升;随着充电的进行,孔隙内生成的硫酸向孔隙外扩散,当硫酸生成的速度与扩散速度达到平衡时,端电压随电解液密度变化而缓慢上升至 2.4V;充电末期,端电压迅速上升到 2.7V 左右,且维持 2~3h 不变,电解液呈"沸腾"状态。

蓄电池状态检查与跨接起动 **项目一**

当充电接近结束时，硫酸铅已基本还原成二氧化铅和铅。这时，过剩的充电电流将开始电解水，使正极板附近产生氧气从电解液中逸出，负极板附近产生氢气从电解液中逸出，电解液液面高度降低。因此，铅蓄电池在使用过程中需要定期补充蒸馏水。

蓄电池充电结束的特征如下。

（1）蓄电池产生大量气泡，即"沸腾"。

（2）端电压和电解液密度均上升至最大值，且2～3h内不再变化。

※请说明蓄电池的充电电压不能过高的原因。

_____
_____
_____
_____

任务三 检查更换蓄电池

一、蓄电池检查的注意事项

只有正确使用与维护蓄电池，才能保证蓄电池经常处于完好的工作状态并延长其使用寿命。在检查时，应做好如下工作。

（1）定期检查蓄电池安装是否牢固，线夹与接线柱的连接是否牢固，及时清除线夹和接线柱上的氧化物，并在其表面涂上凡士林或黄油防止氧化。

（2）经常检查蓄电池表面是否清洁，应及时清除灰尘、油污、电解液等脏物。加液孔盖的通气小孔应畅通。

（3）检查蓄电池的放电程度。如果冬季其放电程度超过25%，夏季其放电程度超过50%时，就应立即对蓄电池进行补充充电。

（4）停放时间较长的车辆，或是经常处于停停走走的车辆（如公交车），需定期对蓄电池进行补充充电，以保证蓄电池始终保持充足电的状态，避免极板硫化。定期补充充电一般为每月一次，城市公共汽车周期可短些，长途运输车辆周期可长些。

（5）连接蓄电池时，细心查明极性，不要接错，先接正极，后接负极。

（6）拆卸蓄电池时，始终要先拆负极（搭铁）电缆。

（7）千万不要把工具放在蓄电池上。它们可能会同时触及两个接线柱，使蓄电池短路，从而引起事故。

二、蓄电池的储存、拆装与维护

1. 蓄电池的储存

保管蓄电池时应注意以下几点。

（1）存放室温为5～30℃，保持储存环境干燥、清洁、通风。

（2）避免阳光直射，离热源的距离不小于2m。

（3）避免与任何液体和有害气体接触。

（4）不得倒置或卧放，不得叠放，不得承受重压。

13

（5）新蓄电池的存放时间不得超过 2 年。
（6）蓄电池不能直接放在地上。

干荷电蓄电池在规定存放期（一般为 2 年）内启用时，可直接加入规定密度的电解液，静置 20～30min 后，校准液面高度即可使用。若超期存放或保管不当损失部分容量，应在加注电解液后经补充充电后方可使用。

2．蓄电池的拆装

1）拆卸

在拆卸蓄电池前，发动机必须停止运转，切断所有用电设备，先拆下蓄电池负极电缆，再拆下正极电缆（目的是防止金属工具搭铁，造成蓄电池短路）。注意取出蓄电池的时候不要太倾斜，以免电解液从放气口流出。拆装、移动蓄电池时，应轻搬轻放，严禁在地上拖拽蓄电池。

2）安装

蓄电池型号应与车型相符，蓄电池搭铁极性必须与发电机一致，电解液密度和高度应符合规定。用紧固件将蓄电池固定在托架上，垫好防振垫。接线端子和接触表面要清洁，与接线柱接触良好，注意正、负极的位置，接线时要先接正极后接负极，按照规定扭矩拧紧接线端子。

蓄电池安装后，为防止电极氧化、腐蚀，正、负极可涂抹无酸脂。对于有电源管理系统的汽车，在更换安装好蓄电池后，还应进行蓄电池的初始设置。

3．蓄电池的维护

（1）保持蓄电池外表面的清洁干燥，及时清除接线柱和电缆卡子上的氧化物，并确保蓄电池接线柱上的电缆连接牢固。

（2）保持加液孔盖上的通气孔畅通，定期对其进行疏通。

（3）定期检查并调整电解液液面高度，液面高度不足时，应补加蒸馏水。

（4）对于停车、起动频繁的车辆（如公交车），蓄电池频繁放电，应定期检查蓄电池的放电程度，当冬季其放电程度超过 25%，夏季其放电程度超过 50% 时，应及时进行补充充电。

（5）根据季节和地区的变化及时调整电解液的密度。冬季可加入适量的密度为 $1.40g/cm^3$ 的电解液，以调高电解液的密度（一般以比夏季高 $0.02～0.04g/cm^3$ 为宜）。

（6）冬季向蓄电池内补加蒸馏水时，必须在蓄电池充电前进行，以免因水和电解液混合不均而引起电解液结冰。

（7）冬季蓄电池应经常保持在充足电的状态，以防电解液因密度过低而结冰，引起蓄电池外壳破裂、极板弯曲、活性物质脱落等故障。

三、蓄电池的状况检查

蓄电池的状况检查包括外部检查、蓄电池端电压的检查、电解液密度的测量及蓄电池放电程度的检查等。

1．外部检查

（1）检查蓄电池封胶有无开裂和损坏，接线柱有无破损，壳体有无破损，若有应及时修理或更换。

（2）检查蓄电池的安装是否牢固，接线柱是否松动，接线是否紧固。

（3）清除蓄电池上的灰尘、泥土，清除接线柱和线头上的氧化物，并涂上润滑脂。

2．蓄电池端电压的检查

在标定温度下测出的蓄电池电压就是蓄电池的端电压。充足电的蓄电池端电压大约为12.6V。在实际应用中，实测值可能略有不同。在汽车起动过程中，蓄电池端电压会降至10V或更低，这主要取决于负载的大小和温度的高低。发动机正常运行后，充电电压通常为13.5～15V，若充电电压不在此范围内，说明充电系统有故障。

1）用高率放电计测量蓄电池端电压

单格电池高率放电计由一个电压表和一个定值负载电阻组成，如图1-13所示。测量时，应将两叉尖紧压在单格电池的正、负极接线柱上（模拟起动大电流放电），时间为5s左右，观察蓄电池所能保持的端电压。

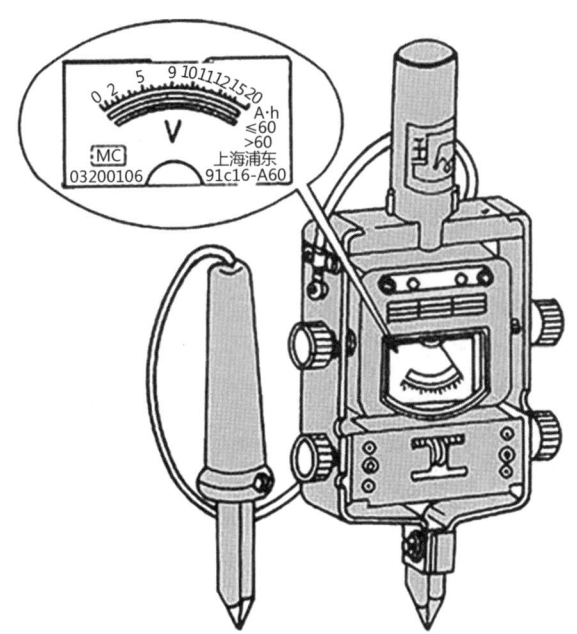

图1-13 高率放电计

技术条件良好的蓄电池，其空载电压在11～13V为正常，并在5s内保持稳定。若5s内下降到11V，说明存电足；若下降到9.6V，说明放电额定容量的25%，蓄电池需要充电；若下降到9V，说明放电额定容量的50%，蓄电池需要立即充电；若5s内电压迅速下降到红色区域，表明该蓄电池有故障，应进行修理或更换。

2）用万用表测量蓄电池端电压

如果蓄电池刚充过电或车辆刚行驶过，应接通远光灯30s，消除"表面充电"现象，然后熄灭远光灯，切断所有负载。

用数字式万用表测量蓄电池开路电动势，若标称电压为12V的蓄电池，其电动势小于12V，说明蓄电池过量放电；若在12.2～12.5V，说明部分放电；若高于12.5V，说明蓄电池存电足。

3. 电解液密度的测量及蓄电池放电程度的检查

电解液密度与放电程度有一定的关系，电解液相对密度每下降 $0.01g/cm^3$，相当于蓄电池放电 6%。由此，根据电解液密度可以确定蓄电池的放电程度。

对于密封的免维护蓄电池，在封盖中装有专用的具有温度补偿的比重计（也称为蓄电池电量指示器，俗称电眼或魔眼），可通过目测判定蓄电池的充电状态。其内部装有一颗能反光的绿色塑料小球（叫作浮子），其升降的高度变化反映了蓄电池的放电程度。其工作原理是，电解液密度下降，浮子在电解液中受到的浮力下降，其位置下降；电解液密度上升，浮子在电解液中受到的浮力上升，其位置上升。

为了正确读取数据，观测电眼前，先清洁蓄电池顶部，光线较暗时，应用手电筒照明，垂直观察电眼。有的蓄电池在顶部设有电眼，通过颜色反映蓄电池的充电状态，一般来说，绿色表示"充电量大于 75%"；黑色表示"充电量在 50%～75%"；红色表示"充电量小于 50%"；黄色表示"充电量很低"。

注意：不同品牌的蓄电池电眼的颜色标注可能会不同。

四、蓄电池的更换

1. 技术要求与注意事项

（1）当蓄电池技术状况不能满足发动机起动条件时，应及时更换蓄电池。

（2）更换蓄电池前应查阅车辆维修手册，应严格按照维修手册的要求进行更换。

（3）蓄电池更换完成后，应按维修手册要求对蓄电池正、负极接线柱进行紧固。以迈腾汽车为例，蓄电池正、负极接线柱螺母的紧固力矩为 6N·m，蓄电池壳体固定螺栓的紧固力矩为 20N·m。

2. 操作步骤

以迈腾汽车为例，介绍蓄电池的拆卸方法。拆卸工具是直径为 10mm 的梅花扳手和专用工具（扭力扳手型号为 VAG1331）。

（1）关闭点火开关，将点火钥匙置于车外，以免意外接通点火开关。

（2）打开发动机舱盖，在车头两侧铺设翼子板布和前格栅布，打开蓄电池隔热套盖。

（3）打开蓄电池负极上方的盖板，将负极接线柱固定螺母拧松几圈，从蓄电池负极接线柱上拔下蓄电池负极线的接线端。

（4）拧松蓄电池正极接线柱的固定螺母，从蓄电池正极上拔下蓄电池正极线的接线端。

（5）稍微向上拉动隔热套，旋出固定支架上的螺栓，取下固定支架。

（6）沿行驶方向从蓄电池支架中拉出蓄电池，并向上从发动机舱中取出蓄电池。

（7）蓄电池的安装顺序与拆卸过程相反。

（8）按照维修手册要求拧紧接线柱处的紧固螺栓。

（9）使用故障诊断仪进行蓄电池的初始设定。

※请记录蓄电池的检测情况，并评估检测结果，得出结论。

※请说明更换蓄电池的注意事项。

_____

_____

_____

_____

任务四　蓄电池充电和跨接起动

一、蓄电池的充电

充电是蓄电池在使用过程中,延长其使用寿命的一个重要环节,放电后的蓄电池必须通过充电才能重新投入使用。新蓄电池和修复后的蓄电池在首次使用前必须进行初充电;在蓄电池的正常使用过程中,为了延长蓄电池的使用寿命,还要进行一些必要的补充充电、均衡充电等。

1. 蓄电池充电操作安全规则

蓄电池中含有硫酸,在正常的充、放电过程中会释放爆炸性气体(氢气和氧气的混合气体),为了防止人身事故和车辆损伤,必须遵守以下安全规则。

(1)在专用工作间对蓄电池进行充电,保持工作间通风良好。

(2)工作时要穿着长袖上衣和长裤,不得裸露皮肤;最好穿着能防止酸性液体接触皮肤的衣服。

(3)在蓄电池周围工作时,应戴上防护眼镜。

(4)禁止在工作间吸烟或使用明火。

(5)充电器与蓄电池连接时,务必保证充电器处于关闭状态。

2. 充电方法

蓄电池的充电方法分为定流充电、定压充电和脉冲快速充电。

1)定流充电

充电过程中,使充电电流保持恒定的充电方法,称为定流充电。

定流充电的特点如下。

(1)充电过程中,充电电流恒定,但充电电压是变化的(充电过程中,蓄电池的端电压不断升高,为保证充电电流的恒定,充电电压或负载应随时变化)。

(2)充电电流的大小可根据充电类型及蓄电池容量确定。正常充电时,一般充电电流是蓄电池容量的10%。

(3)不同端电压的蓄电池可以串联充电。

(4)充电时间长。

为缩短定流充电的充电时间,充电过程通常分为两个阶段。第一阶段采用较大的充电电流充电,使蓄电池容量迅速恢复,当蓄电池电量基本充足时,单格电池电压达到2.4V,开始电解水产生气泡,转入第二阶段,将充电电流减小一半,直到电解液密度和蓄电池端电压达到最大值且在2~3h内不再上升,蓄电池内部剧烈冒出气泡时为止。

定流充电有较好的适应性,可以任意选择和调整充电电流,因此可以对各种情况及状态的蓄电池充电。例如，新蓄电池的初充电，使用中的蓄电池补充充电、去硫充电等。定流充电的不足之处在于需要经常调节充电电流且充电时间长。

2）定压充电

充电过程中，直流电源电压保持不变的充电方法称为定压充电。定压充电时，充电电流很大，充电开始之后4～5h内蓄电池就可以获得本身容量的90%～95%，因而可以大大缩短充电时间。

采用定压充电时，应注意选择充电电压。

定压充电的充电时间短，充电过程中不需要人照管，适用于蓄电池补充充电，在汽车修理行被广泛采用。但定压充电不能调整充电电流的大小，所以适应性较差，且不能将蓄电池完全充足，故只适用于蓄电池补充充电。定压充电要求所有参与充电的蓄电池电压完全相同。

定压充电的特点如下。

（1）充电过程中，充电电压保持不变。充电开始，充电电流很大，随着蓄电池电动势的不断升高，充电电流逐渐减小，直至为零。

（2）充电电压的选择。一般单格电池的充电电压选择2.5V。若充电电压过低，则蓄电池会出现充电不足的现象；若充电电压过高，则蓄电池充足电后还会继续充电，此时的充电为过充电。

3）脉冲快速充电

脉冲快速充电（也称为分段充电）必须用脉冲快速充电器进行。

脉冲快速充电的过程：先用80%～100%额定容量的大电流进行定流充电，使蓄电池在短时间内充至额定容量的50%～60%，当单格电池电压升至2.4V，开始冒气泡时，由充电器的控制电路自动控制，开始脉冲快速充电，首先停止充电25ms（称为前停充），然后放电或反向充电，使蓄电池反向通过一个较大的脉冲电流（脉冲深度一般为充电电流的1.5～3倍，脉冲宽度为150～1000μs），最后停止充电40ms（称为后停充），以后的充电过程为正脉冲充电—前停充—负脉冲瞬间放电—后停充—正脉冲充电……循环进行，直至充足电。

脉冲快速充电的特点如下。

（1）充电速度快，充电时间大大缩短（一次初充电需5h，补充充电仅需1h左右）。

（2）可以增加蓄电池容量。充电过程中，化学反应充分，加深了化学反应的深度，可使极板去硫化明显。因此，蓄电池容量会增加。

（3）去硫化效果好。

（4）充电过程中产生大量气泡，对活性物质的冲刷力强，易使活性物质脱落，蓄电池的使用寿命下降。

3. 充电种类

1）初充电

新蓄电池或修复后的蓄电池（更换极板）在使用前的首次充电称为初充电。

操作步骤如下。

（1）检查蓄电池的外壳，拧下加液口盖。

（2）按照不同的季节和气温选择电解液密度，将选择好的电解液从加液孔缓慢加入蓄电池，液面要高出极板上沿15mm。

（3）静止6～8h，让电解液充分浸渍极板（由于电解液浸入极板后，液面会有所下降，

应再加入电解液将液面调整到规定值）。

（4）待电解液温度下降到30℃以下，将充电器的正极接到蓄电池的正极，充电器的负极接到蓄电池的负极，准备充电。

（5）选择初充电规范。第一阶段的充电电流约为蓄电池容量的1/15，充电至电解液中有气泡析出，单格电池端电压达到2.4V；第二阶段的充电电流约为蓄电池容量的1/30。

（6）开始充电。

注意：充电过程中要经常测量电解液的密度和温度。如果电解液的温度超过40℃，应减小充电电流；如果温度继续上升至45℃，应停止充电，采取适当的冷却措施来降低电解液的温度。

充电接近终了时，如果电解液的密度不符合规定，应用蒸馏水或密度为1.40g/cm^{3}电解液调整，调整至符合规定再充电2h。

（7）充足电的标志。

蓄电池电解液产生大量气泡，呈"沸腾"状态；蓄电池电解液的密度及单格电池端电压达到规定值，并连续3h保持不变。

（8）放电。

新蓄电池充足电后，应以20h放电率放电。

放电的步骤：使充足电的蓄电池休息1~2h，然后以20h放电率放电。放电开始后每隔2h测量一次单格电池电压，当单格电池电压下降至1.8V时，每隔20min测量一次单格电池电压，单格电池电压下降至1.75V时，立即停止放电。

（9）进行补充充电至蓄电池充足电。

2）补充充电

蓄电池在使用过程中，若起动机运转无力，灯光比平时暗淡，电解液密度下降至1.15g/cm^{3}以下，单格电池电压下降至1.75V以下，以及贮存不用近一个月的蓄电池，符合以上任意一个条件应进行补充充电。

补充充电操作步骤如下。

（1）从汽车上拆下蓄电池，清除蓄电池盖上的脏污，疏通加液孔盖上的通气孔，清除接线柱和导线接头上的氧化物。

（2）检查蓄电池的电眼。

（3）用高率放电计检查电池的放电情况。

（4）将蓄电池的正、负极分别接至充电器的正、负极。

（5）选择充电规范。第一阶段的充电电流约为蓄电池额定容量的1/10；第二阶段的充电电流约为蓄电池额定容量的1/20。

（6）充足电的标志为电解液呈"沸腾"状态；电解液密度和蓄电池端电压达到规定值，且连续3h保持不变。

※选择一种充电方法对某一蓄电池进行充电，并说明充电注意事项。

二、蓄电池的 3min 充电试验

蓄电池 3min 充电试验可用来判断蓄电池接受充电的能力，是用来判断蓄电池是否硫化的最合适的方法。其试验的操作步骤如下。

（1）拆下蓄电池搭铁电缆。

（2）连接蓄电池与充电器，连接时务必要注意极性。

（3）保持 40A 的充电强度 3min。

（4）用万用表检查蓄电池端电压。若万用表读数低于 15.5V，说明蓄电池没有被硫化；若万用表读数高于 15.5V，说明蓄电池已经被硫化。

注意，在进行该试验前，要先确定所使用的蓄电池充电器能持续提供 40A 的电流。有的免维护蓄电池以 16.5V 作为判断蓄电池是否硫化的分界线，试验操作之前一定要先仔细查阅厂家的指导说明材料。有一些蓄电池制造商（如 Delphi）并不推荐使用该试验法，不同的极板设计、不同的极板材料、不同的尺寸对试验结果都有影响。

三、蓄电池的跨接起动

当一辆汽车的蓄电池无法起动发动机时，可借用其他车辆的蓄电池，用优质铜制跨接线按一定顺序连接起来实施跨接起动。当使用电池跨接起动时，最后一处连接的应是发动机机体或蓄电池负极转接端，如图 1-14 所示。

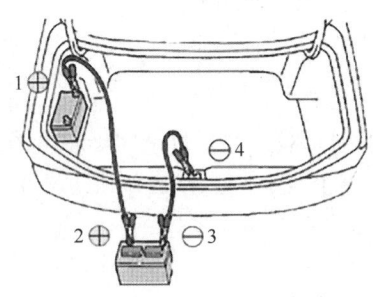

图 1-14　跨接起动连接顺序

蓄电池跨接起动步骤如下。

（1）供电车辆和亏电车辆均须熄火，用红色跨接线连接亏电车辆的正极端子。

（2）用红色跨接线的另一端连接供电车辆的正极端子。

（3）用黑色跨接线连接供电车辆的负极端子。

（4）用黑色跨接线的另一端连接亏电车辆的负极端子或连接在车身的接地部位，或者连接在发动机上更为保险。

（5）全部连接完成后，先起动供电车辆，再起动亏电车辆。

（6）亏电车辆需要在发动机运行状态下连续充电 20min 左右。

注意：当跨接电缆形成跨接回路时，很可能会产生电火花，电火花可能会引起蓄电池周围气体爆炸。许多汽车上都有专门用于跨接起动的接地连接处，具体的位置要查阅用户手册或维修手册。

※请查阅资料，说明跨接起动的注意事项。

学习拓展——AGM 型蓄电池

AGM 型蓄电池结构如图 1-15 所示。

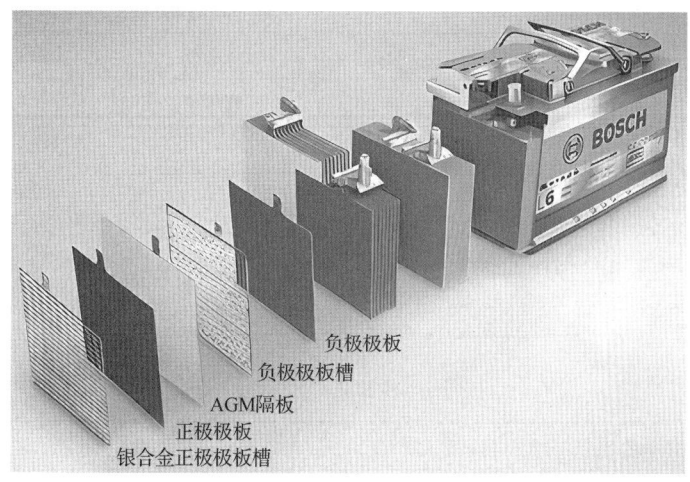

图 1-15 AGM 型蓄电池结构

AGM（玻璃纤维）型蓄电池一般安装在具有自动启停功能的车辆中。由于频繁启停系统，蓄电池的使用次数更多，因此对电池的耐用性要求更高。

AGM 型蓄电池使用硫酸溶液作为电解液，其密度为 $1.29\sim1.31\text{g/cm}^3$。大部分存在于 AGM 隔板中，同时极板内部吸有一部分电解液。为了给正极析出的氧提供向负极的通道，保证氧气更好地扩散到负极重新化合生成水，必须使隔板有 10% 的孔隙不被电解液占有，这就是贫液式设计。极板采用紧装配方式，以便使极板充分接触电解液。同时，为了保证电池有足够的寿命，极板应设计得较厚，正极极板栅合金采用四元合金。

AGM 型蓄电池电解液量少，极板的厚度较厚，活性物质利用率低于开口式蓄电池，因此其放电容量比开口式蓄电池要低 10% 左右。与当今的胶体密封蓄电池相比，其放电容量也要小一些。

与相同规格的蓄电池相比，AGM 型蓄电池价格较高，但具有以下优点。

（1）循环充电能力比铅钙蓄电池高 3 倍，具有更长的使用寿命。
（2）在整个使用寿命周期内具有更好的放电容量稳定性。
（3）低温性能可靠。
（4）降低事故风险，减少环境污染风险（因为酸液 100% 密封）。
（5）维护简单，减少深度放电。

※请查找资料，制作思维导图说明车用锂电池的分类及优缺点。

汽车电气系统及检修

工作任务

说明

学习领域	汽车电气系统及检修
学习情境	蓄电池状态检查与跨接起动
客户委托	汽车无法起动
学生姓名		班级	
成绩		教师签名	

问题或情境说明

某 4S 店服务顾问接到客户电话，客户反映早上起动车辆，打开点火开关后，车辆无法起动。要求服务顾问能向客户解释清楚原因，并实施汽车跨接起动救援或更换蓄电池。

学习任务

学习任务 1

主题	描述蓄电池的功能、分类与标识含义
说明	● 在您的技术信息系统中使用现有的专业文献和信息 ● 在工作组内准备学习作业 ● 参考工作环境中车辆的结构类型 ● 在工作表中输入信息

工作表：蓄电池功能及分类

1. 请描述图 1 中蓄电池的作用。

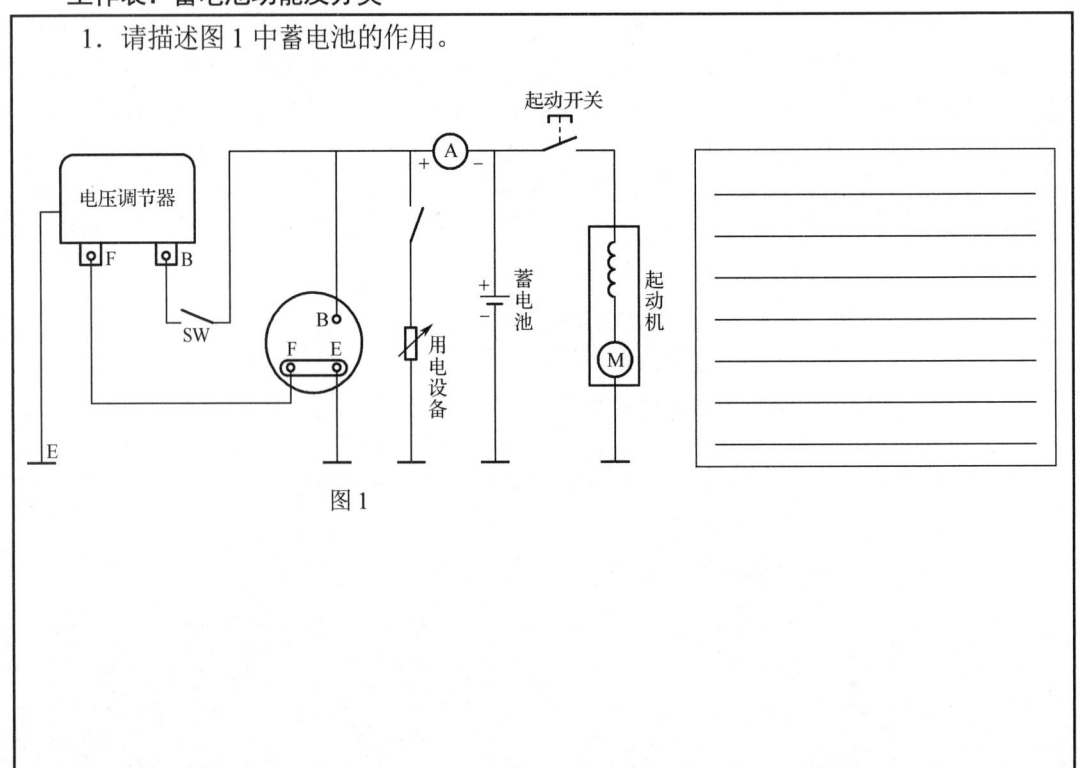

图 1

22

2．根据图2补充填空。

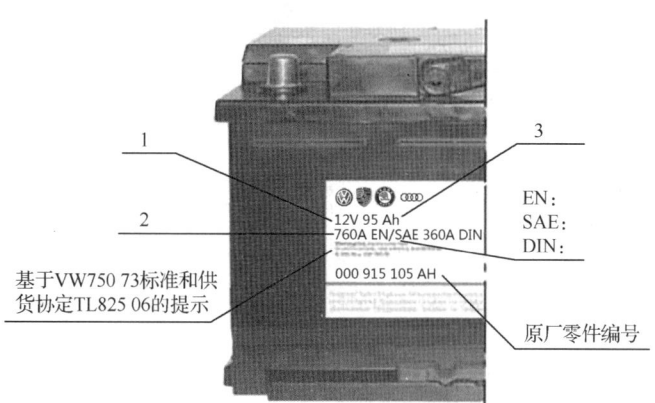

图2

3．根据图3回答问题。

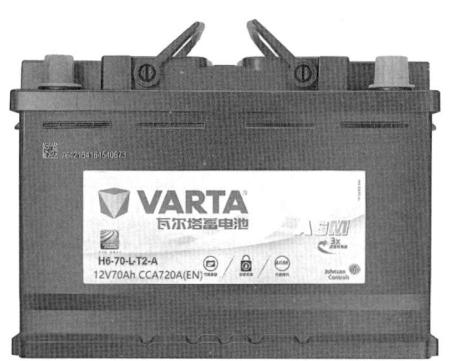

图3

（1）该蓄电池类型是（　　　）。
A．EFB　　　　　　　　B．AGM　　　　　　　　C．锂电池
（2）该蓄电池的额定电压为_____，额定容量为_____，CCA的含义为_____，
（3）电流720A执行的是（　　）标准。
A．美国　　　　　　　　B．德国　　　　　　　　C．欧洲

4．写出图4中蓄电池各个标记的含义。

　（a）　　　　　（b）　　　　　（c）　　　　　（d）

　（e）　　　　　（f）　　　　　（g）　　　　　（h）

图4

汽车电气系统及检修

学习任务 2

主题	描述蓄电池的基本结构与组成
说明	● 在您的技术信息系统中使用现有的专业文献和信息 ● 在工作组内准备学习作业 ● 参考工作环境中车辆的结构类型 ● 在工作表中输入信息

工作表：蓄电池基本构成

1. 根据图 5 所示的蓄电池结构填空。

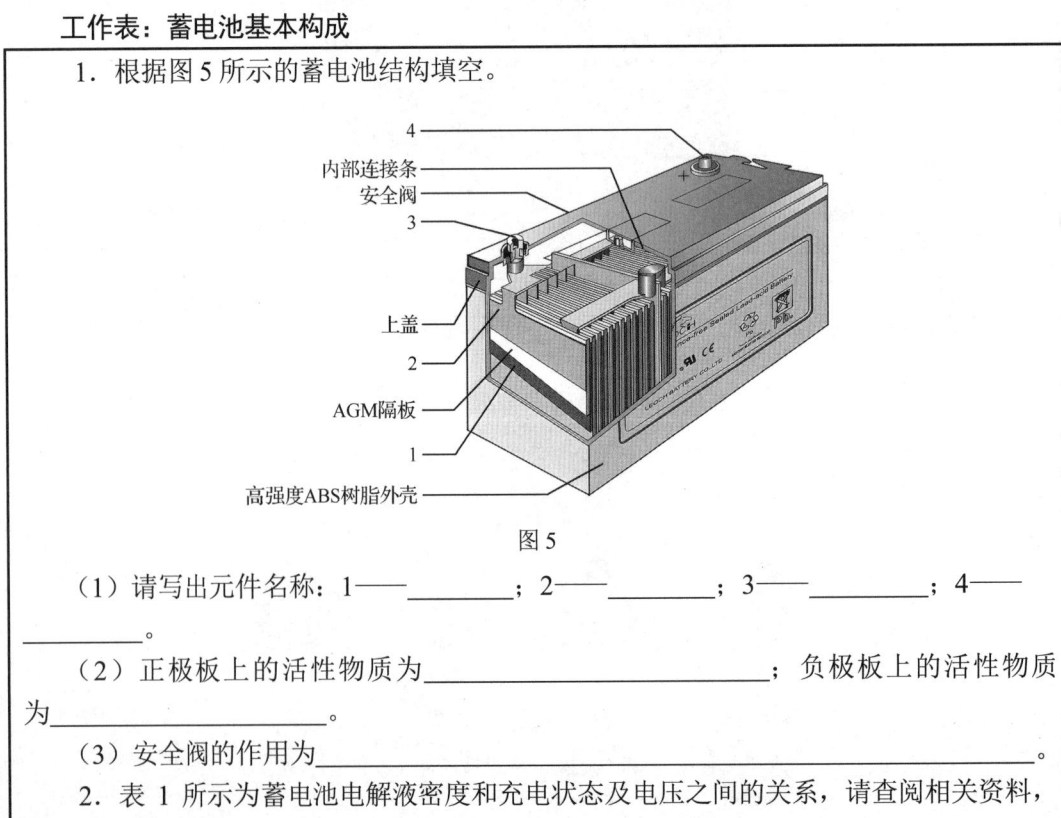

图 5

（1）请写出元件名称：1——_____；2——_____；3——_____；4——_____。

（2）正极板上的活性物质为_____；负极板上的活性物质为_____。

（3）安全阀的作用为_____。

2. 表 1 所示为蓄电池电解液密度和充电状态及电压之间的关系，请查阅相关资料，填写表1。

表 1

电解液密度/（g/cm³）	充电状态	电压/V
1.28	100%	
1.21		12.3
1.18	40%	12.1
1.11	0%	11.7

3. 请写出图 6 所示的是蓄电池的什么装置，它有什么作用？

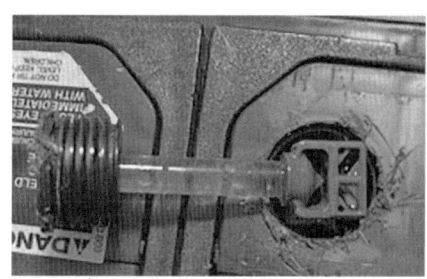

图 6

装置名称：_____，作用：_____。

4. 图 7 中的电眼分别显示为绿色、黑色和黄色时，各表示什么含义？

电眼显示：绿色　　　　　电眼显示：黑色　　　　　电眼显示：黄色至无色
含义：　　　　　　　　　含义：　　　　　　　　　含义：

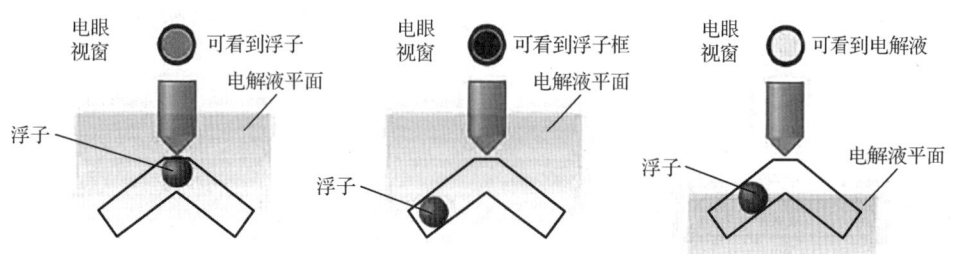

图 7

5. 为什么蓄电池的放电电流越大，其容量反而越低？

_____

_____

_____

6. 术语解释，并说明三个容量的不同点。

（1）蓄电池额定容量：_____。

（2）常温起动容量：_____。

（3）低温起动容量：_____。

不同点：_____

25

学习任务 3

主题	描述蓄电池的工作原理
说明	● 在您的技术信息系统中使用现有的专业文献和信息 ● 在工作组内准备学习作业 ● 参考工作环境中车辆和蓄电池的结构类型 ● 在工作表中输入信息

工作表：蓄电池工作原理

1. 根据图 8～图 10 填空。

（1）蓄电池电动势的建立。

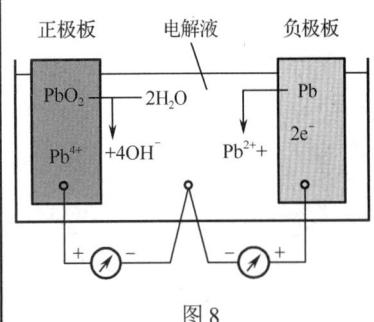

图 8

负极板上的活性物质是_____，铅少量溶于电解液，生成____，在极板上留下____个电子，使极板带___电，同时二价铅离子有沉附于极板表面的趋势，达到平衡时，负极板有负电位，约为____V。

正极板上的活性物质是_____，少量溶于水，电离生成_____和____，四价铅离子沉附于极板的趋势大于溶解趋势，因而正极板呈____电位，平衡时，电位约为_____V。

正负极板的电位差为_____。

（2）蓄电池的充电。

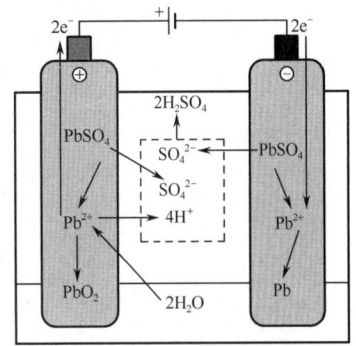

图 9

充电完成以后，正极板上的活性物质是_____，负极板上的活性物质是_____，蓄电池电压为_____。

写出蓄电池正负极板充电时的化学反应式。

_____
_____
_____

（3）蓄电池的放电。

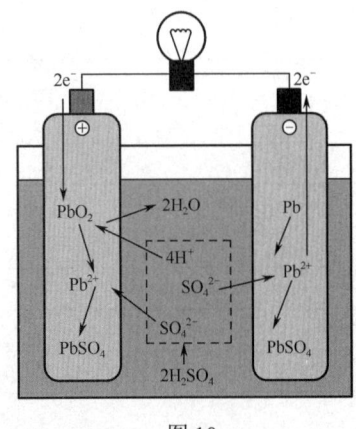

图 10

蓄电池放电完成后，正极板上的活性物质是_____，负极板上的活性物质是_____，蓄电池电压为_____。

看图写出蓄电池的放电时的化学反应式。

_____
_____
_____

2．请写出蓄电池放电结束的特征。
_____
_____
_____

3．请写出蓄电池充电结束的特征。
_____
_____
_____

4．蓄电池是通过电化学反应产生电流的，电流输出的大小受_____的影响较大。因此，适当提高蓄电池的_____，将有利于提高蓄电池容量及起动性能。

学习任务 4

主题	蓄电池的检测及跨接起动
说明	● 根据制造商的规范准备必要的工具和设备 ● 遵守安全规定，保持工作场所整洁 ● 以现有车辆的实际配置为准 ● 注意发动机运转及车辆起动过程中存在的危险

工作表1：蓄电池检测

1．用高率放电计测量电压时，放电叉与蓄电池的接触时间为_____，以防蓄电池长时间_____。

2．测量蓄电池的开路电压。

（1）请写出测量蓄电池开路电压的条件。
_____
_____

对于寄生负载较大的汽车，测量开路电压时，_____。

（2）填空完成表2。

表2

开路电压/V	充电状态
≥12.6	
	75%～100%
12.2～12.4	50%～75%
	25%～50%
11.7～12.0	
≤11.7	

（3）使用的仪器为_____。

（4）测得的蓄电池电压为_____。

（5）充满电的蓄电池电压为_____。

（6）蓄电池存在的问题为_____。

3．对于密封式免维护蓄电池，如何观察蓄电池的充、放电程度？
_____。

4．蓄电池外观检查。
（1）检查蓄电池外壳是否破裂，电解液有无渗漏。检查结果为_____。
（2）检查蓄电池正、负接线柱是否有脏污或氧化物。检查结果为_____。
（3）观察外加液孔盖是否破裂，电解液有无渗漏，通气孔是否畅通。检查结果为_____。

5．蓄电池的充电。
（1）一般城市公交车每个月需要进行一次_____。
（2）在哪些情况下，需要给蓄电池进行补充充电。
_____
_____
_____

6．在给蓄电池进行充电的过程中，要注意连接极性，正极接_____，负极接_____。

操作方法如下。
（1）关闭点火开关和所有用电器。
（2）把充电器（见图11）的_____色充电接线端"+"连接到蓄电池_____极上。
（3）检查蓄电池标识，确定蓄电池的额定容量为_____ A·h。
（4）把充电器的_____色充电接线端"-"连接到蓄电池_____极上。
（5）调节充电器，使其屏幕显示_____ A·h。
（6）按充电器的_____键，开始充电。
（7）充电结束后，关闭充电器。
（8）将充电器接线端从蓄电池的电极接线柱上拆下。
（9）打开车辆_____灯，释放_____，再关闭_____灯。
（10）整理设备及工具。

图11

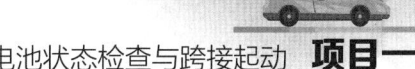

工作表 2：向客户解释蓄电池检测项目

1. 向客户说明检查蓄电池的必要性，以及蓄电池检查的项目。
_____
_____

2. 记录蓄电池的参数，评估蓄电池的状态。
_____
_____
_____
_____

3. 绘制跨接起动步骤图。

4. 向客户说明跨接起动后的注意事项。
_____
_____

学生笔记：

请结合蓄电池的作用、工作原理及结构，阐述对"蓄电池——一己力，动全车，容乃大，图自强"的理解。
_____
_____
_____

成绩评测

编 号	测 试 形 式	测 试 加 权
1	理论知识查询 ● 10 道测试题 ● 每题 2 分，总分数为 20 分 ● 最长处理时间：10min ● 试题已经在学习平台上传	20%

续表

编　号	测　试　形　式	测试加权
2	工作计划 ● 制订关于"汽车无法起动"主题的工作计划，时间为20min ● 根据评估矩阵进行评价 | 编号	评估标准	1	2	3	4	5 | |---|---|---|---|---|---|---| | 1 | 工作步骤的系统顺序 | | | | | | | 2 | 遵守安全规定 | | | | | | | 3 | 必要的工具和设备清单 | | | | | | | 4 | 完整且及时 | | | | | |	30%
3	实际工作任务 ● 按照工作计划实施车辆蓄电池的检查及跨接起动的专业介绍 ● 工作任务时间：40min ● 根据评估矩阵进行评价 | 编号	评估	1	2	3	4	5 | |---|---|---|---|---|---|---| | 1 | 专业和安全地操作设备和工具 | | | | | | | 2 | 遵守安全规定 | | | | | | | 3 | 正确地操作工具和设备（5S） | | | | | | | 4 | 专业且及时地完成任务 | | | | | |	50%

笔试测试

学习领域	汽车电气系统及检修
学习情境	蓄电池状态检查与跨接起动
客户委托	汽车无法起动
姓名	班级　　　　　　日期
成绩	教师签名

测试题或任务

1．多选题

（1）汽车电源系统包括（　　）。

A．蓄电池　　　　　B．发电机　　　　　C．起动机　　　　　D．点火开关

（2）对蓄电池的要求为（　　）。

A．容量大　　　　　B．内阻小　　　　　C．成本低　　　　　D．结构紧凑

（3）铅酸蓄电池的内阻包括（　　）。

A．极板电阻　　　　B．隔板电阻　　　　C．电解液电阻　　　D．连接条电阻

（4）影响蓄电池额定容量的因素有（　　）。

A．极板的结构和数量　　　　　　　　　B．放电情况

C．电解液温度　　　　　　　　　　　　D．电解液密度

（5）蓄电池充电足的标志为（　　）。

A．蓄电池接线柱上出现白色粗晶粒

B．端电压在一段时间内保持不变

C．电解液密度上升到一定值，并且在一段时间内保持不变

D．产生大量气泡

2．判断题

（1）铅酸蓄电池正极板上的活性物质是铅，负极板上的活性物质是二氧化铅。　（　）

（2）每个单格电池中的正极板比负极板多一片。　（　）

（3）隔板可防止因相邻正、负极板彼此接触而短路。　（　）

（4）电解液由纯硫酸和纯水组成。　（　）

（5）汽车车架与蓄电池负极接线柱相连。　（　）

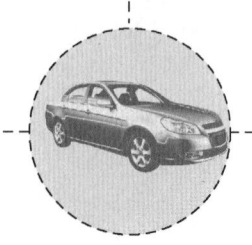

项目二

交流发电机检修

任务情境描述

某 4S 店服务顾问接到客户电话,客户反映汽车仪表盘上有一红色指示灯亮起,经确认为蓄电池指示灯,服务顾问就此向客户解释蓄电池指示灯含义,并要求客户靠边停车,等待救援服务。要求服务顾问能向客户解释清楚蓄电池指示灯亮起的原因。

所属课程

学习领域	汽车电气系统及检修
任务情境	交流发电机检修
客户委托	蓄电池指示灯亮起

学习目标

行动目标 (培训目标)	检查发电机并确定其中的故障元件		
学习内容	发电机的功能与结构 发电机的标识含义 发电机的工作原理 发电机整流原理、电压调节过程 发电机的拆检与装配		
学习成果	画出发电机的组成(功能单元)一览 描述各元件的作用和功能 画出发电机的整流输出图 制订工作计划,就车检测发电机并评估其工作状态 制订工作计划,按照规范进行发电机的拆检与装配,并评估发电机状态		
能力与 素质目标	专业能力: 行有规,执事敬 描述发电机的结构和功能 阐述发电机的标识 阐述发电机的整流原理、电压调节过程 完成发电机就车检测并记录检测结果 检测并记录发电机组成元件的参数	社会能力: 尚和合,重民本,守诚信 善解人意 诚实守信 友好沟通 团队合作	个人能力: 志于学,学有思 有责任心 追求成功 有自我反省的意识 努力学习

任务一　交流发电机的结构

一、发电机的初步认识

1．交流发电机的作用

发电机是汽车的主要电源，由发动机驱动，正常工作时，向除起动机外的所有用电设备及系统供电，同时给蓄电池充电。汽车电源系统原理图如图2-1所示。

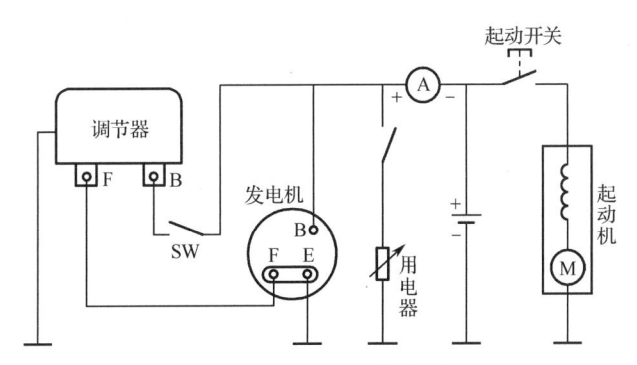

图2-1　汽车电源系统原理图

由于车辆装配的电气设备、电控单元数量和安全、保护及舒适系统的各种电子设备不断增加，要求交流发电机有较高的输出功率，尽量在发动机的转速范围内保持输出电压的恒定，甚至在发动机怠速时也能保证足够的输出功率。考虑到城市交通密度的上升，交通堵塞，加上长时间红灯等待，交流发电机在很多时候工作在与发动机怠速相应的低速区，这时交流发电机要保证至少输出额定功率的1/3为蓄电池充电，才能保证蓄电池的充电平衡。因此设计和制造发电机时要注意：发电机的转速与发动机曲轴之间的转速比尽量大一些，客车通常为2∶1～3∶1，商用车则高达 5∶1；为保证交流发电机的效率，延长其使用寿命，还需引入新鲜空气来降低部件的温度；根据发动机的安装条件及其振动模式，必须避免其发生谐振，发电机要牢固结实，能承受外来的各种影响，如振动、高温、剧烈温度变化、污垢、潮湿等。从整车整备质量的角度来说，交流发电机的质量要轻，结构要紧凑；从噪声控制的角度来说，交流发电机的噪声要低。

2．交流发电机的位置

交流发电机位于发动机一侧，由发动机通过皮带驱动。皮带采用橡胶制成，为了提高其强度，其材料中加入了玻璃纤维和尼龙。皮带有一定的张紧力，以防产生打滑的现象。皮带轮的传动比约为3∶1，即曲轴每转一圈，发电机转子轴旋转 3 圈。传动比大，可以使发电机在发动机低转速的情况下，也有较高的转速从而保证其有足够的电压输出。但是，如果传动比过大，易造成发电机因转速过高而损坏。

3．交流发电机的类型

1）按总体结构分

按总体结构不同，交流发电机分为普通交流发电机、整体式交流发电机、带泵的交流发电机、无刷交流发电机、永磁交流发电机。

（1）普通交流发电机。这种发电机既无特殊的装置，也无特殊的功能特点，需要配装电压调节器，如东风 EQ140、东风 EQ1090 用的 JF132 型发电机。

（2）整体式交流发电机。它是由发电机和调节器制成的一个整体发电机，如一汽奥迪汽车用的 JFZ1813Z 型发电机；别克轿车用的 CS 型发电机（包括 CS-121、CS-130 和 CS-144 三种不同的型号）。

（3）带泵的交流发电机。它是和真空泵安装在一起的发电机，多用于柴油机。

（4）无刷交流发电机。它是不需要电刷的发电机，如 JFW1913 型发电机。

（5）永磁交流发电机。它是转子磁极为永磁铁的发电机。

2）按二极管数量分

按交流发电机内安装的二极管总数不同，交流发电机分为六管发电机、八管发电机、九管发电机、十一管发电机，如图2-2所示。

（1）六管发电机。六管发电机有6只整流二极管，形式最简单，应用也最为广泛，如东风汽车的 JF1522 型发电机，解放汽车 CA1091 的 JF1522A 型、JF152D 型发电机。

（2）八管发电机。八管发电机中共有8个二极管，包括6只整流二极管和2只中性点二极管，如天汽汽车曾使用的 JFZ1542 型发电机。

（3）九管发电机。九管发电机中共有9个二极管，包括6只整流二极管和3只磁场二极管，如日产、马自达等汽车用的发电机。

（4）十一管发电机。十一管发电机中共有11个二极管，包括6只整流二极管、2只中性点二极管和3只磁场二极管，如奥迪汽车用的 JFZ1913Z 型发电机。

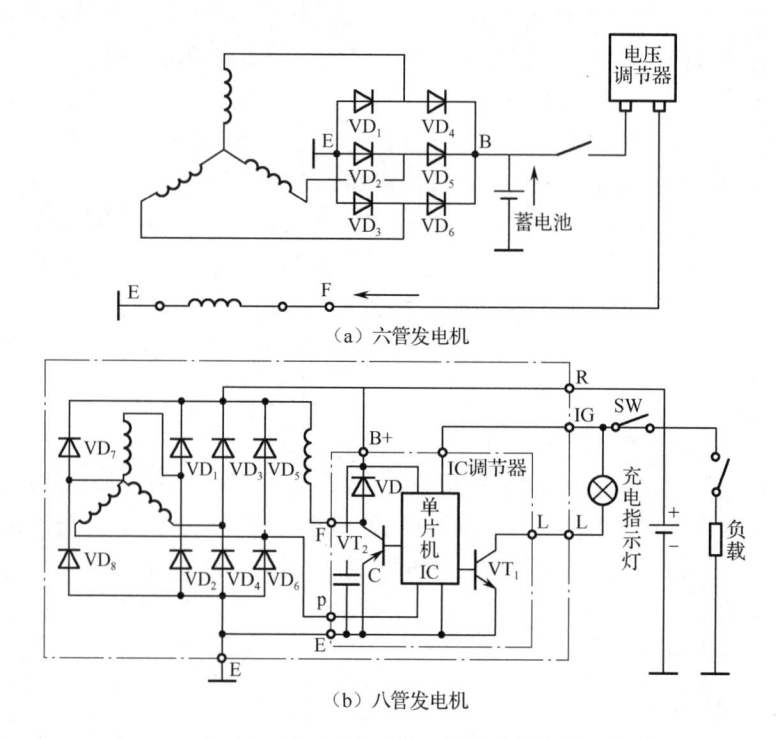

图 2-2 交流发电机按二极管数量分类

(c) 九管发电机

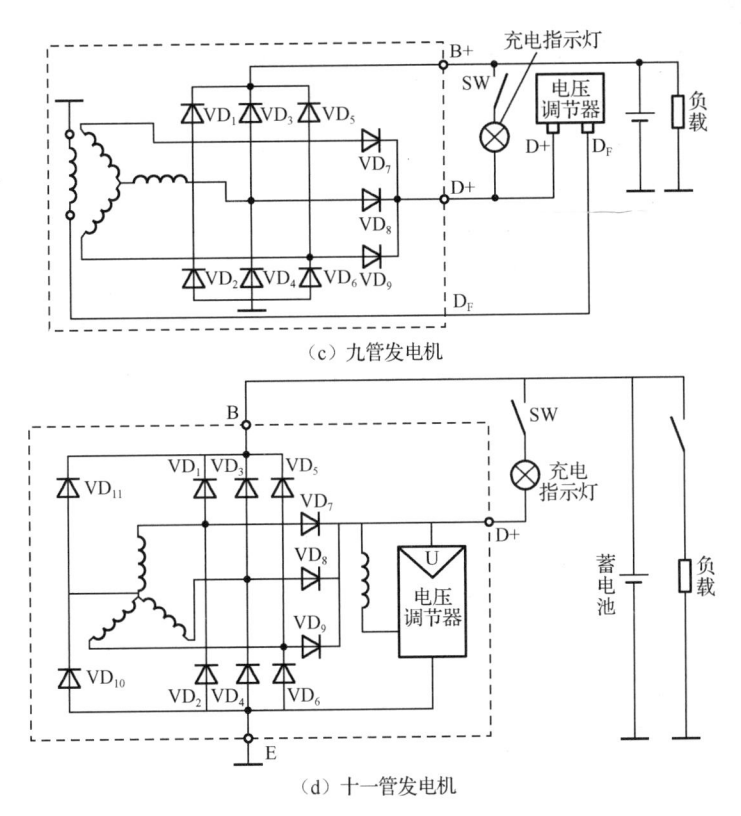

(d) 十一管发电机

图 2-2 交流发电机按二极管数量分类（续）

※请观察图 2-2，说出图 2-2 中交流发电机的共同点是什么。

_____
_____
_____
_____

3）按励磁绕组和发电机的连接形式分

按励磁绕组（两只电刷引线）和发电机的连接形式不同，交流发电机分为内搭铁型发电机和外搭铁型发电机，如图 2-3 所示。

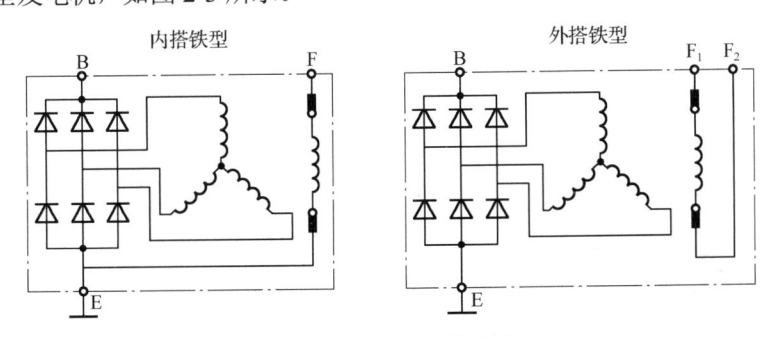

图 2-3 交流发电机搭铁形式

（1）内搭铁型发电机。励磁绕组直接在发电机内部与壳体直接相连而搭铁，即两只电刷的其中一根引线与后端盖上的磁场接线柱"F"相连，另一根直接与发电机外壳上的搭铁接线柱"-"相连，如东风汽车用的 JF132 型发电机。

（2）外搭铁型发电机。励磁绕组的两只电刷都和壳体绝缘的发电机通过调节器搭铁，即两电刷的接线柱均与发电机外壳绝缘，分别用 F_1 和 F_2 表示。

4. 交流发电机标识信息含义

根据中国汽车行业相关标准的规定，汽车交流发电机型号组成如图2-4所示。

```
J F Z 1 9 1 3 Z
            │ │ └─ 变形代号
            │ └─── 设计序号
            │ ──── 电流等级代号
            └───── 电压等级代号
                   产品代号
```

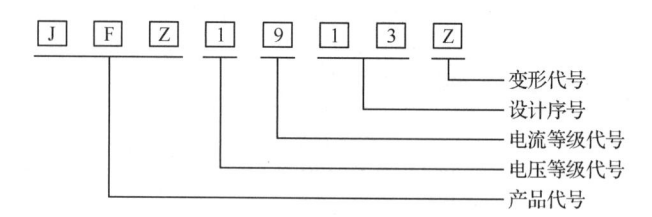

图 2-4 汽车交流发电机型号组成

1）产品代号

产品代号用字母表示。例如：JF 表示交流发电机；JFZ 表示整体式（调节器内置）交流发电机；JFB 表示带泵交流发电机；JFW 表示无刷交流发电机。

2）电压等级代号

电压等级代号用一位阿拉伯数字表示。例如：1 表示 12V 电压；2 表示 24V 电压；6 表示 6V 电压。

3）电流等级代号

电流等级代号含义如表 2-1 所示。

表 2-1 电流等级代号含义

电流等级代号	1	2	3	4	5	6	7	8	9
电流/A	≤19	20～29	30～39	40～49	50～59	60～69	70～79	80～89	≥90

4）设计序号

设计序号按产品的先后顺序，用阿拉伯数字表示。

5）变形代号

交流发电机以调整臂位置作为变形代号，从驱动端看，调整臂在左边用 Z 表示，调整臂在右端用 Y 表示，调整臂在中间不加标记。

※奥迪轿车使用的是 JFZ1610Y 型交流发电机，请写出其型号含义。

_____
_____
_____
_____

二、拆解交流发电机

交流发电机的拆解步骤如下。

（1）拆下皮带轮。

（2）拧下"B"端子上的固定螺母并取下绝缘套管。

（3）拆下后端盖罩。

（4）拧下电刷架和 IC（集成电路）调节器的固定螺丝，取下电刷架和 IC 调节器（注意电刷要轻取）。

（5）将与整流器相连的三相绕组引线及中性点引线的连接螺钉用十字螺丝刀拧下，取下整流器。

（6）从驱动端盖里取出转子。用棉纱蘸适量清洗剂擦洗转子绕组、定子绕组、碳刷及其他构件。

三、交流发电机的构造

汽车用的交流发电机多采用三相同步交流发电机，并用 6 只整流二极管构成三相桥式全波整流器，交流发电机的主要构成元件有定子、转子、电刷、整流二极管、前/后端盖、风扇及皮带轮，如图 2-5 所示。

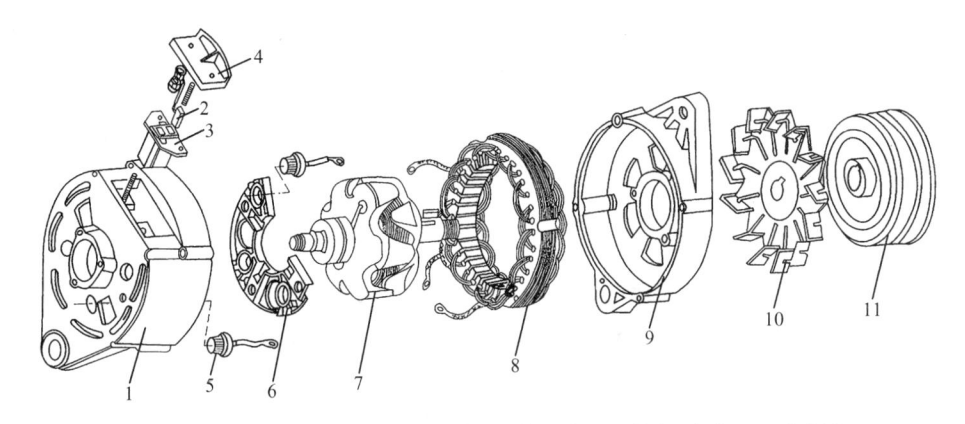

1—后端盖；2—电刷架；3—电刷；4—电刷弹簧压盖；5—整流二极管；6—整流板；
7—转子；8—定子；9—前端盖；10—风扇；11—皮带轮。
图 2-5 交流发电机组件

1．转子

转子的作用是产生旋转磁场。转子由滑环、转子轴、爪极、磁轭、励磁绕组等组成，如图 2-6 所示。

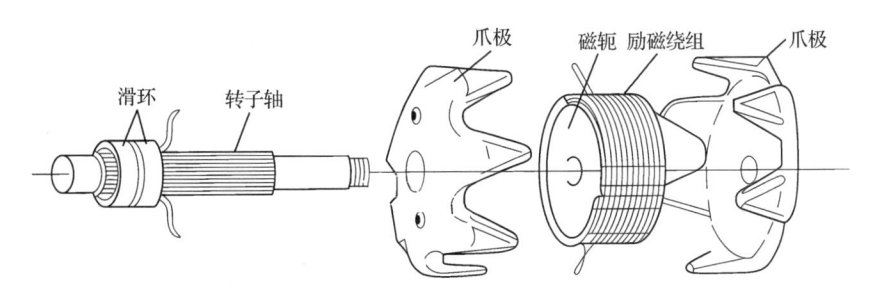

图 2-6 交流发电机转子结构图

转子轴上压装着两块鸟嘴状的爪极，爪极空腔内装有励磁绕组和磁轭。滑环由两个彼此绝缘的铜环组成，压装在转子轴上并与转子轴绝缘，两滑环分别与励磁绕组的两端相连。当两滑环通入直流电时，励磁绕组中有电流通过，并产生轴向磁通，使一块爪极被磁化为 N 极，另一块被磁化为 S 极，从而形成六对（或八对）相互交错的磁极，如图 2-7 所示。

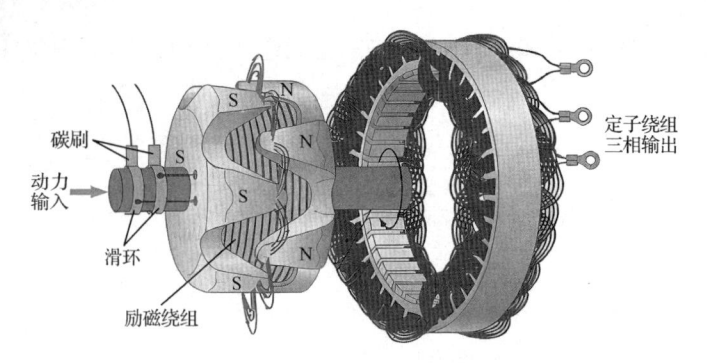

图 2-7　转子形成的旋转磁场磁力线分布图

爪极形似鸟嘴，这样的形状可以使定子绕组中产生的交流感应电动势近似于正弦波。转子每旋转一周，定子每相绕组就产生 6 对或 8 对交流电动势。

2. 定子

定子是交流发电机的静止元件，由定子铁芯和定子绕组组成。定子铁芯由相互绝缘的环状硅钢片叠合而成，定子铁芯的槽内有三相对称绕组，如图 2-8 所示。当转子旋转时，旋转的磁场被定子切割，定子绕组里就会产生感应电动势。

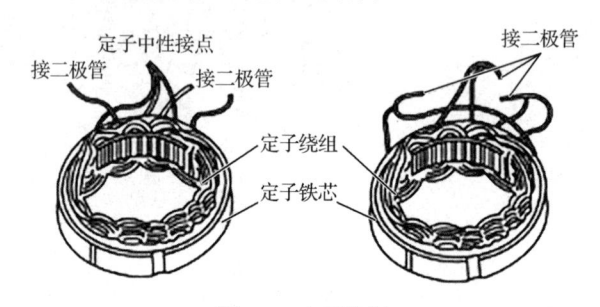

图 2-8　定子绕组

定子三相绕组有两种连接方式：Y 形连接和三角形连接。Y 形连接又称为星形连接，是最常用的定子绕组连接方式，三相绕组间彼此对称，相位差为 120°，采用这种接法时发电机的转速可以在一个较大范围内波动，而输出的电流保持不变。

转子在定子内转动，二者之间有很小的气隙，不会接触，转子通电后产生旋转磁场，定子切割磁力线后，三个定子绕组同时产生感应电动势。由于转子的旋转磁场是一个交变的磁场，因此在定子绕组中产生的是一个交变电压，其波形为正弦波。因为定子有三相绕组，所以产生三个彼此间相位相差 120°的三相输出电压。

※请画出定子绕组星形连接和三角形连接的示意图。

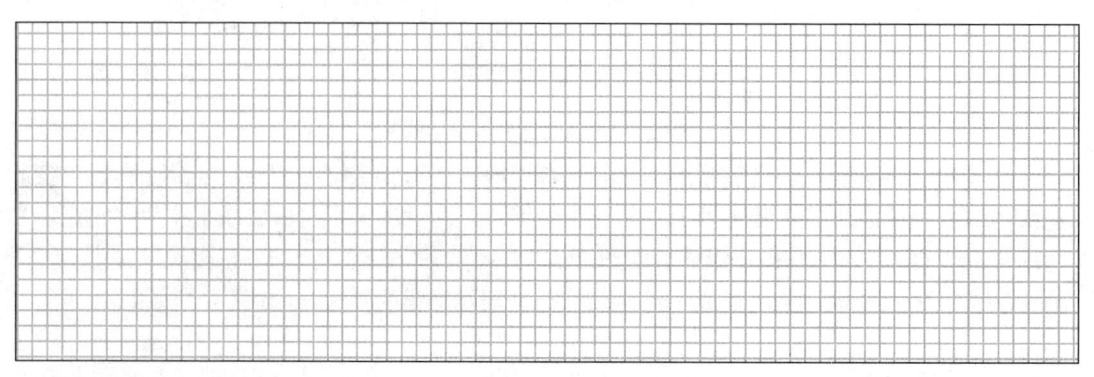

3. 整流器

因为车用电器都是直流电器，所以发电机所产生的交流电必须转换为直流电。整流器把交流发电机产生的三相交流电转变为直流输出，利用二极管可实现这一目的。整流器一般由6只整流二极管和散热板组成，如图2-9所示。二极管由半导体材料制成，具有单向导电性，仅允许电流从一个方向流过。每相绕组中接入正、负两个二极管可将定子绕组输出的交流电转化为直流电。

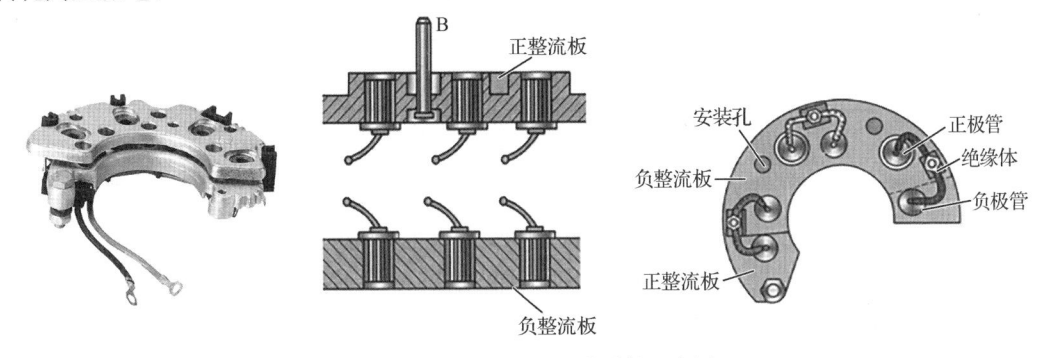

图 2-9 整流器实物图及其结构示意图

六管交流发电机的整流器是由6只硅整流二极管分别压装（或焊装）在相互绝缘的两块整流板上组成的，其中一块为正整流板（带有输出端螺栓），另一块为负整流板，负整流板和发电机外壳直接相连（搭铁），也可以直接将发电机的后盖作为负整流板。6只整流二极管分为正极管和负极管两种。引出电极为正极的整流二极管称为正极管，3只正极管装在同一块整流板上，称为正整流板；引出电极为负极的整流二极管称为负极管，3只负极管安装在负整流板上，也可直接安装在后盖上。

4. 端盖及电刷组件

发电机外壳由两块铸铝的前、后端盖构成，采用铝壳是因为铝具有质量轻、不导磁和良好的热传导性能等特点，良好的热传导性能有利于发电机散热。一个前置滚珠轴承压入发电机前端盖（又称为驱动端盖），为皮带驱动转子总成提供支撑，并减小摩擦力。后端盖（又称为整流端盖）通常含有一个滚柱轴承用于支撑转子和安装电刷、整流器。发电机内部或壳体后部安装有电压调节器，其驱动端安装有皮带轮和冷却风扇。

后端盖上装有电刷组件，其由电刷、电刷架和电刷弹簧组成，如图2-10所示。电刷将电流通过滑环引入励磁绕组。两个电刷分别装在电刷架的小孔内，在弹簧压力作用下与滑环保持接触，两者接触应保持良好，否则会因为磁场电流过小，导致发电机发电不足。

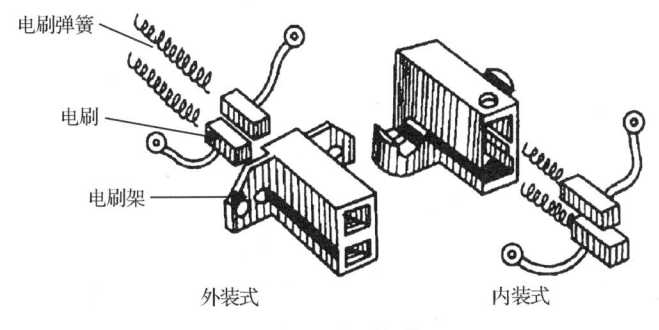

图 2-10 电刷组件

5. 皮带轮及风扇

交流发电机的前端装有皮带轮和风扇，发动机通过皮带驱动发电机的转子轴，连同风扇一起旋转。为提高散热能力，风扇叶片装在前端盖与皮带轮之间，在发电机工作时，起到强制通风散热的作用。有的发电机为了提高通风散热效率，前后各装有一个风扇，同时实现轴向和径向的强制通风。

※请用思维导图描述发电机的主要元件及其作用。

_____

_____

_____

_____

任务二　交流发电机检测

一、交流发电机的元件检测

1. 转子的检测

1）转子绕组短路与断路的检测

利用万用表的 R×1Ω 挡测量两滑环间的电阻，应为 4Ω 左右。若为零，说明滑环或绕组短路；若阻值小于规定值但不为 0，说明励磁绕组匝间短路；若测得电阻为无穷大，则说明绕组断路或接头脱落。转子绕组断路检测如图 2-11 所示。

2）转子绕组搭铁检测

利用万用表 R×10kΩ 挡分别测量两滑环与转子轴间的电阻，如图 2-12 所示，电阻应为无穷大，否则说明励磁绕组绝缘不良。若确认励磁绕组已断路、短路或绝缘不良，需重新绕制励磁绕组。

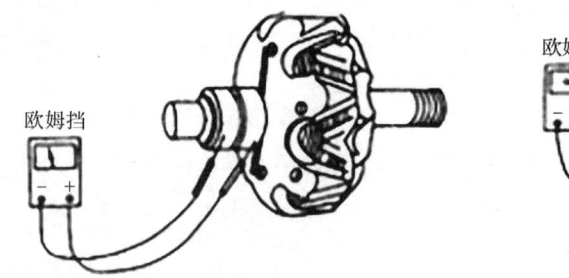

图 2-11　转子绕组断路检测　　　　图 2-12　转子绕组绝缘检测

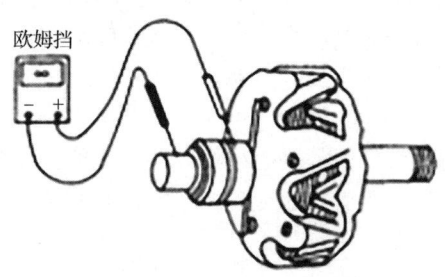

3）滑环的检测

滑环表面应平整光滑，无明显烧损，否则要用 "00" 号纱布打磨。两滑环间隙处应无沉积物。滑环圆度误差不超过 0.025mm，厚度不小于 1.5mm。

4）转子轴检测

将转子轴两端放置在 V 形铁块上，用百分表检测轴的弯曲度，弯曲度不能超过 0.05mm（径向圆跳动公差不超过 0.1mm），否则应予以校正。爪形磁极在转子轴上固定应牢靠，间距相等。

2. 定子的检测

1）定子绕组短路与断路的检测

用万用表检测定子绕组的三个接线端，两两进行测量，如图 2-13 所示，电阻应小于 1Ω 但不为 0，若电阻为无穷大，说明绕组断路。

2）定子绕组搭铁的检测

检测定子绕组与定子铁芯间的绝缘情况。如图 2-14 所示，选择万用表的 R×10kΩ 挡，一表笔接定子铁芯，另一表笔分别接三相绕组的首端，其电阻应为无穷大，如果测出来的电阻很小或接近 0，说明定子绕组有搭铁或绝缘不良。

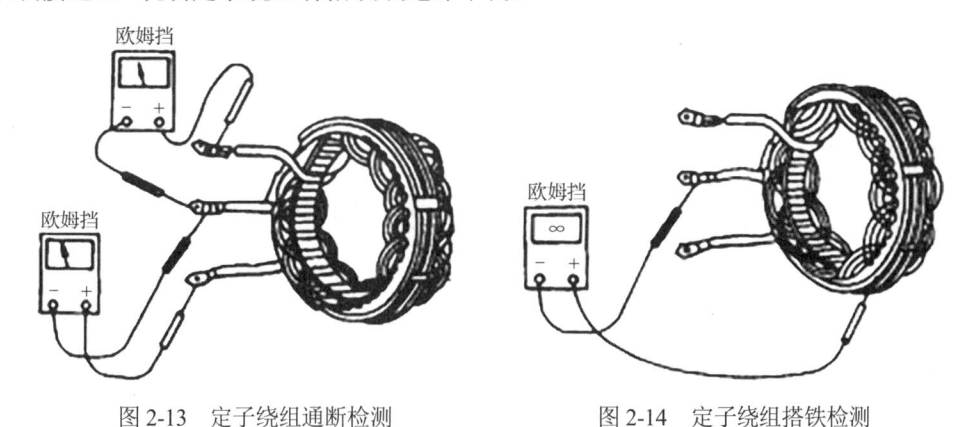

图 2-13　定子绕组通断检测　　　图 2-14　定子绕组搭铁检测

3. 电刷的检测

电刷和电刷架应无破损或裂纹，电刷在电刷架中应活动自如，不得出现卡滞现象。电刷露出电刷架部分的长度叫作电刷长度，标准值为 10.5mm，一般来说，电刷长不应超出磨损极限（原长的 1/2），否则应更换。

※请在图 2-15 中标出"电刷长度"这一术语。

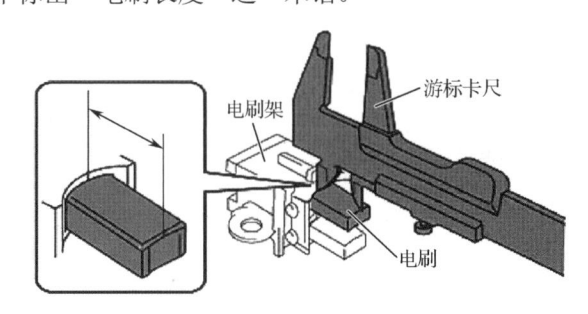

图 2-15　检查电刷长度

4. 整流器的检测

用数字万用表的二极管挡位检测正极管，黑表笔接整流器的"B"端子，红表笔分别接整流器的各接线柱，测量正向电压降，万用表读数在 500mV 左右说明均导通正常，否则说明该二极管断路，应更换整流器总成。

用数字万用表的二极管挡位检测负极管，红表笔接整流器的"E"端子，黑表笔分别接整流器各接线柱，测量正向电压降，万用表读数在 500mV 左右说明均导通正常，否则说明该二极管断路，应更换整流器总成。

※请罗列出检测发电机各元件所需的工具，说明检测定子绕组的通断时，万用表应该调至什么挡位？

___

___

___

___

二、交流发电机的装配

交流发电机的装配步骤如下。

（1）将整流器装到后端盖上，拧上三颗固定螺钉，整流器就被固定在后端盖上。应注意各绝缘垫片不能漏装。装好后用万用表电阻挡测量"B"接线柱与端盖间的电阻，应为无穷大。测量两散热板之间及绝缘散热板与端盖之间的电阻，均应为无穷大。若上述电阻较小或为零，说明漏装了绝缘垫片或套管，应拆开重装。

（2）将定子总成与后端盖结合。将定子绕组上的四个接线端从后端盖孔中穿出，将接线端分别连接在整流器的接线螺钉上。

（3）将前端盖装到转子轴上。先将前端盖上的轴承、轴承盖安装并紧固好，再将该部分套到转子轴上，若过盈量较大，可用木锤轻轻敲入。

（4）将后端盖、定子装到转子轴上。应注意使前、后端盖上发电机安装挂脚的位置要恰当（对准拆解标记）。上述两大部分结合后，穿上前、后端盖紧固螺栓并分几次拧紧。注意各螺栓的拧紧切不可一次完成，而应轮流进行，并不断转动转子，若转子运转受阻或者内部有摩擦，应调整拧紧力矩。

（5）装配风扇、皮带轮。在转子轴上套上定位套，安装半圆键、风扇叶片、皮带轮、弹簧垫圈，拧紧皮带轮紧固螺母。

（6）安装后端盖上的防护罩。

（7）安装电刷架总成。

（8）检验装配质量

使用万用表检测各接线柱和与外壳间的电阻，应该符合参数要求，否则应该拆解重装。

三、交流发电机的不解体检测

当把发电机从车上拆下来后，在解体前应用万用表检测发电机上各接线柱之间的电阻，初步判断故障的大概位置。各接线柱之间的电阻参照表 2-2。

表 2-2 各接线柱之间的电阻

发电机类型	F 接线柱与 E（-）接线柱之间的电阻/Ω	B（+）接线柱与 F（或-）接线柱之间的电阻/Ω		N 接线柱与 E（或 B）中性接线柱之间的电阻/Ω	
		正	反	正	反
有电刷发电机	5～6	40～50	>10 000	10	>10 000
无电刷发电机	3.5～3.8	40～50	>10 000	10	>10 000

测量结果分析如下。

若 F 接线柱与 E 接线柱之间的阻值偏大，原因一般为电刷和滑环接触不良、滑环脏污、励磁绕组断路等；若阻值偏小或接近于 0，原因一般为励磁绕组有匝间短路或搭铁、F 接线柱搭铁、滑环短路、电刷套绝缘不良等。

若 B（+）接线柱与 F（-）接线柱之间的正向电阻很小，约为 10Ω，说明某只二极管被击穿；若电阻接近于 0 或等于 0，说明正、负极极板上至少各有一只或一只以上的二极管被击穿，或者定子绕组与壳体短路；若正向电阻为无穷大，原因一般为定子绕组、调节器（二极管）连接电路之间出现断路。

若 N 接线柱与 E（B）接线柱之间的正、反向电阻均接近于 0，说明至少有一只负二极管短路。

※请描述发电机不解体检测的结果分析。

_____
_____
_____
_____

任务三　交流发电机的工作原理

一、交流发电机的发电原理

发电机利用电磁感应原理将机械能转化为电能。电磁感应现象是指，当导体切割磁力线时，会在导体中产生感应电动势，如果导体在完整的回路中，即可产生电流的现象。感应电动势的大小受磁场强度、导体数量和切割磁力线的速度这三大因素影响。当发电机的转子绕组中通入直流电时，转子在定子内转动，产生旋转磁场，如图 2-16 所示。转子与定子之间具有很小的气隙，不会接触，定子绕组切割转子磁力线，从而产生三相感应交流电动势。交流发电机的输出电压波形图如图 2-17 所示。

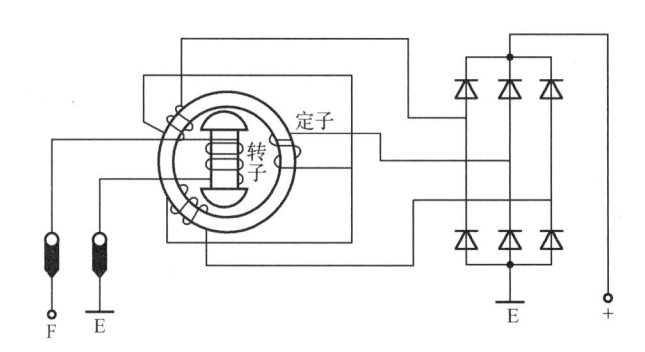

图 2-16　交流发电机发电原理示意图

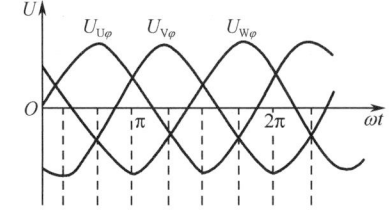

图 2-17　交流发电机的输出电压波形图

三相交流发电机的感应电动势瞬时表达式为

$$E_U = E_m \sin\omega t = \sqrt{2} E_\varphi \sin\omega t$$

$$E_V = E_m \sin\left(\omega t - \frac{2}{3}\pi\right) = \sqrt{2} E_\varphi \sin\left(\omega t - \frac{2}{3}\pi\right)$$

$$E_W = E_m \sin\left(\omega t - \frac{4}{3}\pi\right) = \sqrt{2} E_\varphi \sin\left(\omega t - \frac{4}{3}\pi\right)$$

式中，E_m 为每相电动势的最大值，单位为 V；E_φ 为每相绕组电动势的有效值；ω 为电角速度。

这三相绕组材质相同、节距相同、匝数相同，输出电压的频率相同、振幅相同，相位差为 120°。随着转子的旋转，0°～90°感应电动势由 0 逐渐增加至最大值，90°～180°间的感应电动势由最大值逐渐减少至 0；接着，感应电动势的极性改变，变化趋势同前，最后回到零点，经过一个完整的周期，形成一个完整的正弦曲线，如图 2-17 所示。三相绕组产生三个彼此间相位差为 120°的三相输出电压，这样在任一时刻，输出电压都不为零。

※请描述定子三相绕组间的异同点。

_____
_____
_____
_____

二、交流发电机的整流原理

三相交流发电机产生交流电压，交流电压不能存储到蓄电池中，也不宜为电气部件及电子控制装置供电，为了便于在汽车上使用，必须对交流电压进行整流，使之成为直流电。整流是通过耐温范围大的大功率二极管实现的。整流装置是一个由 6 个硅整流二极管组成的三相桥式整流电路，如图 2-18 所示。利用二极管的单向导电性，将大小和方向都随时间变化的交流电变换为单方向的脉动直流电的过程称为整流。

3 个二极管 VD_2、VD_4、VD_6 的负极分别与发电机三相绕组的始端相连，它们的正极连接在一起，形成共阳极组接法，3 个二极管的导通原则是在某一瞬间负极电位最低的二极管导通。3 个二极管 VD_1、VD_3、VD_5 的正极分别与发电机三相绕组的始端相连，它们的负极连接在一起，形成共阴极组接法，3 个二极管的导通原则是在某一瞬间正极电位最高的二极管优先导通。每个时刻都有 2 个二极管同时导通，其中一个二极管在共阴极组，另一个在共阳极组，同时导通的两个二极管总是将发电机的电压加在负荷两端。

整流过程是，正半波从正极一侧的二极管通过，而负半波从负极一侧的二极管通过，这种用于全波整流的桥式电路使半波的正、负包络线相加，产生一个经过整流的但略有波动的发电机直流电压，如图 2-19 所示。对该直流脉动输出电压的波动性必须进行平滑处理，直流电的平滑进行由蓄电池和电气系统中的电容器来过滤实现。

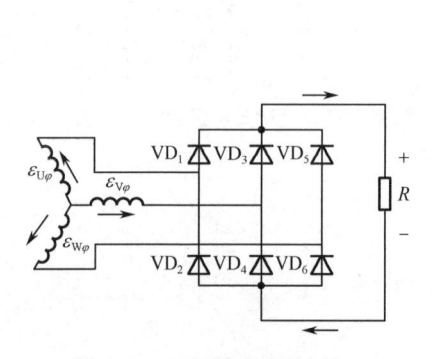

图 2-18 三相桥式整流电路

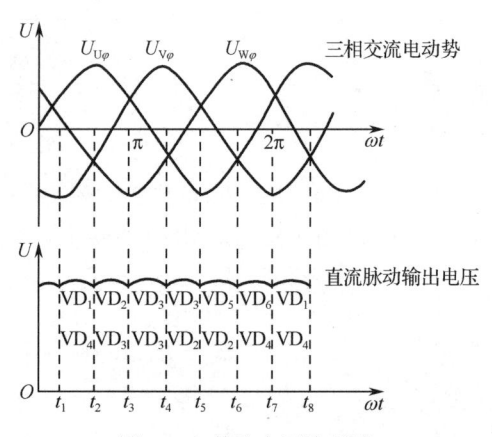

图 2-19 整流电压波形图

三、交流发电机的励磁原理

除永磁式发电机不需要励磁外,其他形式的发电机都必须给励磁绕组通电才会产生感应磁场而发电,否则发电机将不能发电。将电流引入转子的绕组而产生磁场的过程称为励磁,发电机的励磁有他励和自励两种方式。

1. 他励

在发电机转速较低时(发动机未达到怠速转速),自身不能发电,需要蓄电池供给发电机励磁绕组电流,使励磁绕组产生磁场来发电。这种由蓄电池供给磁场电流发电的方式称为他励。

2. 自励

随着转速的提高,一般在发动机达到怠速转速时,发电机定子绕组的电动势逐渐升高并能使整流二极管导通,当发电机的输出电压大于蓄电池电压时,发电机就能对外供电了。当发电机对外供电时,就可以把自身的电供给励磁绕组。这种自身给磁场电流发电的方式称为自励。

当发动机达到正常怠速转速时,发电机的输出电压一般高出蓄电池电压 1～2V,以便给蓄电池充电,此时,发电机自励发电。

交流发电机的励磁如图 2-20 所示。

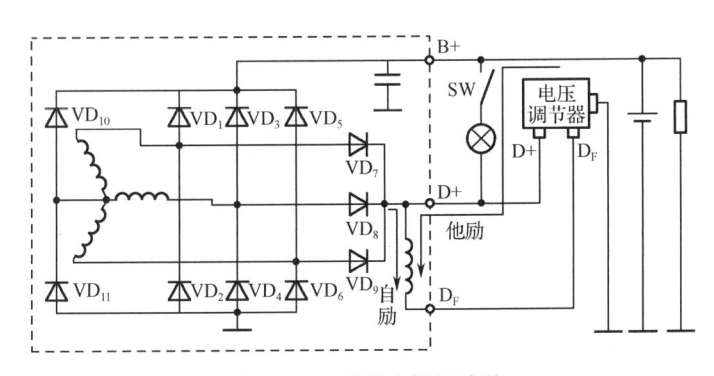

图 2-20　交流发电机的励磁

交流发电机励磁过程是先他励后自励。汽车发电机在刚开始发电时,转子绕组由蓄电池供电产生磁场,属于他励;待发电机旋转起来,输出电压高于蓄电池电压时,发电机向励磁绕组供电,励磁方式由他励变为自励。

※请描述蓄电池指示灯是如何起到警示作用的。

_____
_____
_____

四、交流发电机的电压调节

1. 电压调节原理

交流发电机由发动机驱动,受发动机转速频繁变化的影响,其输出电压会随之迅速变化。汽车电子系统和电池不允许充电系统出现不稳定或过高的电压，计算机控制电路对电压的波动非常灵敏。如果充电电流低于汽车电能的需求，电池会逐渐耗尽；如果充电电流高于汽车电能的需求，蓄电池、电气设备或电子元件可能会损坏，交流发电机的输出电压须由电压调节器进行调节。电压调节器可安装于交流发电机内部或后部，它必须位于一个空气流通的地方，使电子元件处在相对较低的温度环境下工作。

根据三相交流发电机感应电动势的瞬时表达式可推导出定子每相电动势的有效值为

$$E_\varphi = E_m/\sqrt{2} = 4.44KfN\Phi = 4.44K\frac{pn}{60\Phi} = C_e\Phi n (\text{V})$$

式中，K 为绕组系数，和发电机定子绕组的绕线方法有关，若采用整距集中绕制时 $K=1$；p 为磁极对数；n 为转速；f 为感应电动势的频率（Hz）；N 为每相匝数（匝）；Φ 为每极磁通（Wb）；C_e 是发电机结构常数。

由交流发电机的工作原理可知，交流发电机的输出电压与交流发电机的感应电动势成正比，即

$$U \propto E_\varphi = C_e n \Phi \propto C_e n I_f$$

当转速升高时，E_φ 增大，输出端电压 U 升高，当转速升高到一定值时（空载转速以上），输出端电压达到极限，要想使发电机的输出电压 U 不再随转速的升高而上升，只能通过减小磁通 Φ 来实现。而磁极磁通 Φ 与励磁电流 I_f 成正比，所以减小磁通 Φ 也就是减小励磁电流 I_f。

由此可知，交流发电机调节器的工作原理是，当交流发电机的转速升高时，调节器通过减小发电机的励磁电流 I_f 来减小磁通 Φ，使发电机的输出电压 U 保持不变。

电压调节器通过调节触点开闭、高速接通、断开磁场电路或利用大功率三极管的导通和截止，接通和断开磁场电路，从而改变磁场电流 I_f，如此控制并稳定充电系统电压。随着发动机的运转，交流发动机的电压经电压调节器后，变化范围为 13.5~15V。如发电机的输出电压低于此范围，无须对电压进行调节，当发电机产生的电压过高时，由电压调节器减少励磁电流，励磁绕组的磁场强度降低，定子产生的电压随之降低。

※请描述发电机为什么要进行电压调节。

_____

_____

_____

_____

2. 晶体管式电压调节

随着发动机的运转，交流发动机的电压经电压调节器后，变化范围为 13.5~15V。如果发电机的输出电压低于此范围，无须对电压进行调节；当发电机的输出电压过高时，由电压调节器减小励磁电流，励磁绕组的磁场强度降低，定子产生的电压随之降低。如图 2-21 所示，电压调节器利用三极管的快速通断控制励磁电路，改变励磁电流，这相当于通过改变励磁电流的脉冲频率来达到电压调节的目的。调压器可在 1s 内进行数千次的循环调压。

有的电压调节器不改变电流频率，通过改变励磁绕组的通电时间来调节交流发电机的输出电压，即通过控制占空比来改变励磁绕组中的平均电流，从而调节交流发电机的输出电压，如图 2-22 所示。在发动机高转速、低负载时，交流发电机的输出电压会很高，此时，励磁绕组的通断电循环是 10%时间通电，90%时间断电，这样就降低了平均励磁电流，在发动机低转速、高负载时，交流发电机的输出电压会很低，此时，励磁绕组的通断电循环是 90%时间

通电，10%时间断电，这样就提高了平均励磁电流。无论是哪种形式，其目的都是通过改变励磁电流实现电压调节的。

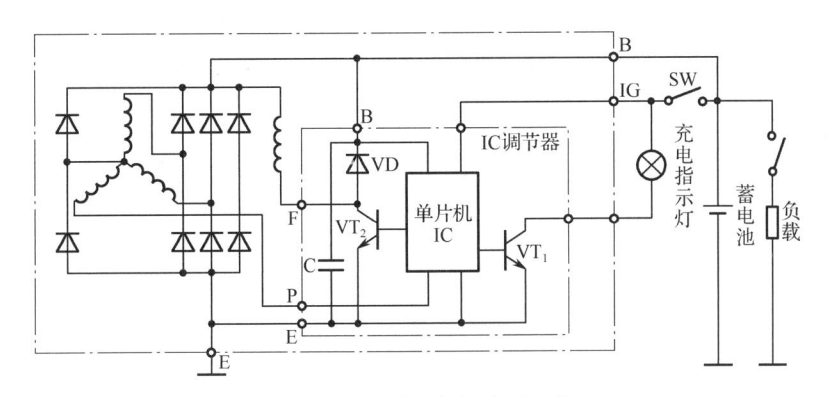

图 2-21　交流发电机的电压调节

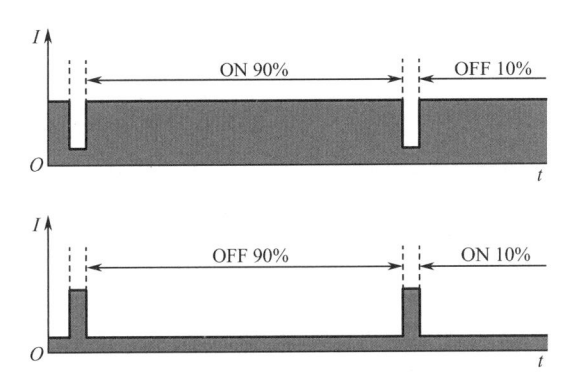

图 2-22　占空比控制的电压调节

3. 微机控制式电压调节

越来越多的新型汽车不再采用独立的电压调节器，而是通过动力传动模块（PCM）对充电系统的输出进行控制。但是，不论将其布置在何处，其作用仍然是控制励磁绕组中的电流。

发电机控制系统如图 2-23 所示，包括电池状态感知模块、车辆状态感知模块、计算模块及励磁控制模块。其中，电池状态感知模块通过传感器获得蓄电池相关参数估计蓄电池的电量状态（SoC）；车辆状态感知模块通过发动机控制单元等车辆控制器进行通信，获得车辆的当前运行状态；计算模块根据电池状态感知模块和车辆状态感知模块获得蓄电池和车辆的状态信息，根据发电机控制策略决定发电机的工作模式，输出

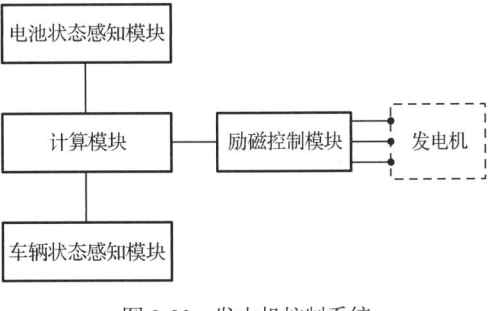

图 2-23　发电机控制系统

参考电压至励磁控制模块；励磁控制模块直接连接发电机的供电输出端和励磁线圈，根据计算模块输出的参考电压控制发电机的工作模式。

该系统由计算机通过 400Hz 的固定频率对磁场电流进行通断控制。通过改变通电和断电的时间，形成能够使发电机产生合适输出电压所需的平均励磁电流。这种系统的突出特点是能够根据汽车的要求和环境温度改变电压。

PCM 通过 LIN 子总线获得蓄电池状态参数，同时智能发电机可根据车辆加、减速行驶状态控制发电机的输出电压，在车辆加速时，降低发电机的输出电压；在车辆减速时，提高发电机的输出电压；在车辆怠速和匀速行驶时，根据蓄电池的电量状态确定适当的发电机电压，从而实现车辆制动能量部分回收、节油减排的目的，同时智能发电机调节器也有故障诊断的功能。发电机的输出电压、蓄电池电压与车速的关系如图 2-24 所示。

在这种精确控制下，可以使用更小、更轻的蓄电池，能降低交流发电机的磁阻，提高发动机的输出功率，这有助于提高汽车的燃油经济性。最为重要的是，可以利用计算机来诊断充电系统中的故障，如输出电压过高或过低等。

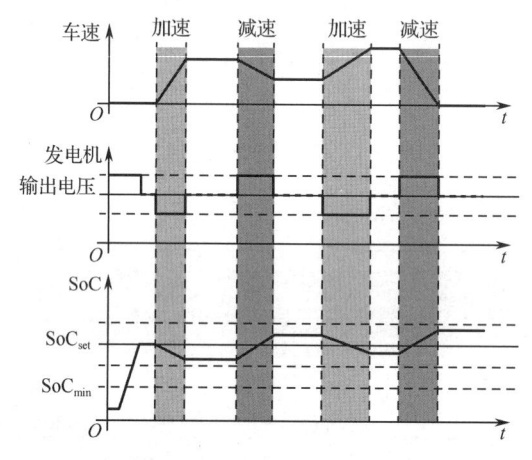

图 2-24　发电机的输出电压、蓄电池电压与车速的关系

4．电压调节的监测

监测交流发电机最简单、最普遍的方法是使用充电指示灯。当充电系统不能提供足够的电流时，充电指示灯将会点亮。但是，在点火开关开始接通时，由于发电机没有向蓄电池和其他用电设备提供电流，充电指示灯也会点亮。此时电流经过点火开关、充电指示灯、电压调节器、发电机、搭铁，最后流回蓄电池。发动机正常运转，带动交流发电机正常发电后，充电指示灯熄灭。如果交流发电机的输出电压较低或为零时，充电指示灯将会点亮，起警示作用。在某些汽车上，如果交流发电机的输出电压高于正常值，充电指示灯也会点亮，起警示作用。当电压在正常范围内变化时，充电指示灯不亮。

某些汽车上的充电指示灯还有其他警示作用。PCM 除了监控充电电压，还能监控该系统的工作情况，当充电系统发生故障时，它将打开故障指示灯（MIL）。例如，当充电电压高于16.9V 并持续 50 秒以上时，故障指示灯亮，并有相应的故障代码储存。

5．交流发电机的温度补偿

大气温度会影响蓄电池所能接受的充电电流，所以电压调节器应该能够对大气温度进行补偿。所有的电压调节器都有这一功能，即在低温时，稍微提高充电电压，其充电电压要求达到 16V，蓄电池在低温时需要稍高的充电电压是因为化学反应的阻力发生了变化；在高温时，稍微降低充电电压。然而，如果高温时未降低充电电压，蓄电池就会被过度充电。在大多数汽车充电系统中，电压调节器处或蓄电池附近有一个感温的热敏电阻，可根据发动机罩下的温度或蓄电池温度调整充电电压，充电电压的变化范围为 13.5～14.5V。

五、交流发电机的工作特性

1．输出特性

当发电机电压一定时，输出电流与发电机转速之间的关系称为发电机的输出特性，即 U 为常数时，$I=f(n)$，如图 2-25 所示。

注意：12V 发电机的额定电压为 14V，24V 发电机额定电压为 28V。

发电机的输出特性曲线表明：

（1）在端电压保持不变（12V 发电机保持 14V，24V 发电机保持 28V）的情况下，当 $n>n_1$ 时，其输出电流随着转速增加而逐渐增大。当 $n<n_1$ 时，因发电机的端电压低于额定值，发电机不能向外输出电流，汽车电气设备只能由蓄电池供电，所以 n_1 称为空载转速，它通常作为选择发电机与发动机传动比的依据。

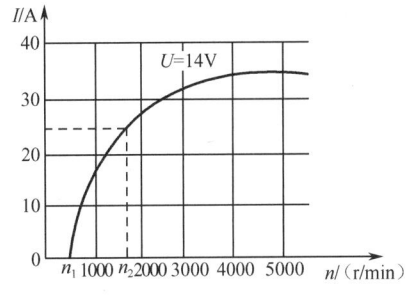

图 2-25 交流发电机的输出特性曲线

（2）发电机达到额定功率时的转速 n_2 称为额定转速，这时发电机的负载电流为额定电流 I_N。额定转速 n_2 是判断发电机性能的重要指标。

（3）当发电机转速达到一定值后，发电机的输出电流几乎不再增加，发电机具有限制输出电流的能力。这是由于随着定子绕组中感应电动势的增加，定子绕组的阻抗也随转速的升高而增加，同时定子电流增加，电枢反应的增强使感应电动势下降。由于上述原因，发电机转速达到一定值后，其输出电流几乎不变，即具有限制输出电流，防止过载的自我保护能力，故交流发电机不需要设置限流器。交流发电机的最大输出电流约为额定电流的 1.5 倍。

2．空载特性

当发电机空载运行时，发电机端电压 U 和转速之间的关系称为发电机的空载特性，即负载电流 $I=0$ 时，$U=f(n)$，如图 2-26 所示。

发电机的空载特性曲线可以判断发电机充电性能的好坏，即从曲线的上升速率和达到蓄电池电压的转速高低可判断发电机的性能是否良好。

3．外特性

当发电机转速一定时，发电机端电压 U 与输出电流 I 之间的关系称为发电机外特性，即 n 为常数时，$U=f(I)$，如图 2-27 所示。

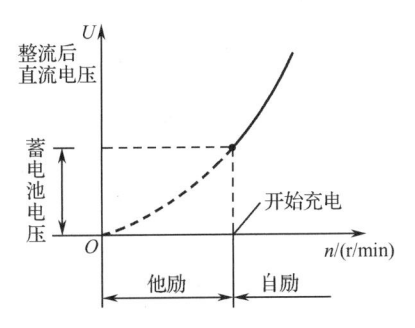

图 2-26 交流发电机的空载特性曲线

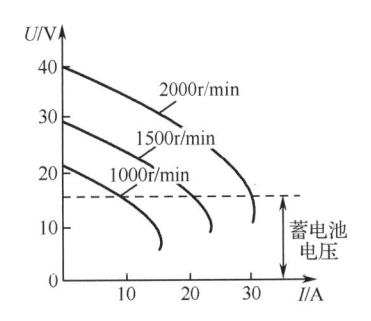

图 2-27 交流发电机外特性曲线

发电机的外特性曲线表明，在一定的转速下，当输出电流增加时，发电机端电压有较大幅度的下降，因此，要使输出电压稳定，必须配备电压调节器。另外，在发电机高速运转时，如果突然失去负载，端电压会急剧升高，电气设备中的电子元件有被击穿的风险。

任务四　交流发电机试验与就车检测

一、交流发电机的试验

交流发电机装配好后，要进行性能测试，测出发电机在空载和满载的情况下，输出额定电压时所对应的最小转速，从而判断发电机的工作是否正常。发电机的型号不同，其额定转速也不同。在进行发电机转速试验时，综合性试验台驱动装置的转速可高达 6000r/min，如需更高的转速则可用三角皮带增速驱动。检测发电机时，通过转动臂将发电机夹紧在综合性试验台（见图 2-28）的夹紧装置上。在调整和张紧三角皮带后调整转速传感器，并连接发电机的电气接头。

1）空载试验

将交流发电机正确安装在试验台上，启动试验台，观察发电机的发电情况。当电压达到额定值（14.8V）时，发电机的转速不得超过 1000r/min。

2）负载试验

将交流发电机正确安装在试验上，启动试验台，当电压为 14V 时，输出电流应达到 25A；当发电机输出电压和输出电流均达到额定值时，发电机转速不得超过 2500r/min。

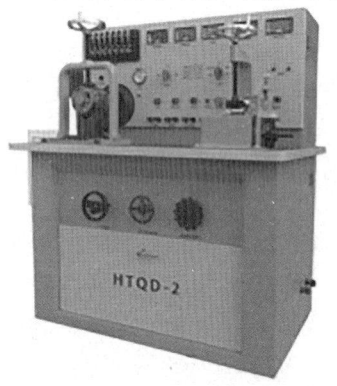

图 2-28　综合性试验台

二、交流发电机的使用注意事项

交流发电机在使用和维护过程中，要注意以下几个问题。

（1）蓄电池的搭铁必须与交流发电机的极性一致，都是负极搭铁，否则蓄电池将通过发电机的硅整流二极管大量放电，导致烧毁二极管。

（2）不得用发电机输出端瞬时接地（搭铁）的方法（试火法）来判断发电机是否发电。

（3）发电机在高速运转时，不得拆下蓄电池等主要用电设备，以免产生瞬时过电压，损坏二极管、调节器或其他用电设备。

（4）经常检查发电机与蓄电池之间的连线，保证连接牢固可靠。

（5）经常检查发电机皮带的张紧程度，应符合出厂时的规定。皮带过松，会造成蓄电池充电不足；皮带过紧，容易损坏皮带和发电机轴承。

（6）一旦发现发电机工作不正常，应立即检查，找出并排除故障。

（7）定期对发电机进行维护，一般在发电机运行 750h 或汽车行驶 3 万千米后，要对发电机的电刷、整流元件、调节器、轴承等易损元件进行一次检查和必要的测试。

三、交流发电机的就车检测

1. 预检

在检查充电系统之前，应先检查充电电路的工作状况。

检查步骤如下。

(1) 检查皮带及其张紧度。

(2) 起动发动机,观察仪表盘上的充电指示灯。如果充电指示灯亮,检查与之相关的元件。

(3) 检查蓄电池和充电系统的电缆、连线、接头,如有必要及时进行维修。

(4) 检测蓄电池的工作状况,如有必要及时进行更换。

2. 检查皮带外观

检查发电机驱动皮带的磨损情况和张紧度,磨损严重或皮带张紧力下降会造成皮带打滑,降低交流发电机的输出功率。皮带断裂会使水泵、交流发电机和动力转向泵停止工作,还会影响空调压缩机和冷却风扇工作。

肉眼观察皮带有无裂纹、破损或剥落现象,视情况更换皮带。如果皮带出现打滑现象,或皮带高度降低,也应及时更换皮带。皮带上出现细微的裂纹,属于正常情况,不会影响其正常工作。

注意:当传动皮带上出现很多裂纹时,应该及时更换,规定任何跨度为75mm长度上出现的裂纹多于3个时,就要更换皮带。

检查皮带是否有以下情况。

(1) 基层裂纹(裂纹、中心断裂、截面断裂)。

(2) 层离(表层、加强筋)。

(3) 基层破裂。

(4) 加强筋散开。

(5) 齿面磨损(材料腐蚀、齿面散开、齿面硬化、玻璃状齿面、表面裂纹)。

(6) 机油或油脂痕迹。

3. 检查导线连接

(1) 检查各导线的连接是否牢靠。

(2) 发电机"B+"端子必须加垫弹簧垫圈。

(3) 采用线束连接器连接的发电机,其插头与插座间必须有锁止扣,不得有松动现象。

4. 电压检测

电压检测步骤如下。

(1) 在发动机停转且不使用车上电气设备的情况下测量电压,并把这个电压称为参考电压或基准电压。

(2) 起动发动机,使发动机转速保持在2000r/min,在不使用车上电气设备的情况下测量电压,这个电压称为空载充电电压,空载充电电压应比参考电压高些,但不得高出2V。

(3) 发动机转速仍为2000r/min,接通电气附件,如暖风机、空调和远光灯等,当电压稳定时测量电压,这个电压称为载荷电压。载荷电压至少应高出参考电压0.5V。

5. 充电系统电压降的检测

电压降的检测主要用来判断发电机与蓄电池之间的连线是否良好,如图2-29所示。

(1) 检测前,起动发动机,并使其在2000r/min的转速下运转。接着,打开前照灯,给发电机加上一定的负载。

(2) 测量发电机的输出端与蓄电池的正极端之间的电压降,正常电压为≤0.4V。如果超过0.4V，说明导线连接点的电阻大。

（3）测量发电机的外壳与蓄电池的负极端之间的电压降，正常电压为≤0.3V。如果超过0.3V，说明导线连接松动，连接点的电阻大。

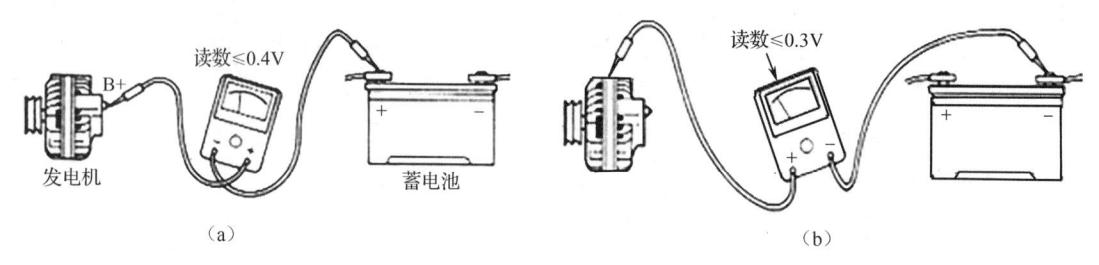

图2-29　充电系统电压降检测

6．输出电流检测

主要检测发电机在额定电压下的最大输出电流。用感应式电流钳测量充电系统的输出电流。检测步骤如下。

（1）确认负载测试器处于"关"位置，确认所有开关位置。

（2）将负载测试器与蓄电池接线柱连接。

（3）用钳式电流表夹住发电机与蓄电池接线柱相连的一条大电缆。

（4）起动发动机，使其以2500r/min的转速运转。

（5）将电流钳测量范围调整到输出最大电流位置。

（6）如果电流表读数在15A以内，说明发电机是好的。

（7）如果输出电流小或是零，还要检测电压。

7．输出电压的交流成分检测

将数字万用表的交流电压挡并联在蓄电池的正、负极两端，测量发电机输出的交流电压（正常值应≤0.4V）。具体步骤如下。

（1）起动发动机，并使其在2000r/min的转速下运转。

（2）打开前照灯，给发电机加上一定的负载。

（3）将数字万用表并联于蓄电池的正、负极两端，读取交流电压。如果交流电压≤0.4V，说明发电机的整流器工作正常；如果交流电压>0.5V，说明发电机的整流器存在故障。

※请向客户描述车辆发电机的就车检查结果，说明发电机工作情况是否正常，并给出相应的建议。

_____
_____
_____
_____

四、交流发电机的常见故障检修

交流发电机的常见故障部位有轴承、电刷、整流器及电路连接不良。表2-3所示为电源系统的常见故障、故障原因及检测维修方法。

表 2-3　电源系统的常见故障、故障原因及检测维修方法

常见故障	故障原因	检测维修方法
发动机正常起动，但蓄电池无法充电	1. 蓄电池故障 2. 驱动皮带张紧度不够或磨损 3. 连接线或电缆磨损或损坏 4. 交流发电机损坏 5. 电压调节器故障 6. 其他电路故障	1. 检查蓄电池，如有必要及时进行更换 2. 调整或更换驱动皮带 3. 检查并维修 4. 检查并更换相应配件 5. 检查并更换 6. 检查电路并维修
发电机异响	1. 驱动皮带张紧度不够或磨损 2. 皮带轮变形 3. 交流发电机损坏 4. 交流发电机支座松动	1. 调整或更换驱动皮带 2. 更换皮带轮 3. 检查并更换相应配件 4. 加以紧固
灯泡或熔断器经常烧坏	1. 连接线磨损或损坏 2. 交流发电机或调节器故障 3. 蓄电池故障	1. 检查并维修 2. 检测、维修或更换 3. 检查并更换
发动机起动后闪烁或运行期间充电指示灯亮	1. 驱动皮带张紧度不够或磨损 2. 交流发电机损坏 3. 励磁绕组搭铁不良 4. 电压调节器故障 5. 指示灯连线或连接器接触不良	1. 调整或更换驱动皮带 2. 检查并更换相应配件 3. 检查并更换连线 4. 检测、维修或更换 5. 检查并更换
汽车运行时，充电指示灯亮	1. 驱动皮带张紧度不够或磨损 2. 连接线错误或接触不良 3. 交流发电机损坏 4. 电压调节器故障	1. 调整或更换驱动皮带 2. 检查并更换 3. 检查并更换 4. 检查并更换

工作任务

说明

学习领域	汽车电气系统及检修
学习情境	交流发电机检修
客户委托	充电指示灯亮起
姓名		班级	
成绩		教师签名	

问题或情境说明

某 4S 店服务顾问接到客户电话，客户反映汽车仪表盘上有一红色指示灯亮起，经确认为蓄电池指示灯，服务顾问就此向客户解释蓄电池指示灯含义，并要求客户靠边停车，等待救援服务。要求服务顾问能向客户解释清楚蓄电池指示灯亮起的原因。

学习任务

学习任务 1

主题	描述发电机功能、分类与标识含义（功能单元）
说明	● 在您的技术信息系统中使用现有的专业文献和信息 ● 在工作组内准备学习作业 ● 参考工作环境中车辆的结构类型 ● 在工作表中输入信息

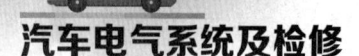

工作表：发电机功能及分类

1. 请观察实车，指出发电机的位置，说出发电机的动力来自何处。
   _____
   _____
   _____

2. 请解释发电机的作用。
   _____
   _____
   _____

3. 请写出图 1 中交流发电机的搭铁形式，并说明两者有何不同。

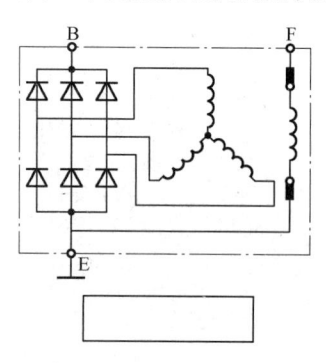

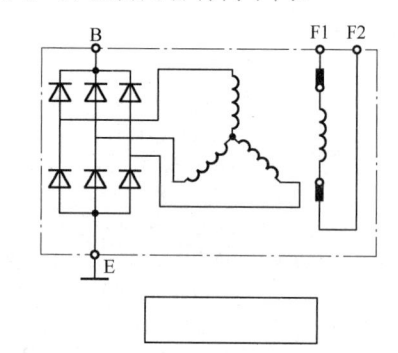

   图 1

   _____
   _____

4. 请描述八管发电机和九管发电机的异同点。
   _____
   _____
   _____
   _____

5. 请在图 2 中写出发电机标识信息的含义。

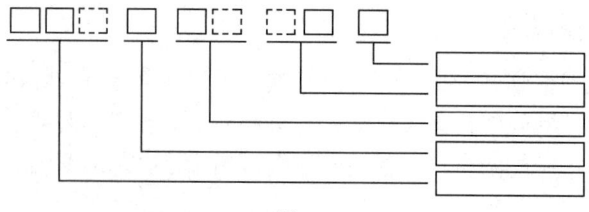

   图 2

6. 请写出发电机型号 JFZ1913Z 的含义。
   _____
   _____

7. 请描述无刷式交流发电机和永磁式交流发电机在结构上有何特点。
   _____
   _____
   _____

学习任务 2

主题	描述发电机的基本结构与组成
说明	● 在您的技术信息系统中使用现有的专业文献和信息 ● 在工作组内准备学习作业 ● 参考工作环境中车辆的结构类型 ● 在工作表中输入信息

工作表：基本构成

1. 请写出图 3 所示的发电机中的部件名称。

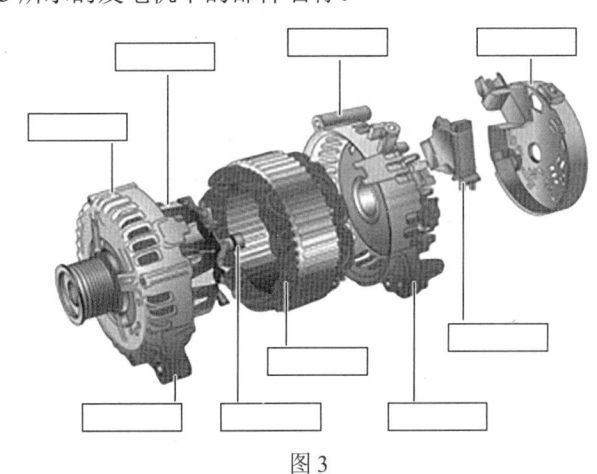

图 3

2. 在图 4 中补充部件名称，并在发电机拆解元件板上找到这些部件。

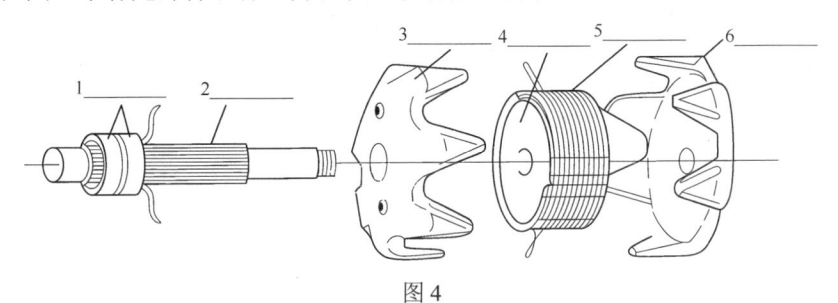

图 4

3. 请写出定子绕组的连接方式有哪两种？汽车用交流发电机通常使用哪种？
_____
_____

4. 转子的作用是_____。

5. 定子的三相绕组绕制排列的要求是什么？
_____
_____
_____

6. 通常发电机的前后端盖采用什么材质，其优点是什么？
_____
_____
_____

7. 请在图 5 中标注出二极管组的类型，画出二极管的图形符号并说明二极管的特点。

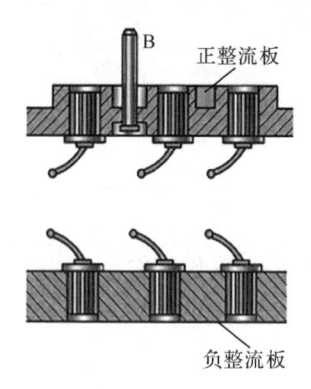

图 5

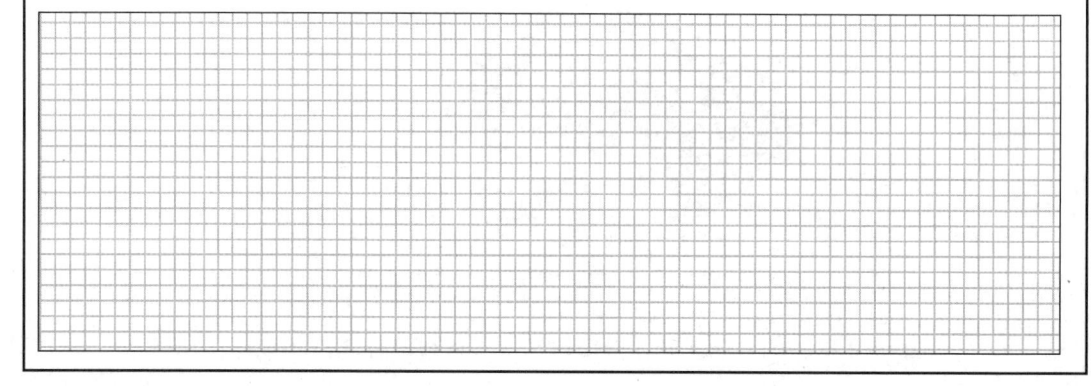

学习任务 3

主题	描述发电机的工作原理
说明	● 在您的技术信息系统中使用现有的专业文献和信息 ● 在工作组内准备学习作业 ● 参考工作环境中车辆和发电机的结构类型 ● 在工作表中输入信息

工作表：发电机工作原理

1. 结合图 6 描述电磁感应现象是如何应用在交流发电机中的。

图 6

交流发电机检修 **项目二**

2. 请写出图 6 中三相输出的交流电动势的瞬时表达式，并分析影响输出交流电动势的因素。

_____
_____
_____
_____

3. 根据题 2 中的表达式，请画出输出三相交流电动势的波形。

4. 结合图 7 描述发电机的励磁方式。

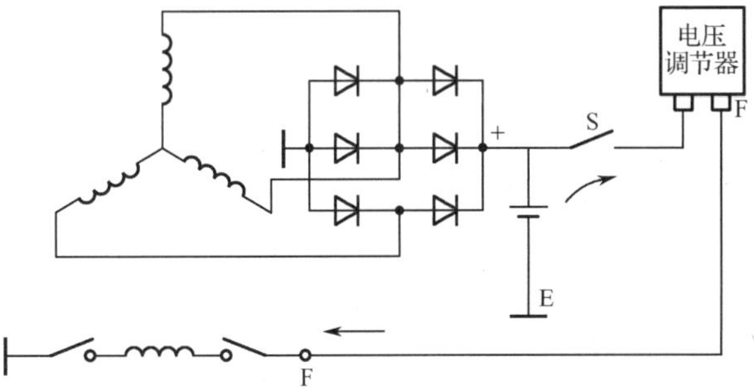

图 7

5. 请补充图 8 所示的发电机整流电路。

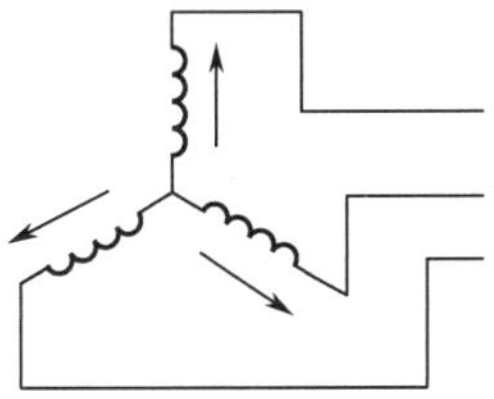

图 8

6. 请在图 9 中用颜色笔画出充电指示灯亮起时的电流回路，并写出电流走向。

57

图 9

_____
_____
_____

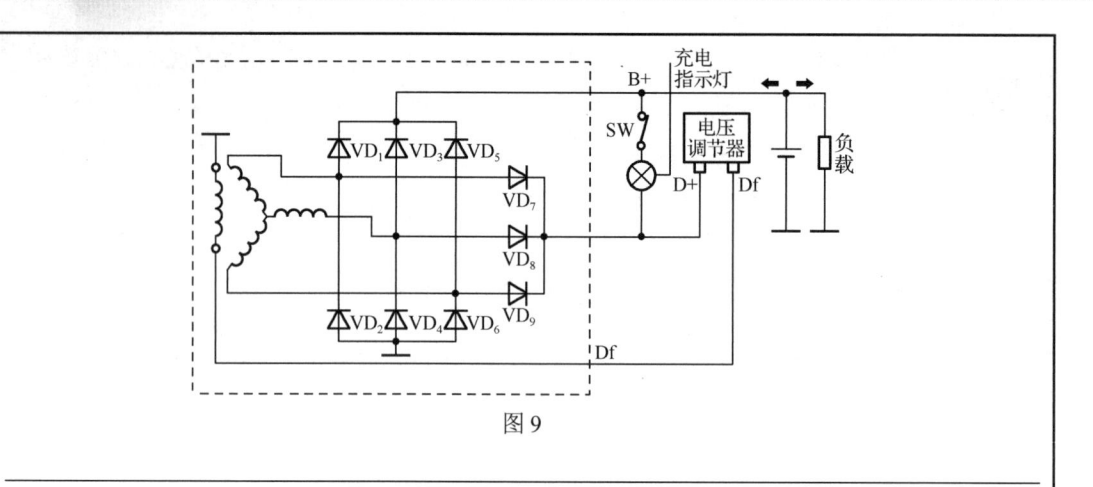

7. 图 10 所示为大众 Polo 汽车的电源系统电路图，请查阅资料，回答下列问题。

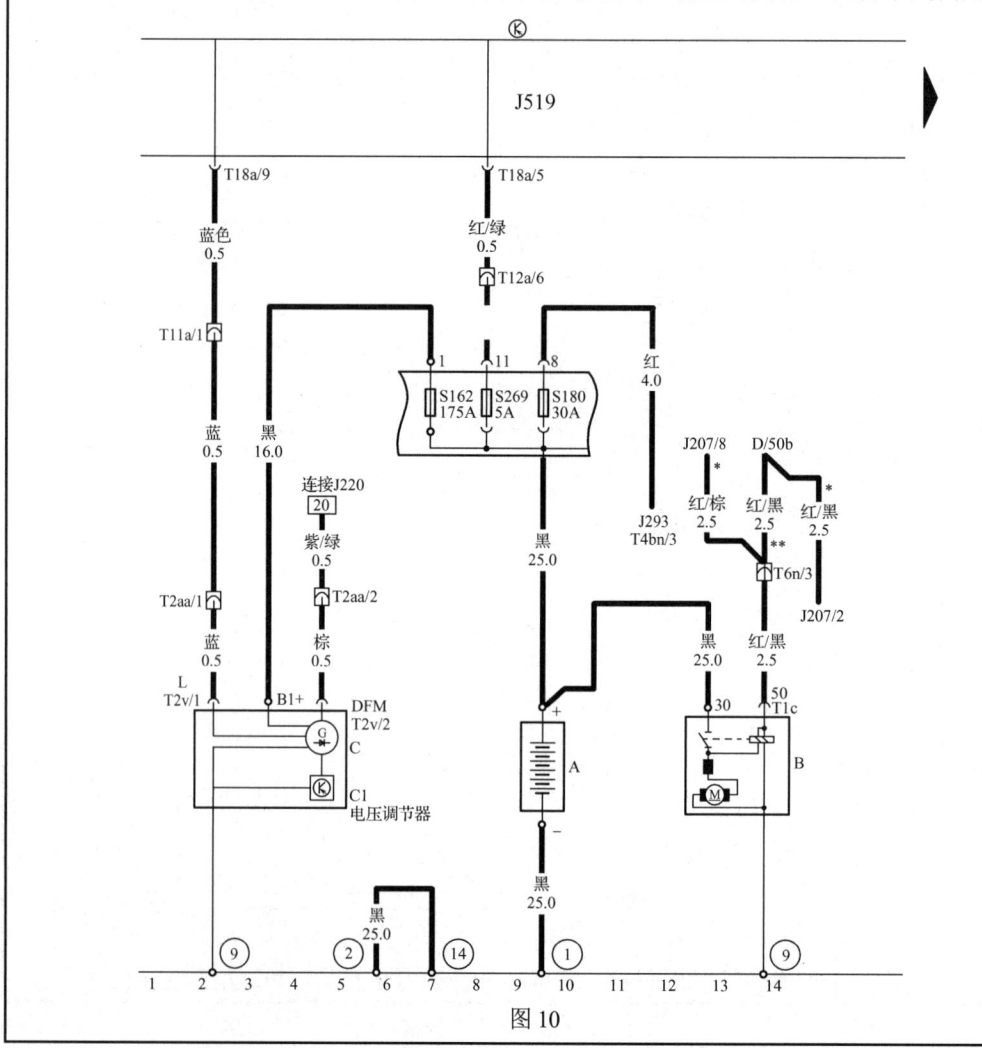

图 10

（1）请在图 10 中标注出蓄电池、交流发电机及起动机，以及励磁信号线、电压调节接线端。

（2）该交流发电机的搭铁形式是（　　）。

A．内搭铁式　　　　B．外搭铁式。

（3）请在图 10 中标注出交流发电机的接地点。

（4）交流发电机的电压调节是由（　　）进行管理的。

A．发动机控制单元　　B．空调控制单元　　　C．变速器控制单元

（5）描述图 10 中交流发电机的电压调节过程。

_____

_____

8．请根据图 11 回答问题。

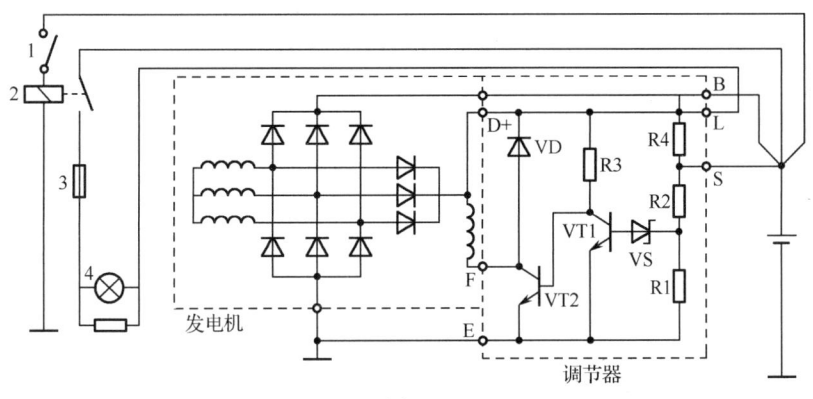

图 11

（1）请在图中标注出下列元件：点火开关、继电器、熔断器、充电指示灯。

（2）该交流发电机共有（　　）只二极管。

A．6　　　　　　B．8　　　　　　C．9　　　　　　D．11

（3）请在图 11 中标注出励磁二极管。

（4）请在图 11 中标注出交流发电机的输出端子。

（5）请写出稳压二极管 VS 的作用。

_____

（6）稳压二极管 VS 的电压等于电阻器（　　）两端的电压。

A．R1　　　　　B．R2　　　　　C．R3　　　　　D．R4

（7）转子绕组通过三极管（　　）实现接地。

A．VT1　　　　B．VT2　　　　C．VD　　　　D．VS

（8）该图的电压调节器中，利用了三极管的（　　）控制励磁绕组的接地。

A．开关特性　　　B．放大特性　　　C．单向导电性

（9）请在图 11 中标注出交流发电机自励电流的走向。

（10）当输出电压过高时，（　　）被击穿导通。（　　）导通，（　　）截止，励磁绕组无法搭铁形成回路，励磁电流中断，交流发电机输出电压因此降低。

A．VT1　　　　B．VT2　　　　C．VD　　　　D．VS

学习任务 4

主题	就车检测发电机
说明	● 根据制造商的规范准备必要的工具和设备 ● 遵守安全规定，保持工作场所整洁 ● 以现有车辆的实际配置为准 ● 注意发动机运转及车辆起动过程中存在的危险

工作表：向客户解释发电机检测项目

1. 向客户说明检查发电机的必要性。

_____

_____

_____

2. 充电系统的什么故障会导致灯泡或熔断器经常烧坏？

_____

_____

_____

3. 小组讨论，分析充电指示灯亮起的原因。

_____

_____

_____

4. 小组讨论制订发电机就车检测工作计划，并补充完整表 1 所示的工作列表中的信息。

表 1

车辆信息表			
制造商		品牌	
车辆车型		制造日期	
车辆识别代号		发动机型号	
总质量		发动机功率	
乘坐人数		发动机排量	
燃料类型		燃油型号	
计划工作范围					

序号	检测项目	工具	检测步骤	检测结果	正常值或正常值范围	结论
1						
2						
3						
4						

交流发电机检修 项目二

续表

序号	检测项目	工具	检测步骤	检测结果	正常值或正常值范围	结论
5						
6						
7						
8						
9						

5．根据就车检测结果，评估本次工作任务。

_____
_____
_____
_____

学生笔记：
请结合发电机的作用、工作原理及结构，阐述对"发电机——供给侧，随机变，整而发，善自立"的理解。

_____
_____
_____

成绩评测

编号	测试形式	测试加权
1	理论知识查询 ● 10道测试题 ● 每题2分，总分数20分 ● 最长处理时间：10min ● 试题已经在学习平台上传	20%
2	工作计划 ● 制订关于"充电指示灯亮起"主题的工作计划，时间为20min ● 根据评估矩阵进行评价 | 编号 | 评估标准 | 1 | 2 | 3 | 4 | 5 | |---|---|---|---|---|---|---| | 1 | 工作步骤的系统顺序 | | | | | | | 2 | 遵守安全规定 | | | | | | | 3 | 必要的工具和设备清单 | | | | | | | 4 | 完整且及时 | | | | | |	30%

61

续表

编号	测试形式						测试加权
3	实际工作任务 ● 按照工作计划实施车辆蓄电池的检查及跨接起动的专业介绍 ● 工作任务时间：40min ● 根据评估矩阵进行评价						50%
	编号	评估	1	2	3	4	5	
	1	专业和安全地操作设备和工具						
	2	遵守安全说明						
	3	正确地操作工具和设备（5S）						
	4	专业且及时地完成任务						

笔试测试

学习领域	汽车电气系统及检修
学习情境	交流发电机检修
客户委托	充电指示灯亮起
姓名	班级　　　　日期
成绩	教师签名

测试题或任务

1. 单选题

（1）交流发电机的动力源是（　　）。

A．蓄电池　　　　B．起动机　　　　C．发动机　　　　D．压缩机

（2）发电机中的（　　）可产生磁场。

A．定子　　　　　B．转子　　　　　C．轴承　　　　　D．整流器

（3）发电机中产生电动势的元件是（　　）。

A．定子　　　　　B．转子　　　　　C．整流器　　　　D．电刷

（4）定子的三相绕组彼此对称，彼此的相位差为（　　）。

A．30°　　　　　B．60°　　　　　C．90°　　　　　D．120°

（5）普通交流发电机的励磁方式为（　　）。

A．他励　　　　　B．自励　　　　　C．先他励后自励　D．永磁

2. 多选题

（1）发电机按总体结构分，有（　　）。

A．整体式发电机　B．无刷式发电机　C．永磁式发电机　D．旁通式发电机

（2）发电机按二极管数量分有（　　）。

A．六管发电机　　　　　　　　　　B．八管发电机

C．九管发电机　　　　　　　　　　D．十一管发电机

（3）发电机型号的标识信息包括（　　）及变形代号等。

A．产品代号　　　B．设计序号　　　C．功率等级　　　D．电压等级

（4）现代汽车通过 PCM 对充电系统的输出进行控制，PCM 通过（　　）获取蓄电池状态参数。

A．LIN 子总线　　　　B．CAN 总线　　　　C．以太网　　　　D．光纤

（5）发电机就车检测电压时，其检测的电压分为（　　）。

A．静态电压　　　　B．空载电压　　　　C．载荷电压　　　　D．对地电压

项目三

起动机检修

任务情境描述

某 4S 店服务顾问接到客户电话,客户反映汽车无法起动,特此求助,经沟通,4S 店出动抢修小组将故障车辆拖回了维修店,并对其进行检查。根据检查结果,判断汽车故障为起动机损坏。要求服务顾问向客户说明故障原因并开出更换起动机的工单。

所属课程

学习领域	汽车电气系统及检修
学习情境	起动机检修
客户委托	车辆无法起动

学习目标

行动目标（培训目标）	检查起动机并确定其中的故障元件
学习内容	起动机的功能与结构 起动机的标识含义 电动机的工作原理 起动机的起动过程 起动机的拆检与装配
学习成果	画出起动机的组成（功能单元）一览 描述各组件的作用和功能 电路分析,描述起动机的工作过程 制订工作计划,就车检测起动机并评估其工作状态 制订工作计划,按照规范进行起动机的拆检与装配并评估发电机的状态
能力与素质目标	专业能力： 行有规,执事敬 阐述起动机的结构和功能 能够分析起动电路 完成起动机就车检测并记录检测结果 检测并记录起动机组成元件的参数	社会能力： 尚和合,重民本,守诚信 善解人意 诚实守信 友好沟通 团队合作	个人能力： 志于学,学有思 有责任心 追求成功 有自我反省的意识 努力学习

任务一 起动机的结构

一、起动机概述

1. 起动机的作用和组成

汽车发动机在起动时，必须借由外力带动曲轴旋转，完成进气、压缩和点火等过程，直到混合气燃烧做功，发动机才正式开始工作。起动机就是完成这项工作的一种装置，它能够使发动机迅速而可靠地起动。发动机起动后，起动机停止工作。

现代汽车普遍采用电力起动，以蓄电池作为电源，用直流电动机提供动力，通过传动装置和控制机构进行工作。其特点为扭矩大、工作时间短。起动机位置图如图3-1所示。

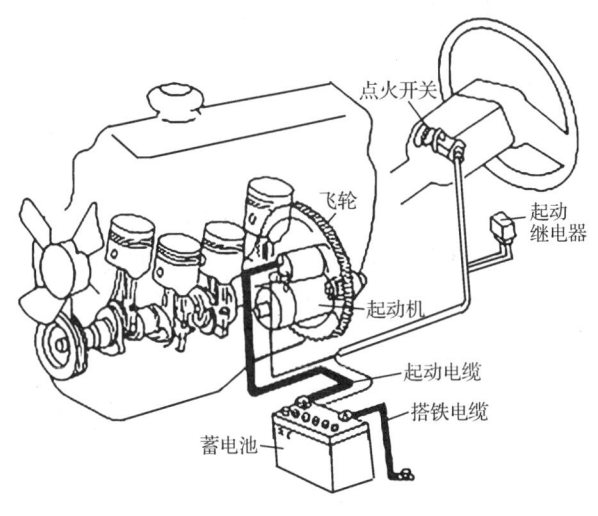

图 3-1 起动机位置图

起动系统一般由蓄电池、起动机、起动继电器、点火开关等组成，将蓄电池的电能转换为起动机的机械能，通过起动机驱动齿轮与发动机飞轮啮合传动，从而带动发动机运转，保证发动机的可靠起动。起动系统的核心元件是起动机。

这些元件分别位于两个独立的电路：起动机电路和控制电路。起动机从蓄电池接收大电流，在起动机电路中每秒通过的电流至少有150A，大功率起动机可能需要250A甚至更高的电流，安全起见要使用粗起动电缆。点火开关和仪表中通过如此大的电流是非常危险的，因此采用起动继电器控制，用点火开关以小电流控制起动继电器的通断，再用继电器控制大电流回路的通断。

当点火开关置于"起动"位置时，小电流由蓄电池流出，经过点火开关和空挡安全开关，到起动继电器、电磁开关，控制接通蓄电池和起动机之间的大电流电路，起动机运转，带动发动机。

※请在图3-2所示的起动电路中标出"控制电路"和"动力电路"及"大电流电路"和"小电流电路"。

65

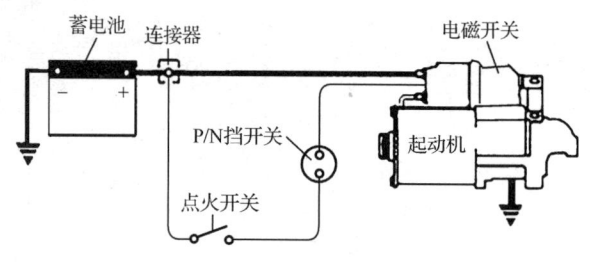

图 3-2　起动电路图

2．对起动机的要求

对起动机的要求如下。

（1）起动机的功率应和发动机起动所必需的功率相匹配，以保证起动机产生的电磁力矩大于发动机的起动阻力矩，带动发动机以高于最低起动转速的转速运转。发动机的阻力矩与发动机的工作容积、气缸数、压缩比等有关。对于构造确定的发动机来说，当温度降低时，润滑油的黏度增大，阻力矩显著增加。起动机在加速过程中，还要克服各运动构件的惯性力，故起动机必须具备足够的转矩。

（2）蓄电池容量必须和起动机的功率相匹配，保证为起动机提供足够大的起动电流和必要的持续时间。

（3）起动电路的连接要可靠，起动主电路导线电阻和接触电阻要尽可能小，一般都在 0.01Ω 以下。因此，起动主电路的导线截面积比普通的导线大得多，并且连接要非常牢固、可靠。

（4）发动机起动后，起动机小齿轮与发动机飞轮自动退出啮合或滑转，以防发动机带动起动机运转。

此外，起动机还要结实、稳固，经得起啮合、转动、振动的影响，以及发动机舱内湿气、盐雾、脏污和温度剧烈变化等不利影响，且质量轻、体积小、寿命长。

因此，提高发动机起动转速的途径如下。

（1）保持蓄电池充足电，提高蓄电池的电动势，减小蓄电池内阻。

（2）蓄电池的电缆要采用足够粗的铜导线，并连接牢固、可靠，减小导线电阻和接触电阻。

（3）起动机的主接线柱和接触盘之间、电刷和换向器之间、起动机和发动机之间接触要良好，减小起动机的内部电阻和接触电阻。

（4）发动机采用黏度较低的润滑油，起动前要充分预热，尽量采用减压等措施减小发动机的起动阻力矩。

※请在实车上找到并观察起动机与蓄电池的连接线，与汽车电路其他线束进行比较，描述其特点，并说明原因。

_____

_____

_____

二、起动机的分类

在起动机的三个组成部分中，电动机部分一般没有本质的差别，按照所用直流电动机的形式可分为普通起动机和永磁起动机，永磁起动机的电动机磁极用永磁材料制成，用 4 块或

6块永磁铁磁场组件代替励磁绕组，因为没有励磁绕组，电流经换向器和电刷直达电枢。永磁式减速起动机比励磁绕组起动机具有质量轻、结构简单和温升低等优点。而控制装置和传动机构则有很大差异，因此一般是按控制装置和传动机构的不同来分类的。

1. 按控制装置分类

按控制装置不同，起动机分为直接操纵式起动机和电磁操纵式起动机，前者已很少使用。电磁操纵式起动机由按钮或点火开关控制继电器，由继电器控制起动机的主开关来接通或切断主电路，也称为电磁控制式起动机。这种方式可实现远距离控制，工作方便，在现代汽车上广泛使用。

2. 按传动机构的啮合方式分类

按传动机构的啮合方式不同，起动机分为惯性式起动机和强制啮合式起动机。目前常用的是电磁控制的强制啮合式起动机，其工作可靠、操纵方便、应用广泛，如图3-3所示。常规起动机磁极采用电磁铁，传动机构中一般只由驱动齿轮、单向离合器和拨叉等组成，无特殊结构和装置。

3. 按传动机构中有无减速装置分类

按传动机构中有无减速装置，起动机分为普通起动机和减速起动机，图3-3所示的强制啮合式起动机为普通起动机，而图3-4所示的起动机中有减速机构，故称为减速起动机。采用减速起动机的电动机一般速度高、体积小、力矩低。在传动机构中设有减速装置，可增加输出扭矩，这样与普通起动机相比，可将质量和体积减小30%～35%。

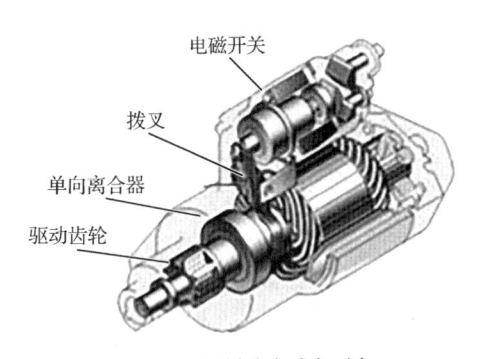

图3-3 强制啮合式起动机　　　　图3-4 减速起动机

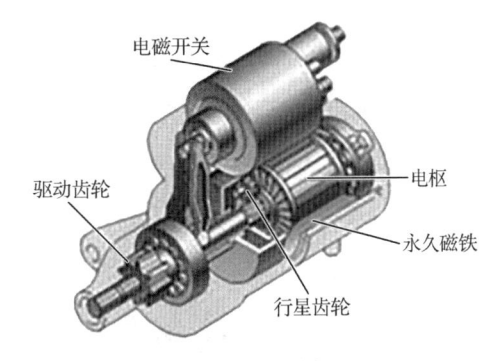

减速起动机是在起动机的电枢和驱动齿轮之间，装有减速比为3∶1～4∶1的减速齿轮，将电动机的转速降低后，增大电枢输出转矩，再带动驱动齿轮。这样就形成了转速为15 000～20 000r/min的小型高速低转矩的电动机，使起动机的质量减少35%，总长度缩短29%。转矩增大，不仅提高了起动性能，还使蓄电池的负荷减轻。

减速起动机的齿轮减速器有外啮合式减速机构、内啮合式减速机构、行星齿轮式减速机构三种。其中，行星齿轮式减速机构较好。外啮合式减速机构一般在小功率起动机上采用，内啮合式减速机构一般在大功率起动机上采用。各减速机构如图3-5～图3-7所示，图中 Z_e 为主动齿轮，Z_s 为从动齿轮，Z_i 为行星齿轮，E 为中心距。

1）外啮合式减速机构

外啮合式减速机构如图3-5所示，外啮合式减速机构在电枢轴和起动机驱动齿轮之间利用惰轮作为中间传动机构，且电磁开关铁芯与驱动齿轮同轴心，直接推动驱动齿轮进入啮合，无须拨叉。因此，起动机的外形与普通的起动机有较大的差别。外啮合式减速机构的传动中心距较大，因此受起动机构的限制，其减速比不能太大，一般不大于5:1，多用于小功率起动机。

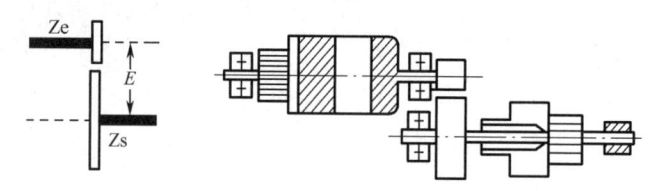

图 3-5　外啮合式减速机构

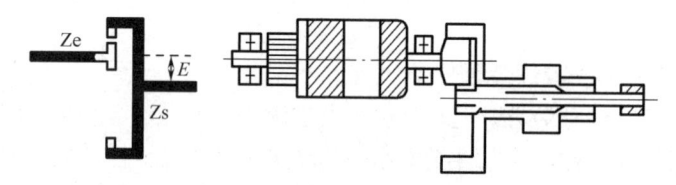

2）内啮合式减速机构

内啮合式减速机构如图 3-6 所示，减速机构传动中心距小，可有较大的减速比，故适用于较大功率的起动机。但内啮合式减速机构噪声较大，驱动齿轮仍需用拨叉拨动进入啮合，因此，起动机的外形与普通起动机相似。

图 3-6　内啮合式减速机构

3）行星齿轮式减速机构

行星齿轮式减速机构如图 3-7 所示，行星齿轮总成由装在电枢轴端的太阳轮、装在行星齿轮架上的三个行星齿轮及与行星齿轮啮合的内齿齿环组成。齿环保持不动。当电枢旋转时，太阳轮带动三个行星齿轮绕内齿齿环旋转，行星齿轮绕内齿齿环的运动带动行星齿轮架旋转。行星齿轮架与输出轴连接。用这种齿轮配置得到的减速比为 4.5:1。这样大的减速比，大大减小了起动机的起动电流。

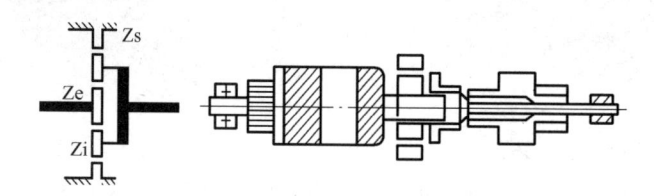

图 3-7　行星齿轮式减速机构

行星齿轮式减速机构的特点：减速机构结构紧凑、传动比大、效率高。由于输出轴与电枢轴同轴线、同旋向，因此电枢轴无径向载荷，振动轻，整机尺寸小。行星齿轮式减速起动机具有如下优点。

（1）负载平均分配在 3 个行星齿轮上，可以采用塑料内齿圈和粉末冶金的行星齿轮，使整机质量减轻、噪声降低。

（2）尽管增加了行星齿轮式减速机构，但是起动机轴向上的其他结构与普通起动机相同，故配件可以通用。

因此，行星齿轮式减速起动机应用越来越广泛，丰田轿车和部分奥迪轿车都采用了行星齿轮式减速起动机。

在电气控制方面，永磁减速起动机与一般励磁绕组起动机基本相同。注意搬动永磁起动机时要避免磕碰，因为永磁铁是脆性的，容易损坏。

※请解释为什么齿轮减速装置能减小起动机的起动电流。

_____
_____
_____
_____

三、起动机的型号

根据中国汽车行业相关标准的规定，起动机型号由五部分组成，如图3-8所示。

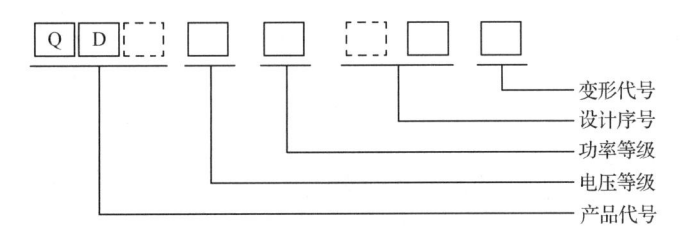

图3-8 起动机型号含义

第一部分为产品代号：QD表示起动机；QDJ表示减速起动机；QDY表示永磁起动机。
第二部分为电压等级，用一位阿拉伯数字表示：1表示12V；2表示24V；6表示6V。
第三部分为功率等级，用一位阿拉伯数字表示，如表3-1所示。

表3-1 起动机的功率等级一览表

功率等级代号	1	2	3	4	5	6	7	8	9
功率/kW	<1	1～2	2～3	3～4	4～5	5～6	6～7	7～8	>8

第四部分为设计序号，按产品设计先后顺序，用阿拉伯数字表示。
第五部分为变形代号。
例如，起动机型号QD124表示额定电压为12V、功率为1～2kW、第四次设计的起动机。

四、起动机的拆解

1．起动机拆装注意事项

（1）起动机拆解和组装时，对于配合较紧的部件，严禁生砸硬敲，应使用拉、压工具进行分离与装入，以防损坏部件。

（2）清洗起动机部件时，起动机电枢、励磁绕组和电磁开关总成只能用拧干汽油的棉纱擦拭，或用压缩空气吹干净，以防止由于液体不干而造成短路或失火。其他部件均可用液体清洗剂清洗。

（3）组装好起动机后，先测量调整，再在试验台上进行运转试验。做起动机运转试验时，要先进行空载试验，再进行全制动试验，以防止因意外故障引起过载从而烧坏实验设备或起动机本身。

2. 拆解起动机

拆解起动机前应清洁其外部的油污和灰尘，并做好定位标记，步骤如下（以 QD124H 起动机为例进行介绍）。

（1）从电磁开关接线柱上拆下起动机与电磁开关之间的连接导线，如图 3-9（a）所示。

（2）用直径为 12mm 梅花扳手拆卸电磁开关 C 端子上的固定螺母，并做好装配记号，如图 3-9（b）所示。

（3）用直径为 10mm 扳手松开电磁开关的两个固定螺母，取下电磁开关总成，如图 3-9（c）所示。

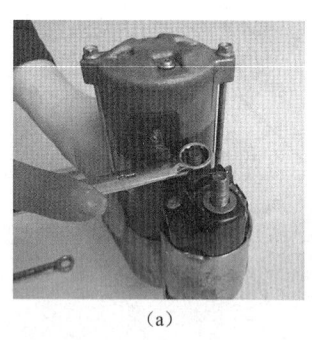

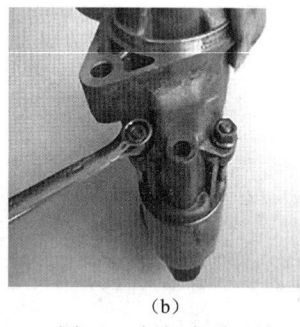

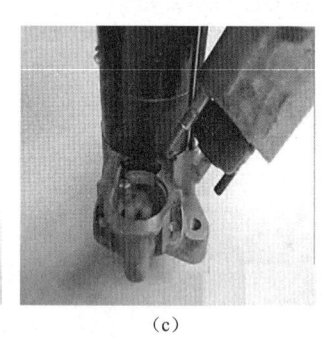

图 3-9 拆卸电磁开关

注意：在取出电磁开关总成时，应将其固定螺母端向上抬，使柱塞铁芯端头与拨杆脱开后再取出。

（4）用螺丝刀拆卸后端盖上电刷的两颗固定螺母，使用小飞（1/4 英寸套筒扳手）配短接杆加 8mm 套筒拆卸起动机的两颗长螺栓，取出螺栓，取下端盖，如图 3-10 所示。

（5）取下励磁绕组、电刷架、接头，将起动机电枢总成及小齿轮拨杆一起从起动机机壳上拉出来，如图 3-11 所示。

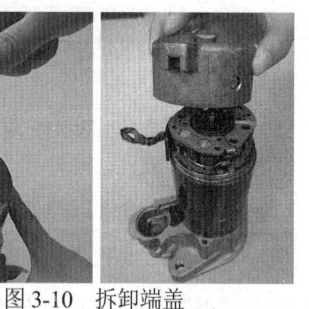

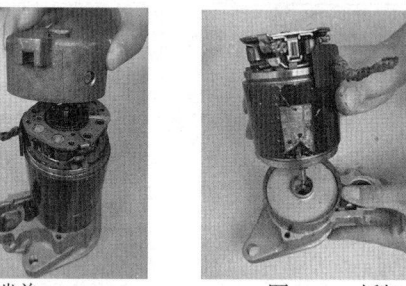

图 3-10 拆卸端盖　　图 3-11 拆卸电刷架及定子总成

（6）取下单向离合器、拨叉、行星齿轮，如图 3-12 所示。

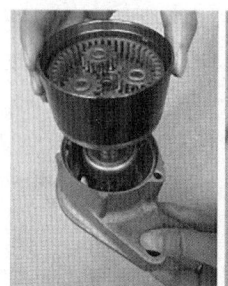

图 3-12 拆卸传动机构

在拆卸过程中，要按照顺序将零部件依次摆放整齐，用抹布蘸取适量有机清洁剂擦洗零部件。起动机的组装步骤与拆解步骤相反，但要注意：在组装起动机前，应在起动机的轴承和滑动处涂抹润滑脂。

※ 查阅资料，说明拆解、组装起动机的注意事项。

_____
_____
_____
_____

五、起动机的构造

起动机一般由直流电动机、传动机构和电磁开关三部分组成，如图 3-13 所示。

各部分功能如下。

直流电动机：产生电磁转矩。

传动机构：在发动机起动时，使起动机小齿轮与飞轮齿圈啮合，将起动机转矩传给发动机飞轮；在发动机起动后，使起动机自动脱开飞轮齿圈。

电磁开关：控制起动机的运转和传动机构的啮合与分离。

※请用思维导图的方式描述起动机的三大组成部分及其作用。

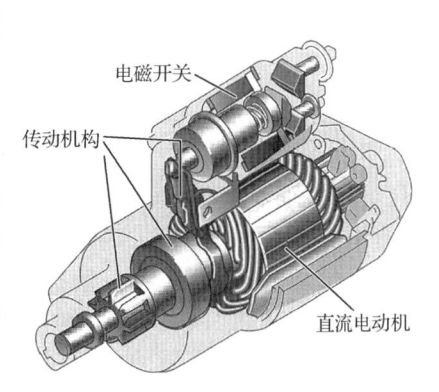

图 3-13　起动机的组成部分

_____
_____
_____
_____

1. 直流电动机结构与工作原理

直流电动机是起动机最主要的组成部件，其结构如图 3-14 所示，主要由电枢、磁极、电刷与电刷架等部件组成。电枢绕组与励磁绕组串联的直流电动机称为串励式直流电动机。

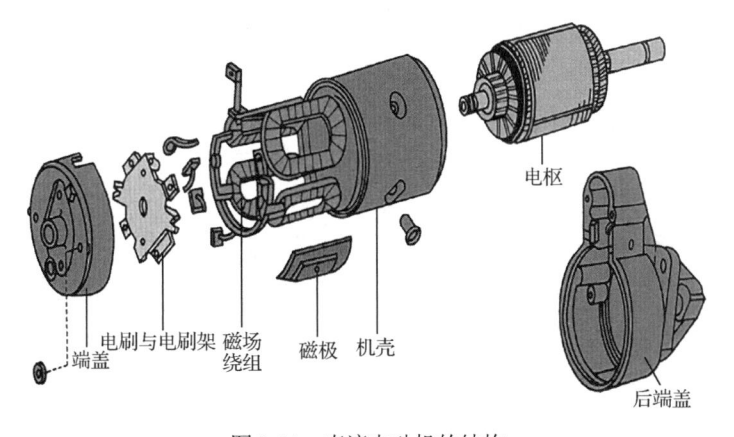

图 3-14　直流电动机的结构

1）直流电动机的结构

（1）电枢。

电枢是串励式直流电动机的旋转部分，包括电枢轴、电枢绕组、铁芯、换向器等部分。如图 3-15 所示。

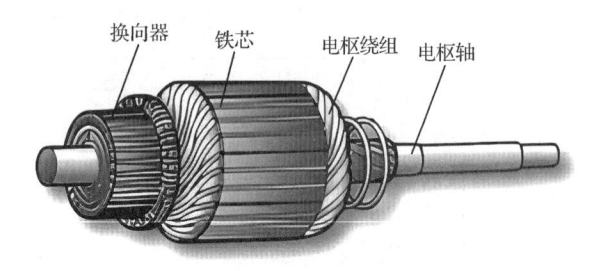

图 3-15　电枢结构

起动机工作时，通过电枢绕组和励磁绕组的电流达几百安或更大，因此其励磁绕组和电枢绕组一般采用矩形断面的裸铜线绕制而成，每相之间彼此绝缘。为了加强磁场，电枢上还有硅钢片。电枢安装在电动机壳体内的电枢轴上，两端用轴承支承。电枢绕组与励磁绕组间的间隙越小，磁场作用力越强，但必须保证彼此互不接触。

为了获得较大的电磁转矩，流经电枢绕组的电流很大（一般汽油电动机为 200~600A，柴油电动机可达 1000A），因此电枢绕组都用较粗的矩形裸铜丝绕制。

换向器由许多片换向片组成，换向片的内侧制成燕尾形，嵌装在轴套上，其外形车成圆形，换向片与换向片之间均用云母绝缘。

（2）磁极。

磁极由固定在机壳上的磁极铁芯和缠绕在铁芯上的励磁绕组组成，励磁绕组所形成的磁极应该是相互交错的。一般采用四个磁极，磁极成对安装，两两相对安装在电动机定子内壳上，其结构如图 3-16 所示。

励磁绕组的连接方式有两种，如图 3-17 所示。图 3-17（a）中，4 个励磁绕组一端接在外壳的绝缘接线柱上，相互串联后，另一端经由两个绝缘电刷，通过换向器与电枢绕组相连；图 3-17（b）中，4 个励磁绕组两两串联后并联，汇合后，另一端经由两个绝缘电刷，通过换向器与电枢绕组相连。

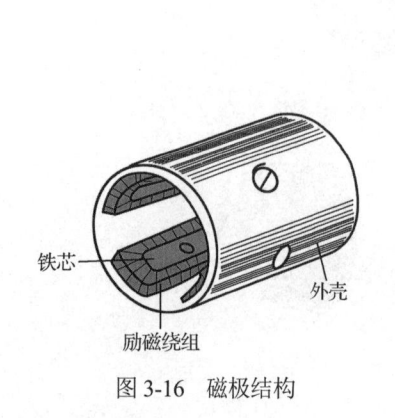

图 3-16　磁极结构

图 3-17　励磁绕组的连接方式

（a）4 个绕组相互串联　　（b）两两串联后并联

（3）电刷与电刷架。

电刷和换向器配合使用，连接励磁绕组和电枢绕组，并使电枢轴上的电磁力矩保持方向固定。

电刷用含铜石墨制成，装在端盖的电刷架上，通过电刷弹簧使电刷与换向片之间具有适当的压力以保持配合。电动机内装有四个电刷架，其中两个电刷架与机壳直接相连构成电路搭铁，称为搭铁电刷架，如图3-18所示。

电枢绕组各线圈的端头均焊接在换向器上，通过换向器与电刷将蓄电池的电流引进来。换向片和云母片叠压成换向器，云母片起绝缘作用。电刷有四个，其中两个将电流从励磁绕组传送到电枢，另两个电刷为流过电枢的电流提供接地回路。两个绝缘电刷安装在支架中并与壳体绝缘，另两个搭铁电刷用裸露的多芯铜线连接，搭铁电刷架是不绝缘的，直接与机壳相连。

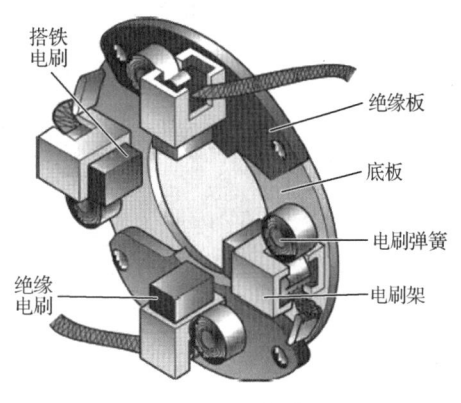

图3-18 电刷

目前多数起动机采用永磁式电动机，由永磁铁取代励磁绕组产生磁场，从而简化了结构，减轻了起动机的质量。

2）直流电动机的工作原理

直流电动机是将电能转变为机械能并产生旋转力矩的动力设备，它是以带电导体在磁场中受到电磁力作用的理论为基础而制成的，其基本工作原理是通电的导体在磁场中会受电磁力作用，电磁力的方向遵循左手定则。

由电磁理论可知，通电直导体置于磁场时，导体因受到电磁力作用而运动，运动方向与导体中的电流方向、磁场方向有关，可用左手定则判断，如图3-19所示。

如果将直导体制成一个线圈，并通上直流电，线圈两边在磁场中会受到大小相等、方向相反的电磁力偶作用，形成电磁力矩，而使线圈产生转动，该电磁力的方向仍遵循左手定则。

两片换向片分别与环状线圈的两端相连，电刷的一端与两换向器片相接触，另一端分别接蓄电池的正极和负极。在环状线圈中，电流的方向交替变化。用左手定则判断可知，环状线圈在电磁力矩的作用下沿顺时针方向连续转动。这样在电源连续对电动机供电时，其线圈就不停地按同一方向转动，如图3-20所示。

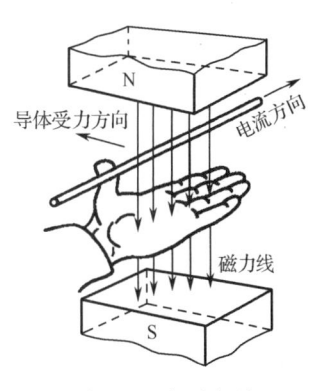

图3-19 左手定则

为增大直流电动机的输出力矩并转动均匀，直流电动机的电枢绕组均采用多匝线圈，随着匝数的增多，换向片的数量也要增多。

※请说明换向器的作用。

_____

_____

_____

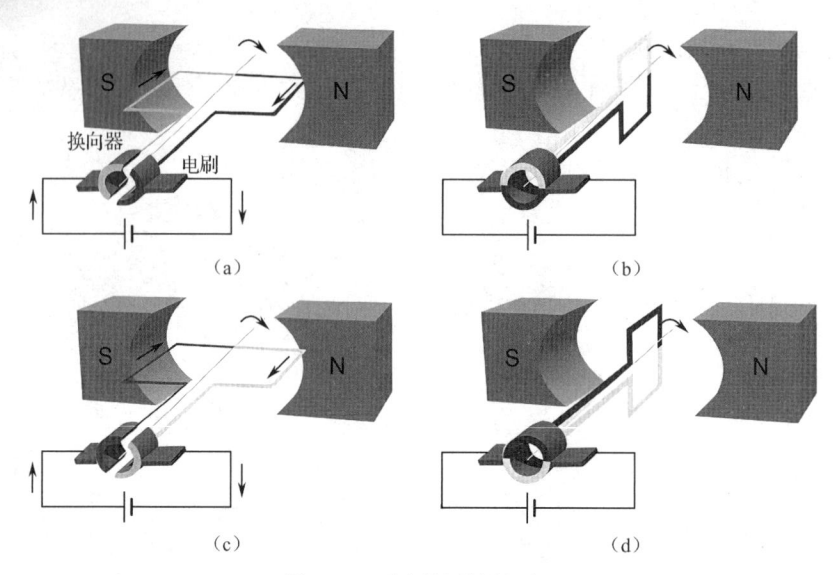

图 3-20 通电线圈旋转原理

3）直流电动机的分类

按励磁方式不同，直流电动机分为他励式直流电动机和自励式直流电动机两大类。自励式直流电动机按励磁绕组与电枢绕组的连接关系不同，又分为并励式直流电动机、串励式直流电动机和复励式直流电动机，如图 3-21 所示。

(a) 他励式直流电动机　(b) 并励式直流电动机　(c) 串励式直流电动机　(d) 复励式直流电动机

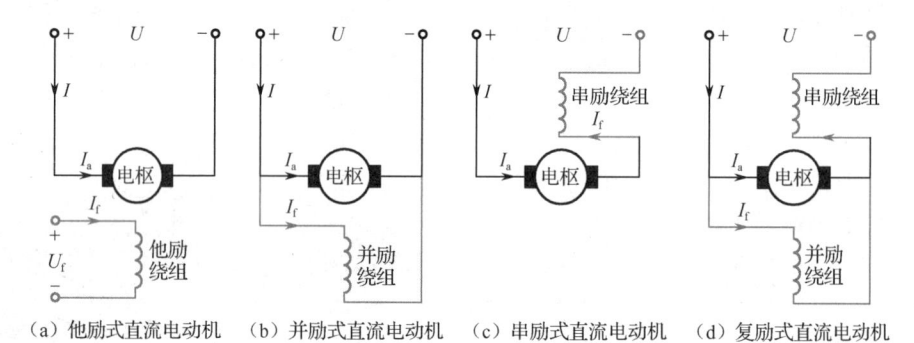

图 3-21 直流电动机分类

励磁绕组与电枢绕组无连接关系，由其他直流电源对励磁绕组供电的直流电动机称为他励式直流电动机，如图 3-21（a）所示。永磁直流电动机也可看作他励式直流电动机。永磁直流电动机没有励磁绕组，直接用永磁铁建立磁场来使转子转动。这种直流电动机在许多小型电子产品上得到了广泛的应用。

在并励式直流电动机中，励磁绕组与电枢绕组并联，由外部电源一起供电，励磁电流的大小与电枢两端的电压或电枢电流有关，如图 3-21（b）所示。

串励式直流电动机的励磁绕组与电枢绕组串联之后接直流电源，如图 3-21（c）所示，串励式直流电动机励磁绕组的特点是其励磁电流 I_f 就是电枢电流 I_a，这个电流一般比较大，所以励磁绕组的导线粗、匝数少，它的电阻也较小。其起动转矩较大；负载变化时能自动调节转速，保持稳定输出；串励式直流电动机多用于负载在较大的范围内变化或要求有较大起动转矩的设备，而且其结构简单，适用于空间受限的场所。

复励式直流电动机的主磁极上装有两个励磁绕组，一个与电枢绕组串联，另一个与电枢绕组并联，如图 3-21（d）所示，所以复励式直流电动机的特性兼有串励式直流电动机和并励式直流电动机的特点，所以也被广泛应用。

※请描述上述几种直流电动机的异同点。

_____

_____

_____

_____

4）直流电动机工作特性及其影响因素

直流电动机是根据通电导体在磁场中受力运动的原理设计而成的。电流强度的大小和线圈匝数决定了磁场强度的大小，在线圈中放置铁芯也可以增加磁场强度。

电流通过励磁绕组产生磁场，该电流通过非接地电刷、换向器进入电枢绕组，从接地电刷搭铁回路。电枢线圈通电后，在励磁绕组磁场的作用下，产生旋转运动，并由电枢轴输出。

（1）串励式直流电动机的工作特性。

串励式直流电动机的转矩 M、转速 n 和功率 P 随电流变化的规律称为串励式直流电动机的工作特性。图 3-22 所示为串励式直流电动机的工作特性曲线，其中曲线 M、n 和 P 分别代表转矩特性、转速特性和功率特性。

① 转矩特性。

在发动机起动的瞬间，因为发动机的阻力矩很大，起动机处于完全制动状态。此时电枢转速为零，反电动势为零，电枢电流达到最大值，转矩也相应地达到最大值。转矩与电枢电流的平方成正比，所以制动电流产生的转矩很大，足以克服发动机的阻力矩，使发动机的起动变得很容易。这就是汽车起动机采用串励式直流电动机的主要原因之一。

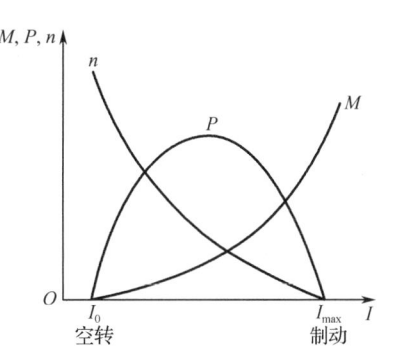

图 3-22 串励式直流电动机的工作特性曲线

② 转速特性。

串励式直流电动机在输出转矩较大时，电枢电流较大，直流电动机的转速随电流的增加而急剧下降；反之，在输出转矩较小时，直流电动机的转速又随电枢电流的减小而很快上升。串励式直流电动机具有轻载转速高、重载转速低的特性，对保证起动安全可靠是非常有利的，这是汽车上采用串励式直流电动机的又一重要原因。但是，轻载或空载时的高转速，容易使串励式直流电动机发生"飞车"事故。所以功率较大的串励式直流电动机不可在轻载或空载的情况下使用，即使汽车起动机的功率较小，也不可在轻载或空载状态下长时间运行。

③ 功率特性。

串励式直流电动机的功率 P 用下式表示：

$$P=Mn/9550$$

式中，M 为电枢轴上的转矩（N·m）；n 为电枢转速（r/min）。

当直流电动机完全制动时，即 $n=0$ 时，电动机的功率为 0；空载时，转矩为 0，输出功率也为 0；只有当电枢电流接近于制动电流一半时，其输出功率最大。

75

※请描述串励式直流电动机的特点。

_____

_____

_____

_____

(2) 影响起动机工作特性的因素。

起动电动机工作特性曲线是在一定温度下，配用一定容量和充电状态的蓄电池及电动机内阻不变条件下得出的。如果这些条件变化，直流电动机特性曲线也会变化。下面对影响起动电动机工作特性的因素进行简要分析。

① 蓄电池容量和充电状况的影响。

蓄电池是起动机的工作电源，因此蓄电池容量和充电状况直接影响起动机的输出。蓄电池容量越大，充电越足，内阻越小，供给起动机的电流越大，起动机的输出功率、转速、起动转矩越大，但是用增加蓄电池容量来改善起动电动机特性是有限度的，同时增加了蓄电池的质量。因此，每种起动机应该具有规定容量的蓄电池来供电，这样既能保证发动机的正常起动，又能使整个起动系统的质量最小。

② 起动电动机电阻的影响。

起动电路的电阻包括电动机内阻（励磁绕组、电枢绕组和电刷的接触电阻）、连接导线电阻及导线连接处的接触电阻。电路的电阻越大，起动机的输出功率、转速、制动力矩越低。

对于结构一定的直流电动机，减小接触电阻的方法是，换向器不失圆，表面清洁，外径不小于规定尺寸，电刷高度和工作面剥落程度不超过标准，电刷和换向器接触良好，电刷在刷架中无阻滞现象，电刷弹簧压力适当等。

为了减小连接导线的电阻，必须选择足够大的截面积的导线并尽可能缩短其长度。我国有关标准推荐：在使用条件良好时，连接导线通过电流每百安培的最大电压降在12V系统中不大于0.20V，24V系统中不大于0.40V；在使用条件恶劣时，连接导线通过电流每百安培的最大电压降在12V系统中为0.10V，24V系统中为0.17V。在实际工作中还必须注意使导线两端接触良好。

③ 环境温度的影响。

环境温度对起动机的影响极大，一方面温度降低时，蓄电池内阻增加，实际容量下降，虽然在低温时连接导线的电阻及起动机的内阻相对减小，但与蓄电池内阻的增加相比，数值极微小。因此在低温时起动机的输出功率大幅度减小。另一方面，在低温情况下，发动机的阻力矩增加，起动发动机所需的转速提高，即起动发动机所需功率大大增加，因此，冬季应注意蓄电池保温，甚至必要时要采取起动辅助措施。

※请描述影响起动机工作特性的因素。

_____

_____

_____

_____

2. 传动机构

起动机的传动机构可实现驱动齿轮与飞轮齿圈之间的分离与接合，即把直流电动机产生的转矩传递给飞轮齿圈，再通过飞轮齿圈把转矩传递给发动机的曲轴，使发动机起动；起动后，飞轮齿圈与驱动齿轮自动打滑脱离。传动机构一般由驱动齿轮、单向离合器、拨叉等组成。单向离合器有滚柱式、摩擦片式、弹簧式等几种类型。驱动齿轮在电枢轴的一端，与发动机飞轮啮合，其过程如图 3-23 所示。

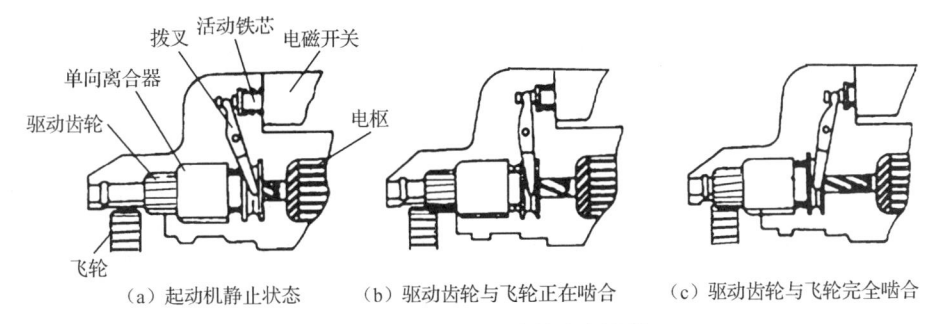

(a) 起动机静止状态　(b) 驱动齿轮与飞轮正在啮合　(c) 驱动齿轮与飞轮完全啮合

图 3-23　起动机与飞轮的啮合过程

飞轮齿圈与驱动齿轮的齿数比至少是 15∶1，其传动比也至少是 15∶1。在起动过程中，驱动齿轮是主动件，在发动机起动后正常运行，如果驱动齿轮仍与飞轮啮合，它将被高速旋转的飞轮带动，会使电枢绕组出现"飞散"现象。因此，此时要确保驱动齿轮的滑转与退出啮合。

单向离合器如图 3-24 所示，它可将电动机的电磁转矩传递给发动机使其起动，同时能在发动机起动后自动打滑，保护起动机不致"飞散"损坏。单向离合器只能进行转矩的单向传动，反向自由转动。起动机中常采用滚柱式单向离合器。驱动齿轮与单向离合器的外壳连成一体，如图 3-25 所示。

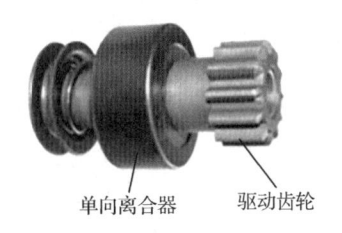

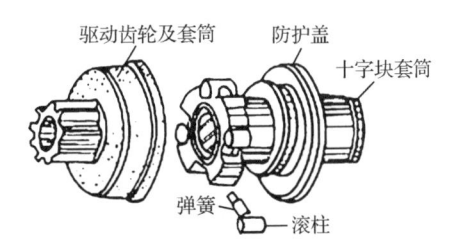

图 3-24　单向离合器　　　　图 3-25　驱动齿轮与单向离合器相连

在起动过程中，电枢轴的旋转使离合器中的滚柱滚向楔形槽的窄端，将单向离合器内的十字块与外壳楔紧，于是电动机电枢的转矩就可由十字块经离合器外壳传给驱动齿轮，从而达到驱动发动机飞轮齿圈旋转，起动发动机的目的。发动机起动后，飞轮齿圈的转速高于驱动齿轮，十字块处于被动状态，促使滚柱进入楔形槽的宽端面自由滚动，十字块与外壳处于放松状态，只有驱动齿轮随飞轮齿圈高速旋转，起动机的转速并不升高。单向离合器的这种打滑功能防止了电枢超速"飞散"的危险，如图 3-26 所示。

检测小贴士：在安装起动机前要检查驱动齿轮的齿的磨损情况，并检查驱动齿轮与飞轮齿圈是否对准。

上述起动机的驱动齿轮直接与发动机飞轮啮合，是减速增扭传动，其传动比至少是

15∶1。有的起动机上还安装了行星齿轮式减速机构，以提高输出扭矩。

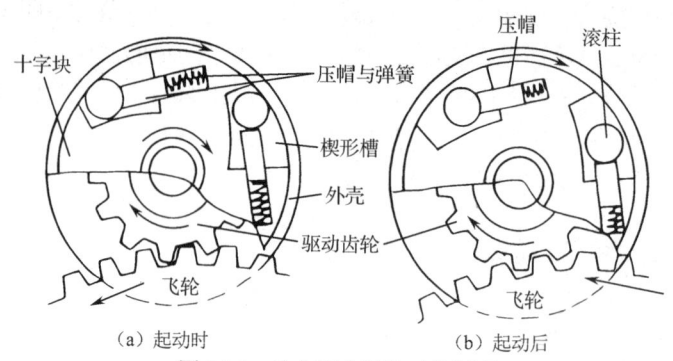

(a) 起动时　　(b) 起动后

图 3-26　单向离合器的工作原理

滚柱式单向离合器的工作属于线接触传力，由于其结构简单，广泛用于汽油起动机，但其承载能力有限，不能传递大转矩，一般用于小功率（2kW 以下）的起动机上，否则滚柱会因过载而变形、卡死，造成单向离合器分离不彻底。

3. 电磁开关

起动机上的电磁控制装置称为电磁开关，如图 3-27 所示，它的作用是控制驱动齿轮与飞轮齿圈的啮合与分离，并控制直流电动机电路的接通与切断。在现代汽车上，起动机均采用电磁控制电路，电磁控制装置是利用电磁开关的电磁力操纵拨叉，实现驱动齿轮与飞轮的啮合或分离。

电磁开关主要由吸引线圈、保持线圈、回位弹簧、活动铁芯，接触片等组成，如图 3-28 所示。其中，C 端子是直流电动机励磁绕组的电源输入端；30 端子直接与蓄电池相连。

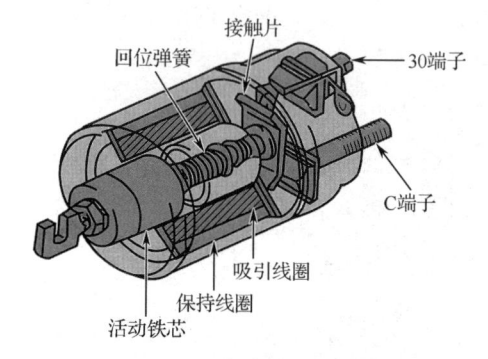

图 3-27　电磁开关　　图 3-28　电磁开关结构组成

电磁开关的作用是利用电磁力控制离合器驱动齿轮和电动机开关。其中有两个线圈，即吸引线圈和保持线圈。吸引线圈导线粗，匝数少，一端接起动机 50 端子，另一端接电动机 C 端子，至电枢绕组搭铁。保持线圈导线细，匝数多，一端也接起动机 50 端子，另一端通过壳体直接搭铁。铜套内装有移动铁芯，移动铁芯的尾部与拨叉连接，铁芯移动时带动拨叉使驱动齿轮与飞轮啮合。铁芯前移时带动接触盘接通电动机开关。

※请画出起动机元件组成的思维导图。

任务二　起动机的元件检测与装配试验

一、起动机励磁绕组的检测

检测励磁绕组是否存在断路时，常用方法是将万用表连接在线圈的供电导线与励磁绕组的电刷引线之间，如图 3-29 所示。如果电阻超出规定值或不导通，说明磁场线圈断路；如果电阻为 0，说明线圈内部有短路现象。电阻应在规定值范围内。

检测励磁绕组搭铁是否正常时，将万用表连接在磁场线圈电刷引线与起动机壳体之间，电阻应在规定值范围内；如果电阻为 0，说明磁场线圈与壳体发生短路。

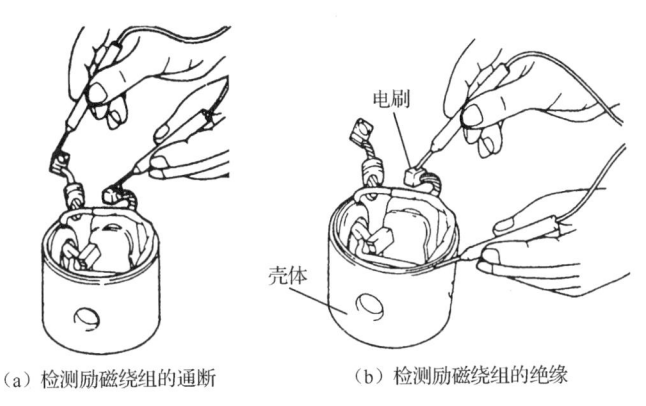

（a）检测励磁绕组的通断　　（b）检测励磁绕组的绝缘

图 3-29　检测励磁绕组

※请说明检测励磁绕组的通断情况和绝缘情况时，万用表应选择欧姆挡的什么量程。请思考，如果励磁绕组绝缘不良，起动机能工作吗？

二、电枢的检测

检查电枢是否由于与永磁铁或励磁绕组接触发生磨损或损坏。如果发生磨损或损坏，则检查磁极是否松动，并根据需要进行修理，损坏的电枢必须更换。

检测换向器的表面是否光洁，表面厚度不得小于 2mm。还要检查换向器表面有无烧蚀和失圆。轻微烧蚀用 00 号砂纸打磨，严重烧蚀应车削。换向器与电枢轴的同轴度不大于 0.03mm，否则应在车床上修整。换向器直径不小于标准值 1.10mm，换向片高出云母片 0.40～0.80mm。

将电枢支撑在两块 V 形铁上，检测径向跳动，如图 3-30 所示。如果径向跳动超出技术要求则更换换向器。

用万用表检测换向器片之间的电阻，阻值应接近于 0。用万用表检测电枢绕组与电枢轴之间的绝缘情况，阻值应大于 500kΩ，如图 3-31 所示。

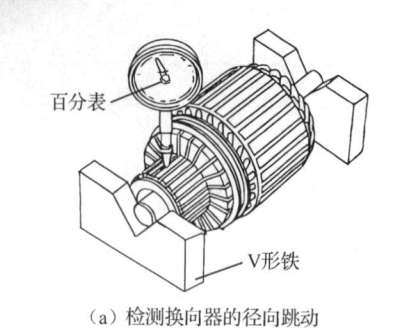

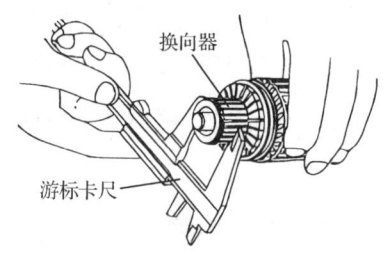

(a) 检测换向器的径向跳动　　　(b) 检测换向器的外圆尺寸的

图 3-30　检测换向器

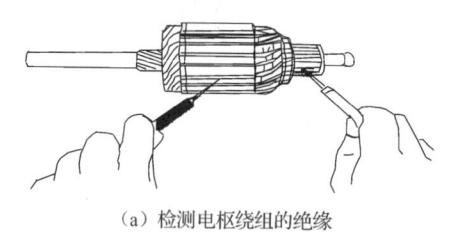

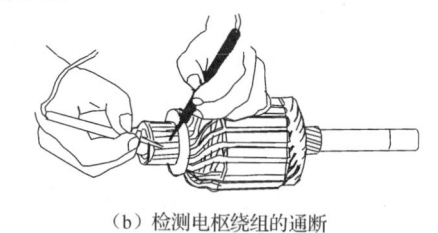

(a) 检测电枢绕组的绝缘　　　(b) 检测电枢绕组的通断

图 3-31　检测电枢绕组

※请说明如果换向器的径向跳动不合格，会出现什么问题。

_____
_____
_____
_____

三、电磁开关的检测

（1）吸拉线圈的检测：用万用表两表笔分别与电磁开关 C 端子与 50 端子接触，检测值应小于 2Ω。

（2）保持线圈的检测：用万用表两表笔分别与电磁开关 50 端子与壳体接触，检测值应小于 2Ω。

（3）接触盘检测：先用手推动活动铁芯，使接触盘与两接线柱接触，然后用万用表连接 30 端子和 C 端子，应导通，并且在正常情况下的电阻为 0Ω。

检测电磁开关如图 3-32 所示。

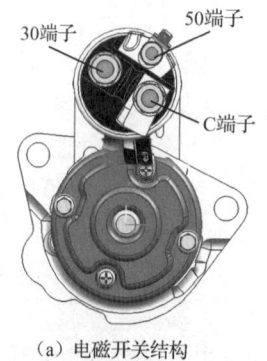

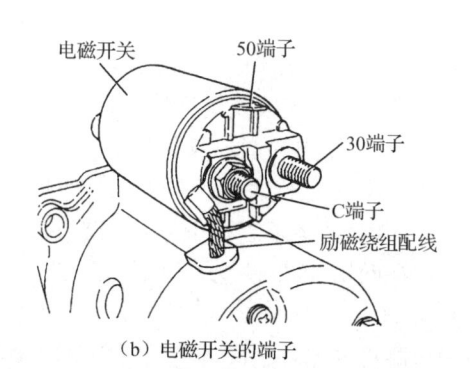

(a) 电磁开关结构　　　(b) 电磁开关的端子

图 3-32　检测电磁开关

※根据电磁开关的电路图，分析如何分辨 3 个端子。
_____
_____
_____

四、电刷的检测

如图 3-33 所示，将万用表的两个表笔分别搭接在正、负极电刷上，它们之间不应导通。如果导通，应更换电刷架。用万用表检查绝缘电刷与电刷架之间的绝缘情况，检查搭铁电刷与搭铁电刷架是否正常。将电刷装入电刷架，并使电刷与换向器相接触，用弹簧测力计检测电刷弹簧推起电刷时的弹力，将检测结果与技术要求进行比较，如果弹力不符合要求，更换弹簧或电刷架组件。观察电刷的磨损程度，电刷高度不得低于标准尺寸的 2/3。

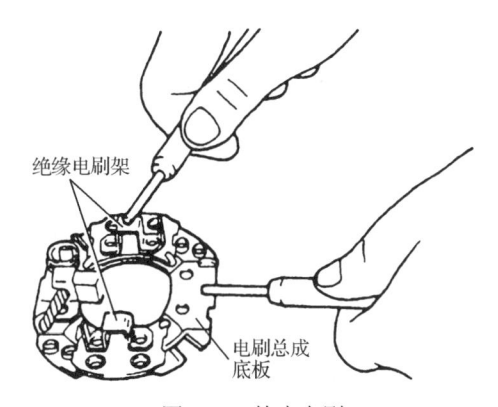

图 3-33 检查电刷

※请说明如果电刷弹簧弹力不足，会出现什么现象。
_____
_____
_____

五、单向离合器的检测

如图 3-34 所示，使离合器向两个方向转动，检查旋转情况，离合器应在一个方向上能平稳转动，另一个方向是锁住的。将单向离合器固定在虎钳上，向其转不动的方向用扭力扳手进行扭力实验。滚柱式单向离合器用 25.2N·m 扭力不应打滑。摩擦片式单向离合器用 117～176N·m 不应打滑，否则应更换。

※如果单向离合器无法锁止，会出现什么现象，为什么？
_____
_____
_____

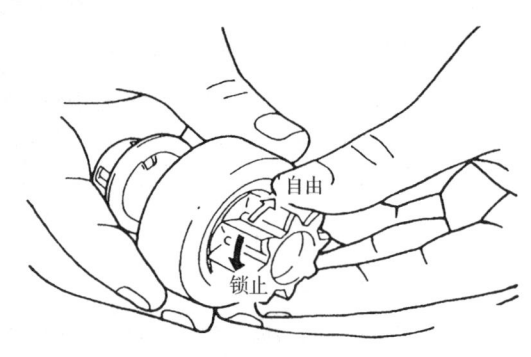

图 3-34　检测单向离合器

六、起动机的装配

起动机的装配步骤如下。

（1）将中间支撑板、单向离合器、挡圈套回转子轴上，装上轴端锁环。

（2）先将拨叉套入单向离合器的拨叉套，再将带中间支撑板、单向离合器的转子装入驱动端盖，最后旋紧中间支撑板螺钉。

（3）在转子整流器端的轴上安装止推垫圈，按定子及电刷端盖按拆解时所做的对位记号套入转子（已装入驱动端盖），旋紧两个连接螺栓。

（4）安装电刷。

（5）安装起动机防护罩。

（6）将电磁开关活动铁芯拉杆套入驱动端盖的拨叉上端，旋紧电磁开关安装螺钉。．

（7）将连接片接回电磁开关与电动机接线柱上，旋紧接线片紧固螺母。

起动机装配好后转动应灵活，各摩擦部位涂润滑油予以润滑，电枢轴的轴向间隙应符合标准。

七、起动机的试验

经过修理的起动机，在装配、调整后应在综合试验台上进行试验，其目的在于检验起动机的技术状况是否良好。

根据起动机型号，选择是夹紧在法兰上还是用 V 形导轨和箍圈夹紧。

1. 空载试验

将起动机夹在夹具上，接好试验线路，接通起动机电路，起动机应运转均匀，仔细听电枢的转动声是否均匀，有无碰擦声，电刷下有无强烈火花产生，记录空载电压下对应的电流。此时电流表、电压表、转速表的读数应符合规定。正常情况下起动机转速大于 5000r/min 时，电流应小于 90A，蓄电池电压应为额定电压。电流符合标准值说明起动机工作正常。

若电流大而转速小，说明起动机装配过紧或电枢励磁绕组有短路或搭铁故障；若电流和转速都小，说明电路中接触电阻过大，有接触不良处。

如果电流过大或起动机转速过小，表明电路的电阻过大，会导致衬套或轴承磨损、电枢短路、励磁绕组短路或电枢弯曲。

如果电流过大，转速为零，表明搭铁不良、电枢卡滞。

如果电流、转速均为零，表明起动机或电磁开关断路。

2. 全制动试验（扭矩试验）

将起动机夹紧在万能试验台上，使制动力矩杠杆的一端夹住起动机的驱动齿轮，另一端挂在弹簧测力计上，接通起动机电路（注意：小于 5s），观察单向离合器是否打滑并迅速记录电流表、电压表和弹簧测力计的读数，然后与原技术标准对照。若扭矩小而电流大，说明电枢和励磁绕组中有搭铁短路故障；若扭矩和电流都小，说明电路中有接触不良处；若驱动齿轮不转而电枢轴缓慢转动，说明单向离合器打滑。

任务三　起动机工作过程的分析

一、起动电路的分析

现以 ST614 型起动机为例说明起动机的工作过程，起动机控制电路如图 3-35 所示。

当合上起动开关时，吸拉线圈和保持线圈的电路接通，其电路为蓄电池正极→点火开关→50 端子，然后分为两路：一路为保持线圈→搭铁→蓄电池负极；另一路为吸拉线圈→C 端子→起动机励磁绕组→电枢绕组→搭铁→蓄电池负极。

这时活动铁芯在两个线圈电磁力的吸引下，克服回位弹簧的弹力而向右移动，带动拨叉上端向右移动，于是拨叉下端向左将驱动齿轮推出与飞轮啮合。这时由于吸引线圈的电流流经励磁绕组和电枢绕组，从而产生了一定的电磁转矩，所以驱动齿轮在缓慢旋转的过程中与飞轮啮合。

当驱动齿轮啮合好后，接触盘将 30 端子与 C 端子接合，于是蓄电池的大电流流经起动机的励磁绕组和电磁绕组，产生了足够的转矩，电磁转矩就通过飞轮传递并带动发动机曲轴旋转，发动机起动。与此同时，吸拉线圈短路，吸拉线圈的吸力消失，齿轮的啮合位置则由保持线圈的吸力来保持。

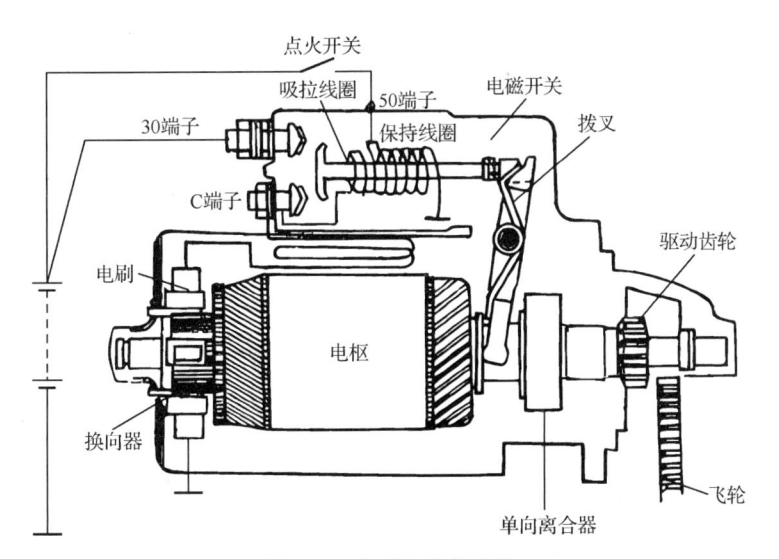

图 3-35　起动机控制电路

当发动机起动后，驾驶员松开起动点火开关的瞬间，接触盘在惯性作用下，仍将 30 端子和 C 端子保持短暂接合，电流走向为蓄电池正极→30 端子→C 端子→吸拉线圈→保持线圈

→搭铁→蓄电池负极。由于此时两线圈是串联关系，因此两线圈中所产生的磁场方向相互抵消，活动铁芯在回位弹簧的作用下回到原位，拨叉将驱动齿轮拉回，驱动齿轮退出与飞轮的啮合，同时，接触盘也回位，脱离与两端子的接触，切断起动电路，起动机停止运转。

※请分析起动前后吸拉线圈和保持线圈中电流方向的变化。

_____

_____

_____

二、微机控制起动电路

目前很多车型已实现了对起动系统的计算机控制，由计算机控制单元对车辆状态进行监测，判断是否允许车辆起动。监测状态一般有以下几种。

（1）起动开关是否闭合。
（2）装有自动变速器的车辆，自动变速器的挡位开关是否处于"P"挡或"N"挡。
（3）发动机是否在运转中，若在运转中，不允许起动机工作，以保护起动机和发动机。
（4）防盗系统能否正常启动。

图3-36所示为LS400微机控制起动机电路，它主要由EFI主继电器、起动机、挡位开关、防盗器等组成。

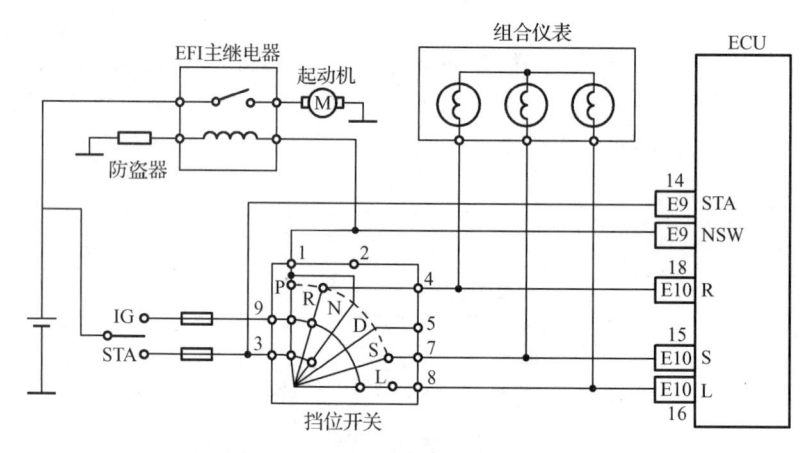

图3-36　LS400微机控制起动机电路

汽车起动前，应先将变速器换挡开关置于P挡（停车挡或驻车挡）或N挡（空挡）。此时空挡起动开关处于闭合接通状态，向发动机和自动变速器ECU（电子控制单元）传送空挡起动开关NSW信号，然后才能起动发动机。如果发动机和自动变速器ECU收不到空挡起动开关传来的NSW信号，发动机便不能起动运转。

防盗器是一种安全保护装置，串接在起动继电器线圈的供电回路中。正常情况下，防盗器内的有关电路将起动继电器线圈的3脚搭铁，使起动系统正常工作。

当防盗器处于守候防盗状态时，其内的有关电路将起动继电器线圈的3脚与搭铁间断开，从而切断了起动继电器线圈的电流通路。此时，即使小偷强行打开了汽车车门，也不能起动发动机并开走汽车，从而起到了防盗的作用。

※请描述微机控制起动电路的控制过程。

三、起动系统线路的检测

使用万用表,采用逐点搭铁法检测,可确定断路部位;采用依次拆断检测法可确定短路搭铁部位。检测顺序可从前向后,也可从后向前,或从中间向两边依次对各个节点进行检测,主要分为两个线路的检测:一是起动控制线路,主要检测线路的通断情况;二是起动机供电线路,重点检测线路各节点的电压降情况,各节点连接处的电压降不得大于0.2V。

四、起动系统的常见故障检修

起动系统的故障主要表现在三方面:发动机无法起动;发动机起动转速过低而无法起动;起动机工作,但无法起动发动机。可以采用观察、听声的方法进行诊断。表3-2所示为起动系统的故障诊断。

表3-2 起动系统的故障诊断

故障现象	可能的原因	检查或检修
无法起动,灯光正常	点火开关断路	检查点火开关的接触和连接
	起动机断路	检查换向器、电刷和连线
	控制电路断路	检查电磁开关或继电器开关和连线
	熔断器断路	查明熔断器熔断的原因并更换熔断器
无法起动,灯光很暗	发动机故障	检查发动机
	蓄电池电压不足	检查电压,充电或更换蓄电池
	温度过低	蓄电池必须充足电,发动机、线路和起动机状况良好
	电枢轴承咬死,起动机短路	修理或更换起动机
无法起动,灯光微暗	传动机构打滑或有故障	修理或更换传动机构
	起动机断路或电阻过大	清洁换向器,更换电刷,检查电路
无法起动,灯光熄灭	电路连接不良(可能是蓄电池处)	清洁蓄电池接线柱,接线要牢靠
无法起动,无照明	蓄电池故障	蓄电池充电或更换蓄电池
	断路	检查线路及其连接,更换断线
发动机起动转速过低,无法起动	蓄电池无电	蓄电池充电或更换蓄电池
	温度过低	蓄电池必须充足电,发动机和起动机状况良好
	起动机故障	修理或更换起动机
	起动电缆尺寸偏小或蓄电池容量偏低	更换合适的起动电缆或蓄电池
	发动机机械故障	检查发动机
	起动时蓄电池电量用尽	蓄电池充电或更换蓄电池

续表

故障现象	可能的原因	检查或检修
发动机起动转速正常，但仍无法起动	点火系统故障	点火试验，检查点火正时和点火系统
	燃油系统故障	检查燃油泵、油路、燃油供给系统
	进气系统漏气	紧固支座和接头，必要的话更换垫片
	发动机故障	检查压缩压力，配气正时
继电器或电磁开关振动	继电器或电磁开关故障	更换继电器或电磁开关
	蓄电池电压不足	更换蓄电池
	继电器或电磁开关处有烧蚀	更换继电器或电磁开关
起动后驱动齿轮退回不彻底	电磁开关和活动铁芯卡滞	更换电磁开关
	单向离合器卡在电枢轴上	清洁电枢轴和离合器滑套
	单向离合器故障	更换单向离合器
	拨叉回位弹簧无力	修理或更换起动机
有异响	发动机起动时有打齿声	检查驱动齿轮与飞轮齿圈的间隙是否过大
	发动机起动后，放松点火钥匙，有打齿声	驱动齿轮与飞轮齿圈的间隙是否过小
	发动机起动后有很大的嗡嗡声和啸叫声	检查单向离合器是否损坏
	发动机起动后有轰鸣声，起动机易停转	检查电枢是否弯曲变形或不平衡

任务四 起动机的就车检测

一、起动机的正确使用

起动发动机时，蓄电池要给起动机提供很大的电流，汽油机需 200～600A 的电流，柴油机需 1000A 以上，而且短时间内的输出功率很大，为确保迅速、可靠、安全地起动发动机，并尽量延长使用寿命，在使用中必须注意以下事项。

（1）保持蓄电池处于充足电的状态，保持蓄电池、起动机、起动开关等连接牢固，接触良好。

（2）发动机起动时，每次接通起动机的时间不得超过 5s，连续再次起动时应停歇 10～15s，连续 3 次以上起动应在检查起动系是否有故障的情况下，停歇 2min 以上再起动。

（3）起动时，应挂入空挡或踩下离合器，严禁挂挡起动。

（4）发动机起动后，应立即松开点火开关，使驱动齿轮及时退出，以减少单向离合器的磨损。严禁在发动机旋转时使用起动机。

（5）在冬季或低温情况下起动起动机时，应对蓄电池采取保温措施。

（6）发动机起动后，必须立即切断起动机控制电路，使起动机停止工作。

※请起动实训车辆，注意起动过程中的操作步骤，分析起动自动挡车辆时，起动系统需要哪些信号。

二、起动电压、起动电流的检测

起动电压、起动电流的检测是测量起动期间，蓄电池的有效电压、电流。检测之前，应先确认蓄电池的电量是否充足。测量值低就表明蓄电池状态不好、起动机故障或起动电缆连接不良。检测步骤如下。
（1）将电压表接在蓄电池的接线柱上。
（2）用感应式电流钳测试端的夹子夹住起动电缆。
（3）将点火开关拨至起动位。
（4）起动发动机 5～10s，注意电压表和电流表的读数。

关闭点火开关，如果电压表读数大于或等于 9V（环境温度为 21℃），发动机起动正常，说明起动电压正常；如果电压表读数小于 9V（环境温度为 21℃），说明起动电压不正常；如果驱动电流在 140～200A，说明起动电流正常。数值的大小会因起动机尺寸、发动机尺寸和发动机压缩比的不同而不同，可参考生产厂家所给的参数做出判断。如果测量值不正常，则要检查起动电路中的电流、起动电缆、蓄电池接线柱和搭铁情况。

※请查阅维修资料，说明使用感应式电流钳的注意事项。

三、起动电压降的检测

电压降是电流流过电阻时的电势差。电压降越大，说明电路中的电阻越大。电流流过任一元件产生的电压降都会使起动电压降低。正常的电压降应小于 0.5V。电压降大就意味着测量段的电阻很大。连接松动或损坏、电缆不够粗、触点烧蚀都会引起电阻的增加。

起动机运转时，电流可高达 200～600A，起动电路中各接点的接触电阻导致的电压降一般不允许超过 0.1～0.2V。起动电路电压降的检测方法是将万用表接入电路各接线的端头，然后运行起动机进行测量。图 3-37 所示为一般起动电路中可能因接触不良而产生电压降的地方。在起动起动机的瞬间，测量线路的电压降。测量步骤如下。
（1）将万用表正极红表笔与电缆最接近蓄电池的正极连接，万用表负极黑表笔与所测电缆的另一端连接。
（2）起动发动机，读取万用表数值，万用表读数应低于 0.2V。
（3）按照图 3-37 逐段用万用表分别测量每个开关、元件、每段电缆、导线的电压降，读取每一处的读数。
（4）将读数与生产厂家提供的参数进行比较，评估检测结果：如果万用表读数为 0，表明测量段电阻几乎为 0，说明所测段处于良好状态；如果读数超过 0.2V，就说明测量段中电阻过大，此时应逐段检查是否有接触不良的现象，或者更换线缆。

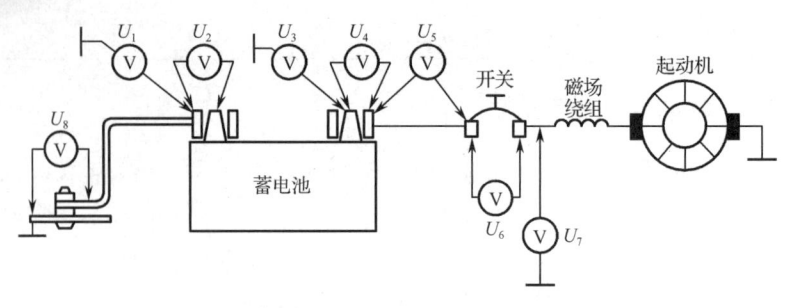

图 3-37　检测起动电路电压降

※如果蓄电池处的接线柱连接松动，会出现什么现象？为什么？

_____
_____
_____
_____

工作任务

说明

学习领域	汽车电气系统及检修		
学习情境	起动机检修		
客户委托	车辆无法起动		
姓名		班级	
成绩		教师签名	

问题或情境说明

某 4S 店服务顾问接到客户电话，客户反映汽车无法起动，特此求助，经沟通，4S 店出动抢修小组将故障车辆拖回了维修店，并对其进行检查。根据检查结果，判断汽车故障为起动机损坏。由服务顾问向客户说明故障原因并开出更换起动机的工单。

学习任务

学习任务 1

主题	描述直流电动机功能、分类与标识含义（功能单元）
说明	● 在您的技术信息系统中使用现有的专业文献和信息 ● 在工作组内准备学习作业 ● 参考工作环境中车辆的结构类型 ● 在工作表中输入信息

工作表：直流电动机功能

1. 请观察实车并结合图 1，指出起动机的位置，描述起动机与蓄电池之间的关系，说明起动机的作用。

起动机检修 **项目三**

图 1 中标注：蓄电池、起动电流、电磁开关（起动电动机或起动线圈）、点火开关、起动安全开关、控制电流、起动电动机

图 1

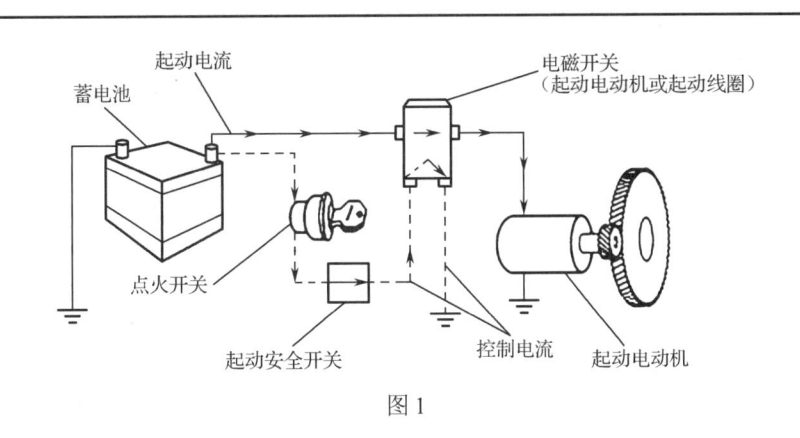

2. 请写出减速起动机的类型。

3. 请写出图 2 中两个电路的名称，各有什么特点，并说明挡位开关的作用。

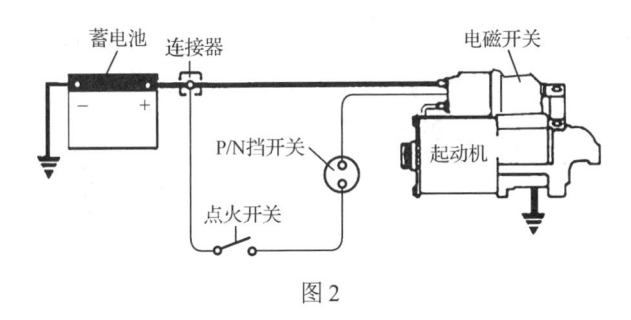

图 2 中标注：蓄电池、连接器、电磁开关、P/N 挡开关、点火开关、起动机

图 2

4. 请在图 3 中写出起动机的三大组成部分的名称及其作用。

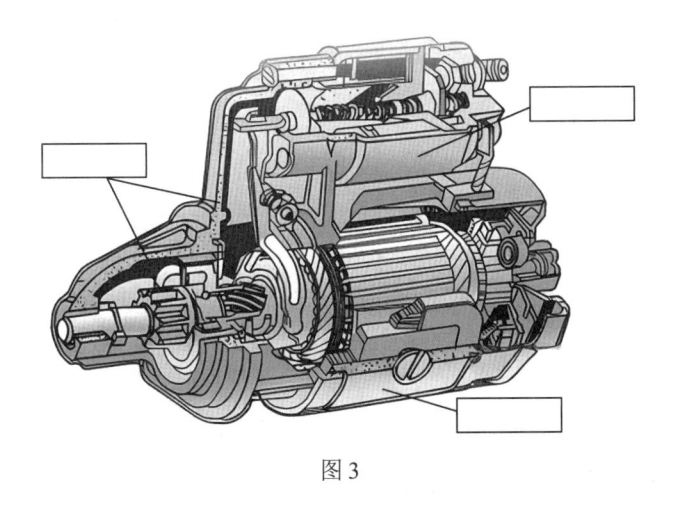

图 3

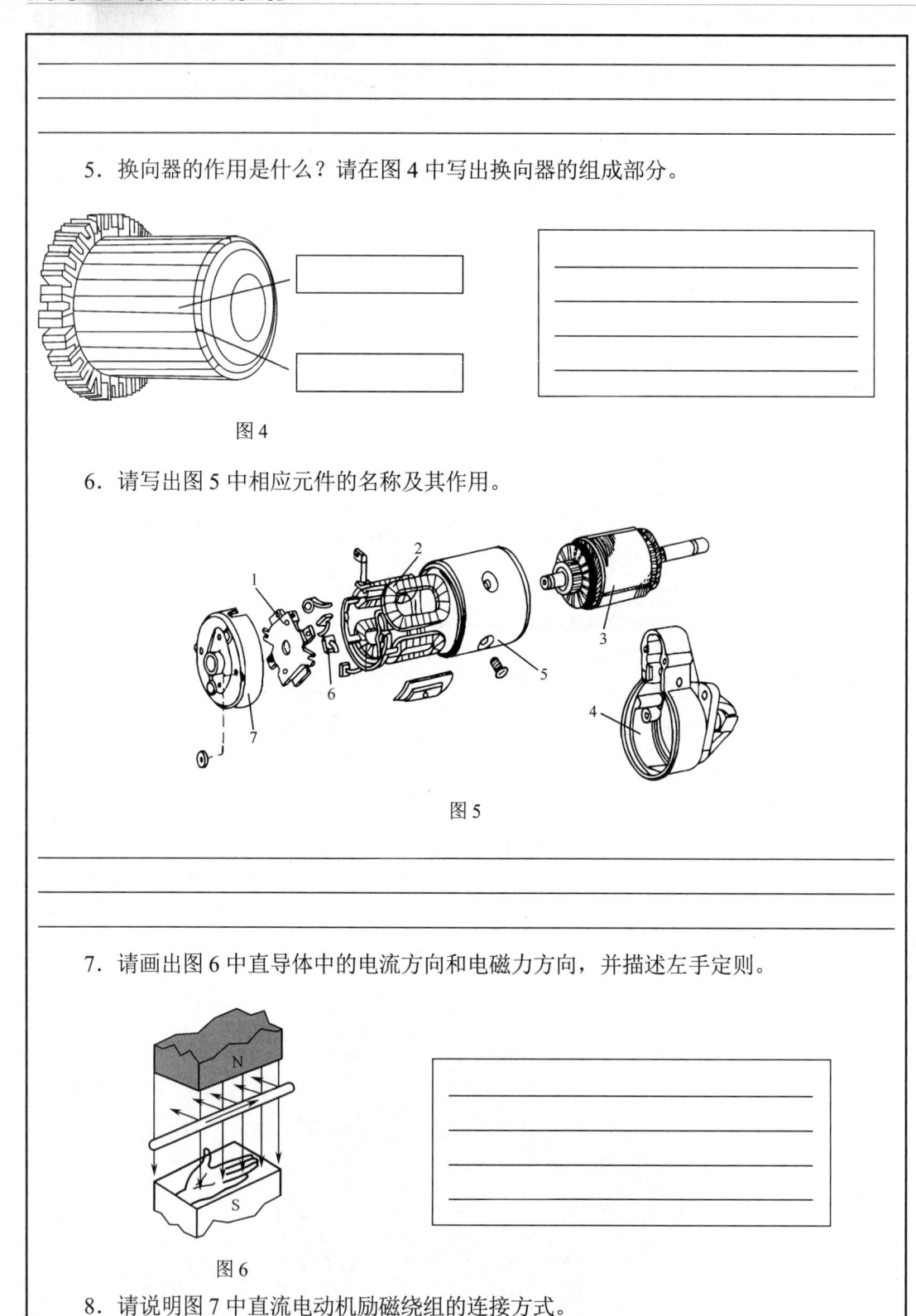

5. 换向器的作用是什么？请在图 4 中写出换向器的组成部分。

图 4

6. 请写出图 5 中相应元件的名称及其作用。

图 5

7. 请画出图 6 中直导体中的电流方向和电磁力方向，并描述左手定则。

图 6

8. 请说明图 7 中直流电动机励磁绕组的连接方式。

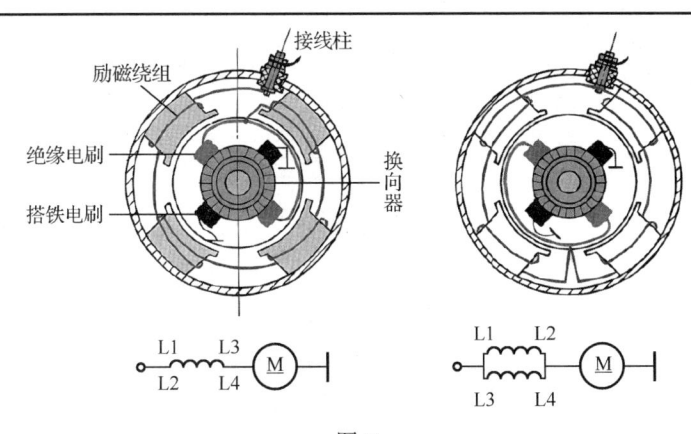

图 7

9. 请根据图 8 所示的特性曲线分析串励式直流电动机的优点。

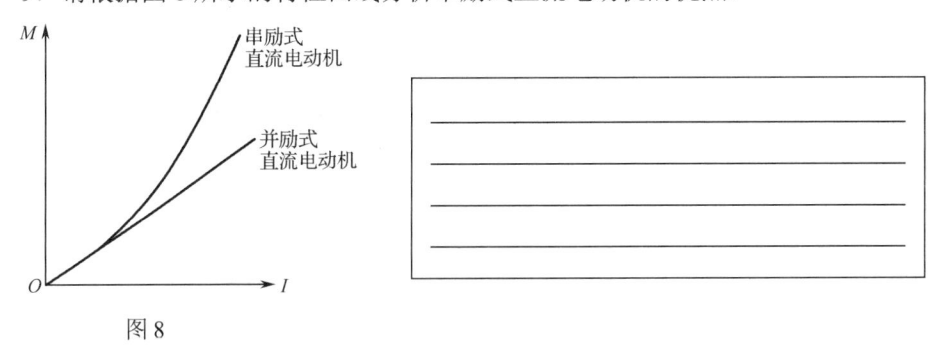

图 8

10. 请根据图 9 描述直流电动机的工作原理。

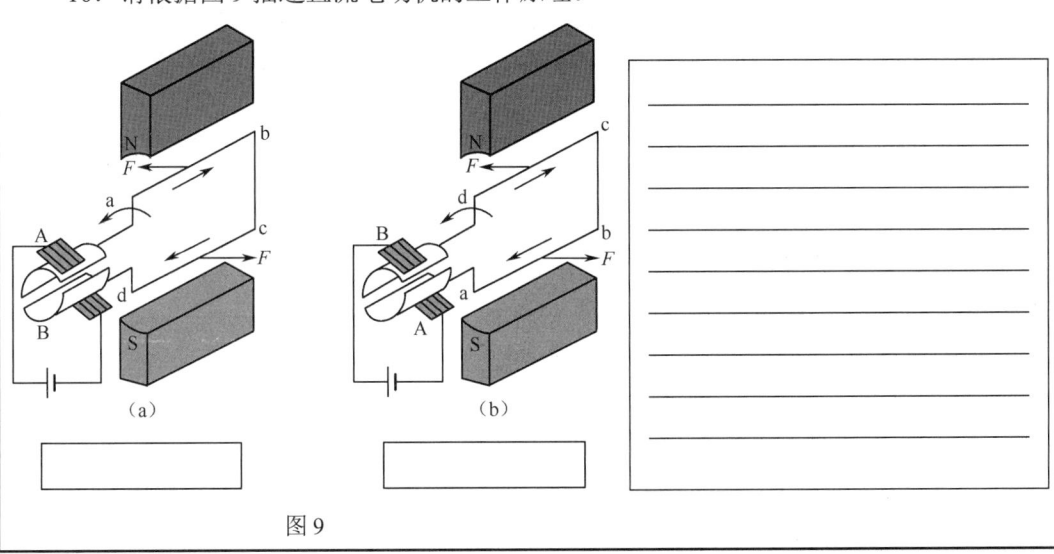

图 9

学习任务 2

主题	描述起动机的构造与元件组成
说明	● 在您的技术信息系统中使用现有的专业文献和信息 ● 在工作组内准备学习作业 ● 参考工作环境中车辆的结构类型 ● 在工作表中输入信息

91

工作表：描述起动机的结构与各元件作用

1. 请在图 10 中标注出起动机各元件的名称。

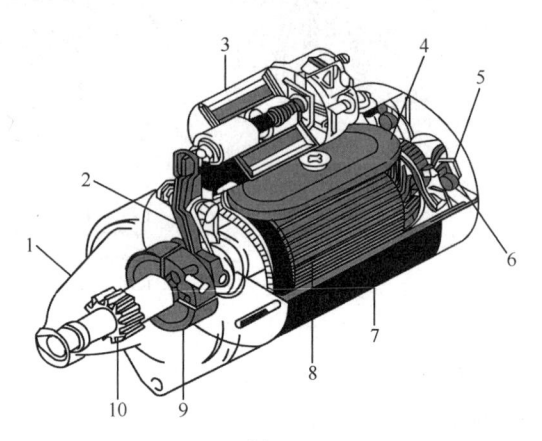

图 10

2. 请按照起动过程为图 11 中的 3 幅图排序，描述传动机构的状态，并说明对传动系统有何要求。

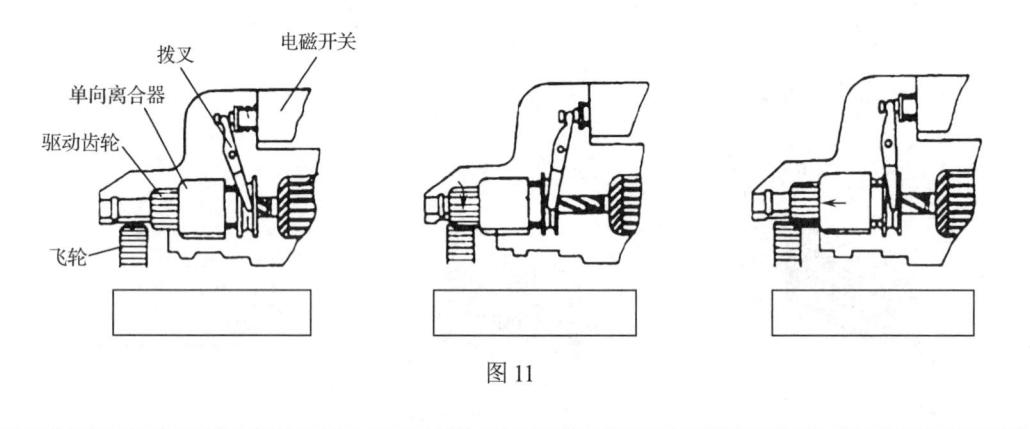

图 11

_____
_____
_____

3. 请结合图 12 描述如何区分搭铁电刷和绝缘电刷。

图 12

4. 请在图 13 中标注出电磁开关的位置，说明其用途。

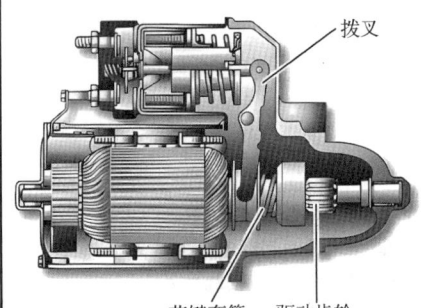

电磁开关的作用：_____
_____

电磁开关的组成元件：_____
_____

电磁开关中哪个线圈中的电流方向保持不变？
_____

图 13

5. 请结合图 14 描述单向离合器的工作过程。

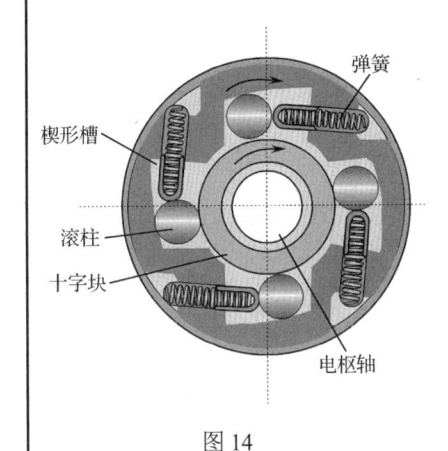

_____
_____
_____
_____
_____
_____
_____
_____
_____

图 14

学习任务 3

主题	描述起动机的工作原理
说明	● 在您的技术信息系统中使用现有的专业文献和信息 ● 在工作组内准备学习作业 ● 参考工作环境中车辆和起动机的结构类型 ● 在工作表中输入信息

工作表：起动机工作原理

1. 请根据图 15 按要求完成下列各题。
（1）在图 15 中标注出搭铁点和电磁开关的三个接线端名称。
（2）写出起动开关闭合时，起动机电路中的电流走向。

_____
_____
_____
_____
_____

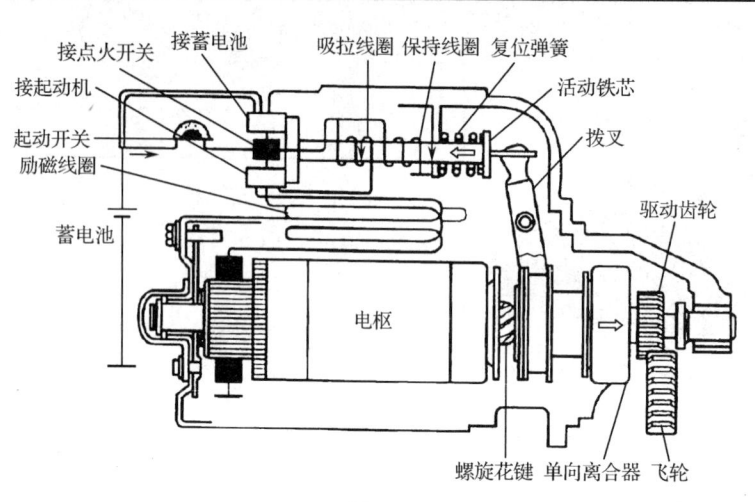

图中标注：接点火开关　接蓄电池　吸拉线圈　保持线圈　复位弹簧　接起动机　活动铁芯　起动开关　拨叉　励磁线圈　驱动齿轮　蓄电池　电枢　螺旋花键　单向离合器　飞轮

图 15

（3）写出起动机主触点闭合时起动机电路中的电流走向。

_____

_____

_____

_____

（4）写出起动机开关断开时起动机电路中的电流走向。

_____

_____

_____

_____

2．请根据图 16 回答问题。

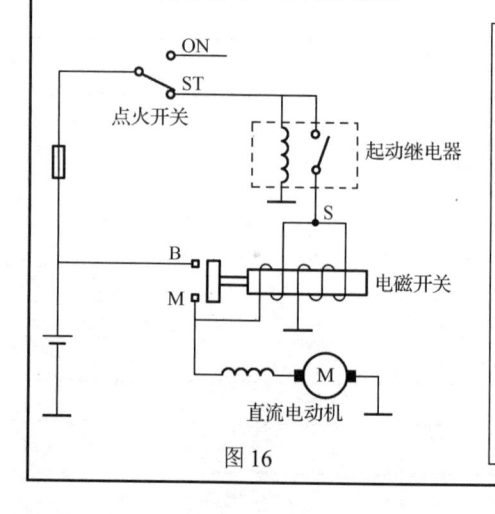

图 16 中标注：ON　ST　点火开关　起动继电器　S　B　M　电磁开关　直流电动机

图 16

（1）请在图 16 中标注出保持线圈和吸拉线圈。

（2）请描述起动继电器的作用。

_____

_____

（3）在起动过程中，保持线圈中的电流方向有改变吗？

_____

（4）吸拉线圈在什么时候被短路？

94

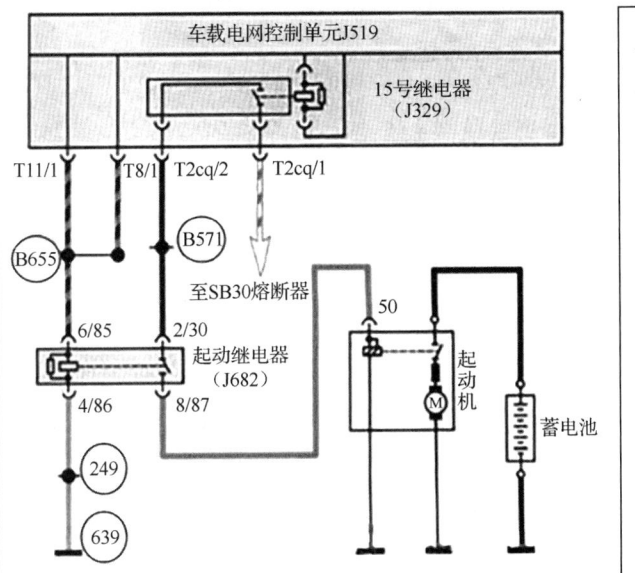

3. 请结合图 17 分析起动机工作的条件，并分析起动电路。

图 17

4. 图 18 所示为大众 Polo 汽车的起动电路图，请查阅资料回答问题。

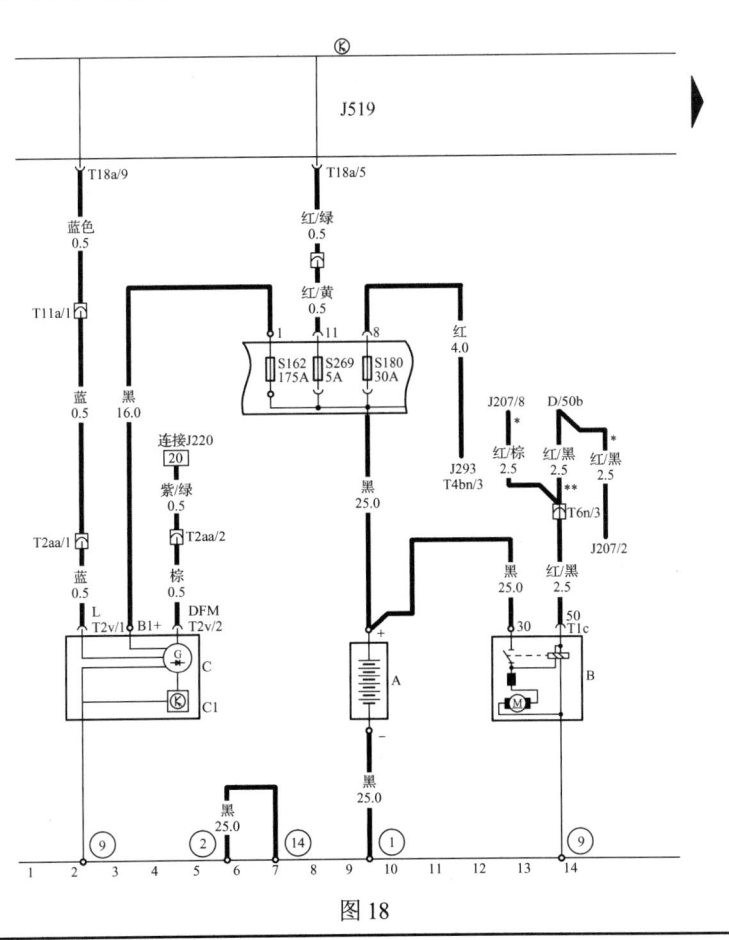

图 18

（1）在图 18 中标注出蓄电池和起动机，描述图 18 中 30 端子和 50 端子的含义。
_____
_____

（2）在图 18 中找出起动机的接地线，并分析该线松动的后果是什么。
_____
_____

学习任务 4

主题	起动机就车检测与拆检
说明	● 根据制造商的规范准备必要的工具和设备 ● 遵守安全规定，保持工作场所整洁 ● 以现有车辆的实际配置为准 ● 注意发动机运转及车辆起动过程中存在的危险

工作表：向客户解释起动机检测项目

1. 向客户说明检查起动机的必要性。
_____
_____

2. 小组讨论制订起动机就车检测与拆检工作计划，并补充完整表 1 所示的工作列表中的信息。

表 1

车辆信息表				
制造商		品牌		
车辆车型		制造日期		
车辆识别代号		发动机型号		
总质量		发动机功率		
乘坐人数		发动机排量		
燃料类型		燃油型号		
计划工作范围				
序号	检测项目	工具	检测步骤	检测结果	正常值或正常值范围	结论
1						
2						
3						
4						
5						
6						
7						
8						
9						
10						
11						
12						

学生笔记：

请结合起机的作用、工作原理及结构，阐述对"起动机——拨千斤，各就位，不逞能，知进退"的理解。

_____
_____
_____
_____

成绩评测

编号	测试形式	测试加权
1	理论知识查询 ● 10 道测试题 ● 每题 2 分，总分数为 20 分 ● 最长处理时间：10min ● 试题已在学习平台上传	20%
2	工作计划 ● 制订关于"进行起动机就车检测"主题的工作计划，时间为 30min ● 根据评估矩阵进行评价 	编号	评估标准	1	2	3	4	5
---	---	---	---	---	---	---
1	工作步骤的系统顺序					
2	遵守安全规定					
3	必要的工具和设备清单					
4	完整且及时							30%
3	实际工作任务 ● 按照工作计划实施起动机拆装与元件检测 ● 工作任务时间：45min ● 根据评估矩阵进行评价 	编号	评估	1	2	3	4	5
---	---	---	---	---	---	---
1	专业和安全地操作设备和工具					
2	遵守安全说明					
3	正确地操作工具和设备（5S）					
4	专业且及时地完成任务							50%

笔试测试

学习领域	汽车电气系统及检修
学习情境	起动机检修
客户委托	车辆无法起动
客户委托学时	8 学时
姓名		班级		日期	
成绩		教师签名			

汽车电气系统及检修

> **测试题或任务**

不定项选择题

（1）起动机主要由（　　）组成。
A．串励直流电动机　　　　　　　　　　B．电磁开关
C．电子控制单元　　　　　　　　　　　D．传动机构

（2）下列哪些部件属于起动机的传动机构？（　　）
A．单向离合器　　B．行星齿轮　　C．拨叉　　D．活动铁芯

（3）起动机中电枢的主要作用是（　　）。
A．产生感应电动势　B．产生电磁转矩　C．产生磁场　D．产生电流

（4）电刷的主要作用是（　　）。
A．将电流引入电动机　　　　　　　　　B．实现换向作用
C．提供动力　　　　　　　　　　　　　D．支撑

（5）单向离合器的主要作用是（　　）。
A．传递电动机转矩，起动发动机
B．起动后自动打滑，保护起动机电枢不致飞散
C．降速增扭
D．实现换向

（6）起动系统主要由（　　）组成。
A．起动机　　B．交流发电机　　C．蓄电池　　D．点火开关
E．起动继电器

（7）下列属于起动机的控制装置部件的有（　　）。
A．拨叉　　B．电枢　　C．接触片　　D．吸引线圈
E．整流器　　F．电刷

（8）起动机按照控制方法不同分为（　　）。
A．永磁式起动机　　　　　　　　　　　B．机械控制式起动机
C．电磁操纵式起动机　　　　　　　　　D．强制啮合式起动机

（9）起动机的就车检测有（　　）。
A．起动机电压降的检测　　　　　　　　B．起动电流的检测
C．起动电压的检测　　　　　　　　　　D．起动力矩的检测

（10）起动系在使用时，要注意（　　）。
A．每次起动时间不超过 5s　　　　　　B．连续起动时应停歇 10～15s
C．起动时就挂入 P 挡或 N 挡　　　　　D．低温地区，要注意蓄电池的保温

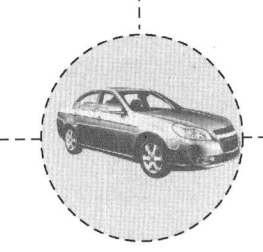

项目四

汽车电路检修

任务情境描述

李先生的车辆发生了较为严重的事故，造成部分车身导线断裂，须对相关部分进行维修更换。维修技师须根据电路图及线束图，维修或更换相关线束。

所属课程

学习领域	汽车电气系统及检修
学习情境	汽车电路检修
客户委托	线束维修

学习目标

行动目标（培训目标）	汽车电路检修
学习内容	汽车电路的种类与组成 汽车电路的特点 汽车电路的常用元件 汽车电路的识图方法 汽车线束维修
学习成果	描述汽车电路的组成和特点 绘制汽车电路图 制订工作计划，就车检测电路并评估其工作状态 制订工作计划，按照规范进行线束修理，并评估状态
能力与素质目标	专业能力： 行有规，执事敬 描述汽车电路的结构和特点 解释电路元件的标识 识读汽车电路图 完成元件检测并记录检测结果 按规范更换或维修线束	社会能力： 尚和合，重民本，守诚信 善解人意 诚实守信 友好沟通 团队合作	个人能力： 志于学，学有思 有责任心 追求成功 有自我反省的意识 努力学习

任务一　汽车的电路组成

随着汽车技术的发展，汽车电子化程度不断提高，现代汽车大量使用了电子技术、计算机技术、现代通信与控制技术等，为满足车辆的节能性、舒适性、排放性、安全性的要求，汽车电气设备越来越多，并且在不断发展当中。汽车电气设备与普通电气设备相比有自己的特点。

一、汽车电气设备的发展历程

随着汽车技术的发展，汽车已经不再是单纯的运输工具，它正向着高速化、安全化、经济化、舒适化、环保化、智能化、人性化的方向发展，汽车电气技术的发展对此起着至关重要的作用。汽车电气技术的发展主要是汽车电子技术的发展。电子技术在现代汽车上的应用则是以微处理器对各种工作过程的控制为主要特点。微处理器实质上是一种比较简单、便宜的单片机，它把中央处理器（CPU）、一定容量的存储器和输入/输出接口电路集成在一块芯片上。微处理器工作时，通过各种传感器接受输入信息，经过分析、计算后再向执行机构发出指令，控制机构动作。

1. 第一阶段

20世纪50年代初期至1974年是汽车电子控制技术发展的初级阶段。

在这一阶段，汽车电子产品是由分立元件和IC组成。20世纪50年代初，汽车上出现了第一个电子装置——电子管收音机。20世纪60年代中期，晶体管电压调节器、点火装置开始在汽车上装备。在这一阶段，电子闪光继电器、电子控制式喇叭、电子式间歇刮水控制器、数字时钟、IC点火装置、HFI高能点火系统也得到了应用。

2. 第二阶段

1974年至1982年是汽车电子控制技术迅速发展的阶段。

在这一阶段，IC和16位以下微处理器在汽车上得到广泛应用，主要发展专用的独立控制系统，如电子控制汽油喷射系统、空燃比反馈控制系统、制动防抱死系统、电控自动变速器、安全气囊系统、电子巡航系统、电子控制门锁系统、前照灯灯光自动控制系统、车辆导航系统、车辆防盗系统、故障自诊断系统等。

3. 第三阶段

1982年至1995年是微机在汽车上应用日趋成熟并向智能化发展的阶段。

在这一阶段，初步实现从普通电子控制向现代化电子控制系统的过渡，主要开发可完成各种功能的综合系统及各种车辆整体系统的集中控制。发动机集中管理系统、传动系电子控制系统、行驶系电子控制系统、转向与制动系电子控制系统、安全保障与警示电子控制系统、车辆舒适性电子控制系统、娱乐通信电子控制系统等在不同车辆上得到了不同程度的应用。

4. 第四阶段

1995年以后是汽车电子控制技术向智能化发展的高级阶段。

随着CAN总线技术和超大规模集成电路（VLSI）组成的高速车用微机在汽车上的应用，汽车电子控制从现代电子控制系统向智能化电子控制系统发展，如智能辅助驾驶系统、动力系统最优化控制系统、通信与导航协调控制系统、安全驾驶监测与警告系统等。

二、现代汽车电气设备的现状及趋势

1. 电子技术的应用

（1）发动机系统：电控燃油喷射系统、怠速自动控制系统、废气再循环系统、电子点火系统。

（2）电控自动变速器：根据行驶路况可以改变换挡规律，如经济模式、运动模式、动力模式。

（3）电控悬架：根据路况的不同改变悬架的弹性系数、减振器的阻尼系数、车身高度。

（4）防抱死制动系统、驱动防滑控制系统：最大限度地利用路面上的附着系数，使车辆在制动、起步、加速过程中避免"滑拖"和"滑转"。

（5）电控动力转向系统、自动空调系统、车载信息等。

（6）自动泊车系统、自动巡航控制等。

汽车的电动化促使汽车电子成本占整车制造成本的比重不断提升，如图4-1所示，从1970年的3.64%，提升到2020年的34.32%，预计到2030年，该数值将达到49.55%，近乎是整车制造成本的一半。而在不同的车型中，汽车电子成本的占比也存在差异，根据盖世汽车研究院发布的数据显示，车型越高档，汽车电子成本的占比越高；纯电车型比混动车型的占比更高，高达65%，如图4-2所示。

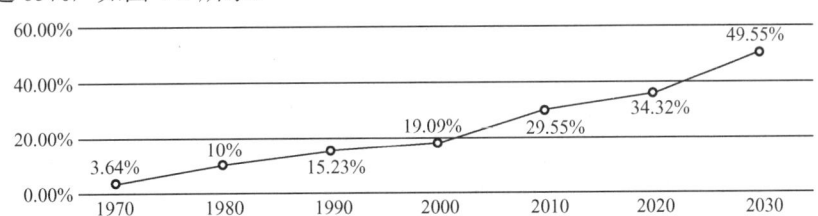

图4-1　1970年至2030年汽车电子成本占整车制造成本的比重

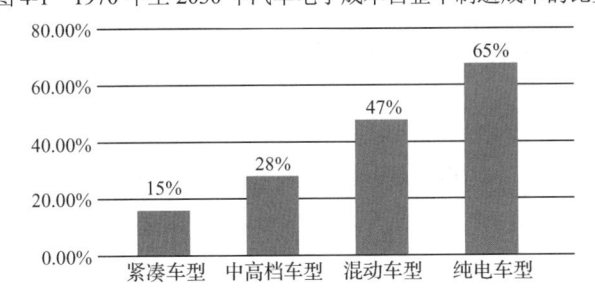

图4-2　不同车型的汽车电子成本占整车制造成本的比重

中国汽车电子市场在2014年至2019年间持续增长，到2019年达到约962亿美元，同比增长10.07%，2020年受到智能网联汽车发展的利好影响和汽车产量下降的利空影响，2020年我国汽车电子市场规模增速放缓，但也达到约1029亿美元。

2. 汽车电子技术的应用趋势

（1）信息化：汽车仪表显示已远远不止时速表、发动机转速表和油量表等，现代汽车还普遍增加了集网络、诊断和数字显示功能于一体的触摸式液晶屏。信息化的另一个应用是车载动态信息系统，集成有道路自主导航、电子地图、车辆定位动态显示和车辆轨迹回放等技术。

（2）网络化：随着电控元件在汽车上的普遍应用，各控制单元间的数据通信变得越来越重要。以分布式控制系统为基础构造汽车车载电子网络系统是十分必要的。各控制单元独立运行，实现相关功能的控制，同时为其他系统控制单元提供数据服务，实现信息共享。车载网络系统可实现大量数据的快速交换，提高信息传输的可靠性并降低成本。

（3）智能化：传感技术和计算机技术的发展，加快了汽车的智能化进程。其主要技术中自动驾驶技术的构想必须依赖于电子技术才能实现。智能交通系统（ITS）的开发将与电子、卫星定位等多种技术相结合，它能根据驾驶员提供的目标资料，向驾驶员提供距离最短且能绕开车辆密度相对集中处的最佳行驶路线。它装有电子地图，可以显示出前方道路，并采用卫星导航。从全球定位卫星中获取沿途天气、车流量、交通事故、交通堵塞等情况，自动筛选出最佳行驶路线。

（4）集成化：传统的电子电气架构是根据汽车功能划分成不同模块的分布式方案，如动力总成、信息娱乐、底盘和车身等。其最大的特点是功能划分明确，可以通过预先的设计来严格明确界限，所有历史工作的继承性也很强。由于划分后的每个模块相对独立，如果需要做出改变，那么选出一部分东西进行更新即可。然而，这种模式的缺点也很明显，那就是容易导致模块太多且可控性不强，其线束成本也比较高。

为了降低整车成本，汽车电子电气架构将由分布式向集中式发展，其核心思想是用高性能的中央计算单元取代现在常用的分布式计算架构。在宝马汽车中中央计算单元称为中央计算平台（Central Computing Platform），在奥迪汽车中中央计算单元称为中央计算集群（Central Computing Cluster），而特斯拉在 Model3 上首次使用了左车身控制器、右车身控制器、自动驾驶及娱乐域控制模块这三个控制器来控制整车电气系统，实现了域控制。

在通信技术更加先进的未来，车辆的控制系统将放在云端，实现数据云传输和云控制，车辆硬件将简化成一个传感器和执行器，这样可以在降低成本的同时无限增加车辆功能的可拓展性。总之，汽车电子电气架构正围绕一个强有力的通信架构和整车级计算平台这两项内容而开展深度演化。

在汽车"四化"趋势的推动下，汽车电子愈发重要。随着智能网联汽车被列为国家的重要战略方向之一，预计汽车电子行业的增长潜力还将得到进一步释放。

三、汽车电路组成部分

汽车电路主要由电源、电路保护装置、继电器、中央接线盒、控制元件、用电设备和导线插接器及线束组成。从总体上看，汽车电路实行单线制的并联电路，在局部电路中同时会包含有串联、并联电路。

1. 电源

汽车上装有两个电源，即蓄电池和发电机，其功能是保证汽车各用电设备在不同情况下都能投入正常工作。图4-3 所示为蓄电池及其图形符号，图4-4 所示为发电机及其图形符号。

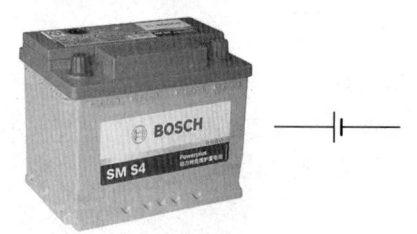

图4-3　蓄电池及其图形符号　　　　图4-4　发电机及其图形符号

2. 电路保护装置

电路保护装置用于电路或电气设备发生短路及过载时，自动切断电路，以防线束或电气设备烧坏。汽车上常用的电路保护装置有熔断器、易熔线及电路保护断路器。

1）熔断器

熔断器也叫保险丝，其利用了电流的热效应，是一种热能响应装置，可对导线进行保护。如果线路中没有加装熔断器，一旦电路过载，流经导线的电流大小超过导线的承载电流，此时导线就会发生自燃，引发安全事故（烧车）。熔断器一般设置在靠近电源的位置。熔断器的主要元件是熔丝，其材料是锌、锡、铅、铜等金属的合金。现代汽车常设有多个熔断器。常见熔断器按外形可分为熔片式熔断器、熔管式熔断器、绝缘子式熔断器、缠丝式熔断器、插片式熔断器等。图4-5所示为熔断器、易熔线及其图形符号。

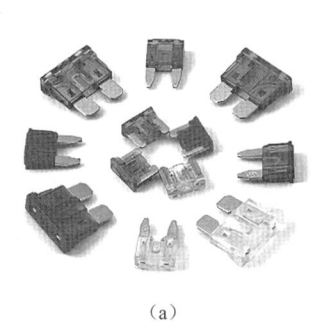

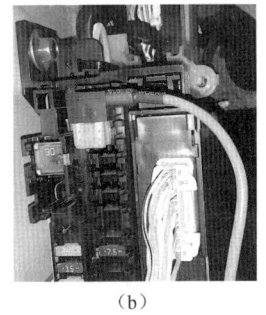

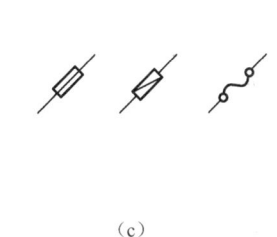

(a)　　　　(b)　　　　(c)

图4-5　熔断器、易熔线及其图形符号

熔断器常用于保护局部电路，其额定电流较小。

（1）熔断器额定电流的确定。

在电路设计中，熔断器串联在电路电源侧，当负载过电流或器件、导线短路时，电流产生的热量使熔断器截面积较小的部分达到熔点而熔断，保护了该回路中的导线，一般来说，熔断器的额定容量=电路最大工作电流/80%。熔断器的额定容量选取不可过大，否则，会无谓地增加熔断器成本，也导致相应的导线线径无谓地加大，从而增加了导线的使用量，造成成本的增加。

（2）熔断器的合并选择原则。

熔断器容量的选择依据电气设备的容量及其负荷的状态属性而定。一只熔断器可以保护一段导线，也可以同时保护若干条导线，这要依据负荷的重要程度而定。

① 重要件。

重要件包括发动机控制单元、防抱装置（ABS）、安全气囊系统控制单元（SAS）及其他涉及整车安全的控制单元。这类电负荷不仅对于整车性能及安全至关重要，而且这类电气设备属于敏感设备，易受其他用电设备的干扰，因此，对于这类用电设备必须单设熔断器。

② 一般重要件。

一般重要件包括各类发动机传感器、各类报警信号灯和外部照明灯、前风挡清洗装置、喇叭等。这类电负荷同样对于整车性能及安全很重要，但这类电负荷对相互之间的干扰并不敏感，因此，对于这类电负荷可以根据情况相互组合，共同使用一个熔断器。

③ 普通件。

普通件包括汽车音响系统、电加热座椅、杂物箱照明、电动后视镜、电动车窗系统等。

这类电负荷对于整车而言,重要性并不是很强。一般为增进驾乘人员的舒适性而加设的电气设备。因此,对于这类电负荷可以根据情况相互组合,共同使用一个熔断器。

(3) 熔断器使用注意事项。

熔断器的保护元件是熔丝,串联在其所保护的电路中。熔断器为一次性器件,熔断后,必须先查找故障原因并彻底排除。须注意:

① 熔断器连接烧断,说明下游电路出现短路,必须检查下游电气系统的所有回路。在更换熔断器前必须切断电气部件及关闭点火开关。要更换与原熔断器的额定电流相等的熔丝。

② 更换熔断器时,一定要与原规格相同,不能使用比规定容量大的熔断器,否则将失去保护作用。

③ 熔断器支架与熔断器接触不良会产生电压降和发热现象。因此,特别要注意检查熔断器有无氧化物和脏污。若有氧化物或脏污,须用细砂纸打磨光滑,使其接触良好。

④ 在拆下、插入熔断器时,必须使用拆卸器。在拆卸熔断器时,进出时要保持平直,不要扭动。扭动动作会迫使端子卡口张开过大,以致连接不良。

2) 易熔线

易熔线是一种截面积小于被保护电线截面的、可长时间通过额定电流的铜芯低压导线或合金导线。易熔线的特点是当线路通过极大的过载电流时,易熔线能在一定的时间内(一般≤5s)熔断,从而切断电源,防止产生恶性事故。易熔线也是由导体和绝缘层构成的,绝缘层一般为氯磺化聚乙烯材料,因为绝缘层较厚,所以看起来比同规格的导线粗。易熔线通常连接在电源线路中或通过电流较大的线路中,常用于保护总电路或大电流电路。例如,北京切诺基汽车装设有五条易熔线,分别保护充电电路、预热加热器、雾灯、其他灯光及辅助电路。易熔线一般接在蓄电池直接引出的电路中,即蓄电池正极端附近,如图4-5所示。

易熔线不能绑扎于线束内,也不得被其他物品所包裹。易熔线应有明显的标志,当其熔断后,其标志仍应存在,以便于更换。

3) 电路保护断路器

电路保护断路器简称断路器,常用于保护电动机等较大容量的电气设备。电路保护断路器的基本组成是一对受热敏双金属片控制的触点。当电动机卡死造成电流过大或发生短路故障时,超过额定值数倍的电流使热敏双金属片受热变形,触点断开,自动切断电路以保护电气设备或线路。与易熔线和熔断器相比,电路保护断路器的特点是可重复使用。

电路保护断路器按其作用后的恢复形式不同,可分为非循环式电路保护断路器与循环式电路保护断路器两种。非循环式电路保护断路器在电路中发生故障时断开,排除故障后,需通过按压将热敏双金属片复位,如图4-5所示。循环式(自动恢复式)电路保护断路器在电路发生过载或短路故障后自动切断电路,但当断路后,热敏双金属片冷却后会自动使触点重新闭合而接通电路,这种形式的电路保护断路器在早期国产载货汽车前照灯线路中有所应用,在轿车上常用于刮水电动机、车窗玻璃升降电动机等的电路中,如图4-6所示。

3. 继电器

1) 结构

汽车用继电器一般为电磁继电器,通常由铁芯、线圈、衔铁、触点、簧片等组成,如图4-7所示。

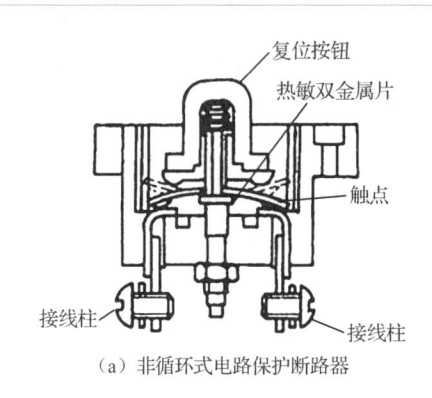

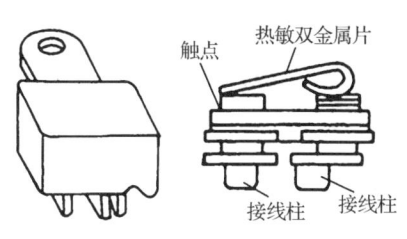

图 4-6 电路断路保护器

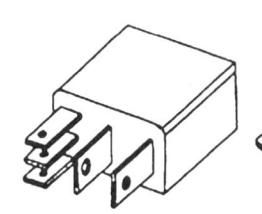

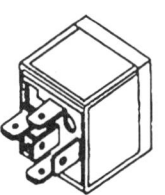

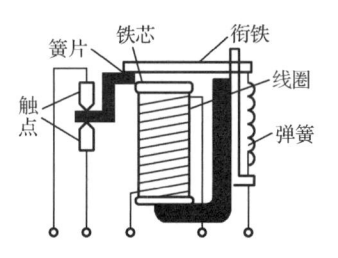

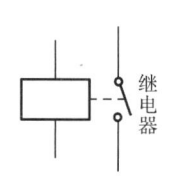

图 4-7 继电器及其图形符号

2）工作原理

以开闭混合型继电器（见图 4-8）为例说明继电器的工作原理。只要在线圈两端加上一定的电压，线圈中就会流过一定的电流，从而产生电磁效应，衔铁就会在电磁力的作用下克服复位弹簧的拉力吸向铁芯，从而带动衔铁的动触点与静触点（常开触点）吸合。当线圈断电后，电磁力也随之消失，衔铁就会在弹簧的拉力下返回原来的位置，使动触点与原来的静触点（常闭触点）吸合。吸合、释放实现了在电路中的导通、切断的目的。继电器线圈未通电时，触点处于断开状态的继电器叫作常开继电器；相反，继电器未通电时，触点处于闭合状态的继电器叫作常闭继电器。

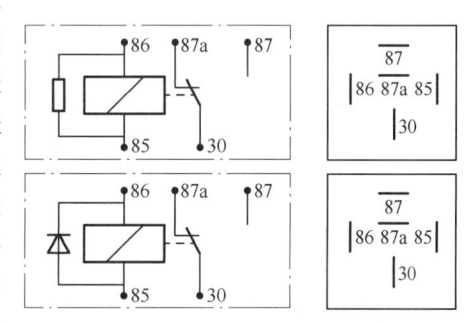

图 4-8 开闭混合型继电器

3）类型与作用

汽车用继电器分为功能继电器和电路控制继电器两种。功能继电器有闪光继电器、刮水间歇继电器等，可实现电路间歇性或周期性的通断，使电气设备间歇性或周期性的工作。电路控制继电器，即单纯实现电路通断与转换的继电器，它的作用主要是减小开关的电流负荷，保护开关触点不被烧蚀，即用流经开关的小电流，控制用电装置的大电流，如喇叭继电器、起动继电器、预热继电器、卸荷继电器等。

为防止继电器线圈断电时产生的自感电动势将电子设备损坏，有的继电器的磁化线圈两端并联有泄放电阻或续流二极管。

根据触点的状态不同，继电器又分为常开继电器、常闭继电器和开闭混合型继电器。常开继电器平时触点是断开的，继电器动作后触点接通，接通控制电路。常闭继电器的触点平时是闭合的，继电器动作后触点断开，切断控制电路。开闭混合型继电器，平时常闭触点接

105

通，常开触点断开，如果继电器线圈通电，则触点处于相反的状态。

※请思考并描述图4-8中所并联的泄放电阻或续流二极管有何作用。

_____
_____
_____

继电器的工作电压有12V和24V两种，分别应用于相应标称电压的汽车上。两种标称电压的继电器不能互换使用。

熔断器、继电器的安装位置一般在仪表台的下方和发动机罩下，如图4-9所示。

1—左侧继电器盒；2，6—继电器和熔断器架；3，5—保险支架；4—主保险支架。

图4-9 熔断器、继电器安装位置图

4．中央接线盒

为便于诊断故障、规范布线，汽车中央接线盒的作用是将继电器、熔断器、二极管及一些电子模块集成于一体，叫作中央接线盒，实现整车用电设备电源及控制信号的分配，并对各用电设备及电线束进行过载或短路保护。这样无论是制造、生产、安装，还是车辆的售后检修，都极大地降低了难度，大大提高了效率。其正面主要是熔断器、各种继电器和电路保护断路器，一般都有位置代号；背面是线束、插接器，插接器与车载电网和用电设备相连。中央接线盒的实物图如图4-10所示。

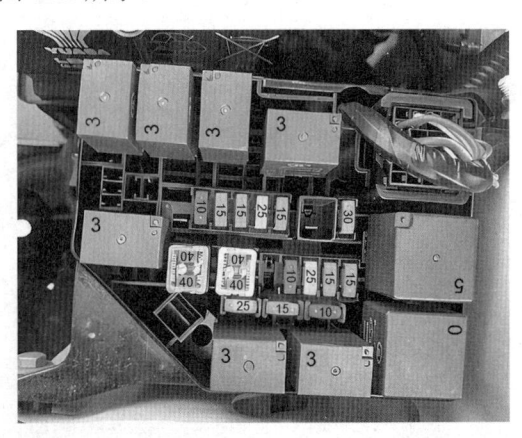

图4-10 中央接线盒的实物图

※请根据维修资料在实训车辆上查找中央电器盒的位置，并指出电器盒上有哪些继电器。

_____

_____

_____

5. 控制元件

控制元件包括各类控制单元和开关，如发动机控制单元、自动变速器控制单元、灯光开关和玻璃升降开关等，如图 4-11、图 4-12 所示。

开关在传统汽车电路中主要起着接通或切断电气设备工作电路的作用，在现代汽车上，则是为控制单元提供操纵信号。汽车开关按操纵方式可分为旋转式开关、推拉式开关、压力式开关、顶杆式开关、翘板式开关及组合式开关等。

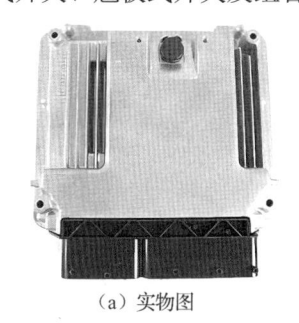

（a）实物图　　　　　（b）图形符号

图 4-11　控制单元实物图及其图形符号

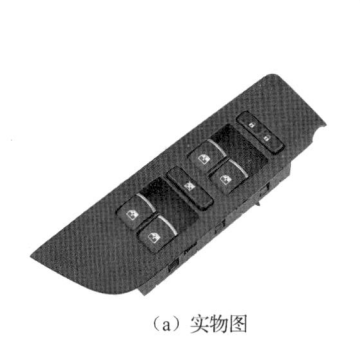

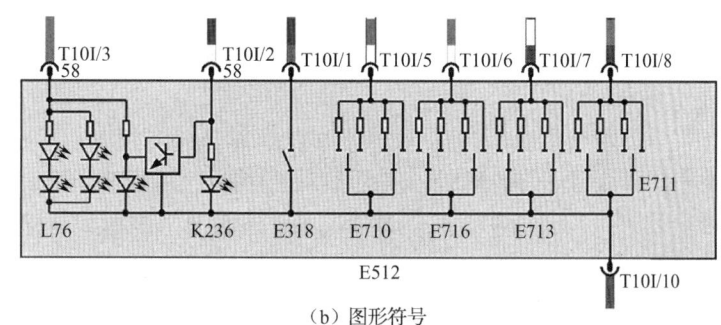

（a）实物图　　　　　（b）图形符号

图 4-12　玻璃升降开关实物图及其图形符号

6. 用电设备

用电设备包括起动机、空调、仪表、照明灯等，如图 4-13、图 4-14 所示。

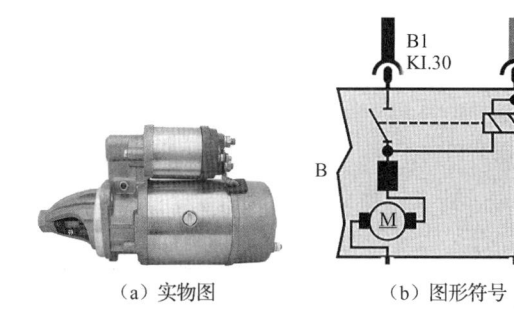

（a）实物图　　　　　（b）图形符号

图 4-13　起动机实物图及其图形符号

（a）实物图　　　　　（b）图形符号

图 4-14　照明灯实物图及其图形符号

7. 导线、插接器及线束

1）导线

导线用于将上述装置连接起来构成回路，并用插接器与用电设备、控制器、电源等相连。将各连接导线、插接器组合在一起并用专门装置固定就组成了线束，用于传递电流和信号，以构成完整的汽车电气控制系统，如图4-15所示。

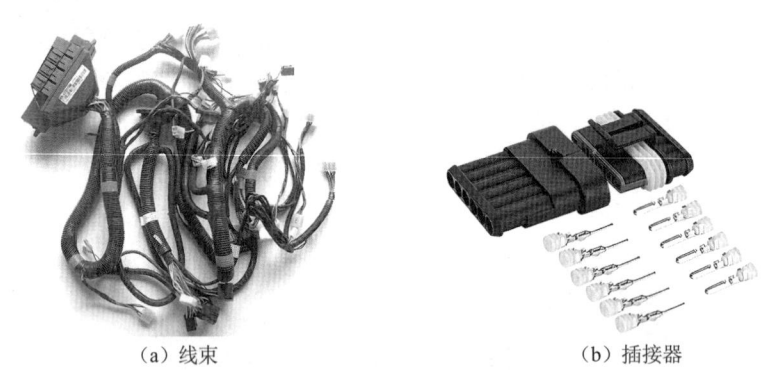

(a) 线束　　(b) 插接器

图4-15　线束和插接器

汽车车载电网的导线有低压导线和高压导线两种。传统燃油汽车上多为低压电路，故这里主要讲述低压导线。

（1）导线的结构。

导线主要由外皮绝缘层和中间的导体（软铜线）组成。

为了提高导线的传输效率，一般使用电导率高（电阻低）的铜制成导线。燃油汽车上的电源电压较低，所以，同样功率的用电设备在汽车和家庭中相比，汽车上导线通过的电流要大得多。

电流通过导线时会发热，尤其是大电流通过导线时，导线的发热量相对较高。为了防止由于发热而引起导线燃烧，在绝缘体内还事先添加了阻燃剂。阻燃剂同时是可塑性材料，起着软化绝缘体的作用，在高温情况下，阻燃剂将被释放从而导致绝缘体硬化，随着汽车行驶时的振动而出现裂痕，露出导线。在这样的情况下若继续行驶，很可能会出现电气短路故障。

（2）导线的线径。

线径是指导线的标称截面积，实际是指导体（铜线）的截面积。另外，根据各国的标准，导线尺寸规格也不同。

导线的截面主要根据用电设备的工作电流进行选择。但是对功率很小的用电器，仅从工作电流的大小来选择导线，其截面将太小，机械强度差，易折断，因此汽车电子系统中所用的导线截面积不得小于 $0.5mm^2$。

（3）导线的颜色。

为了便于安装、维修，低压导线绝缘层外表面常用不同的颜色加以区分。线色是导线的最直观的要素之一，可以分为单色导线和双色导线。单色导线是指绝缘表面为一种颜色的导线，颜色与代号如表4-1所示。

表 4-1　汽车用低压导线的颜色与代号

导线颜色	常用缩写	中文	导线颜色	常用缩写	中文
Black	BLK/B	黑色	Light Green	LT GRN	浅绿色
Blue	BLU/BL	蓝色	Orange	ORG/O	橙色
Brown	BRN/BR	棕色	Pink	PNK/P	粉红色
Clear	CLR/CL	透明	Purple	PPL/PP	紫色
Dark Blue	DK BLU	深蓝色	Red	RED/R	红色
Dark Green	DK GRN	深绿色	Tan	TAN/T	褐色
Green	GRN/G	绿色	Violet	VIO/V	粉紫色
Gray	GRY/GR	灰色	White	WHT/W	白色
Light Blue	LT BLU	浅蓝色	Yellow	YEL/Y	黄色

双色导线是指绝缘表面为两种颜色的导线，双色导线中面积比例大的颜色称为主色，面积比例小的颜色称为辅助色。

导线颜色的标注采用颜色代号表示，如单色导线，颜色为红色，标注为"R"；双色导线，第一色为主色，第二色为辅助色，如主色为红色，辅助色为白色，标注为"R/W"。

导线的截面积标注在颜色代码前面，单位为 mm^2 时不标注，如 1.25R 表示导线截面积为 $1.25mm^2$ 的红色导线；1.0G/Y 表示导线截面积为 $1.0mm^2$ 的双色导线，主色为绿色，辅助色为黄色。

大众汽车电路的导线一般集中在电路图的中间部分。每条线上都有导线的颜色及截面积的标注。线端都有接线标号或插口标号表示其连接关系。颜色标记用字母表示，对应关系为 ws 表示白色；sw 表示黑色；rt 表示红色；br 表示棕色；gn 表示绿色；bl 表示蓝色；gr 表示灰色；li 表示紫色；ge 表示黄色。如果导线是双线的，则以两种颜色的字母共同标记，如 ro/sw，se/ge 等，导线的截面积是以数字标示在导线颜色的上方，单位是 mm^2。

※请根据维修资料，描述汽车电路中的电源线有什么特点，并请描述搭铁线的颜色。

_____
_____
_____
_____

（4）汽车用屏蔽线及双绞线。

目前在智能化发展需求的趋势下，汽车上装备了相应的智能装置后，汽车能自动感知驾驶环境的变化，适时选择最适合的驾驶状态。这样复杂的控制要求传感器能通过微弱的电流的变化来感应驾驶环境的信息。当电流发生变化时，开关能迅速切换（数字信号），更需要精密电子仪器在瞬间准确无误地计算大量信息，另外，也要求执行单元能准确无误地接收指令，并能根据指令要求动作。在这种情况下，为保证信息传递、数据交流的保真性与适时性，避免各种不利因素的干扰与影响，在重要的数字信号回路中使用了屏蔽线及双绞线。

① 屏蔽线。

屏蔽是避免电磁干扰的一个有效措施。电磁干扰主要以电磁波的方式造成干扰。电磁波在传播的过程中，若遇到金属材料不仅不会穿过，还会被迫改变方向沿着金属材料行进。将金属材料包敷在所要屏蔽的设备或导线外面进行屏蔽，并通过接地线与大地相连，将可能造成干扰的电磁波通过接地线流向大地，被屏蔽的设备或导线中的信号就能够正常传送，从而避免了电磁干扰。这就是屏蔽线的屏蔽原理。

② 双绞线。

双绞线是由两根相互绝缘的铜导线按照一定的规则互相缠绕在一起而形成的网络传输介质。外界电磁信号在两条导线上产生的干扰大小相等、相位相反，从而使干扰信号相互抵消。它是防止电磁干扰的有效方法。

图 4-16 所示为双绞线结构及其干扰抵消原理。对于某些弱信号或者易受干扰的信号，就选择双绞线或屏蔽线。这两种导线都可以有效地避免信号的干扰，保证信号及时准确地传输。双绞线和屏蔽线的用途基本相同。一般汽车上的 CAN 线都会用到双绞线。

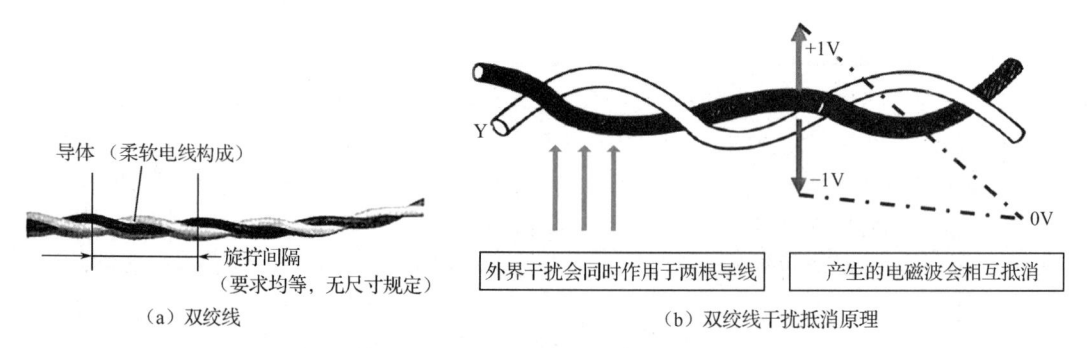

图 4-16 双绞线结构及其干扰抵消原理

※请描述屏蔽线与双绞线是如何应对电磁干扰的。

_____
_____
_____
_____

2）插接器

插接器，也称为连接器，使用方便，连接可靠，是汽车电路中简单但不可缺少的元件。线束与线束之间、线束与电气件之间均采用插接器连接。

插接器的生产制造必须要考虑其在汽车整个寿命中要承受的各种苛刻的工作环境，如振动、加速度、温度波动、高温、低温、潮湿、浸水、侵蚀性液体、有害气体等。插接器必须做到：卡扣锁止及紧固牢靠，便于安全无误地安装；闭锁装置要便于解锁；能提供完善的绝缘保护；导电部分的接触电阻很小；密封严格，防水、防湿、防盐雾等。

（1）插接器的结构。

插接器分为护套和端子，护套和端子分别有插头和插座。护套是用聚乙烯（PE）、聚氯乙烯（PVC）及其他工程塑料（如 PPE）注射或挤出成型的，护套上有几个或多个孔位用以放置导线接头（压接上导线的端子）；端子由铜或铁压制而成，带有倒刺，嵌入塑料壳后自动锁止；在塑料壳上也有锁止结构，当插头和插座接合后自动锁止，防止脱开，如图 4-17 所示。

（2）插接器的连接和脱离

插接器（插头和插座）在接合时，可先把插头与插座间的导向槽重叠在一起，使插头和插孔对准，然后平行插入即可十分牢固地连接在一起，如图 4-18 所示。

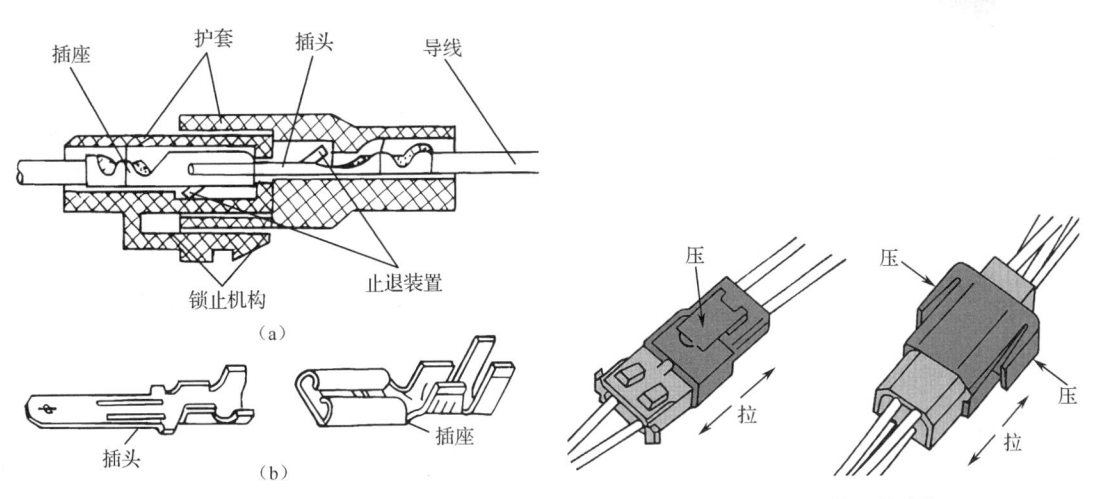

图 4-17　插接器的结构　　　　　　　　图 4-18　插接器的连接

为了防止汽车在行驶过程中插接器脱开，所有的插接器均采用闭锁装置，使插接器的插头及插座紧密结合形成锁扣，插接器插紧后，会把插头和插座锁住。拆开插接器时，一定要先解锁，绝不可用力猛拉导线，以免破坏闭锁装置或将导线拉坏，只要压下闭锁就可以把插接器拉开。

注意：连接或拆开插接器之前，要将点火开关置于 OFF 挡，并断开蓄电池负极。

3）线束

为使汽车上繁多的导线整体美观、不凌乱，接线安装方便，以及保护绝缘层不被损坏，汽车上都将同路的导线用棉纱编织带或塑料带包扎成束，称为线束。线束由导线、端子、插接器、包裹胶带、护套及附件（橡胶件、卡固件等）组成。作为汽车电路各部件联系的载体，线束起着至关重要的作用。它不仅要准确地传输各种信号，还要保证连接电路的可靠性，并且需要一定的抗干扰能力，这就决定了汽车检测的严苛性。与传统燃油车相比，新能源汽车对线束的输送能力、机械强度、绝缘保护和电磁兼容方面都有更高的要求。

（1）线束分类。

整车主线束一般分成发动机（点火、电喷、发电、起动）线束、仪表线束、照明线束、空调线束、辅助电器线束等部分。线束有主线束和分支线束，一条整车主线束有多条分支线束，就好像树干与树枝一样。整车主线束往往以仪表盘为核心，前后延伸。由于长度关系或装配方便等原因，一些汽车的线束根据安装位置分成车头（包括仪表、发动机、前灯光总成、空调、蓄电池）线束、车尾（尾灯总成、牌照灯、行李箱灯）线束、车顶（车门、顶灯、音响喇叭）线束等。线束上各端头都会打上标志数字和字母，以标明导线的连接对象。连接时看到标志能正确连接到对应的电线和电气装置上，这在修理或更换线束时特别有用。

※请描述安装线束时如何进行匹配连接。

_____
_____
_____
_____

（2）线束的保护。

汽车线束的使用环境与家用电器的配线有很大的区别，汽车线束更严格、更复杂。考虑到穿管时，可能会接触到洞口的毛边，或受到锐利零件的干涉，在颠簸路面行驶时的激烈振动与连续驾驶的振动，被雨水、灰尘、油污浸蚀，以及发动机室内温度或夏天的室内温度等因素对汽车的影响，线束在设计时需要很多保护零件。常用的有绝缘管、波纹管、编织软管、热缩管、水管、橡胶套、胶带、保护罩、防水栓、防水塞及其他一些塑壳配件、支架等。这样可以防水、密封、减振、防磨、防尘。

（3）线束的固定与安装。

线束必须进行固定和保护，一般可以用扣钩、扎带、支架等将线束固定在车上的指定部位，进行定型保护，其插头恰好在各电气设备的接线柱附近，安装时按线号装在与其对应的接线柱上，便完成了线路的连接工作。

安装线束的注意事项如下。

① 线束应用扣钩固定，以免松动磨坏。

② 线束不可拉得过紧，尤其在拐弯处更要注意，在绕过锐角或穿过金属孔时，应用橡皮或套管保护，否则容易磨坏线束从而发生短路、搭铁，甚至有烧毁全车线束，酿成火灾的危险。

③ 连接用电器时，应根据插接器的规格及导线的颜色或接头处套管的颜色分别接到用电器上。若不易辨别导线的头尾，可用试灯区分，最好不要用刮火法区分。

④ 在安装发动机舱内配线时，为了防水，要对塑壳进行防水处理及充填润滑油，在高温部位使用耐热电线、耐热套管。另外，在发生振动时，回转的零部件附近使用保护胶管。为了在制动、燃油的配管等狭窄的地方配线，要使用很多扣钩。

⑤ 仪表线束要连接很多的功能开关及收放机、时钟、显示仪表等，若同时组装将非常费时间，所以要将其分割，在副连接上组装。因为安装空间很小且非常复杂，所以需要使用小型的塑壳、扣钩、隔音材料等。

⑥ 安装线束时，各个线头必须固定牢靠，以防线头之间接触不良或在行驶中脱落。这时，常利用护线器件来保持导线（线束）合理的走向和牢固的定位，防止线束受损。

随着汽车功能的增加及电子控制技术的普遍应用，汽车引入了 CAN 总线配置，采用多路传输系统。与传统线束比较，多路传输装置大大减少了导线及接插件数目，使布线更为简单。

任务二　汽车电路的识读

一、汽车电气系统的特点

1. 汽车电气设备的特点

汽车电气设备与普通的电气设备相比有以下的特点。

1）低压

目前汽油车普遍采用 12V 电源，重型柴油车多采用 24V 电源。汽车运行中的电压，前者为 14V，后者为 28V。

2）直流电

现代汽车发动机靠电力起动机起动，起动机由蓄电池供电。向蓄电池充电必须用直流电，所以汽车电力系统为直流电系统。

3）单线制

汽车的底盘及发动机是由金属制造的，具有良好的导电性能。因此，汽车电气设备的负极直接或间接通过导线与车架或车身金属部分相连，即用汽车的金属机体作为一条公共的负极线。

4）并联连接

各用电设备均采用并联方式连接。蓄电池与发电机之间及所有用电设备之间，都采用正极接正极，负极接负极的连接方式。这样，当汽车在使用中某条支路出现故障时，不会影响其他支路的正常工作。

5）负极搭铁

采用单线制时，蓄电池的负极接到车架或车身上，故称为负极搭铁。这种搭铁形式对金属的化学腐蚀较轻，对无线电的干扰小。我国标准规定汽车线路统一采用负极搭铁。

6）保险装置

为了防止短路和过载，电路中通常设有保护装置，如熔断器、易熔线和电路保护继电器等。

7）线路颜色及编号区分

为了区分不同线路的连接，方便装配，同时也便于汽车维修技师进行故障检测，汽车上的所有低压导线必须选用不同颜色的单色线或双色线，并在导线上打上编号。编号一般是由汽车制造厂家统一制定的。

※请描述并联连接和负极搭铁的优点。

_____

_____

_____

_____

2. 汽车电气设备的使用特点

汽车电气设备在使用过程中，环境对其影响是很大的，具体有以下几个方面。

1）温度与湿度的影响

温度的变化包括外界环境温度和条件使用温度。

在我国，外界环境温度变化范围大约是-40～+50℃（阳光下），尤其在寒冷地区工作的汽车，温度变化较大，如汽车在寒冷地区起动后立即行驶时，各部分温度发生急剧变化，冷却液温度从室外的-30℃到起动10min后升到+80℃左右；发动机油温也在起动30min后升到80℃左右。所以电气设备特别是电子元器件的安装要考虑到所安装位置的温度。

条件使用温度与汽车工作时间的长短、电子线路布置的位置及其自身的发热、散热条件等有密切关系。就一般情况而言，发动机的温度可达100℃以上，仪表盘内壁温度可达60℃以上，排气管内温度可达600℃以上。这样高的使用温度往往是造成电子元件过热损坏的主要原因之一。

相对湿度大于80%，称为高湿；相对湿度小于40%，称为低湿或干燥。湿度对电气设备的影响主要是绝缘强度、霉菌生长、金属腐蚀。湿度的增加则会增加水分子对电子元件的浸润作用，降低了电气设备的绝缘强度，空气中的水分附着在绝缘材料的表面，使电气设备的绝缘电阻降低，设备的泄漏电流大大增加，造成绝缘击穿，产生电气故障。

潮湿的空气有利于霉菌孢子发芽生长。霉菌在代谢的过程中，往往会分泌出酸性物质，附着在导电金属和电接触材料上，导致设备的接触电阻增大。日积月累会腐蚀电路，将降低仪器的精度，或造成设备故障，甚至烧毁仪器。

2）电压波动的影响

正常情况下，汽车电压是波动的。在发动机未起动或转速低于某值时，由蓄电池供电；在发动机转速超过一定值时，发电机对外供电，给用电设备供电和给蓄电池充电。由于蓄电池的放电程度不同，其输出电压变化较大，同时发电机调节器是用通、断的方式来控制发电机励磁电流的，输出电压在标准电压附近波动。汽车电气设备在执行开关通断、触点断开闭合、点火脉冲等动作时会由于电磁感应而在短时间内产生较高电压，称为脉冲电压，也称为瞬时过电压。瞬时过电压的峰值很高，但持续时间很短，对强电设备（如起动机、电喇叭等）危害不大，但对微电子设备及其元件危害较大。因此，在驾驶有电子控制装置的汽车时，需特别注意瞬时过电压的产生及其预防。

3）无线电干扰的影响

现代汽车上的各个电气设备的工作方式不同，会以不同的方式彼此干扰。点火、开关等工作产生的脉冲，也是一种干扰。通常所有的汽车电气设备能在汽车上共同工作而不干扰其他电气设备的正常工作，也能抵抗其他电气设备的干扰，这样的能力称为汽车电气设备的相容性。事实上，由于汽车电气设备间的相互干扰不可避免，因此，对汽车电子电路来说，重要的是电磁兼容性。任何因素激发出电路中的振荡，都会通过导线等以电磁波的形式发射出去，不仅干扰收音机等通信设备，还对车上具有高频响应特点的电子系统产生电磁干扰。此外，由车外收发两用机之类的无线电设备、雷达、广播电台等发射的无线电，也会干扰汽车上的电气设备，使电子控制装置失控。因此，汽车上应用的控制器单元、传感器、执行器等，应具有良好的电磁屏蔽措施，确保电气设备正常工作。

4）其他环境的影响

汽车行驶过程中的振动和冲击对电子设备机械性的破坏是不可避免的，这会造成脱线、脱焊、触点抖动、搭铁不良等故障。除此之外，还会受到水、盐、油及其他化学物质的危害。所以，电子元件应具备对水浸、冰冻的承受能力；对盐的耐腐蚀能力；对沙尘的耐脏能力；对机油、机油添加剂、汽油和防冻液的耐腐蚀能力。

二、汽车电路常用符号

汽车电路图是利用图形符号和文字符号表示汽车电路构成、连接关系和工作原理，而不考虑其实际安装位置的一种简图。为了使电路图具有通用性，便于技术交流，构成电路图的图形符号和文字符号不是随意的，它有统一的国家标准和国际标准。要看懂电路图，必须了解图形符号和文字符号的含义、标注原则和使用方法。

1）电气元件图形符号

电气元件图形符号是用于电气图或其他文件中的表示项目或概念的一种图形、标记或字符，是电气技术领域中最基本的工程语言。因此，为了看懂汽车电路图，我们要掌握和熟练地运用电气元件图形符号。常用的电气元件图形符号如表4-2所示。

表4-2 常用的电气元件图形符号

序号	名称	图形符号	序号	名称	图形符号
常用的基本符号					
1	直流	—	6	中性点	N
2	交流	∼	7	磁场	F
3	交直流	≂	8	搭铁	⊥
4	正极	+	9	交流发电机输出接线柱	B+
5	负极	-	10	磁场二极管输出端	D+
导线端子和导线连接					
11	接点	●	18	插头和插座	
12	端子	○	19	多极插头和插座（图示的为三极）	
13	导线的连接				
14	导线的分支连接		20	接通的连接片	
15	导线的交叉连接		21	断开的连接片	
16	插座的一个极		22	屏蔽线	
17	插头的一个极				
触点开关					
23	动合（常开）触点		34	凸轮控制	
24	动断（常闭）触点		35	联动开关	
25	先断后合的触点		36	手动开关的一般符号	
26	中间断开的双向触点		37	定位开关（非自动复位）	
27	双动合触点		38	按钮开关	
28	双动断触点		39	能定位的按钮开关	
29	单动断双动合触点		40	拉拨开关	
30	双动断单动合触点		41	旋转、旋钮开关	
31	一般情况下手动控制		42	液位控制开关	
32	拉拨操作		43	机油滤清器报警开关	DP
33	旋转操作		44	热敏开关动合触点	t°

续表

序号	名称	图形符号	序号	名称	图形符号
45	推动操作		52	热敏开关动断触点	
46	钥匙操作		53	热敏自动开关的动断触点	
47	旋转多挡开关位置		54	热继电器触点	
48	温度控制		55	推拉多挡开关位置	
49	压力控制		56	钥匙开关（全部定位）	
50	制动压力控制		57	多挡开关、点火、起动开关，瞬时位置为2能自动返回到1（2挡不能定位）	
51	液位控制		58	节流阀开关	
电气元件					
59	电阻器		75	光电二极管	
60	可变电阻器		76	PNP 型三极管	
61	压敏电阻器		77	集电极接管壳三极管（NPN）	
62	热敏电阻器		78	加热元件、电热塞	
63	滑线式变阻器		79	电感器、线圈、绕组、扼流圈	
64	滑动触点电位器		80	带铁芯的电感器	
65	仪表照明调光电阻器		81	熔断器	
66	光敏电阻		82	易熔线	
67	电容器		83	电路断电器	
68	可变电容器		84	永磁铁	
69	触点常开的继电器		85	一个绕组电磁铁	
70	触点常闭的继电器					
71	穿心电容器		86	两个绕组电磁铁	
72	半导体二极管一般符号					
73	稳压二极管		87	不同方向绕组电磁铁	
74	发光二极管					

续表

序号	名称	图形符号	序号	名称	图形符号
仪表					
88	指示仪表	＊	93	转速表	n
89	电压表	V	94	温度表	t°
90	欧姆表	Ω	95	燃油表	Q
91	油压表	OP	96	车速里程表	V
92	数字式电钟		97	电钟	
传感器					
98	传感器的一般符号	＊	105	空气流量传感器	AF
99	温度表传感器	t°	106	氧传感器	λ
100	空气温度传感器	$t_n°$	107	爆震传感器	K
101	水温传感器	$t_w°$	108	转速传感器	n
102	燃油表传感器	Q	109	速度传感器	V
103	油压表传感器	OP	110	空气压力传感器	AP
104	空气质量传感器	m	111	制动压力传感器	BP
电气设备					
112	照明灯、信号灯、仪表灯、指示灯	⊗	116	天线一般符号	
113	双丝灯		117	天线电话	
114	组合灯		118	发射机	
115	预热指示器		119	点火线圈	

续表

序号	名称	图形符号	序号	名称	图形符号
120	电喇叭		139	火花塞	
121	扬声器		140	电压调节器	U
122	蜂鸣器		141	转速调节器	n
123	报警器、电警笛		142	温度调节器	t°
124	信号发生器	G	143	串励绕组	
125	脉冲发生器	G	144	并励或他励绕组	
126	闪光器	G	145	集电环或换向器上的电刷	
127	霍尔信号发生器		146	直流电动机	M
128	磁感应信号发生器		147	直流串励电动机	M
129	温度补偿器	t° comp	148	直流并励电动机	M
130	电磁阀一般符号		149	永磁直流电动机	M
131	常开电磁阀		150	起动机（带电磁开头）	M
132	常闭电磁阀		151	燃油泵电动机、洗涤电动机	M
133	电磁离合器		152	加热定时器	H T
134	过电压保护装置	U>	153	点火电子组件	I C
135	过电流保护装置	I>	154	风扇电动机	M
136	加热器（出霜器）		155	刮水电动机	M
137	振荡器		156	电动天线	M
138	空气调节器		157	直流伺服电动机	SM

续表

序号	名称	图形符号	序号	名称	图形符号
158	光电发生器		165	星形连接的三相绕组	
159	滤波器		166	三角形连接的三相绕组	
160	稳压器		167	定子绕组为星形连接的交流发电机	
161	点烟器		168	定子绕组为三角形连接的交流发电机	
162	间歇刮水继电器		169	整体式交流发电机	
163	防盗报警系统		170	蓄电池/蓄电池组	
164	直流发电机				

2）文字符号

文字符号是由电气设备、装置和元器件的种类（名称）字母代码和功能（状态、特征）字母代码组成的，用于电气技术领域中技术文件的编制，也可标注在电气设备、装置和元器件上或其近旁，以表明电气设备、装置和元器件的名称、功能、状态和特征。文字符号分为基本文字符号和辅助文字符号两大类。

（1）基本文字符号。

基本文字符号又分为单字母符号和双字母符号。单字母符号是按拉丁字母将各种电气设备、装置和元器件划分为23个大类，每个大类用一个专用单字母符号表示，如"C"表示电容器类，"R"表示电阻器类等；双字母符号是由一个表示种类的单字母符号与另一个字母组成的，其组合形式应以单字母符号在前而另一个字母在后的次序列出，如："R"表示电阻，"RP"表示电位器，"RT"表示热敏电阻；"G"表示电源、发电机、发生器，"GB"表示蓄电池，"GS"表示同步发电机、发生器，"GA"表示异步发电机。

（2）辅助文字符号。

辅助文字符号表示电气设备、装置和元器件及线路的功能、状态和特征，如"SYN"表示同步，"L"表示限制左或低，"RD"表示红色，"ON"表示闭合，"OFF"表示断开等。

三、汽车电路图的分类

汽车电气设备要靠线路连接，将汽车电气设备按要求连接的电路称为汽车电气电路。汽车电气电路可帮助我们掌握汽车电气设备的组成，是进行故障诊断及排除的重要资料。

1. 线束图

线束图是排列线束的依据，能反映各个电气元件的尺寸、形状及其之间的距离，还能反映电气元件彼此之间是如何连接的。线束图表明了电路线束与各用电器的连接部位、接线柱的标记、线头、插接器的形状及位置等。

从线束图中可以了解到线束的走向,并通过露在线束外面的线头与插接器详细编号或字母标记得知线束各插接器的位置。线束图常用于汽车制造厂总装线和修理厂的线束连接、检修、配线和更换。图4-19所示为某品牌某系列汽车线束图。

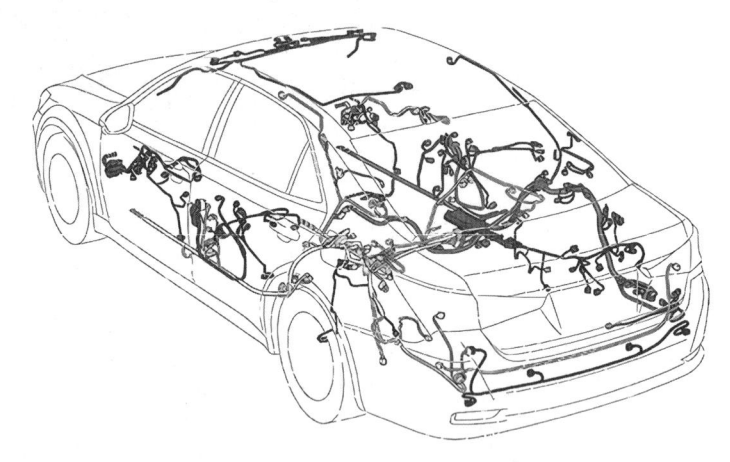

图4-19 某品牌某系列汽车线束图

目前,汽车制造商为了便于用户在使用、维修过程中进行检查、测试,还往往在维修手册中给出有关电气设备的安装位置图、线束图解。线束图与电路原理图及接线图结合起来使用,具有很高的参考价值。不同生产厂商的线束图略有不同。

线束图是进行线束装配的依据。拿到线束图,应先认真读一遍图注,然后对照线束图,了解整车共有几组线束、各线束名称及各线束在汽车上的实际安装位置;弄清楚每一条线束上的分支通向汽车上哪个电气设备、每个分支上有几根导线、它们的颜色与标号,以及它们分别连接到电气设备的哪个接线柱上;弄清有哪些插接器件,它们应该与哪个电气设备上的插接器相连。

对于汽车维修技师而言,发现汽车电路线束出现部分损坏,需要拆卸、修理时,应记下一些必要的数据,如线束总长、主要有几个大的分支、各分支之间的间隔长度、各分支的长度等,有利于线束的修复。此外,可标记线束及与其相对应的位置,或者记下对应各线束及接线柱的有关标记(如线头颜色、接线柱的形状或符号等)。线束系统的模块化使汽车方便拆装,便于维修,节省车辆保养与维修时间。

2. 布线图

图4-20所示为某品牌某系列汽车布线图,布线图主要表明线束与各电气设备之间的相互连接部位,接线柱的标记、插接器的形状及位置等,它是在汽车上能够实际上接触到的汽车电路图,这种电路一般不详细描绘线束内部的线路走向,只将露在线束外的线头与插接器做详细的编号或标记,但是它能标注出具体电气设备的位置。

3. 原理图

图4-21所示为某品牌某系列汽车电路原理图,电路原理图是以电路连接最短、最清晰为原则画图,且基本表示出电气设备内部电路,通过电气图形符号并按照工作顺序或功能排列,详细表示清楚电路的全部或部分组成或连接关系,但是不考虑其实际位置的简图,能清晰明了地反映各电气设备的连接关系和电路原理,便于分析和查找电路故障。电路原理图绘制的

汽车电路检修 项目四

原则是电源在图上方，接地线在图下方，且在用电设备附近，不相关的导线不相连。

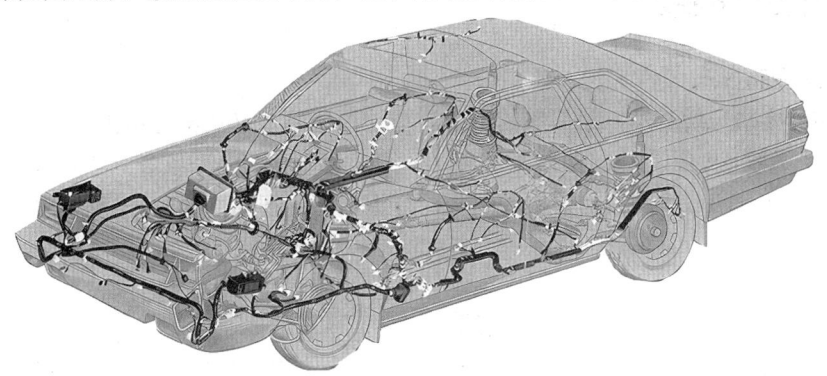

图 4-20　某品牌某系列汽车布线图

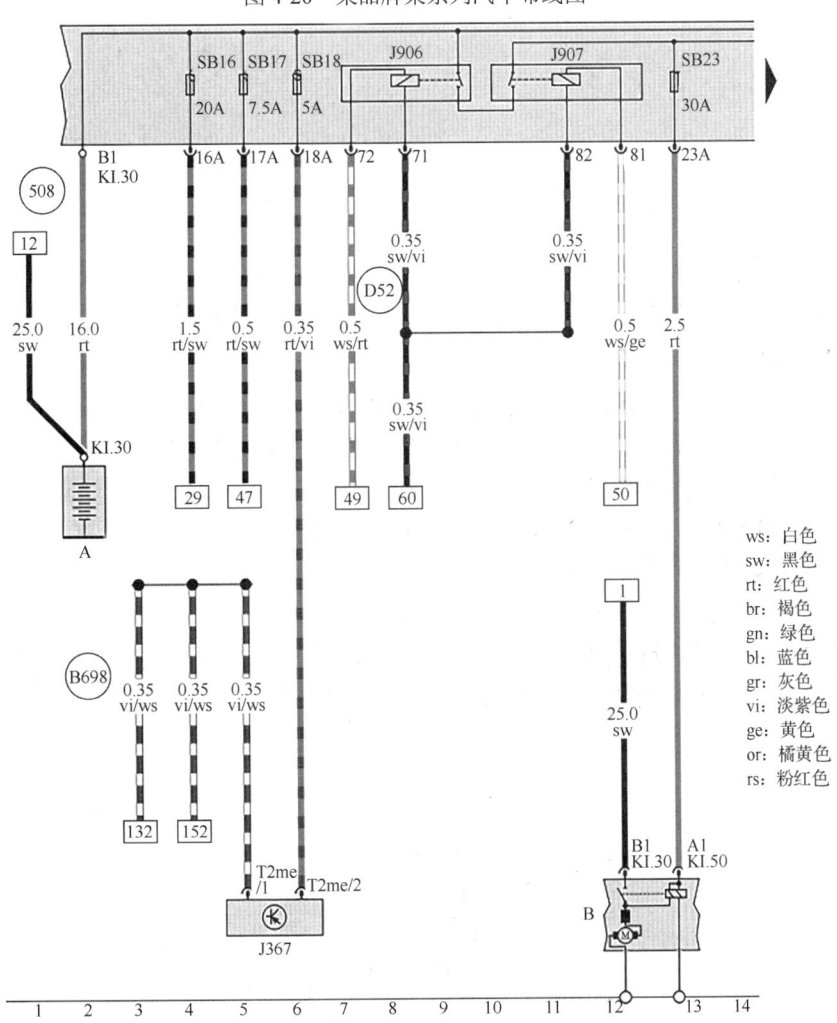

A—蓄电池；B—起动机；J367—蓄电池监控控制单元；J906—起动机继电器 1；J907—起动机继电器 2；SB—熔断器架 B；SB16—熔断器架 B 上的熔断器 16；SB17—熔断器架 B 上的熔断器 17；SB18—熔断器架 B 上的熔断器 18；SB23—熔断器架 B 上的熔断器 23；T2me—2 芯插头连接，黑色；508—螺栓连接（30），在电控箱上；B698—连接 3（LIN 总线），在主导线束中；D52—正极连接（15a），在发动机舱导线束中。

图 4-21　某品牌某系列汽车电路原理图

121

四、汽车电路控制模式

1. 直接控制模式

直接控制电路是最基本、最简单的电路。在这种控制电路中不使用继电器，控制器件与用电器串联，直接控制用电器。如图4-22所示，开关闭合后，电流从蓄电池正极经过熔断器、开关到灯泡，最后通过接地回到蓄电池负极，灯泡工作。在该回路中，控制器件（开关）直接控制用电器（灯泡）工作。

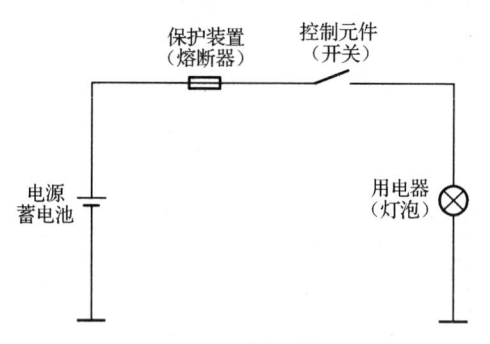

图4-22 直接控制电路

由于开关频繁开合，这种控制方式控制大电流用电器容易造成开关触点烧蚀，从而导致电路接触不良，并且，开关损坏后，更换开关的过程比较麻烦，因此应用较少。

2. 间接控制模式

在控制器件与用电器之间使用继电器或电子控制器的电路就是间接控制电路。如图4-23所示，因电动机的工作电流较大，为防止开关烧蚀，在电路中安装了继电器。

开关闭合后，电流从蓄电池正极经过继电器线圈，产生电磁力，使继电器触点开关闭合，继电器触点开关闭合后，电流直接从蓄电池正极经过继电器触点，到电动机，最后通过接地回到蓄电池负极，电动机开始工作。

在这种控制方式中，控制器件（开关）不参与用电器（电动机）的工作回路，而是控制较小电流的继电器，再由继电器控制用电器（电动机）工作，由于开关控制的是继电器线圈，电流较小，大大延长了开关的寿命，并且，继电器一般安装在中央接线盒内，更换较为方便，成本较低。

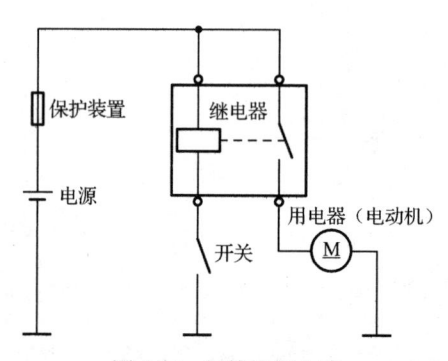

图4-23 间接控制电路

间接控制电路由控制电路和工作电路组成。

（1）控制电路：控制电路由电源（蓄电池）、控制装置（开关）、用电器（继电器线圈）组成。

（2）工作电路：工作电路由电源（蓄电池）、控制装置（继电器触点开关）、用电器（电动机）组成。

※请在图4-23中标识出工作电路和控制电路及其电流走向。

3．端子控制模式

图4-24所示为端子控制电路。端子控制电路由电源、ECU、信号输入装置（开关、传感器）和指令执行装置（用电器）组成。在端子控制电路中，ECU是核心，开关仅起提供信号的作用，它与用电器之间没有联系。

如图4-24所示，开关闭合后，ECU收到开关的闭合信号，按照提前写入的程序对信号进行分析或运算，依据分析或运算的结果，发出指令，驱动用电器（如电动机、灯泡、喇叭等）工作。这种控制方式可以很方便地实现一些复杂的控制，并且由于开关的断开、闭合和电动机都是直接连接到ECU上的，因此，ECU可以实时监控它们的状态，如果出现故障也便于检修。

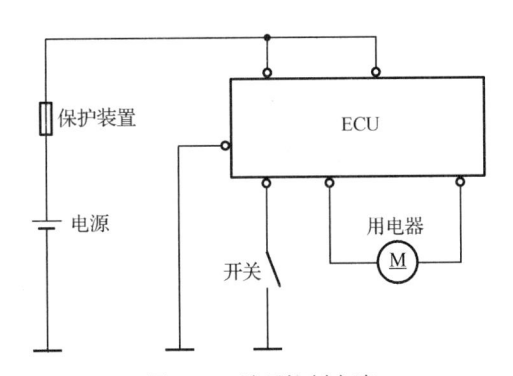

图4-24 端子控制电路

信号输入装置除了开关，还有传感器。ECU作为控制核心，接收传感器和控制开关输入的各种信号，通过数学计算和逻辑判断，再控制各执行器的工作。端子控制电路广泛应用于汽车电控系统的电路，其电路与传统电路有一定的区别。在一个完整的控制电路中，其回路一般可分为三个部分：控制单元的供电电路（ECU供电回路）、信号输入电路（信号回路）和用电器工作电路（执行回路），识读这三个电路时，分别按回路原则进行识读。

※请在图4-24中标识出信号回路、ECU供电回路和执行回路。

4．基于车载网络以控制单元为中心的控制模式

由于车载用电器的功能不断升级，某一功能的实现和控制不仅需要本系统的开关信号和专属传感器信号，还需要通过车载网络总线，获取其他控制单元"管理"的相关传感器信号。汽车上的各控制单元作为节点通过总线连接在车载网络中，各控制单元接收到所"管理"的传感器信号后，除了要对信号进行识别、分析及运算处理，还要按照相应的传输规则，将信号发送到车载网络中，以便于其他控制单元获取信息，这就是信息共享。

相关的控制单元对"专属传感器信号"和"共享传感器信号"进行分析处理后，做出决策，给执行器发出指令，执行器执行动作，这种控制模式称为基于车载网络以控制单元为中心的控制模式。

图 4-25 所示的网络结构图显示了雨刮器控制的信息传递关系，前部电器控制模块 N10/1 从 CAN 总线上获取 S4 雨刮器开关信号、B38/2 雨雾光线传感器信号，经分析后，通过 LIN 线发出指令给雨刮器电动机，使其工作。电路分别有雨刮器开关电路、雨雾光线传感器电路、前部电器控制模块供电电路、雨刮器电动机电路。

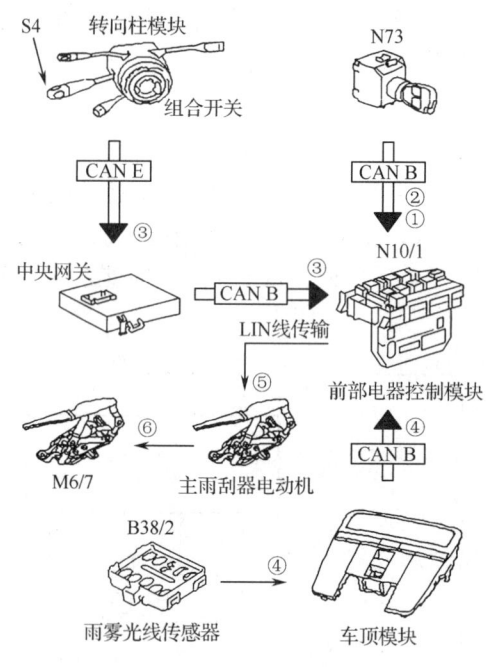

图 4-25 自适应雨刮器控制原理图

五、电路原理图识读方法和步骤

1. 电路原理图

电路原理图如图 4-26 所示，原理图的上部包括有电路的电源来源、中央电器继电器、控制单元等，一般用灰色区域表示。中间部分是包含开关、熔断器、导线和负载在内的负载电路，下部则是电路的负极接地点。

在电路原理图中，上方有几条横向代号线，分别为 30 线、15 线、X 线和 31 线，它们各自有特定的含义：30 线通常被称为常火线，始终带有蓄电池电压，其导线多为红色或为带红色的花线；15 线为经点火开关控制的小容量用电器电源线，点火开关闭合后，电流由蓄电池正极经 30 线、点火开关到达该线路；X 线为经点火开关、卸荷继电器控制的大容量电源线，点火开关闭合时，卸荷继电器线圈得电，继电器触点开关闭合，该线路得电；31 线为搭铁线，该线路直接与蓄电池负极和车身相连接，接地导线通常为棕色线。

交流发电机、蓄电池、起动机 ———————————— 电路中的主要元件名称

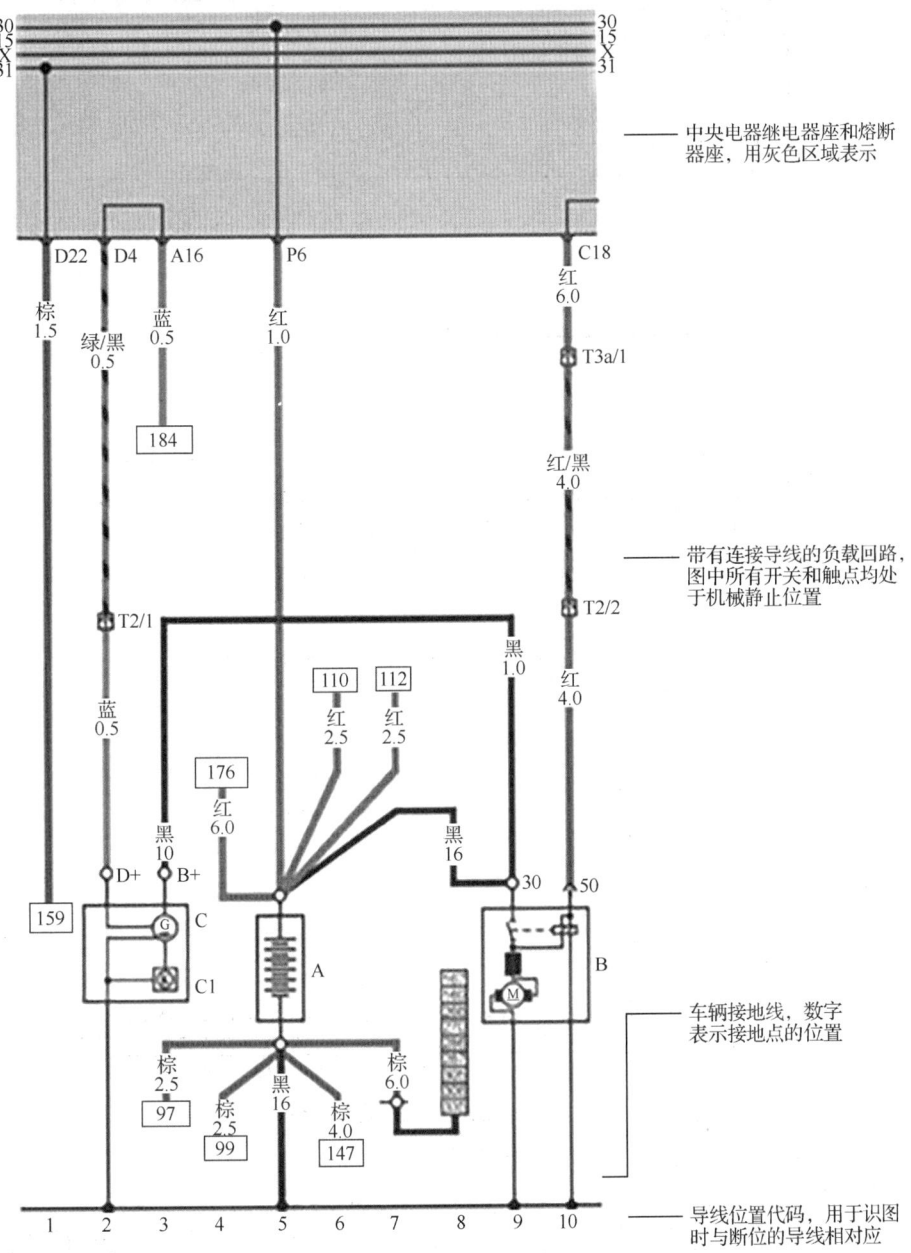

———————————— 中央电器继电器座和熔断器座，用灰色区域表示

———————————— 带有连接导线的负载回路，图中所有开关和触点均处于机械静止位置

———————————— 车辆接地线，数字表示接地点的位置

———————————— 导线位置代码，用于识图时与断位的导线相对应

A—蓄电池；B—起动机；C—发电机；C1—电压调节器；T2—发动机与发电机线束插头连接，2个引脚，在发动机舱中间支架上；T3a—发动机线束与前照灯线束连接，3个引脚，在中央电器后面；2—接地点，在蓄电池支架上；9—自身接地。

图 4-26　电路原理图

2. 电路原理图符号含义

如图 4-27 所示，以大众汽车电路原理图为例说明电路原理图中的符号含义，具体含义如下。

125

图 4-27 电路原理图举例

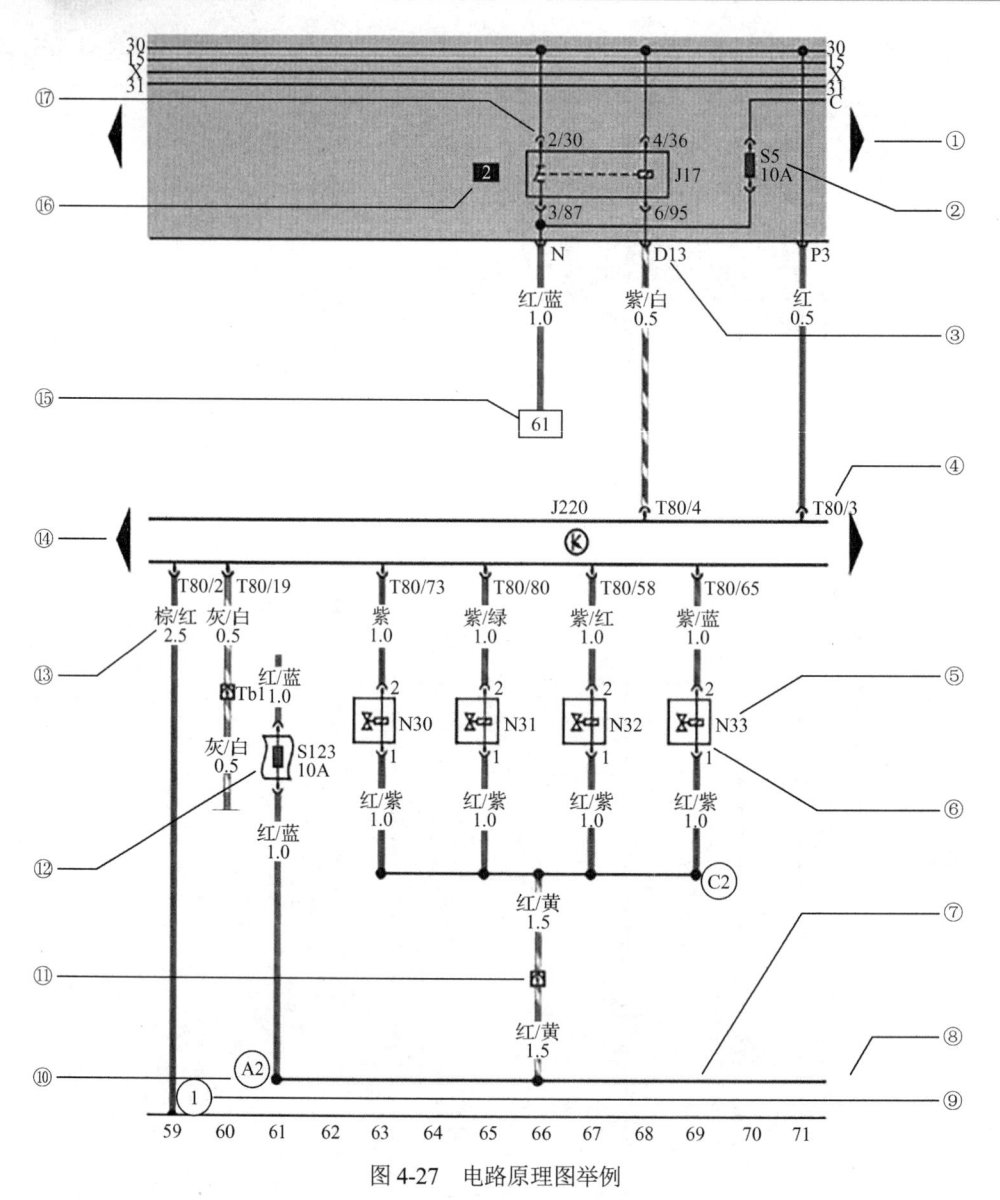

① 三角箭头，表示下接下一页的电路图。

② 熔断器代号，S5 表示该熔断器位于 5 号熔断器座，10A。

③ 继电器板上的插头连接代号，表示多引脚或单引脚插头连接和导线的位置，D13 表示多引脚插头连接，D 位置触点 13。

④ 接线端子代号，表示电气元件上接线端子数、多引脚插头连接触点号码。

⑤ 元件代号，在电路图下方可以查到元件的名称。

⑥ 元件的符号，可参见电路图符号说明。

⑦ 内部接线（细实线），该接线并不是作为导线设置的，而是表示元件或导线束内部的电路。

⑧ 指示内部接线的去向，字母表示此内部接线与在下一页电路图中标有相同字母的内部连接线相连。

⑨ 接地点的代号，在电路图下方可查到该代号接地点在汽车上的位置。

⑩ 线束内部连接线的代号，在电路图下方可查到该不可拆式连接线位于哪个导线束内。
⑪ 插头连接，如 T8a/6 表示 8 引脚 a 插头，触点 6。
⑫ 附加熔断器符号，S123 表示在中央电器附加继电器板上的第 23 号熔断器，10A。
⑬ 导线的颜色和截面积（单位为 mm^2）。
⑭ 三角箭头，表示上接上一页电路图。
⑮ 指示导线的去向，框内的数字指示导线连接到的接点编号。
⑯ 继电器位置编号，表示继电器板上的继电器位置编号。
⑰ 继电器板上的继电器或控制器接线代号，该代号表示继电器多引脚插头的各个触点，2/30 中的 2 表示继电器板上 2 号位插口的触点 2，30 表示继电器、控制器上的触点 30。

3．电路原理图识图要则

由于各国汽车电路图的绘制方法、符号标注、文字标注、技术标准不同，各汽车生产厂家汽车电路图的画法有很大差异，甚至同一国家不同公司汽车电路图的表示方法也存在较大的差异，这就给电路图识图带来许多麻烦，因此，掌握汽车电路图识读的基本方法就十分重要。

（1）认真阅读图注。

认真阅读图注，了解电路图的名称和技术规范，明确图形符号的含义，建立元器件和图形符号间一一对应的关系，这样才能快速准确地识图。

（2）掌握回路原则。

在电学中，回路是一个最基本、最重要，也是最简单的概念。任何一个完整的电路都由电源、用电器、开关、导线等组成。对于直流电路而言，电流总是从电源的正极出发，通过导线，经熔断器、开关到达用电器，再经过导线（或搭铁）回到同一电源的负极。在这一过程中，只要有一个环节出现错误，用电器就无法正常工作。

在汽车电路中，发电机和蓄电池都是电源，在寻找回路时，不能混为一谈，不能从一个电源的正极出发，经过若干用电器后，回到另一个电源的负极。这不会构成一个真正的通路，也不会产生电流。所以必须强调，回路是指从一个电源的正极出发，经过用电器，回到同一电源的负极。

（3）熟悉开关作用。

开关是控制电路通断的关键，电路中主要的开关往往汇集了许多导线，如点火开关、车灯总开关，识图时应注意与开关有关的五个问题。

① 在开关的许多接线柱中，注意哪些接线柱是接直流电源的？哪些接线柱是接用电器的？接线柱旁是否有接线符号？这些符号是否常见？

② 开关共有几个挡位？在每个挡位中，哪些接线柱通电？哪些接线柱断电？

③ 蓄电池或发电机的电流是通过什么路径到达这个开关的？中间是否经过别的开关和熔断器？这个开关是手动的还是电控的？

④ 各个开关分别控制哪个用电器？被控用电器的作用和功能是什么？

⑤ 在被控用电器中，哪些用电器处于常通状态？哪些用电器处于短暂接通状态？哪些用电器先接通，哪些用电器后接通，哪些用电器允许同时接通，哪些用电器单独工作，哪些用电器同时工作？

（4）掌握继电器的工作状态。

汽车电路中常采用继电器对电路进行控制。在识读含有继电器的电路图时，要优先厘清继电器电路。继电器电路一般分为线圈所在的控制电路和触点开关所在的动力电路。只有在线圈电路中有电流通过后，产生磁场，才能对触点开关产生相应的吸拉或推拉动作，使触点开关所在的动力电路导通，从而使动力电路中的负载投入工作。

（5）了解汽车电路图的一般规律。

① 电源到各电气设备熔断器或开关的导线是电气设备的正极，在电路原理图中一般画在电路图的上部。

② 标准画法的电路图，开关的触点位于零位或静态，即开关处于断开状态或继电器线圈处于不通电状态，晶体管、晶闸管等具有开关特性的元件的导通与截止视具体情况而定。

③ 汽车电路是单线制，各电气设备相互并联，继电器和开关串联在电路中。

④ 大部分电气设备都经过熔断器，受熔断器的保护。

⑤ 把整车电路按功能及工作原理划分成若干个独立的电气系统，这样可解决整车电路庞大、复杂，分析起来较困难的问题。现在汽车整车电路一般都按各个电气系统来绘制，如电源系统、起动系统、点火系统、照明系统、信号系统等，这些单元电路都有它们自身的特点，抓住特点把各个单元电路的结构、原理分析透彻，理解整车电路也就容易了。

4．识图的一般方法

根据电路原理图的绘制原则采用反向识图法，即从负极到正极识图。

（1）先看全图，把单独的系统一个个框出来。一般来讲，各电气系统的电源和电源总开关是公共的，任何一个电气系统都应该是一个完整的电路，都应遵循回路原则。

（2）分析各电气系统的工作过程、相互之间的联系。在分析某个电气系统之前，要清楚该电气系统所包含各部件的功能、作用和技术参数等。在分析过程中应特别注意开关、继电器触点的工作状态。大多数电气系统都是通过开关、继电器不同的工作状态来改变回路，实现不同的功能的。

（3）通过对典型电路的分析，达到触类旁通。许多车型的汽车电路原理图的很多部分都是类似或相近的。这样，通过一个具体的例子，举一反三，对照比较，触类旁通，可以掌握汽车的一些共同的规律，以这些共性为指导，了解其他型号汽车的电路原理，又可以发现更多的共性及各种车型之间的差异。

5．识图的一般步骤

（1）查询目录、图标题，查找相应的电路图。

（2）查看图注解。

（3）在图中找到电气设备。

（4）在图中找到电气设备的负极。

（5）遵循回路原则，从负极开始往正极循线。

任务三　汽车电路的故障检修

一、电气故障检修基本知识

1. 电路的三种基本状态

图 4-28 所示为电路的三种基本状态，图 4-28（a）所示为电路正常状态，开关闭合，灯泡正常工作；图 4-28（b）所示为线路断路故障，开关闭合后，由于熔断器前端线路断路，灯泡无法工作；图 4-28（c）所示为开关后端至电源负极短路，开关闭合后，由于短路导致过载，熔断器熔断，灯泡无法工作。

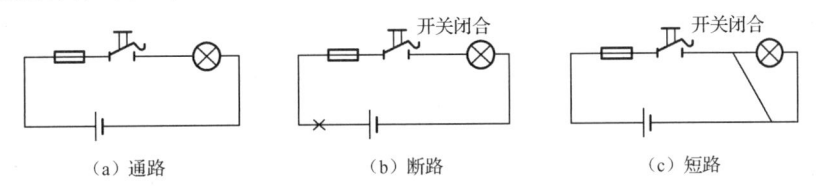

(a) 通路　　(b) 断路　　(c) 短路

图 4-28　电路的三种基本状态

2. 电路常见的短路形式

图 4-29 所示为电路常见的三种短路形式，图 4-29（a）所示为用电器 B 短路，该用电器无法工作，而用电器 A 和用电器 C 由于用电器 B 短路，导致它们两端的工作电压升高，易造成用电器 A、用电器 C 寿命减少甚至烧毁；图 4-29（b）所示为用电器 B、用电器 C 的控制开关后端相互短路，导致任意一个开关闭合，用电器 B、用电器 C 均会同时工作；图 4-29（c）所示为用电器 B 后端与电源负极短路，导致用电器 C 无法工作，用电器 A、用电器 B 两端的电压升高，易造成用电器 A、用电器 B 寿命减少甚至烧毁。

(a) 用电器B短路　　(b) 用电器B、用电器C的控制开关后端相互短路　　(c) 用电器B后端与电源负极短路

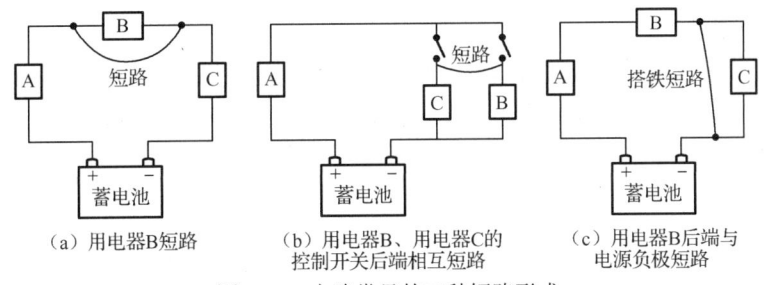

图 4-29　电路常见的三种短路形式

※请描述图 4-29（a）与图 4-29（c）的短路有何不同。

_____

_____

_____

二、直流电路基本参数检测

1. 电压的测量

电路电压的测量如图 4-30 所示，测量时无须断电，将万用表选至直流电压挡，直接并联

在电路中测量。

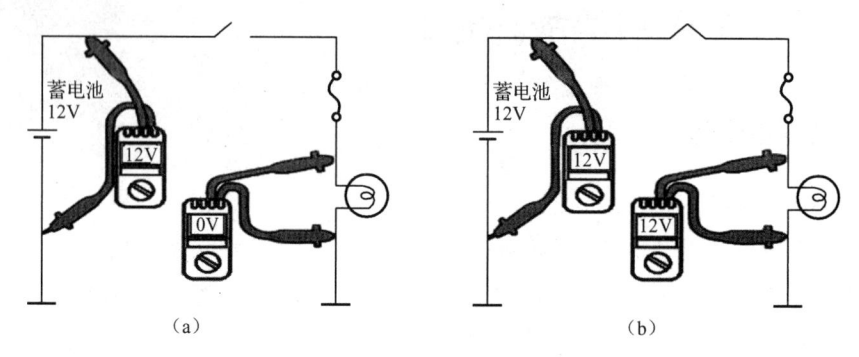

图 4-30 电路电压的测量

2. 电阻的测量

电路导通电阻的测量如图 4-31 所示,测量时,必须断开电源,将万用表选至电阻挡,连接相应端子进行测量。

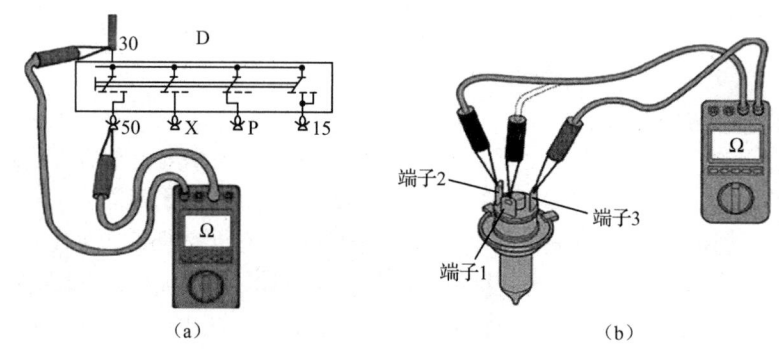

图 4-31 电路导通电阻的测量

3. 电流的测量

电流的测量可以用钳形电流表进行非接触式测量。测量电流时,首先要选择合适的测量范围,再将正在运行的待测导线夹入钳形电流表的钳形铁芯内,然后读取数字显示屏或表盘上的读数即可,如图 4-32 所示。

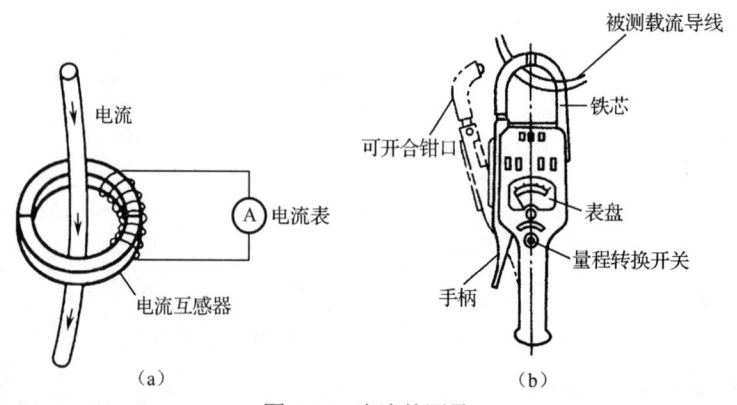

图 4-32 电流的测量

现在数字钳形电流表的广泛使用,给钳形表增加了很多万用表的功能,如测量电压、温度、电阻等(有时将这类多功能钳形表称为钳形万用表,仪表上有两个表笔插孔),可通过旋钮选择不同功能，使用方法与一般数字万用表相差无几。对于一些特有功能按钮的含义，则参考对应的说明书。

三、线束维修

1. 基本维修工具

常用的线束维修工具如表 4-3 所示。

表 4-3 常用的线束维修工具

序号	名称	序号	名称	序号	名称	序号	名称
1	切线钳	6	焊锡线或吸管	11	焊锡	16	热缩管
2	剥线器	7	助焊剂	12	松香溶剂	17	绝缘胶布
3	压线工具	8	刀片或小刀	13	尼龙带		
4	探针	9	万用表	14	尖嘴钳		
5	跨接导线	10	电烙铁	15	热风枪		

2. 线束维修注意事项

（1）要用同色、同规格导线进行维修或更换。
（2）绝缘保护。
（3）不能随意变更线束的位置，否则可能会使导线附近的元件产生感应电压。
（4）一般使用专用的线束维修包中的线。
（5）如果线束维修包中没有所需横截面的导线，就使用下一级别最大横截面的导线，如维修一根 $0.35mm^2$ 的导线可以使用 $0.5mm^2$ 的导线。
（6）线束维修点不能在同一平面内，必须相互错开。

3. 维修示例

（1）连接点错开示例如图 4-33 所示。

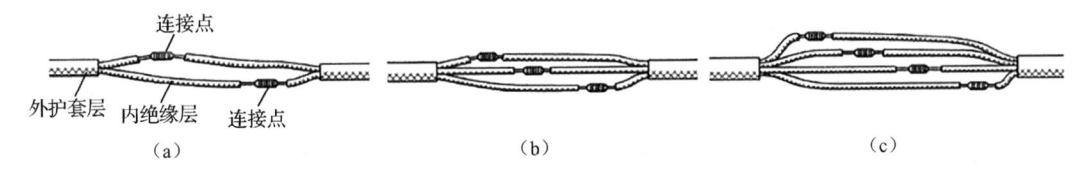

图 4-33 连接点错开示例

如果是双绞线，维修后除了要重新将两根线绞在一起，还要注意绞距。

（2）并接维修示例如图 4-34 所示。
线束更换难度大时，可采用专门的并接卡子进行并接维修。

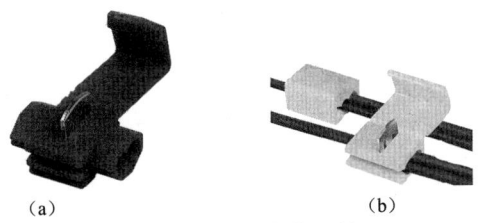

图 4-34 并接维修示例

汽车电气系统及检修

（3）线束缠绕法如图 4-35 所示。两线交叉后，两边同时进行垂直缠绕，缠绕好后，使用热缩套管或绝缘胶带进行绝缘保护。

垂直缠绕
紧密排列

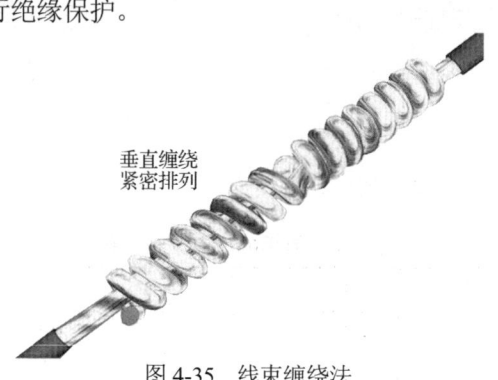

图 4-35　线束缠绕法

（4）多股铜芯线缠绕如图 4-36 所示。先分股，再缠绕。缠绕好后，使用热缩套管或绝缘胶带进行绝缘保护。

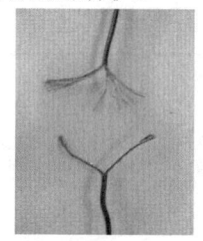

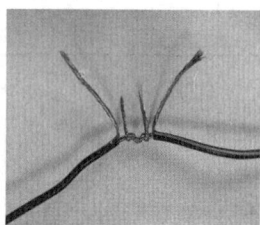

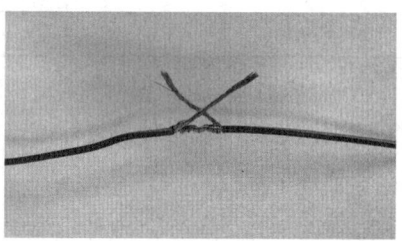

（a）分股　　　　　　　（b）缠绕　　　　　　　（c）二重缠绕

图 4-36　多股铜芯线缠绕

工作任务

说明

学习领域	汽车电气系统及检修	
学习情境	汽车电路检修	
客户委托	线束损坏	
姓名		班级	
成绩		教师签名	

问题或情境说明

李先生的车辆发生了较为严重的事故，造成部分车身导线断裂，须对相关部分进行维修更换，维修技师须查看电路图及线束图，维修或更换相关线束。

学习任务

学习任务 1

主题	描述汽车电路的组成与特点
说明	● 在您的技术信息系统中使用现有的专业文献和信息 ● 在工作组内准备学习作业 ● 参考工作环境中车辆的结构类型 ● 在工作表中输入信息

工作表：电路图分类

1. 请在图 1 中标注出发电机电路、起动机电路及负载电路，并说明彼此之间的连接关系。

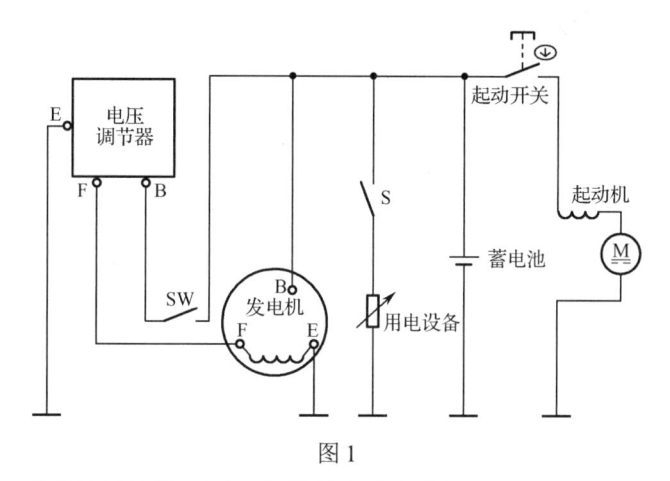

图 1

2. 观察图 2 所示的插接器，写出部件的名称和作用。

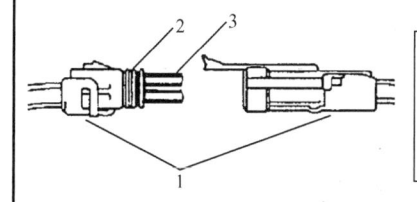

（1）名称：_____；作用：_____。
（2）名称：_____；作用：_____。
（3）名称：_____；作用：_____。

图 2

3. 观察图 3 所示的开关，写出其属于哪一种开关。（可选项：多位开关、转换开关、常开触点开关，常闭触点开关。）

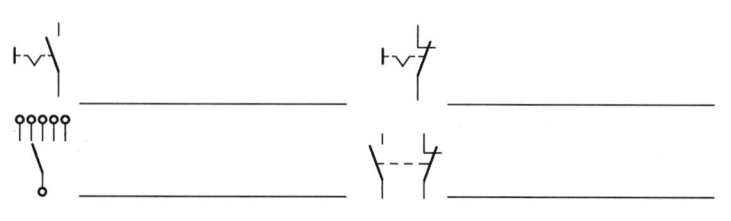

_____ _____

_____ _____

图 3

4. 结合图 3 说明如何检查开关的好坏。

_____
_____
_____
_____
_____

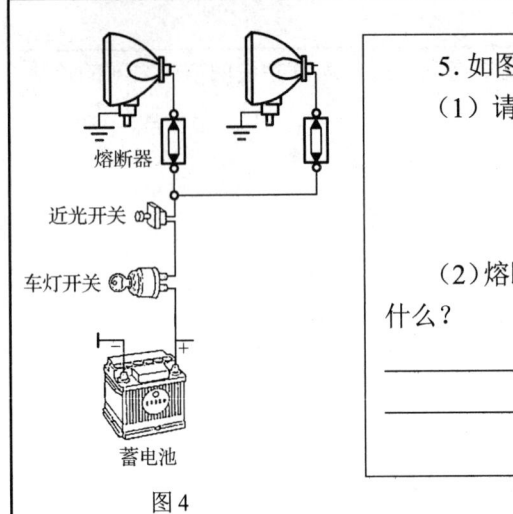

5. 如图 4 所示，已知每个前照灯的规格为 12V，60W。
（1）请通过计算选择熔断器的规格。

（2）熔断器在电路中有何作用？选择熔断器的依据是什么？
_____
_____

图 4

6. 请写出图 5 中的电气符号的名称。

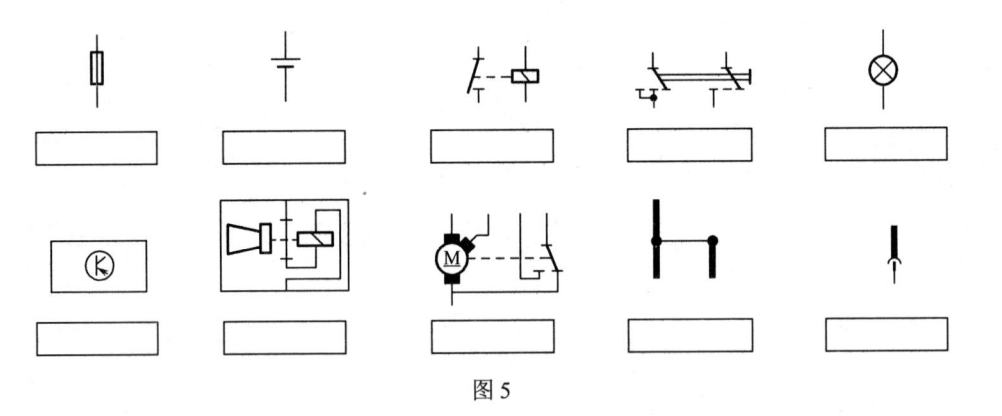

图 5

7. 根据图 6 回答问题。
（1）请标注出图 6 中继电器的类型。
（2）在图 6 中标注出控制端及动力端。
（3）描述继电器的工作原理。

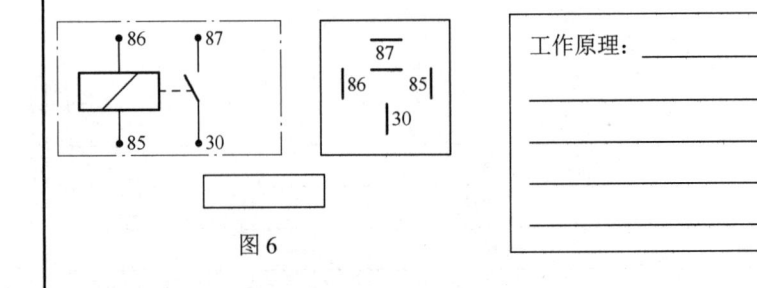

图 6

工作原理：_____
_____
_____
_____

（4）查看维修资料，找出实训车辆上的燃油泵继电器，请画出其示意图并说明其作用。

燃油泵继电器的作用：_____
_____
_____
_____

8. 请给出表1中符号的含义。

表1

符　号	含　　义
30	
15	
X	
31	
T20/16	
S8，10A	

9. 请绘制实训车辆上开关的汇总分类图。

10. 观察汽车导线，比较起动机电源线与位灯连接导线在横截面上有何不同，为什么？若使用位灯导线代替起动机电源线，会导致什么结果？

_____
_____
_____

11. 汽车蓄电池连接至前照灯的铝合金导线长约 5m，直径为 5mm。铝合金的电阻率 $\rho= 0.0303\Omega \cdot mm^2/m$。圆面积根据以下公式计算：$A=\pi(d/2)^2$。计算出蓄电池导线的电阻。

_____
_____
_____
_____

12. 请描述防潮防湿、隔热散热对汽车电气设备的意义。

_____
_____
_____
_____
_____
_____

学习任务2

主题	绘制喇叭控制电路	
说明	● 在您的技术信息系统中使用现有的专业文献和信息 ● 在工作组内准备学习作业 ● 参考工作环境中车辆的结构类型 ● 在工作表中输入信息	时间：90min

工作表：电路原理图绘制

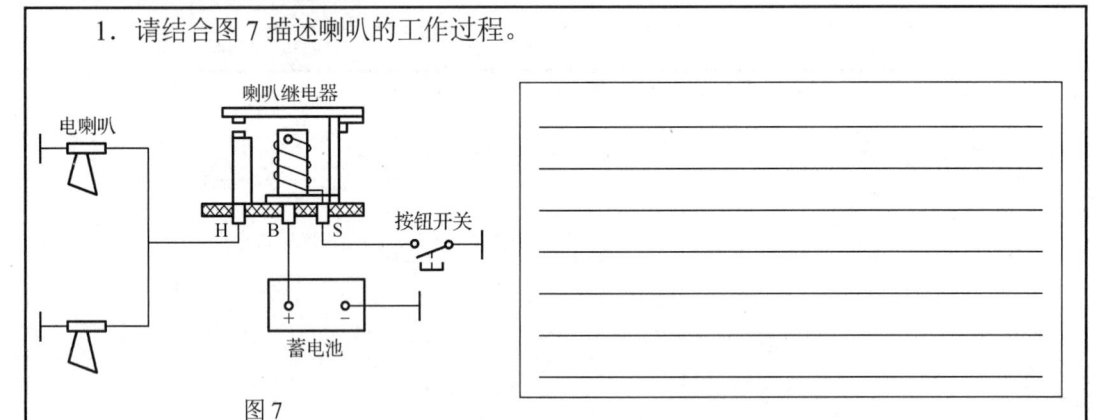

1. 请结合图7描述喇叭的工作过程。

图7

2. 请为图8中的电气元件连线，使汽车前雾灯并联工作。

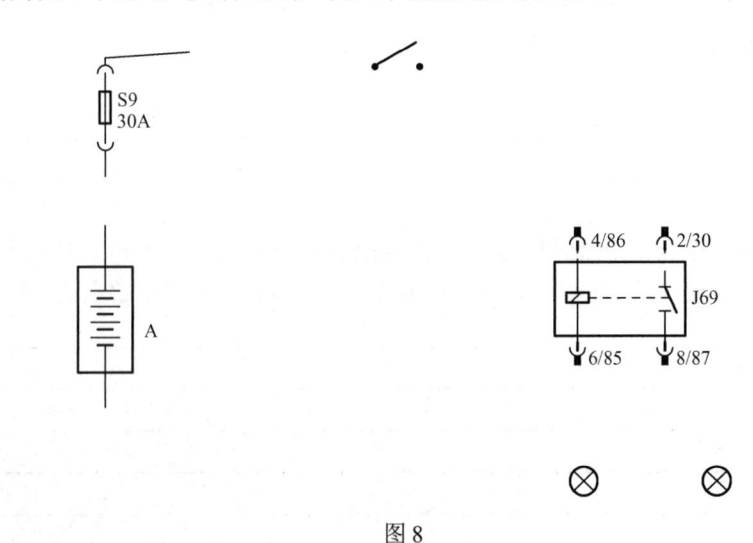

图8

（1）继电器的控制回路：_____。
（2）继电器的动力回路：_____。

3．根据客户要求将原车的单音喇叭改装成高低音喇叭电路。
（1）查找维修资料，根据原车喇叭相关参数，计算喇叭电路的工作电流。
_____
_____

（2）确定熔断器。
_____
_____

（3）请说明电路中为什么需要加装继电器。
_____
_____

4．识读图9所示的继电器电路。

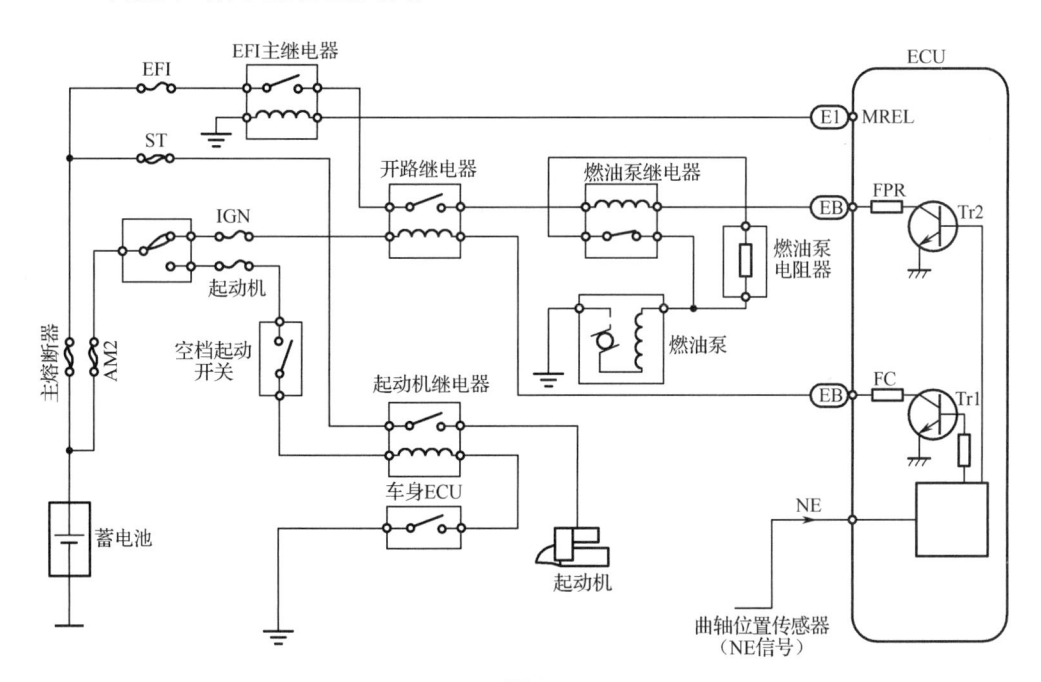

图9

（1）识读起动继电器电路，说明车身ECU控制了什么。
_____
_____

（2）EFI 主继电器线圈的电流来自_____。
（3）开路继电器线圈的搭铁受控于_____。
（4）请在图9中标注出燃油泵的电源端。
（5）请描述曲轴位置传感器信号的作用。
_____
_____

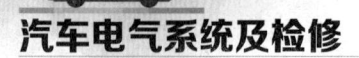

学习任务3

主题	电路识读	
说明	● 在您的技术信息系统中使用现有的专业文献和信息 ● 在工作组内准备学习作业 ● 参考工作环境中车辆的结构类型 ● 在工作表中输入信息	时间：90min

工作表：喇叭电路测试

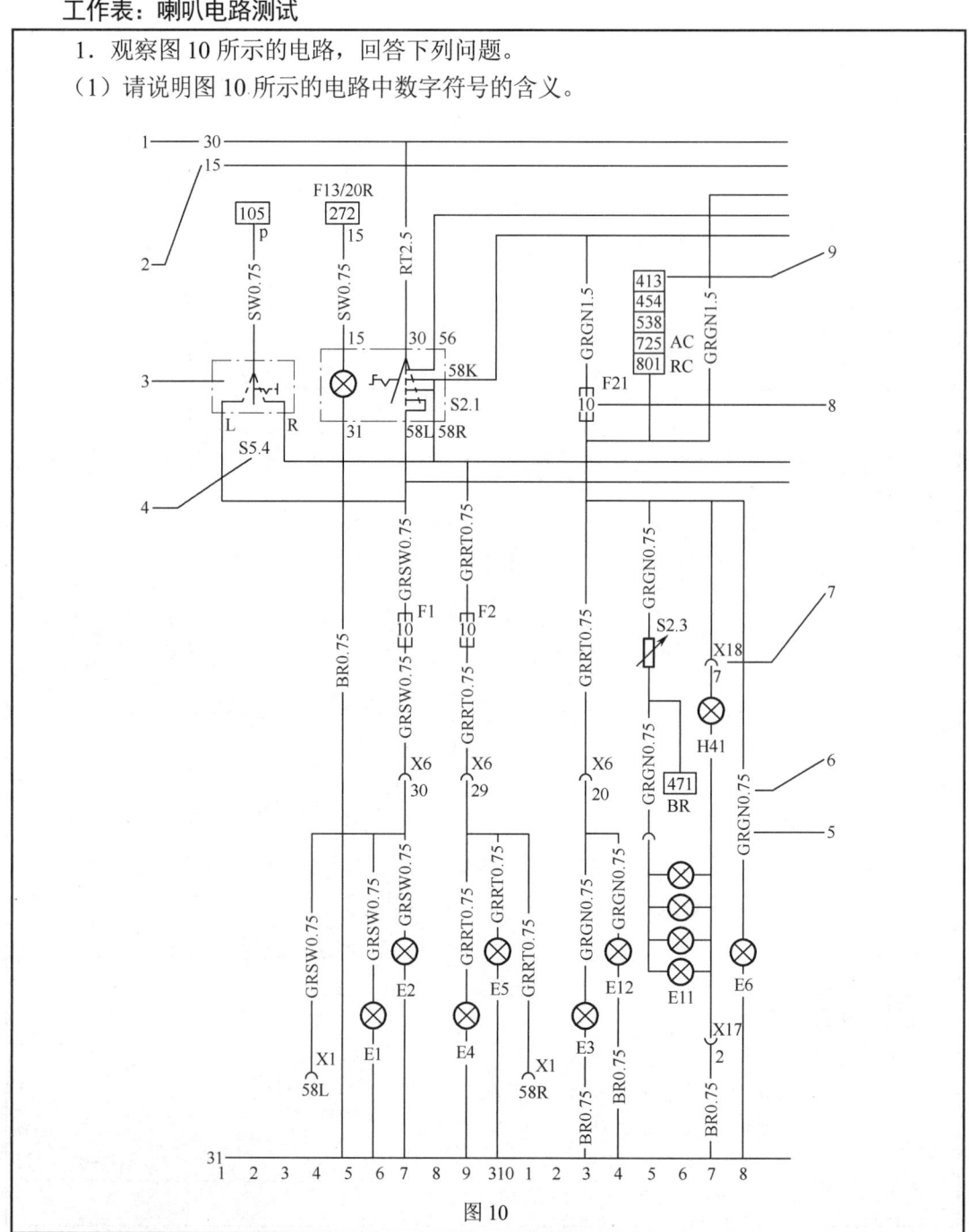

1. 观察图10所示的电路，回答下列问题。

（1）请说明图10所示的电路中数字符号的含义。

图10

（2）图 10 中的 S2.3 和 S5.4 分别有何作用？
_____
_____
_____

（3）写出 E11 仪表灯工作电路的电流流向。
_____
_____
_____

2．阅读图 11 所示的照明系统电路，回答下列问题。

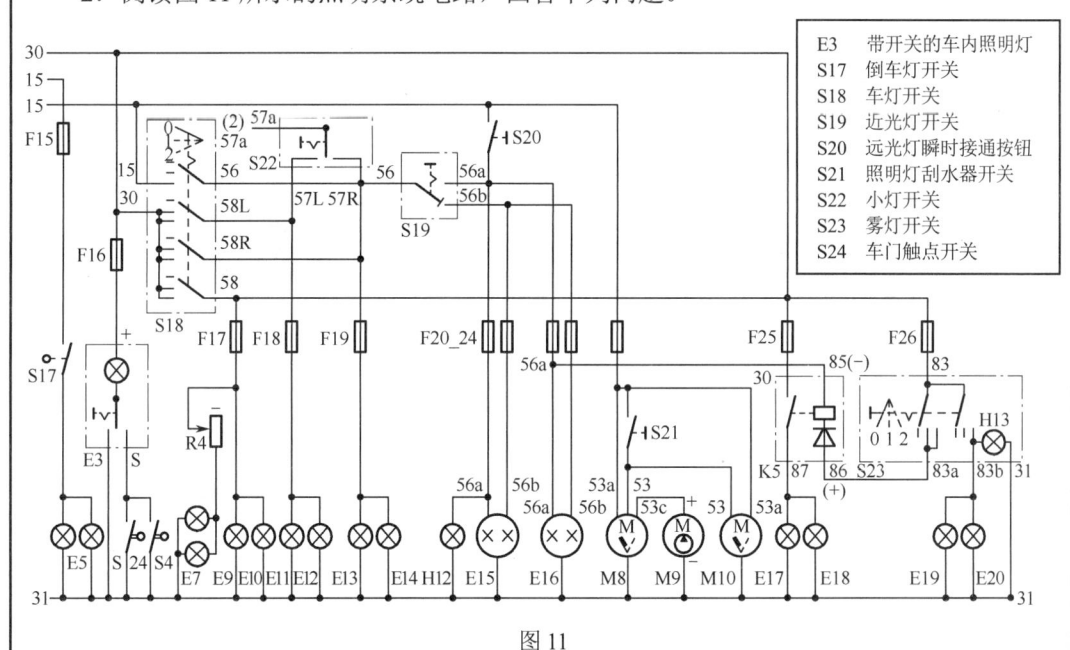

E3	带开关的车内照明灯
S17	倒车灯开关
S18	车灯开关
S19	近光灯开关
S20	远光灯瞬时接通按钮
S21	照明灯刮水器开关
S22	小灯开关
S23	雾灯开关
S24	车门触点开关

图 11

（1）S18 置于位置 1 时，电流来自_____。
（2）S18 置于位置 2 时，电流来自_____。
（3）R4 的作用是什么？
_____
_____
_____

（4）请结合电路图写出当车灯开关 S18 位于位置 1 时所有能工作的灯泡。
_____
_____
_____

（5）请在图 11 中标注出远光灯和近光灯。
（6）请说明雾灯工作的条件。
_____
_____
_____

(7) 结合图 11 画出前照灯 E15、E16 的工作电路图。

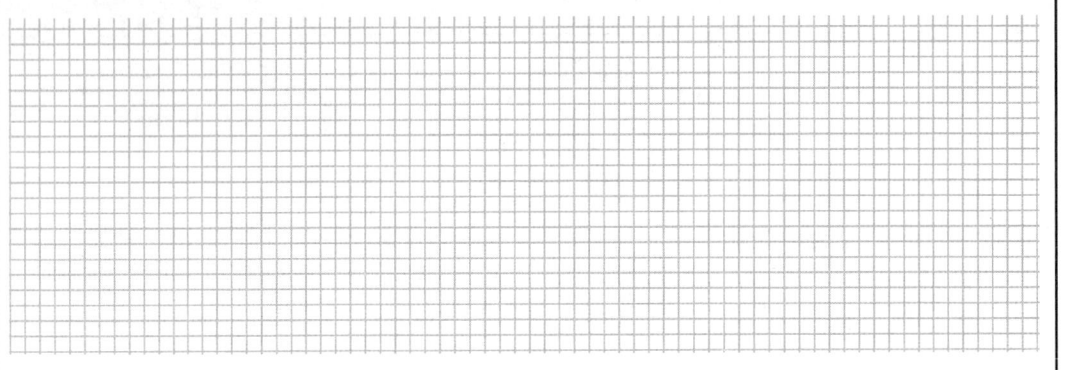

3. 观察图 12 所示的大众轿车局部电路图，回答下列问题。

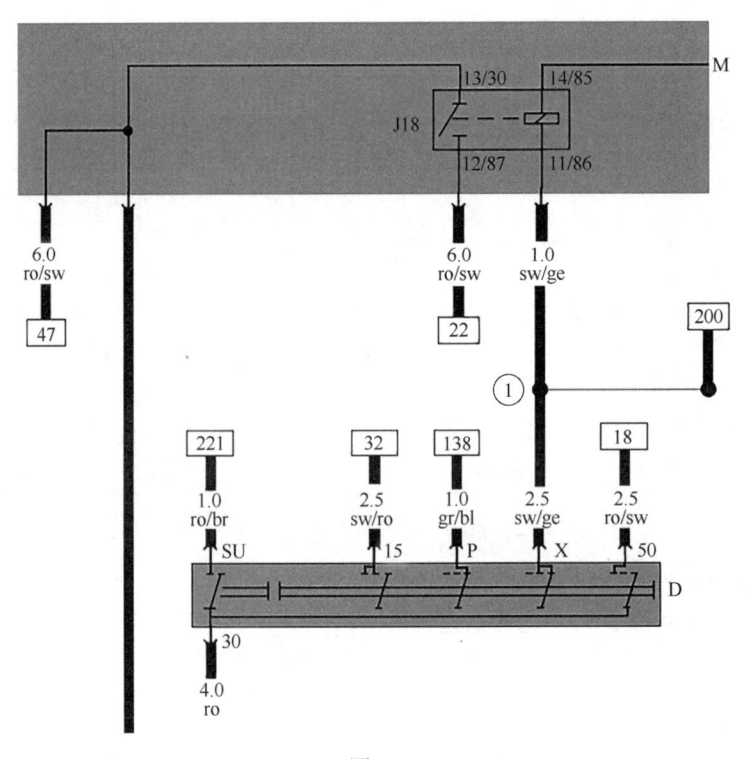

图 12

(1) 部件 D、J18 分别代表什么？

(2) 导线 gr/bl、sw/ge 分别代表什么？导线中的数字 1.0、2.5 和 4.0 分别代表什么？

(3) 导线末端方块中的数字（如 200、221）代表什么？图中①代表什么？

（4）描述图 12 中元件 D 中接口 15、50、X 的含义。

4. 图 13 所示的控制单元在拉拔电阻前供给 12V 电压，点 B 为控制单元内部信号获取点，请说明控制单元是如何识别开关信号的。开关断开时，点 C 处的电压是多少？开关闭合时，点 C 处的电压是多少。

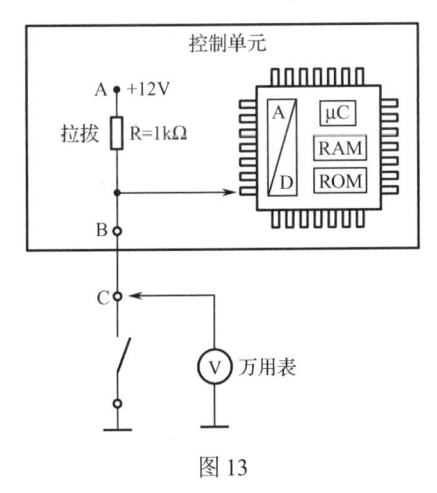

图 13

5. 图 14 中控制单元获得的是一个电位计信号，电位计由控制单元供给 12V 电压，请画出控制单元内部点 B 的信号图，并说明点 B 处的信号是从何而来的；点 C 为外部测量点，换成欧姆表后，可以等同于 B 点信号吗？

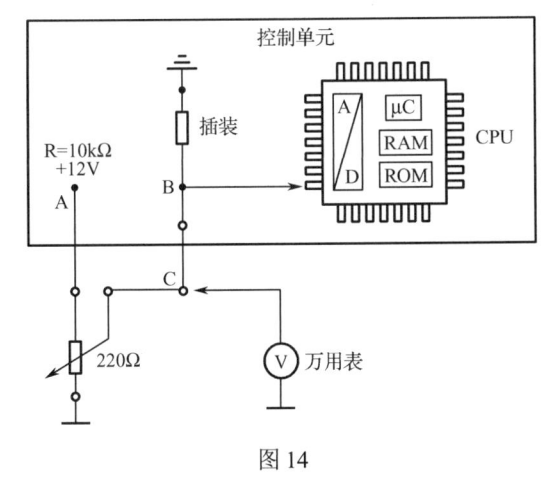

图 14

6. 图 15 所示为宝来汽车起动电路原理图，请分析车辆无法起动的原因。

A：蓄电池
B：起动机
C：三相交流发电机
C1：电压调节器
J519：车身控制模块，在仪表板左侧下方

图15

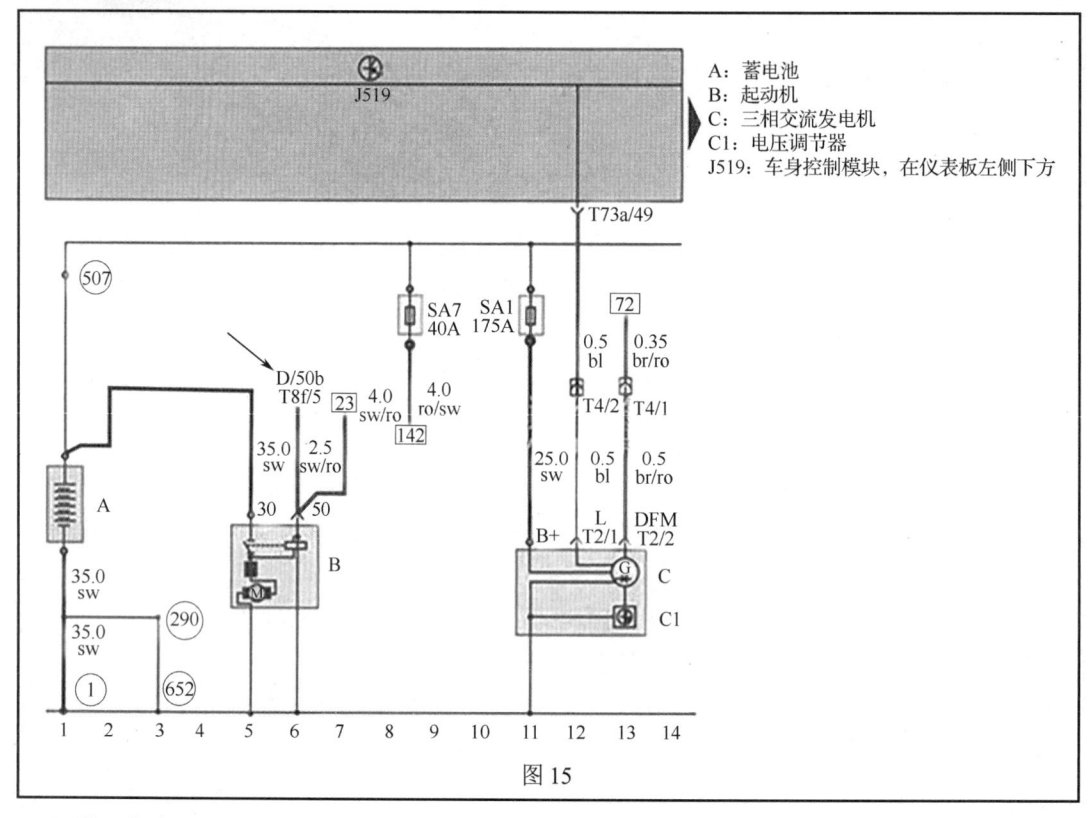

学习任务4

主题	线束维修	
说明	● 根据制造商的规范准备必要的工具和工具 ● 遵守安全规定，保持工作场所整洁 ● 以现有车辆的实际配置为准 ● 注意发动机运转及车辆起动过程中存在的危险	时间：90min

工作表：向客户解释线束维修项目

1. 请说明线束维修的注意事项。

2. 小组讨论制订线束维修的工作计划。

3. 小组讨论制订喇叭电路就车检测工作计划，补充完整表 2 所示的工作列表中的信息。

表2

车辆信息表				
制造商		品牌		
车辆车型		制造日期		
车辆识别代号		发动机型号		
总质量		发动机功率		
乘坐人数		发动机排量		
燃料类型		燃油型号		
计划工作范围				
序号	检测项目	工具	检测步骤	检测结果	正常值或正常值范围	结论
1						
2						
3						
4						
5						
6						
7						
8						
9						

4. 维修好线束后，根据就车检测结果，评估本次工作任务。

学生笔记：
请结合汽车电路的特点和识读规律，阐述对"汽车电路——察主次，分治之，明辨之，曲转回"的理解。

成绩评测

编号	测试形式	测试加权
1	理论知识查询 ● 10 道测试题 ● 每题 2 分，总分数为 20 分 ● 最长处理时间：10min ● 试题已在学习平台上传	20%
2	工作计划 ● 制订关于"线束维修"主题的工作计划，时间为 20min ● 根据评估矩阵进行评价 | 编号	评估标准	1	2	3	4	5 | |---|---|---|---|---|---|---| | 1 | 工作步骤的系统顺序 | | | | | | | 2 | 遵守安全 | | | | | | | 3 | 必要的工具和设备清单 | | | | | | | 4 | 完整且及时 | | | | | |	30%
3	实际工作任务 ● 按照工作计划实施电路分析的专业描述 ● 工作任务时间：40min ● 根据评估矩阵进行评价 | 编号	评估	1	2	3	4	5 | |---|---|---|---|---|---|---| | 1 | 专业和安全地操作设备和工具 | | | | | | | 2 | 遵守安全说明 | | | | | | | 3 | 正确地操作工具和设备（5S） | | | | | | | 4 | 专业且及时地完成任务 | | | | | |	50%

笔试测试

学习领域	汽车电气系统及检修
学习情境	汽车电路检修
客户委托	维修线束
姓名	班级　　　　　　　日期
成绩	教师签名

测试题或任务

1．单选题

（1）一般工作电流大、工作时间短的用电设备的电流不经过（　　）。

A．开关　　　　　　B．熔断器　　　　　　C．继电器　　　　　　D．电流表

（2）电路图中在电路的中断处（或线的上方）有"—1.0R—"（或 1.0R）的标识，"1.0"表示该导线（　　）。

A．标称截面积为 1.0mm^2　　　　　　B．标称截面积为 0.1mm^2

C．是红色的   D．是黑色的

（3）电路图中在电路的中断处（或线的上方）有"—1.0R—"（或 1.0R）的标识，"R"表示该导线（　　）。

　　A．标称截面积为1.0mm^2 B．标称截面积为0.1mm^2
　　C．是红色的   D．是黑色的

（4）起动电缆为（　　）

　　A．高压导线   B．低压导线   C．屏蔽线   D．双绞线

（5）电路图上部的4根导线分别标注"30""15""X""31"，其中"30"表示（　　）

　　A．常火线   B．接小容量用电器的火线
　　C．接大容量用电器的火线   D．接地线

2．判断题

（1）电路图是用来表示电路中的实物及电路连接情况的简图。　　　　　（　　）

（2）短路是指电路中某处断开，不形成通路的电路故障。　　　　　　　（　　）

（3）开路也称为断路，此时电路中无电流。　　　　　　　　　　　　　（　　）

（4）在标准画法的线路图中，开关的触点处于断开状态。　　　　　　　（　　）

（5）在阅读电路图时，应掌握回路原则，即电路中的工作电流由电源正极流出，经过用电设备后流回电源负极。　　　　　　　　　　　　　　　　　　　　　　（　　）

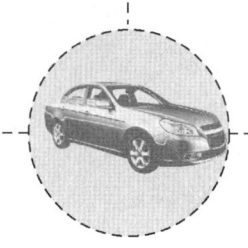

项目五

车载网络系统检修

任务情境描述

某 4S 店服务顾问接到客户电话，客户反映汽车右后车窗无法工作，到店后，维修技师通过检查发现故障原因是网络通信问题，要求服务顾问能向客户解释清楚故障原因。

所属课程

学习领域	汽车电气系统及检修
学习情境	车载网络系统检修
客户委托	右后车窗无法工作

学习目标

行动目标（培训目标）	车载网络总线的检修
学习内容	LIN 子总线的特点和组成 LIN 子总线数据传输 LIN 子总线的检测方法 CAN 总线的特点和组成 CAN 总线数据传输 CAN 总线的检测方法
学习成果	绘制车载网络总线的类型一览表 描述常见的网络拓扑图 描述 LIN 子总线、CAN 总线的数据传输 制订工作计划，检测 LIN 子总线波形，并评估其状态 制订工作计划，检测 CAN 总线波形，并评估其状态
能力与素质目标	专业能力： 行有规，执事敬 描述 LIN 子总线的结构和功能 说明 LIN 子总线传输过程 检测并记录 LIN 子总线的波形 检测并记录 CAN 总线的波形	社会能力： 尚和合，重民本，守诚信 善解人意 诚实守信 友好沟通 团队合作	个人能力： 志于学，学有思 有责任心 追求成功 有自我反省的意识 努力学习

任务一 车载网络系统概述

一、车载网络系统的应用

1. 车载网络发展背景

传统的电气系统大多采用点对点的单一通信方式，相互之间少有联系，这样必然会形成庞大的布线系统。在早期的汽车上，各种传感器、控制单元和执行器之间的通信采用点对点的连线方式，连成复杂的网状结构。据统计，一辆采用传统布线方法的高档汽车，其导线长度可达 2000 米，电气节点可达 1500 个，而且该数字大约每 10 年就增加 1 倍。这加剧了粗大的线束与汽车上有限的可用空间之间的矛盾。无论从材料成本还是从工作效率来看，传统布线方法都不能适应现代汽车的发展。点对点的连接会使得车内线束增多，这在通信的可靠性、安全性及整车质量方面都给汽车设计和制造带来了很大的困扰。

随着汽车工业的发展，汽车各系统的控制逐步向自动化和智能化方向转变，汽车电气系统变得日益复杂，对汽车各电控单元相互之间通信能力要求也在日益增长，为了满足各电子系统的实时性要求，须对汽车公共数据（如发动机转速、车轮转速、节气门踏板位置等信息）实施共享，而每个控制单元对实时性的要求又各不相同。因此，传统的电气网络已无法适应现代汽车电子系统的发展。因此，为了减少车内布线，实现数据的共享和快速交换，同时提高通信的可靠性，在快速发展的计算机网络上实现 CAN（控制器局域网）、LIN（局域互联网络）、MOST（多媒体定向系统传输）等基础构造的汽车电子网络系统，即形成当代的车载网络。

与传统的控制单元网络相比，通过数据总线实现连接的控制单元网络有着明显的优势，如图 5-1 所示。图 5-1（a）所示为传统的控制单元连接，彼此通信的控制单元之间通过单线连接，因此，每个信息都需要一根导线，增加了导线数量，从而增加了成本，而且导线之间还需要很多插接器来连接，这就增加了可能的故障点。图 5-1（b）所示为通过数据总线实现的控制单元网络，此种连接中，控制单元之间最多通过两根导线彼此相连，各个模块通过总线进行通信，实现信息共享。如果需要增加信息，只需要更改软件即可。这种方式极大地简化了车辆布线，也便于故障诊断，同时由于插接件和导线都较少，从而减轻了质量，在功能提升和增加的同时，控制了成本。

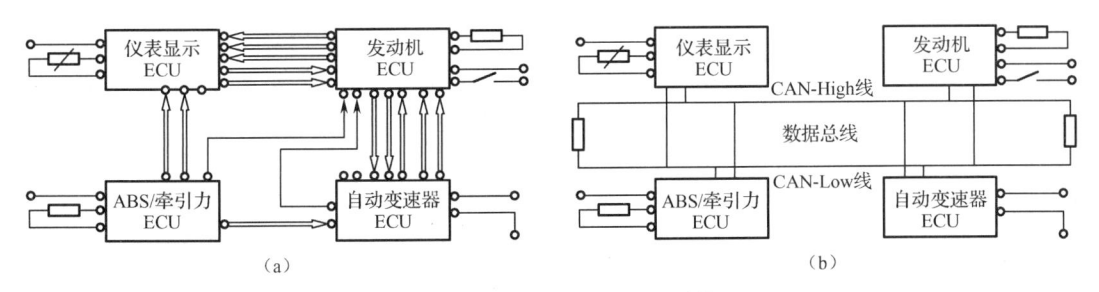

图 5-1 控制单元之间的网络连接

2. 车载网络系统类型

目前，普遍采用的汽车总线有 CAN 总线和 LIN 总线，还有高速容错网络协议 FlexRay、用于汽车多媒体和导航的 MOST，与计算机网络兼容的蓝牙、无线局域网等无线网络技术，除此之外，还有用于智能辅助驾驶系统的以太网。

1）CAN

在汽车产业中，出于对安全性、舒适性、方便性、低功耗、低成本的要求，各种各样的电子控制系统被开发出来。由于这些系统之间通信所用的数据类型及对可靠性的要求不尽相同，由多条总线构成的网络很多，线束的数量也随之增加。为适应"减少线束的数量""通过多个 LAN，进行大量数据的高速通信"的需要，1986 年德国电气商博世公司，为解决现代汽车中众多的控制器与测试仪器之间的数据交换，开发了一种串行数据通信协议，这就是面向汽车的通信协议 CAN。此后，CAN 协议通过 ISO 11898 及 ISO 11519 进行了标准化，在欧洲已是汽车网络的标准协议。

CAN 总线是一种多主总线，通信介质可以是双绞线、同轴电缆或光导纤维。平均通信速率为 500KB/s。它的出现为分布式控制系统实现各节点之间实时、可靠的数据通信提供了强有力的技术支持。

2）LIN

LIN 协会创建于 1998 年末，最初由宝马、沃尔沃、奥迪、大众、戴姆勒-克莱斯勒、摩托罗拉和 VCT 等五家汽车制造商，一家半导体厂商及一家软件工具制造商发起。该协会的主要目的集中在定义一套开放的标准，该标准主要针对车辆中低成本的内部互联网络，这些地方无论是带宽还是复杂性都无须用到 CAN。

LIN 是主要面向传感器、执行器控制的低速网络，控制单元布置在一个有限的结构空间内。其最高传输速率可达 20Kbit/s，主要应用于电动门窗、座椅调节、灯光照明等控制。典型 LIN 的节点数可以达到 12 个。以门窗控制为例，在车门上有门锁、车窗玻璃开关、车窗升降电动机、操作按钮等，只需要 1 个 LIN 就可以把它们连在一起。

3）MOST

MOST 是一个面向媒体的信息传输系统，它是利用光导纤维作为信息传导媒介，进行数字信号传输的。首先各控制元件将电磁脉冲信号转化为光脉冲信号，传送到光纤上，而后相应的接收计算机又将光脉冲信号转换回电磁脉冲信号，从而完成相应的控制功能。由于 MOST 系统的传输速率快，因此它可以做到只用两根光纤即可同时传递多路信号。

MOST 网络以光纤为载体，通常是环形拓扑结构。时钟和串行化数据是双相编码的，布线只需单根光纤。MOST 网络可提供高达 25Mbit/s 的集合带宽，远远高于传统汽车网络。也就是说，可以同时播放 15 个不同的音频流。因此主要应用于汽车信息娱乐系统，每个多媒体设备代表环形网络中的一个节点。常见的 MOST 网络有 3~10 个节点。

4）FlexRay 总线

由于传统的 CAN 总线解决方案不能满足汽车线控系统（X-By-Wire）的要求。于是在 2000 年 9 月，宝马和戴姆勒-克莱斯勒联合飞利浦和摩托罗拉成立了 FlexRay 联盟。该联盟致力于在全球推广 FlexRay 通信协议，使其成为高级动力总成、底盘、线控系统的标准协议。其具体任务为制定 FlexRay 定义、开发 FlexRay 协议、定义数据链路层、提供支持 FlexRay 协议的控制器、开发 FlexRay 物理层规范并制定基础解决方案。FlexRay 基于时间触发机制，具有带宽宽、容错性好等特点，在实时性、可靠性和灵活性方面具有一定的优势。FlexRay 的数据处理速率通常为 1～10Mbit/s，可以用于连接动力总成、底盘、车身、安全系统及多媒体系统等。

※请描述 CAN、LIN、MOST、FlexRay 分别是什么。

_____
_____
_____
_____

5）以太网

近些年来，为了让汽车更安全、更智能、更环保，各种智能辅助驾驶系统的应用越来越普遍，这就需要越来越多的电子部件参与信息交互，对网络传输速率、稳定性、负载率等方面都提出了更高的要求，并对传统的电子电气架构带来了严峻的考验。

除此以外，由于人们对汽车多媒体系统的需求越来越高，当前虽已有各式各样的音频、视频系统，但随着汽车电动化进程的加速推进，手机控制车辆及彼此交互的场景的不断拓展，可以想象未来联网需求只会不断扩大，无论是车内还是车外的网络都不约而同地对网络带宽提出了需求。

为此，车载以太网应运而生。以太网的首要优势之一在于支持多种网络介质，因此可以在汽车领域中使用。同时由于物理介质与协议无关，因此在汽车领域可以做相应的调整与拓展，形成一整套车载以太网协议，该协议将会在未来不断发展并长期使用。

车载以太网在单对非屏蔽双绞线上的传输速率可达 100Mbit/s，甚至可高达 1Gbit/s，同时还满足汽车行业对高可靠性、低电磁辐射、低功耗、带宽分配、低延迟及同步实时性等方面的要求。未来的汽车总线将由以太网取代 CAN 成为主干网，而子网将由若干域控制器（Domain Controller）组成。高速以太网作为骨干，将四个核心域控制器［动力总成域、车身域、影音域、ADAS（自动驾驶辅助系统）域］连接在一起。同时，车内的网络还可以通过车联网模块与外部的云端服务平台进行信息交互。

二、车载网络的结构

网络拓扑结构是指车载网络上的节点（一般指控制单元或设备）与传输媒介形成的物理结构模式，也称为网络结构，其基本形式有线性网络结构、树状网络结构、星形网络结构和环形网络结构。图 5-2 所示为 Phaeton 动力传动系统的网络结构。

1. 线性网络结构

控制单元以并联方式布置在总线上的网络结构称为线性网络结构。某一控制单元发送的总线信息可以由所有其他总线设备同时读取。个别控制单元失灵时，可在一定范围继续使用该网络结构，因此线性网络结构扩展性好，如图 5-3 所示。

2. 树状网络结构

线性网络结构带有分支时称为树状网络结构，车辆内通常使用这种布置方式。个别控制单元失灵时，该网络结构也能在一定范围内继续工作，如图 5-4 所示。

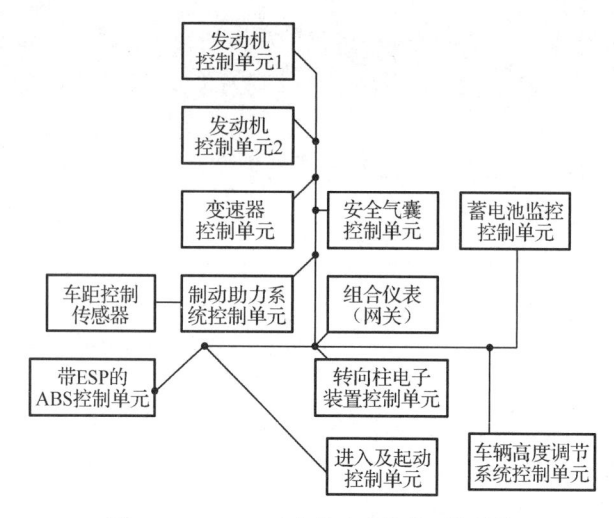

图 5-2　Phaeton 动力传动系统的网络结构

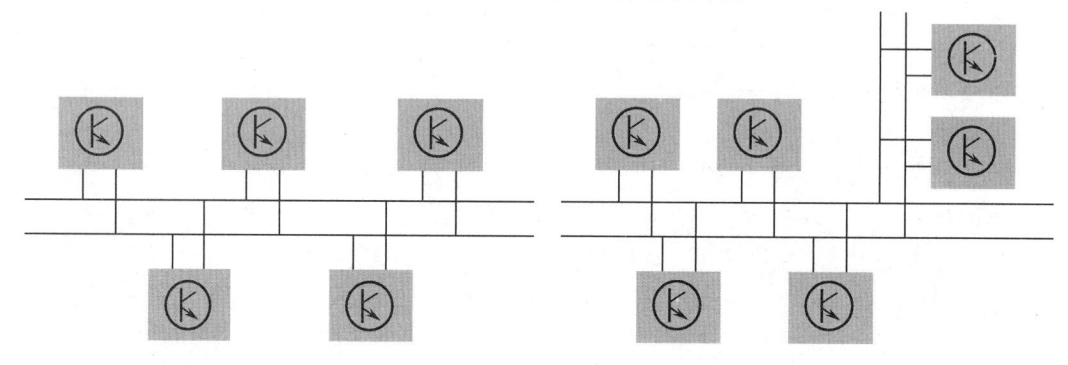

图 5-3　线性网络结构

图 5-4　树状网络结构

3. 星形网络结构

在星形网络结构中，各节点通过专用导线连接在一个中央控制单元上。因为导线不处于占用状态，所以数据和信息能够以较高的速率传输。网络扩展性好。因为仅采用点对点的连接，所以便于诊断。但中央控制单元损坏时，系统通信全部中断，如图 5-5 所示。

4. 环形网络结构

在环形网络结构中，每个控制单元上下各有一个控制单元通过特殊的连接元件（环形接口）连接在环形导线上。数据按规定的方向传输。环形网络结构内布置的控制单元越多，总线信息循环运行的时间越长。出现断路情况时，该网络结构的部分范围仍可使用，如图 5-6 所示。

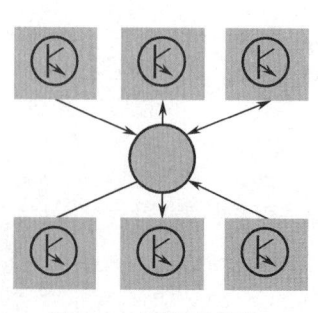

图 5-5　星形网络结构

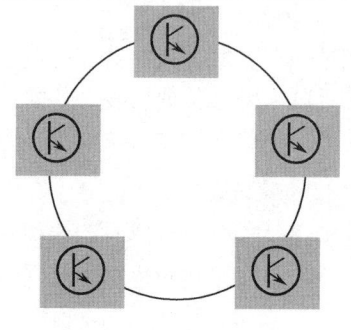

图 5-6　环形网络结构

※请描述常见的车载网络结构有哪几种形式,各有何特点。

_____
_____
_____
_____

任务二 CAN 总线系统组成

一、CAN 总线特点

(1) 数据通信节点没有主从之分,任意一个节点可以向任何其他节点(一个或多个)发起数据通信,根据各个节点的信息优先级来决定通信次序。

(2) 多个节点同时发起通信时,优先级低的避让优先级高的,不会使通信线路拥塞。

(3) 通信距离最远可达 10km(速率低于 5Kbit/s),通信速率最高可达 1Mbit/s(通信距离小于 40m)。

(4) CAN 总线传输介质可以是双绞线或同轴电缆。CAN 总线适用于大数据量短距离通信或小数据量长距离通信,实时性要求较高,可在多主多从或各个节点平等的现场中使用。

二、车载网络 CAN 总线系统组成

车载网络系统由动力传动系统 CAN 总线、组合仪表 CAN 总线、诊断系统 CAN 总线、舒适系统 CAN 总线、信息娱乐 CAN 总线、LIN 总线等组成。动力传动系统、舒适系统和信息娱乐系统控制单元之间,以及组合仪表和诊断系统之间通过 CAN 总线进行数据交换。雨刮器电动机、车灯和雨量传感器及防盗报警装置组件使用 LIN 总线,作为 CAN 总线的"下级"子总线。

CAN 总线用于控制单元彼此联网并交换数据。由于采用中央诊断接口或网关,因此可以超越系统界限交换数据。例如,制动控制单元、驻车辅助系统控制单元或雨刮器电动机都可以使用车速信号。

通过车载网络可以满足人们对现代车辆行驶的安全性、舒适性、排放性能和耗油量方面不断提高的要求。尽管网络功能多种多样,但是仍能简单明了地对网络系统进行诊断。车载网络的另一个优点是,因为导线和插接件较少,所以节省了空间且降低了质量。车载网络系统结构如图 5-7 所示。

1. 动力传动系统 CAN 总线

用于发动机、变速器和制动器等动力传动系统组件的传统控制单元连接在动力传动系统 CAN 总线上。此外,还有用于安全气囊、转向角传感器、变速杆和机械电子转向系统的控制单元。动力传动系统 CAN 总线的数据传输速率为 500Kbit/s。数据传输导线短路或断路会导致总线关闭。

2. 组合仪表 CAN 总线

组合仪表内的控制单元通过组合仪表 CAN 总线与网关连接。组合仪表控制单元通过显示屏和显示区显示来自所有网络的不同数据。利用组合开关上的操作元件和显示屏上的菜单

选项可以进行用户个性化设置。组合仪表 CAN 总线的数据传输率为 500Kbit/s。

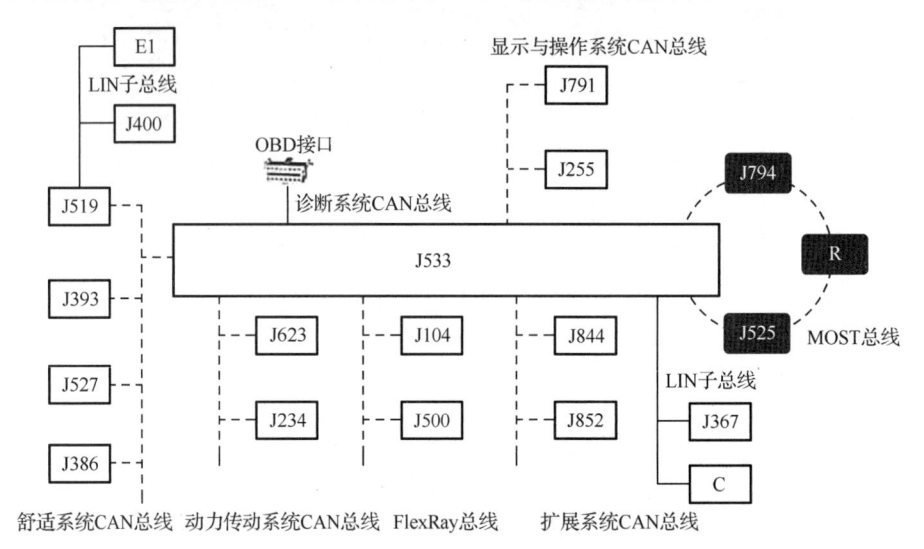

图 5-7 车载网络系统结构

3. 诊断系统 CAN 总线

诊断系统 CAN 总线是物理上对外隔离的网络总线。与网关互相配合可以快速访问所有数据总线。连接诊断测试仪时，网关根据要求通过诊断总线提供某些车辆系统参数，并且传输车内所装控制单元的完整列表和自诊断信息。诊断系统 CAN 总线的数据传输速率与动力传动系统 CAN 总线和组合仪表 CAN 总线相同。

4. 舒适系统 CAN 总线

车门内的控制单元、舒适系统中央控制单元、车载网络控制单元及用于座椅调节、空调系统、挂车识别和转向柱电子装置的控制单元连接在舒适系统 CAN 总线上，其中，车载网络控制单元还负责集中分配能量和控制光源。这个总线的数据传输速率为 100Kbit/s。目前，多数车型的舒适系统 CAN 总线也和动力传动系统 CAN 总线一样采用高速 CAN 总线，数据传输速率为 500Kbit/s。

关闭点火开关后该系统必须保持准备就绪状态，因此需通过总线 30 端继续为其供电。为降低功率消耗及保护蓄电池，舒适系统 CAN 总线自动切换到睡眠模式。

总线导线短路或其中一根总线断路时，舒适系统 CAN 总线仍能正常工作，这就是舒适系统 CAN 总线的"腐腿"功能。如果两个总线导线彼此连接在一起，则自动切换到单线模式。

转向盘和转向柱区域内的所有开关都连接在转向柱电子装置控制单元上，因此经过处理的信号可提供给网络内的所有设备。

由于空调系统控制单元连入网络内，因此可以在倒车时或清洁车窗玻璃时自动切换到内循环空气模式，从而防止有异味的车外空气进入车内。

5. 信息娱乐系统 CAN 总线

在带有完整装备的车辆上，带有收音机和导航系统显示单元的控制单元、数字音响套件控制单元、收音机、CD 换碟机、电视调谐器和电话连接在信息娱乐系统 CAN 总线上。这些组件最重要的功能要通过多功能转向盘上的开关单元来控制。收音机频率、导航信息和电话信息通过诊断网关反馈给组合仪表内的显示屏。

三、CAN 总线结构组成

CAN 总线的基本系统由多个控制单元、两条数据线及位于数据线两端的终端电阻组成，这些控制单元通过收发器（发射-接收放大器）并联在总线上，每个控制单元都有各自的控制器、收发器。CAN 总线的两根导线分别叫作 CAN-High 线和 CAN-Low 线（也叫 CAN-高线和 CAN-低线）。CAN 总线的数据传输类似于公交车载运乘客。数据信息好比乘客，沿着数据线高速传输，控制单元就是数据到达的站点。除了数据传输线，其他元件都位于控制单元内部。

※请在图 5-8 中标注出以下专业术语：控制单元，数据总线、终端电阻。

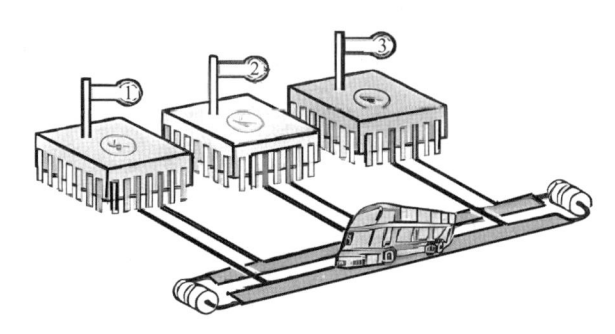

图 5-8 CAN 总线结构组成示意图

1．CAN 控制器

CAN 控制器接收由控制单元中的微型计算机传输过来的数据，对其进行处理并传给 CAN 收发器。同样，CAN 控制器也接收由 CAN 收发器传来的数据，对数据进行处理，并传给控制单元中的微处理器，如图 5-9 所示。

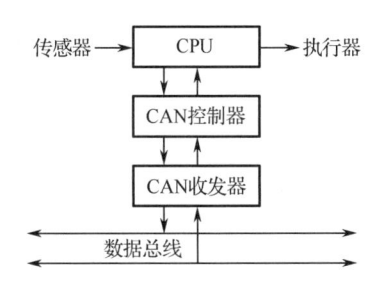

图 5-9 CAN 总线数据传输示意图

2．收发器

收发器安装在控制器内部，兼具接收和发送功能，将控制器传来的数据转化为电信号并将其送入数据传输线。

收发器就是一个发送-接收放大器，在接收数据时，收发器把 CAN 构件中连续的比特流（也称为逻辑电平）转换成电压（线路传输电平）；在发送数据时，收发器把电压转换成连续的比特流。线路传输电平非常适合在铜质导线上进行数据传输，如图 5-10 所示。

收发器通过 TX 线（发送导线）或 RX 线（接收导线）与 CAN 构件相连。CAN 总线的收发器采用电路控制，使控制单元在某一时间段只能实现发送或接收功能。接收器的 RX 线通过一个放大器直接与 CAN 总线相连，并总是在监听总线信号。发送器的 TX 线通过一个开路集电极和 CAN 总线相连，如图 5-11 所示。

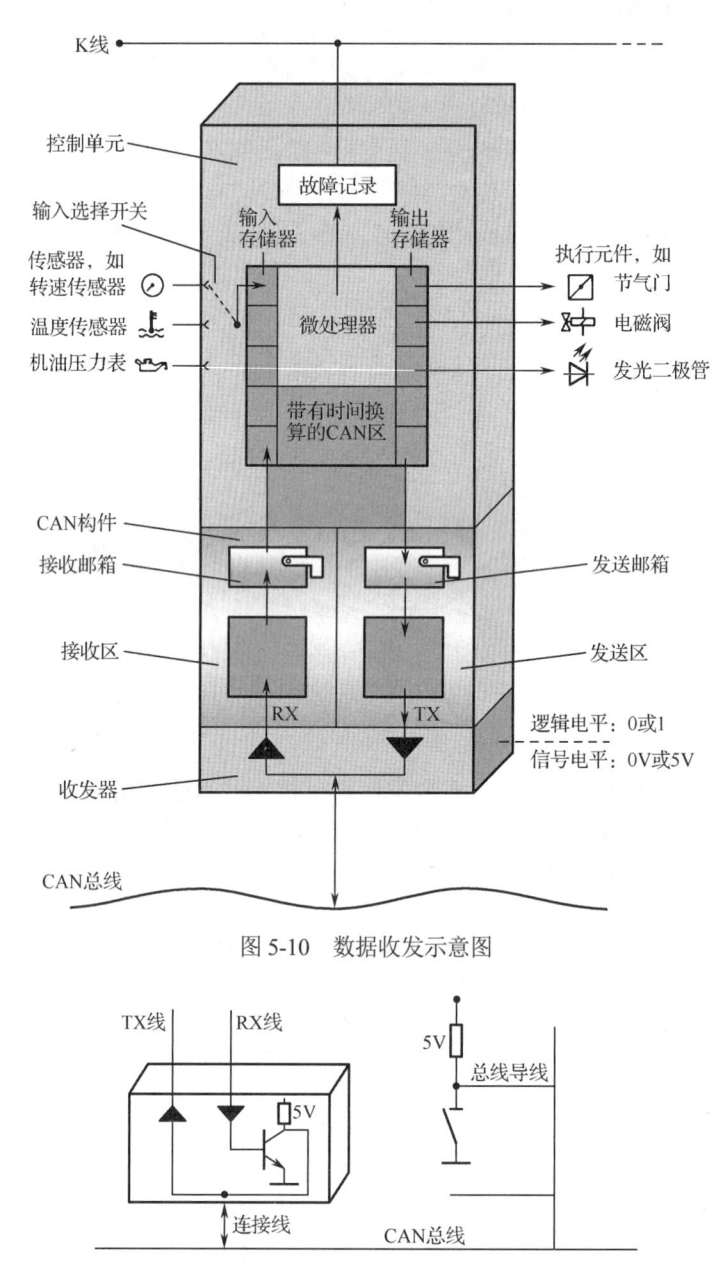

图 5-10 数据收发示意图

图 5-11 CAN 总线的收发器

收发器内的三极管相当于一个开关，其状态与总线电平之间的对应关系如表 5-1 所示。

表 5-1 收发器内三极管的状态与总线电平之间的对应关系

状 态	三极管的状态	有无源	电阻状态	总线电平
1	截止（相当于开关断开）	无源	高阻抗	1
0	导通（相当于开关闭合）	有源	低阻抗	0

当有多个收发器与总线导线耦合时，总线的电平状态将取决于各个收发器开关状态的逻

辑组合。如图 5-12 所示，如果某一开关闭合，电阻器中就有电流流过，于是，总线导线上的电压就为 0，如果所有开关均不闭合，电阻器中没有电流通过，就没有电压降，则总线导线上的电压为 5V。

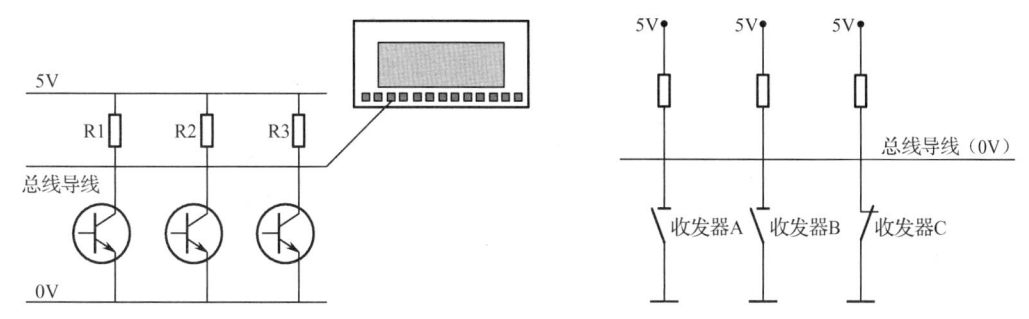

图 5 12　总线上有多个收发器

收发器开关的状态与总线电平的逻辑关系如表 5-2 所示。

表 5-2　收发器开关的状态与总线电平的逻辑关系

收发器 A	收发器 B	收发器 C	总 线 电 平
1	1	1	1 (5V)
1	1	0	0 (0V)
1	0	1	0 (0V)
1	0	0	0 (0V)
0	1	1	0 (0V)
0	1	0	0 (0V)
0	0	1	0 (0V)
0	0	0	0 (0V)

※根据表 5-2 可以得出什么结论？

_____
_____
_____

如果总线状态处于状态 1（无源），该状态就可以由某一控制单元使用状态 0（有源）来改写，一般将无源的总线电平称为隐性，有源的总线电平称为显性。

3．数据传输线

各个 CAN 系统所有的控制单元都并联在 CAN 总线上。CAN 系统采用双绞线进行数据传输。这两根导线中，一根称为 CAN-High 线，另一根称为 CAN-Low 线。控制单元之间的数据交换是通过这两根导线完成的，这些数据可以是发动机转速、汽车的车速、油箱液面的高度、车内外的温度等。

以大众汽车为例，CAN 总线的基本色为橙色。CAN-Low 线的识别色为棕色；驱动系统 CAN-High 线的识别色为黑色；舒适系统 CAN-High 线的识别色为绿色；信息系统 CAN-High 线的识别色为紫色。

双绞线导线对称性好，两根双向导线上传输相同的数据，如图5-13所示，可抵抗外部干扰，因为干扰电压以相同相位作用在两根导线上，因此在收发器的接收器内差动处理时，可以彼此消除。双绞线还能防止数据总线向外辐射干扰信号。

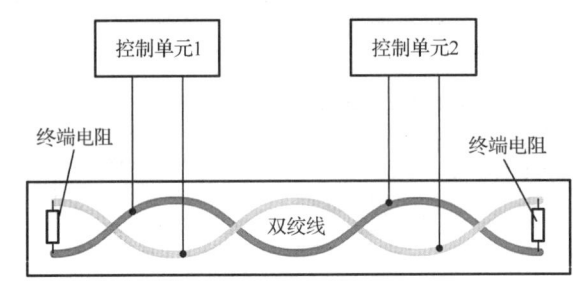

图5-13　CAN总线连接

※双绞线的优点是什么？

_____
_____
_____

4．终端电阻和负载电阻

在闭环的高速CAN中，数据传输终端实际上是两个阻值为120Ω的电阻器，称为终端电阻，如图5-13所示。总线上的总阻值大约为60Ω。设置终端电阻是为了减少数据传送时的过调效应，保证传输信号不变形，保证通信顺利进行。

※请描述总线上的总阻值为什么大约为60Ω。

_____
_____
_____

在控制单元内部，CAN-High线和CAN-Low线之间安装了负载电阻，以大众车系为例，即发动机控制单元内的"中央末端电阻"（66Ω）和其他控制单元内的高阻值电阻（2.6kΩ），作用也是保证数据信号不变形，如图5-14所示。

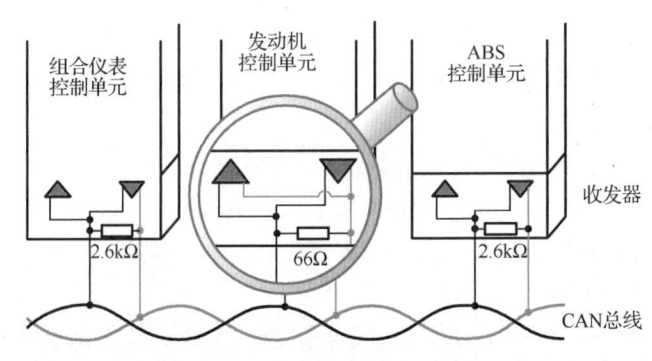

图5-14　大众车系控制单元的负载电阻

以大众车系为例，不同车型总线负载电阻的类型和阻值不同，如表5-3所示。

表 5-3 总线负载电阻的阻值

总线类型	控制单元	负载电阻类型	负载电阻阻值/Ω
动力传动系统 CAN 总线	发动机控制单元	低	66
	变速器控制单元	高	2600
	安全气囊控制单元	高	2600
	ABS 控制单元	高	2600
	车身模块	高	2600
	组合仪表控制单元	高	2600
舒适系统 CAN 总线	车身模块	低	560
	空调模块	低	560
	收音机/导航/通信	低	560
诊断系统 CAN 总线	车身模块	低	66

5. 数据总线诊断接口和网关

诊断接口内用于数据总线的网关将不同的总线系统彼此连接在一起，能够在子系统物理结构不同且软件受限的情况下进行数据交换。当某个子系统失灵时，这种连接形式不会造成整个系统失灵。因为所连接的数据总线将所有信息都提供给网关，所以网关也可作为诊断接口使用。

网关会连接不同类型的总线系统，如信息系统 CAN、驱动系统 CAN、舒适系统 CAN、MOST 总线等，有的还采用以太网，网关需要保证这些数据交换正常进行，保证不同速率的数据总线通过网关得以协同工作。作为汽车网络系统的核心控制装置，网关负责协调不同结构和特征的 CAN 及其他数据网络之间的协议转换、数据交换、故障诊断等工作，在使用不同协议、数据或语言的情况下工作，甚至在两种体系结构完全不同的两个系统之间做翻译。

除此之外，网关也同时具有以下特殊任务。
（1）睡眠模式、唤醒模式。
（2）动力传动系统 CAN 继续运行主控功能。
（3）睡眠功能和唤醒功能启用时，总线系统同步诊断。
（4）集中监控具有诊断功能的控制单元之间的通信。
（5）对比规定安装的控制单元和实际安装的控制单元（设码、编码）。
（6）为现场网关设码联机帮助提供支持，售后服务故障的中央汇集点。
（7）诊断故障的主控单元，监控当前故障的故障计数器、日期和时间等环境数据。

任务三 CAN 总线数据传输

一、CAN 总线数据传输模式

1. 数据并行传输

数据并行传输指的是数据以成组的方式，在多条并行信道上同时进行传输，即有多个数据位同时在设备之间进行传输。也就是说，使用多根并行的数据线一次可以同时传输多个比特。电压脉冲以并行方式在总线上传输,如图 5-15(a)所示,其传输速率与传输效率高。在微控制器和计算机技术方面主要采用这种传输方式。

数据并行传输时,并行线路多,成本高,信号线之间的干扰大,线路间会产生干扰,不能用于长距离传输,适用于要求传输速率快的短距离场合。数据并行传输方式多在控制单元内部线路中使用。

2. 数据串行传输

数据串行传输是指使用一条数据线,将数据一位一位地依次传输,一次传输 1 个比特,多个比特需要一个接一个地依次传输,每一位数据占据一个固定的时间长度,如图 5-15(b)所示。例如,在 CAN 总线和 LIN 总线中,总线信息以时序电压脉冲形式在总线导线上串行传输,电压高低和脉冲长度取决于系统的具体形式。

这种传输方式只需要少数几条线就可以在系统间交换信息,特别适用于计算机与计算机、外部设备之间的远距离通信。在车载网络中,控制单元外部传输信息大都以串行传输方式进行。

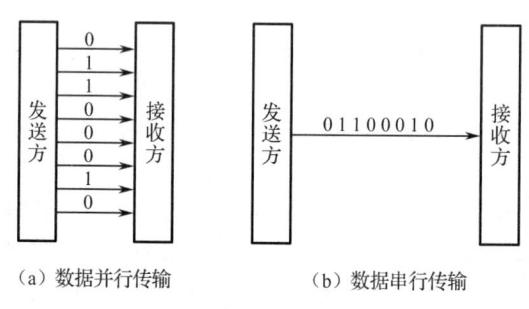

图 5-15 数据传输方式

二、总线上生成的信号

CAN 总线和 LIN 总线的信息是通过数据导线上的电压变化来传输的。电平在低数值(低位)与高数值(高位)之间切换。这两种状态可以通过二进制数 0 和 1 表示。可以通过一个电阻器和一个开关或晶体管在数据导线上产生信号。

1. 通过一个开关和一个 LED(电平指示器)产生信号

图 5-16(a)所示为通过一个开关和一个 LED 产生信号的示意图。当开关处于断开状态时,电阻器 R1 与 LED 串联。如果已根据 LED 标称电压(如 2.5V)调整电阻器上的电压降,则灯泡亮起。此时数据导线上的电压约为 2.5V。以二进制数表示时,这种情况为状态 1。

如果使开关闭合,则电路从串联电路变为电阻为 0Ω 的"混合电路"。因为 LED 与开关并联且并联电路电阻始终小于最小的单个电阻,所以全部电压都作用在电阻器 R1 上。数据导线上电压为 0V 且 LED 不亮。按二进制表示方式,这种情况为状态 0。

2. 通过一个晶体管和一个 LED(电平指示器)产生信号

图 5-16(b)所示为通过一个晶体管和一个 LED 产生信号的示意图。晶体管未受控时,电阻器 R1 不与负极直接连接,电阻器 R1 与 LED 一起构成一个串联电路。当相应数值匹配时,LED 亮起且数据导线上形成状态 1。

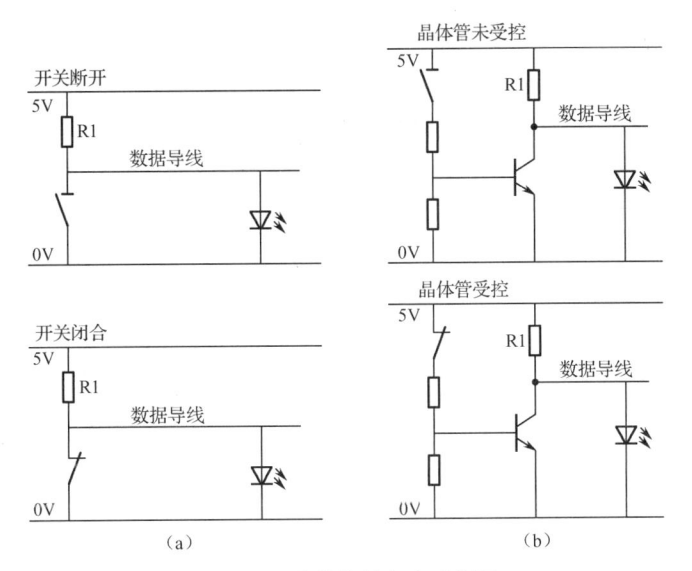

图 5-16 总线信号产生示意图

晶体管受控时，条件发生了变化，因为集电极-发射极导通形成了另一个电路。因此数据导线上的电压从 2.5V 降到约 0V。LED 不再亮起且数据导线上形成二进制状态 0。

※请描述图 5-16（a）和图 5-16（b）两种方式产生的信号有何区别。

_____

_____

_____

如图 5-17 所示，如果用示波器替代 LED，观察示波器波形可以发现状态 0 或状态 1 与数据导线电压之间的直接关系。

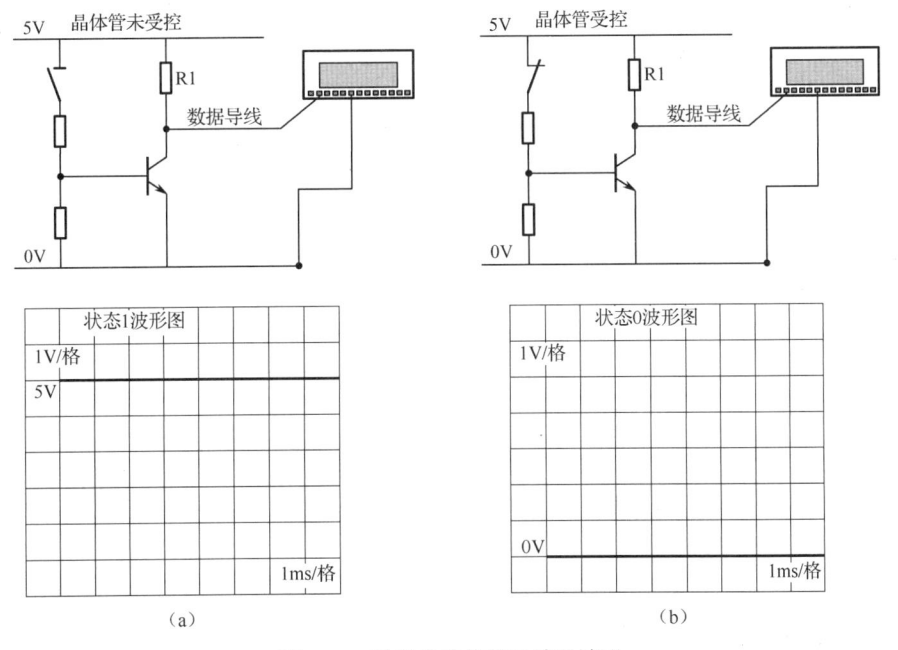

图 5-17 数据总线信号示波器波形

图5-17（a）所示为晶体管未受控时，电阻器R1不与负极直接连接，因为电阻器R1和晶体管集电极-发射极段的电路未导通。如果现在通过示波器观察数据导线上的电压，则可看出电压为5V。按二进制数表示方式，这种情况相当于状态1。图5-47（b）所示为晶体管受控时，条件发生了变化，因为集电极-发射极段导通形成了电路。因此示波器图中的电压从5V降到约0.2V。其原因是在所形成的串联电路中电压分配到各个电阻器上。因此用二进制数表示时，数据信号处于状态0。

三、二进制数和比特

CAN总线采用二进制数进行数字信号传输。在二进制中只有两个数字：0和1。一个二进制信号只能识别两种状态：0和1，表示接通或关闭、高电压或低电压。例如，开关将灯打开或关闭，分别产生对应的一个值"0"或"1"。例如，值为"1"表示电灯开关闭合，电灯亮；值为"0"的电灯开关断开，电灯熄灭。一般也把这两个值称为逻辑0和逻辑1。

每个数据信号都由一个二进制数（位）排列构成，如10010110。每个字符、图片或者声音都可以由具有特定顺序的二进制数构成。计算机或控制单元通过这种二进制数处理信息。

如果总线导线上的电压电平以相同的时钟节拍切换，则可以在相同时段内表示二进制代码。这些时段称为比特。利用二进制数0和1可以为十进制数编码。表5-4所示为十进制数0~9的二进制编码。图5-18所示为十进制数9在数据总线上的表示方式。

表5-4 十进制数0~9的二进制编码

十进制数	二进制编码			
0	0	0	0	0
1	0	0	0	1
2	0	0	1	0
3	0	0	1	1
4	0	1	0	0
5	0	1	0	1
6	0	1	1	0
7	0	1	1	1
8	1	0	0	0
9	1	0	0	1

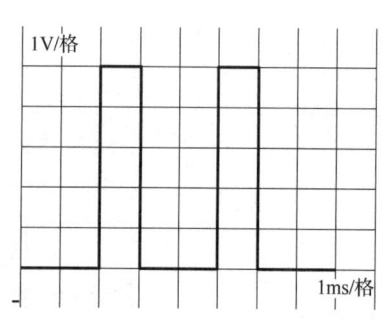

图5-18 十进制数9在数据总线上的表示方式

四、信号传输速度

数据导线上的电平按待传输二进制数的节拍切换,因此,数据接收器必须知道,数据发送器让每个比特在数据总线上停留多长时间(直至下一个二进制数转到数据导线上的时间)。这个循环时间是系统的时钟频率。这个时间越短,信息传输越快,数据发送器和接收器的工作速度也越快,如图 5-19 所示。按 ISO(国际标准化组织)标准,系统分为两组,低速通信范围(比特率低于 125Kbit/s)和高速通信范围(比特率高于 125Kbit/s)。

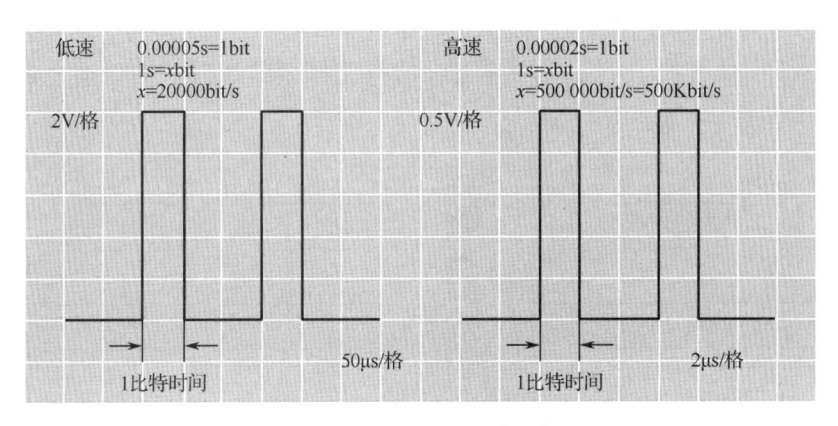

图 5-19 总线信号传输速度

五、CAN 总线通信

1. 数据传输协议

数据传输协议可以理解为数据在总线上传输的规则,数据传输协议规定如何组织网络内的通信、信息交换、总线信息(帧)、避免和排除冲突、识别和处理故障。

以通过电话传输信息为例介绍数据传输协议和数据传输过程,数据传输示意图如图 5-20 所示。假如拨打对方的电话号码后,对方占线或者未接通,就先挂上听筒,并在稍后再次拨打。

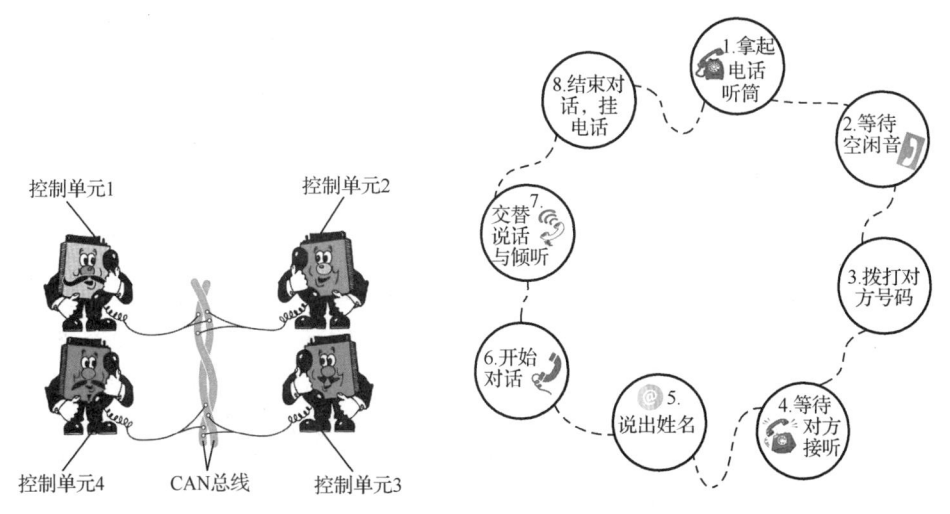

图 5-20 数据传输示意图

2. 通信方式

车载网络的通信分为主副控单元通信和多主控单元通信。主副控单元通信如图 5-21（a）所示，某个网络节点或总线设备（所谓的主控单元）负责所有的访问选项。通过总线在发送器与接收器之间建立虚拟连接，总线信息规定唯一的一个收发点。主副控单元布置容易实现，但是其功能只取决于主控单元，该控制单元损坏时，总线上的通信全部中断。在主副控单元中要发送信息的总线设备可以访问处于空闲状态的总线。

多主控单元通信如图 5-21（b）所示，访问总线时所有设备具有同等权限，在访问数据总线方面可以分为受控方式和非受控方式。在多主控单元中，由网络内的规定信号序列决定发送权限。从安装角度看，分散式多主控单元结构成本较高，但是个别或多个总线设备失灵时通信系统通常仍能正常工作。

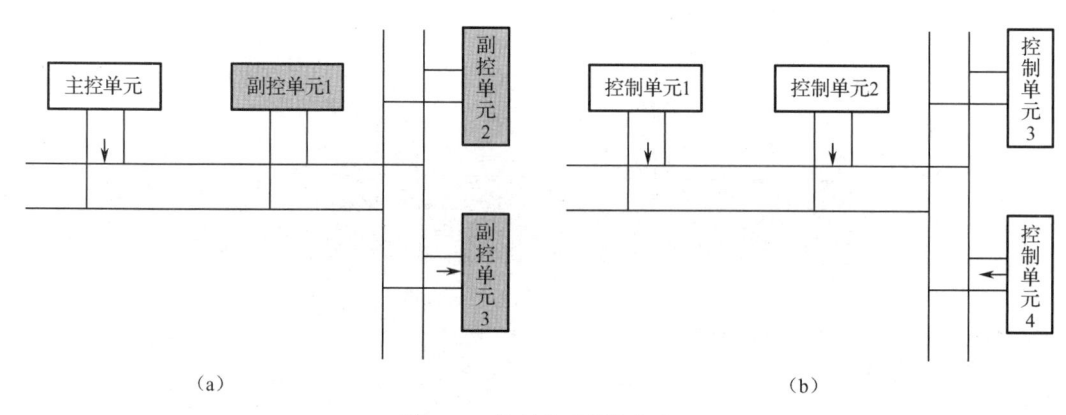

图 5-21　控制单元通信方式

※请描述多主控单元通信的优点。

_____
_____
_____
_____

3. 信息交换

控制单元在总线上交换信息时，可以以总线设备为主或以总线信息为主。以总线设备为主的信息交换方式如图 5-22（a）所示，发送器直接通过一个接收地址通知对应的接收器，并发出信息。其他节点可以读取该信息，但是不会处理该信息。只有对应接收地址的接收器才会接收、分析信息并确认信息已被正确接收。如果传输出现错误，发送器会重新发送数据。

在如图 5-22（b）所示的以总线信息为主的信息交换方式中，发送器会为该信息分配一个唯一的标识符（特征码），该标识符中还包括信息的优先级。尽管信息中不包含发送器地址，但是可以通过信息要素表和标识符确定发送节点。所有总线设备都会检查所接收到的信息是否有错误并确认接收。如果每个节点内执行的总线信息筛选接收该标识符，该信息就会存储在信息缓冲器内。应用程序确认有输入信息时，可以从此处接收并继续处理输入信息。总线信息由应用程序进行筛选。

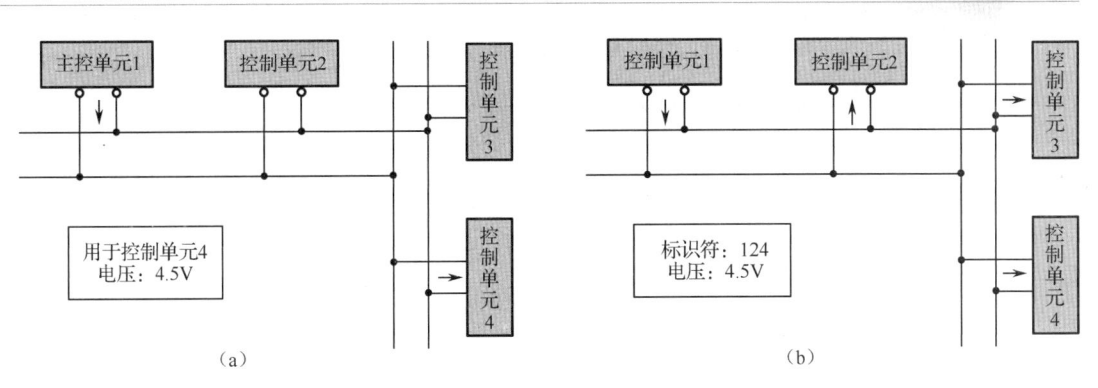

图 5-22　信息交换方式

六、信息帧

汽车中主要使用串行通信系统，有效数据嵌入在所谓的总线信息或信息帧内。图 5-23 所示为总线信息结构。除了有效数据，总线信息还包括用于定址的标识符，以及用于可靠传输数据的控制信息和检测信息。

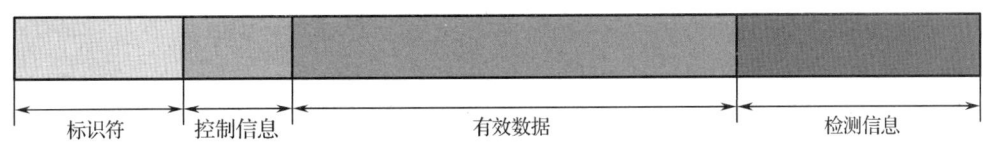

图 5-23　总线信息结构

1．CAN 信息帧分类

在 CAN 中传输信息时可以分为五种不同的信息帧：数据帧（标准格式）、数据帧（扩展格式）、远程帧、错误帧和过载帧。其中数据帧用于传输数据。

（1）数据帧：数据帧用于传输数据，分为带 11 位标识符（标准格式）的和带 29 位标识符（扩展格式）的。

（2）远程帧：远程帧（请求电码）由某一总线设备发出，用于请求传输带有规定标识符的数据电码。

（3）错误帧：错误帧（错误信息）由一个总线节点放到总线上，前提是节点发现数据传输错误。

（4）过载帧：发送过载帧（过载电码）的用途是使总线访问重新开通时延迟一段时间。

2．数据帧的组成

数据帧由 7 个区组成，分别为开始区、状态区、检验区、数据区、安全区、确认区和结束区，每个区的位数有相应的规定，信息最大长度为 108 位，如图 5-24 所示。

（1）开始区。开始区的长度为 1 位，标志数据帧开始，这一位始终处于低位启动状态（显性）。总线停顿时间过后，这个下降沿在通常情况下也用于空闲的节点的各收发点或相位同步。

（2）状态区。状态区的长度为 11 位，用于确定所传输数据的优先级。其中的数值越小，优先级越高。如果两个控制单元都要同时发送各自的数据，那么，具有较高优先权的控制单元优先发送。传输这个数据期间，发送器在发送每位数据时要检查其是否仍有发送权限，或者是否另一个节点有较高优先级可以发送信息。

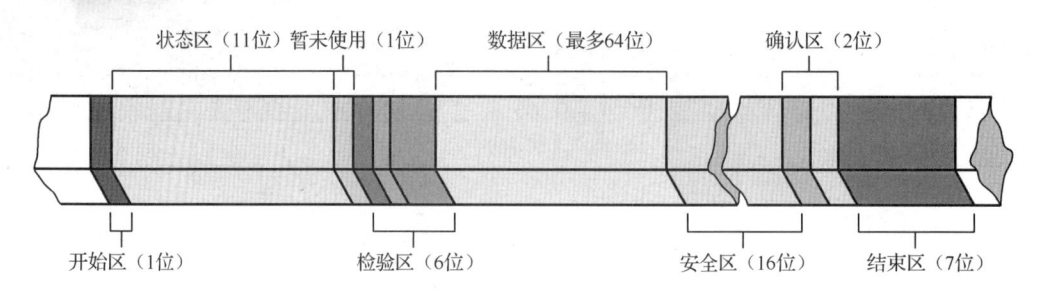

图 5-24 CAN 总线数据帧结构

（3）检验区。检验区的长度为 6 位，用于显示数据区中的数据数量，以便于让接收器（接收数据的控制单元）检验自己接收到的来自发送器（发送数据的控制单元）的数据是否完整。

（4）数据区。数据区的长度不确定，视具体情况而定，最大长度为 64 位，是信息的实质内容。

（5）安全区。安全区的长度为 16 位，用于检验数据在传输中是否出现错误。如果识别到错误，就会在后面的确认域内插入一个隐形位，此外还在结束区写入一个用于表示错误信息的错误电码。最多可以识别 6 个单个位差错和 15 个依次出现的位差错。

（6）确认区。确认区的长度为 2 位，是接收器发给发送器的确认信号，表示接收器已正确、完整地收到了发送器发送的数据。如果接收器检测到数据在传输中出现了错误，则接收器会迅速通知发送器，以便发送器重新发送该数据。

（7）结束区。结束区的长度为 7 位，标志着数据帧结束。

各区含义如表 5-5 所示。

表 5-5　各区含义

组成部分名称	位数	功　用
开始区	1	标志数据开始传输
状态区	11	用于判断数据的优先级
检验区	6	显示在数据中所包含的信息项目数
数据区	64	传递到其他控制单元的信息
安全区	16	检测数据传递中的错误
确认区	2	在确认域中，接收器接收信号并通知发送器，其所发信号已被正确接收；如果接收器检测到错误，接收器会立刻通知发送器，发送器会再发送一次数据
结束区	7	标志着数据传输结束，这是显示错误并得到重复发送数据的最后可能区

七、数据传输过程

1. 信息格式的转换

为便于理解，现举例说明。例如，发动机控制单元的传感器接收发动机的转速信息（转速值），该值会以固定的周期（循环往复地）到达微控制器的输入存储器内。发动机转速按协议被转换成标准的 CAN 信息格式。

如图 5-25 所示，状态区（标识符）内容为发动机_1，数据区（信息）内容为发动机的转速（发动机的转速为 x r/min）。当然，CAN 总线上传输的数据也可以是其他信息，如节气门开度、冷却液温度、发动机转矩等，具体内容取决于系统软件的设定。

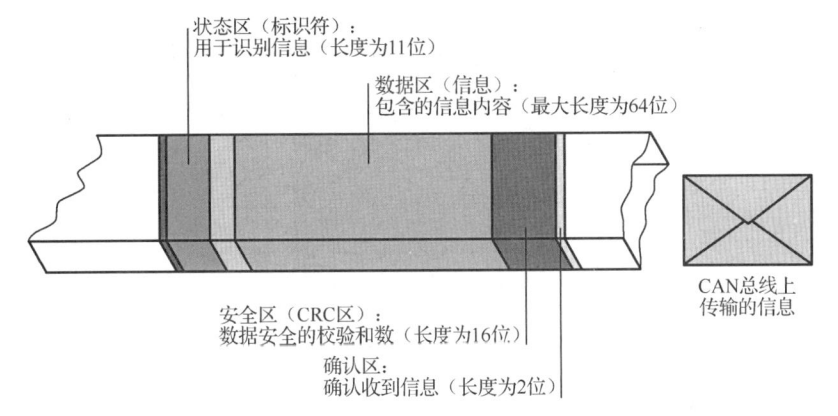

图 5-25　发动机转速值按协议被转换成标准的 CAN 信息格式

2．请求发送信息——总线状态查询

如果发送邮箱内有一个发动机转速实时值，那么该值会由发送特征位（举起小旗）显示出来——请求发送信息，如图 5-26 所示。只有总线处于空闲状态时，控制单元才能向总线发送信息。CAN 构件通过 RX 线来检查总线是否有源（是否正在交换其他信息），必要时会等待，直至总线空闲下来为止。如果在某一时间段内，总线电平一直为 1（总线一直处于无源状态），说明总线处于空闲状态。

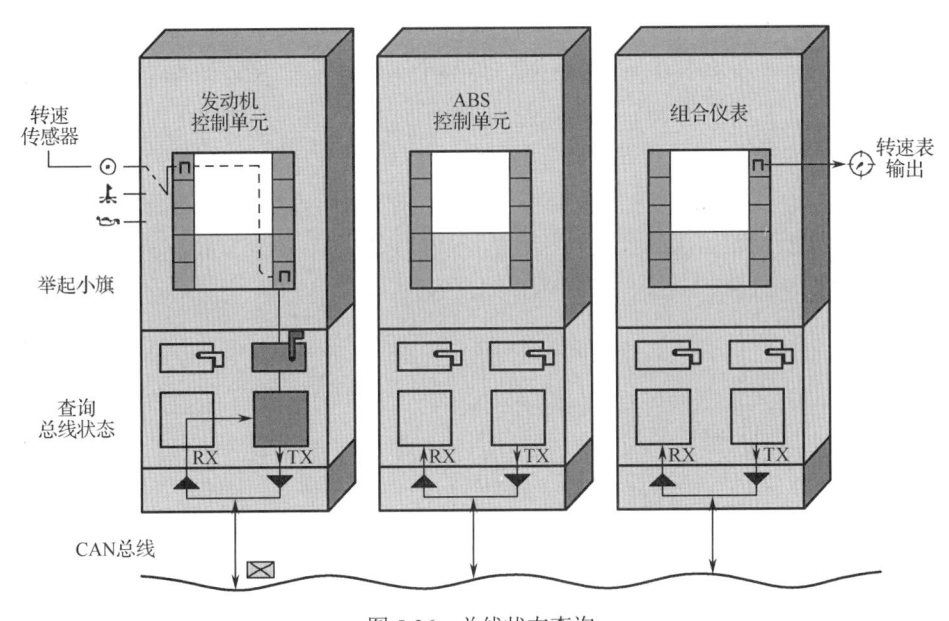

图 5-26　总线状态查询

3．发送信息

如果总线空闲，发动机信息就会被发送出去，如图 5-27 所示。

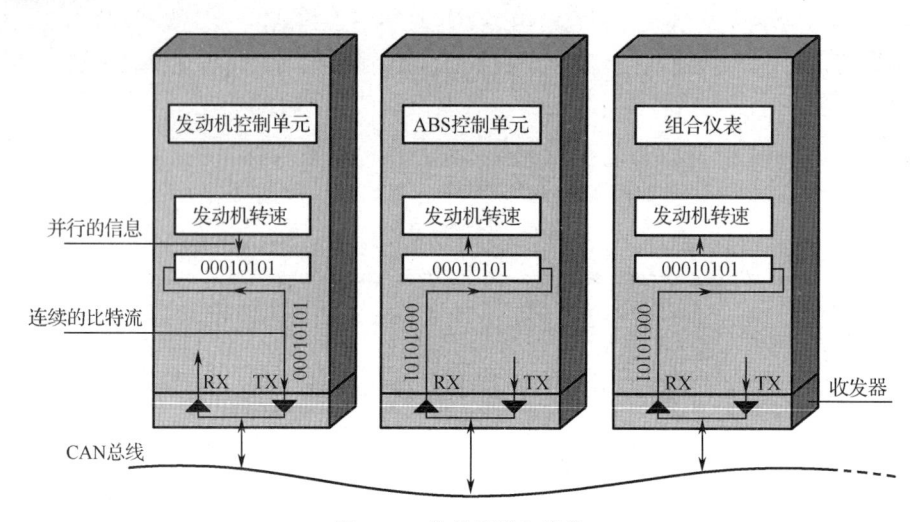

图 5-27 信息发送与接收

4. 接收过程

连接在 CAN 总线上的所有控制单元都能接收发动机控制单元发送的信息，该信息通过 RX 线到达 CAN 构件各自的接收区。接收过程分两步：首先检查信息是否正确（在监控层）；然后检查信息是否可用（在接收层），如图 5-28 所示。

1）检查信息是否正确

数据传输是否正确可以通过监控层内的 CRC（Cyclic Redundancy Check，循环冗余校验）校验和来进行校验。如图 5-28 所示，经监控层校验、确认无误后，已接收到的正确信息会到达相关 CAN 构件的接收区。接收器接收发动机发送的所有信息，并且在相应的监控层检查这些信息是否正确。这样就可以识别出在某种情况下某一控制单元上出现的局部故障。

2）检查信息是否可用

CAN 构件的接收层判断该信息是否可用。如果该信息对本控制单元来说是有用的，则举起接收旗，予以放行，该信息就会进入相应的接收邮箱并确认信息接收，如图 5-29 所示。如果该信息对本控制单元来说是无用的，则拒绝接收。

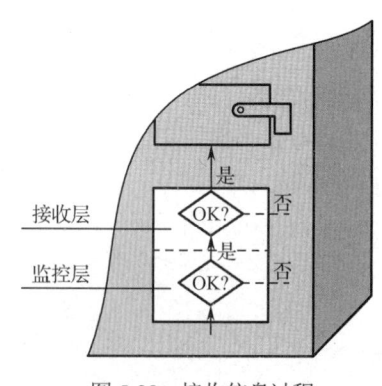

图 5-28 接收信息过程

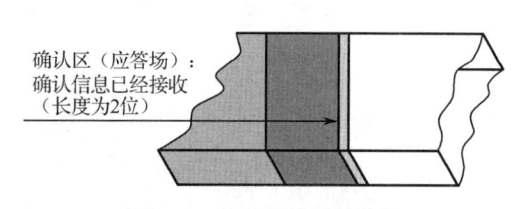

图 5-29 确认信息已经接收

※信息的接收过程分为哪两步？

_____
_____
_____
_____

八、冲突仲裁

如果多个控制单元同时发送信息，数据总线上就必然会发生数据冲突。为了避免发生这种情况，CAN 总线具有冲突仲裁机制。按照信息的重要程度分配优先级，确保优先级高的信息能够优先发送。每个控制单元在发送信息时，通过发送标识符来标识信息类别，信息优先级包含在标识符中。所有的控制单元都通过各自的 RX 线来跟踪总线上的一举一动并获知总线的状态。每个控制单元的发射器都将 TX 线和 RX 线的状态一位一位地进行比较（它们可以不一致），如图 5-30 所示。

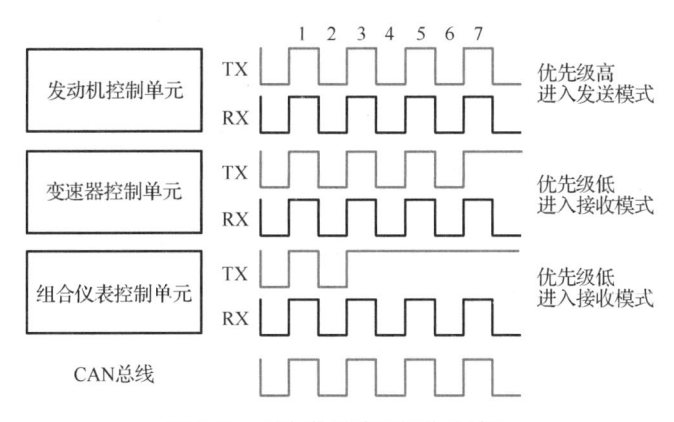

图 5-30 避免数据冲突的仲裁过程

如图 5-31 所示，若 ABS/EDL 控制单元、发动机控制单元和自动变速器控制单元三个控制单元同时发送数据，此时，在 CAN 总线上要一位一位地进行比较，如果 1 个控制单元发送了 1 个低电位但检测到 1 个高电位，那么该控制单元就停止发送数据，转为接收数据。

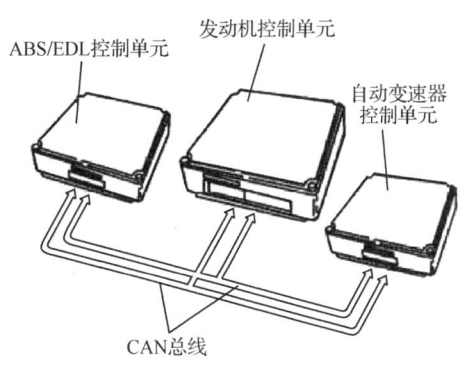

图 5-31 多个控制单元同时发送信息

表 5-6 中列出了 3 组不同数据列的优先级，数据列的状态区由 11 位编码组成，其编码（前 7 位）的组合形式决定了数据的优先级。编码越小，优先级越高，编码为 "000000000" 的数

据报文是所有可能出现的报文中优先级最高的。

表 5-6 不同数据列的优先级

优 先 级	数 据 报 告	状态区编码
1	制动 1（Brake 1）	001 1010 0000
2	发动机 1（Engine 1）	010 1000 0000
3	变速器 1（Gearbox 1）	100 0100 0000

※在信息的传输过程中，产生冲突了怎么办？

_____

_____

_____

_____

任务四　CAN 总线电压波形及数据保真

一、CAN 总线电压波形

CAN 总线的静止状态也称为隐性状态，隐性状态下 CAN-High 线和 CAN-Low 线的对地电压称为静止电平（也称为隐性电平），简称静电平。CAN 总线上有数据传输时的总线电平为显性电平。目前汽车上的车载 CAN 总线基本都是高速 CAN，低速 CAN 已被淘汰，故此，以大众汽车驱动 CAN 为例，其波形如图 5-32、图 5-33 所示。在显性状态时，CAN-High 线的电压约升至 3.5V，CAN-Low 线的电压约降至 1.5V；在隐性状态时，CAN-High 线和 CAN-Low 线的电压均为 2.5V。

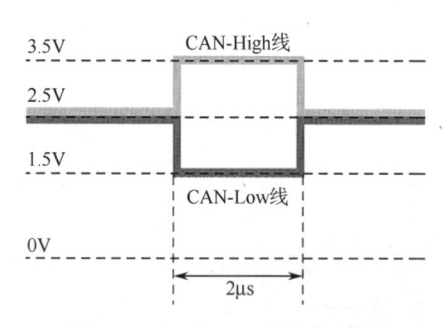

图 5-32　驱动 CAN 总线的电压 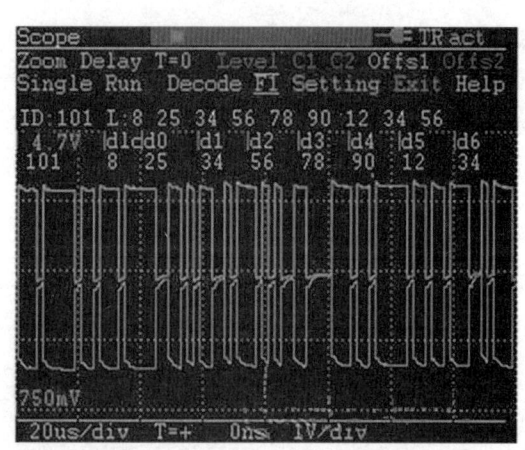　　　　图 5-33　驱动 CAN 总线的实测电压波形

二、数据保真

1. 终端电阻

在高频网络中，总线导线端部必须有终止点，否则可能会出现信号反射。这种情况也适用于至总线设备连接部位的导线端部。

对于高频信号来说，总线导线端部相当于独立的发送器，因此导线端部会产生反向传输的信号。这些信号会叠加在有效信号上造成信号失真。信号反射与波浪撞到码头堤岸上反射并与后续波浪叠加的水波类似。如果波浪冲到沙滩上，沙滩就会吸收波浪的能量且不会造成波浪叠加。而电阻器就相当于沙滩，可以吸收信号运行到数据导线端部时的能量。所以只需在数据导线的终端连接一个电阻器（见图 5-34），将能量吸收，即可使数据导线传输信号终止，这样就可以实现数据的保真了。

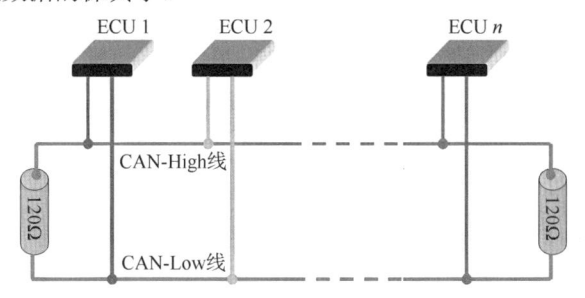

图 5-34 终端电阻消除信号反射示意图

2．双绞线的信号差动处理

数据在导线中传输的过程中，可能受车辆中或环境中不同的干扰源影响。车辆中的典型干扰源是在运行过程中或在利用开关断开或接通电路时产生火花的部件。其他干扰源有移动电话和发射台，即所有产生电磁波的装置。

1）双绞线

为了防止干扰数据传输，数据总线导线相互绞合，称为双绞线（见图 5-13）。数据在两根导线上的电平呈镜像。这两根导线称为 CAN-High 线和 CAN-Low 线。如果干扰信号影响双绞线时，则双绞线的每一根都会受到相同程度的影响，即每根导线的零位线将因干扰移动相同的量，使两个电压的偏差保持不变。因此，对双绞线上的信号进行差动处理就可以排除掉干扰信号对信号传输的影响。

2）信号差动处理

控制单元是通过收发器连接到驱动 CAN 总线上，在收发器内部的接收器一侧设有差动信号放大器，如图 5-35 所示。差动信号放大器用于处理来自 CAN-High 线和 CAN-Low 线的信号。

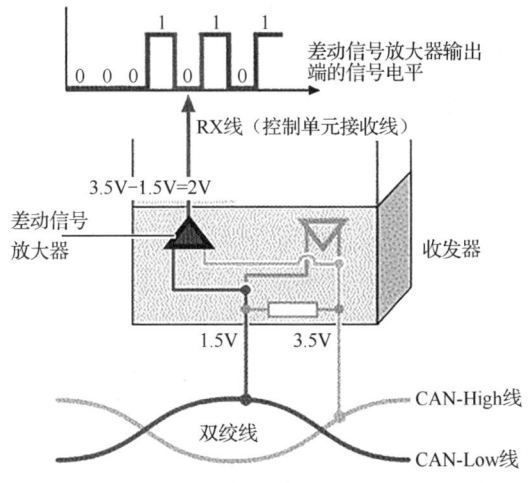

图 5-35 驱动 CAN 数据总线的差动信号放大器

差动信号放大器在处理信号时，会用 CAN-High 线上的电压减去 CAN-Low 线上的电压，如图 5-36 所示。

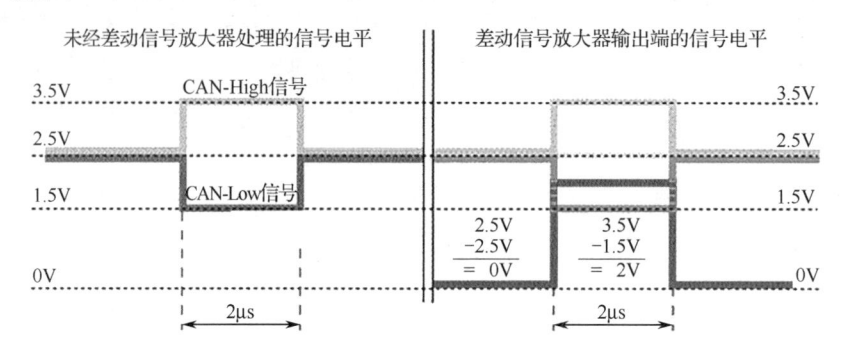

图 5-36　差动信号放大器内的信号处理

※驱动 CAN 双绞线中的信号经差动处理后的电平是多少？

_____
_____
_____
_____

3）干扰信号的差动处理

由于 CAN-High 线和 CAN-Low 线是作为双绞线紧密绞制在一起的，所以干扰脉冲 X 总是有规律地同时作用在两条线上，如图 5-37（a）所示。由于差动信号放大器总是用 CAN-High 线上的电压（3.5V-X）减去 CAN-Low 线上的电压（1.5V-X），因此经过处理后，差动信号中就不再有干扰脉冲了。信号电压=（3.5-X）-（1.5-X）=2V。所以，差动传输具有很强的抗干扰能力，如图 5-37 所示。

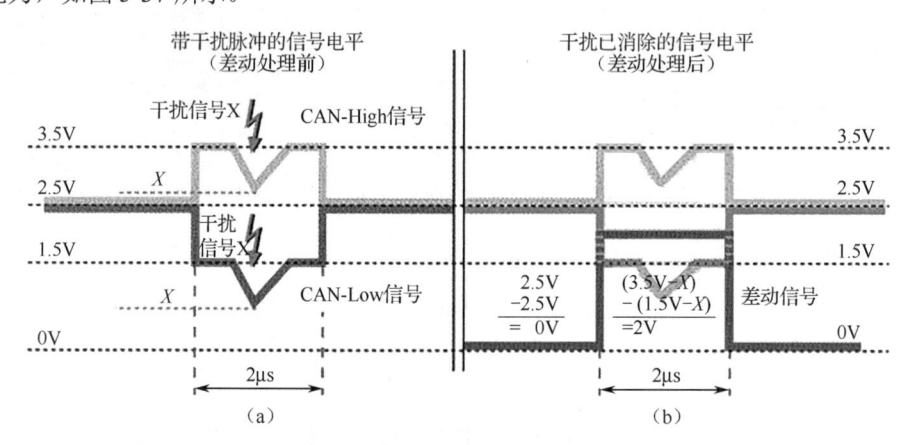

图 5-37　干扰信号的差动处理

CAN-High 信号和 CAN-Low 信号经差动信号放大器处理后，可最大限度地消除干扰信号的影响，这就是所谓的差动传输技术。即使汽车上的供电电压有波动（如起动发动机时），也不会影响各个控制单元的数据传输，大大提高了数据传输的可靠性。

车辆在使用过程中，电火花、电磁线圈开关、移动电话和发送站等发出的电磁波都会影响或破坏 CAN 总线上的数据传输。为了防止数据在传输时受到干扰，采用双绞线进行传输，再经过差动处理，这样就可以防止数据线所产生的辐射噪声。

任务五　CAN 总线的常见故障及检测

一、网络系统故障检测方式

CAN 和 LIN 中可能产生的故障很多，因此没有普遍适用的检测方法。诊断时必须根据具体情况决定使用哪些检测工具，做出决定的标准是故障特征、检测经验、可供使用的设备和车辆状态等。检测工具可以使用诊断测试仪、通用测量设备、示波器和 CAN 分析系统等。

1．利用诊断测试仪检测

连接在 CAN 总线和 LIN 总线上的控制单元通过其自诊断功能软件（车载诊断软件）识别与总线有关的故障，如导线故障、信息错误、超时错误和硬件故障。读取故障记录后，可以利用这些信息针对性地进行故障查询。但是前提是对故障码存储器记录及其解释非常了解。首次确认故障时和维修后原则上必须读取故障码存储器记录，以证明已经排除了故障。借助诊断测试仪确定故障部位的另一种方式是显示实际值或进行执行元件诊断。

2．利用通用测量设备检测

利用通用测量设备可以测量终端电阻的阻值、数据导线上的电压，并检查数据导线的导通性及是否短路。

检测电阻时，数据导线上必须无电压。如果要检查的系统进入睡眠模式且关闭点火开关后数据导线上仍然有电压，必须等待几分钟后断开蓄电池接线，因为即使关闭了点火开关，控制单元仍会交换数据，继续运行的时间取决于具体的车辆，所以要想获取准确数值只能查阅相应的制造商资料。注意：为确保系统内的所有电容器能够放电，应至少等候 5min。

由于 CAN 采用多种通信协议，每个控制模块的端口在正常的情况下都有标准电压，因此电压测量法可用于判断线路是否有对地短路、电源短路、相线间短路等问题。为了确定 CAN-High 线或 CAN-Low 线是否损坏或信号是否正常，可以测量其对地电压（平均电压）。测量点通常在车载诊断系统（OBD）的诊断接口处。

以大众车系为例，诊断接口处，动力传动系统 CAN 总线使用 6 号引脚和 14 号引脚（6 号引脚连接 CAN-High 线，14 号引脚连接 CAN-Low 线），舒适系统 CAN 总线使用 3 号引脚和 11 号引脚（3 号引脚连接 CAN-High 线，11 号引脚连接 CAN-Low 线）。正常情况下，当 CAN 总线唤醒后，CAN-High 线对地电压约为 2.7V，CAN-Low 线对地电压约为 2.3V，两者相加约为 5V。

3．利用示波器检测

采用示波器检测时，可以在点火开关打开的情况下分析总线导线上的信号流向，从而迅速准确地识别数据导线层面上的故障。示波器有两个通道和一个存储器，可以实现无电位检测。为了检测时评估信号沿的陡度，最小带宽应达到 20MHz。

信号波形不用于分析或评价所传输的标识符或字节变化，也无法实现示波，因为很多信息带有不同的标识符，示波器只是随机触发某个信息脉冲，因此波形图仅用于评价数据导线的物理层面。通过相应的练习和比较，波形图可以很快确定数据总线是否正常工作或是否有故障。为完成过程中出现的特殊任务，有些示波器可以根据所选择的逻辑状态设置触发条件，以便以波形的方式显示某些信息。

使用示波器时必须注意，示波器无法测量数据导线之间的电压差，且其连接另一个设备时会通过设备的接地线造成短路。

二、CAN 总线故障类型

CAN 的控制器和收发器很少出现故障。当它们出现故障时，会通过信息缺失或通过总线关闭控制单元表现出来。车辆机械振动、未正确加装系统或未按规定维修车身故障时，可能会导致数据传输介质的物理层出现故障，如出现磨穿绝缘层、导线混淆、导线折断或插头接触故障等情况。控制单元识别到数据传输故障时，就会存储一个故障码。

1. CAN 总线单线断路故障

当某个控制模块 CAN-High 线或 CAN-Low 线断路时，会导致该控制模块无法实现通信，但其他控制模块的通信还是正常的，在其他的控制模块中可能会读到此故障模块的故障码。如果多个控制模块的 CAN-High 线或 CAN-Low 线出现断路，那么这些控制模块的通信功能都会受到影响。CAN 总线断路故障分为两种，分别为图 5-38（a）所示的 CAN-High 线断路故障和图 5-38（b）所示的 CAN-Low 线断路故障。

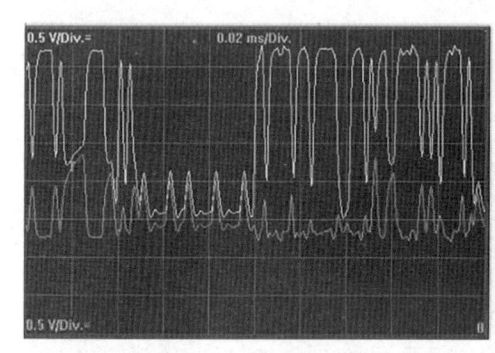

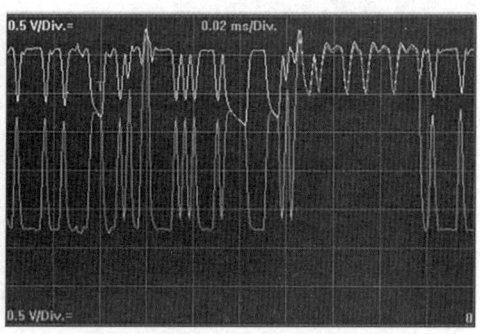

（a）CAN-High 线断路故障　　　　　　（b）CAN-Low 线断路故障

图 5-38　CAN 总线单线断路故障

如果出现故障的控制模块带有终端电阻，可以用电阻测量法来判断。测量诊断接口 CAN-High 线与 CAN-Low 线之间的电阻，若电阻变为 120Ω，说明有一个终端电阻断路。如果出现故障的控制模块不带终端电阻，那么需要测量该控制模块的 CAN 总线的导通性。替换有故障码的控制模块，这样可以快速判断故障是否是由该控制模块本身造成的。

此外，要结合网络图来查找断路点，因为在整个网络中会设置相应的总线集线器，断点部位不同，受影响的部件也不同，同时会决定诊断测试仪能够进行诊断的控制模块。

2. CAN 总线单线对正极短路故障

当出现 CAN-High 线或 CAN-Low 线对电源（正极）短路故障时，根据 CAN 总线的容错性，可能出现整个 CAN 网络无法通信的情况或产生相关的故障码。以对 12V 电源短路为例，此时 CAN-High 线电压被置于 12V，CAN-High 线对正极短路的总线波形如图 5-39（a）所示；CAN-Low 线对电源短路，CAN-High 线电压也被置于 12V，CAN-Low 线对正极短路的总线波形如图 5-39（b）所示。

实际测量 CAN 导线的电压，若 CAN-High 线和 CAN-Low 线的电压都约为 12V，则说明出现此类故障。

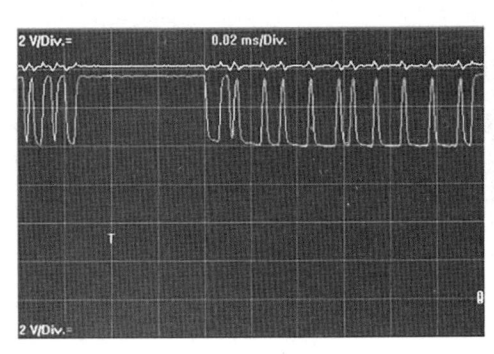

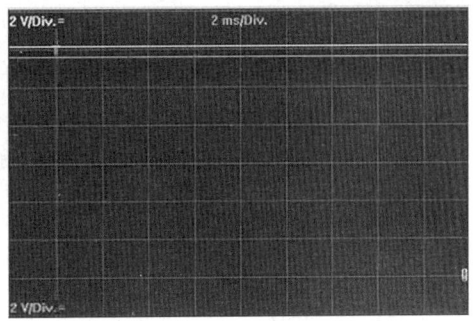

(a) CAN-High 线对正极短路的总线波形　　　　(b) CAN-Low 线对正极短路的总线波形

图 5-39　CAN 总线单线对正极短路故障

3. CAN 总线单线对负极短路故障

当出现 CAN-High 线或 CAN-Low 线对地（负极）短路这种故障时，根据 CAN 总线的容错性，可能出现整个 CAN 网络无法通信的情况或产生相关故障码。

1）CAN-High 线对负极短路

CAN-High 线的电压位于 0V，CAN-Low 线电压也位于 0V，可是在 CAN-Low 线上还能够看到一小部分的电压变化。CAN-High 线对负极短路的总线波形如图 5-40（a）所示。实际测量电压，若 CAN-High 线和 CAN-Low 线电压均约为 0V，且无断路问题，则说明出现此类故障。

2）CAN-Low 线对负极短路

当出现 CAN-Low 线对负极短路故障时，CAN-Low 线电压约为 0V，CAN-High 线的隐性电压被降至 0V，但显性电压基本不变，因此波形被拉长，但仍然可以传输数据，对于某些车型，其 CAN-Low 线对地短路的容错性较好，车辆基本能够正常使用，即在客户体验层面上没有明显的异常现象，但从诊断方面来讲，会影响网络传输速度。CAN-Low 线对负极短路的总线波形如图 5-40（b）所示。实际测量 CAN 总线电压，若 CAN-Low 线的电压为 0V，CAN-High 线的电压为 1V 左右，则说明出现此类故障。

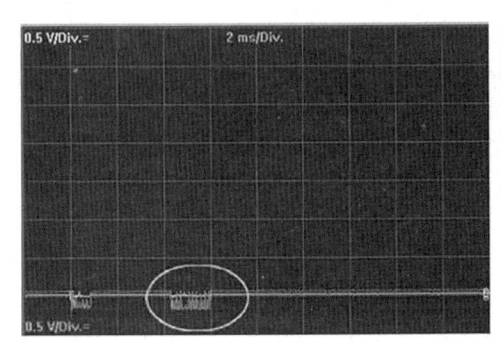

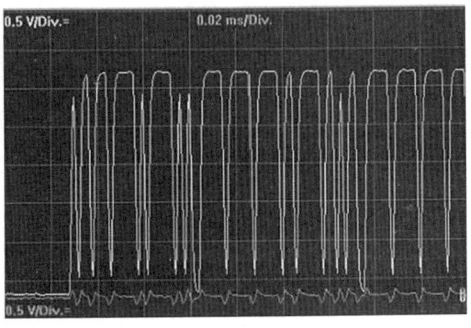

(a) CAN-High 线对负极短路的总线波形　　　　(b) CAN-Low 线对负极短路的总线波形

图 5-40　CAN 总线单线对负极短路故障

4. CAN 总线相互短路故障

当 CAN-High 线与 CAN-Low 线短路时，CAN 会关闭，无法进行通信，会显示相应的网络通信方面的故障码。CAN 总线相互短路波形如图 5-41 所示。当两者相互短路之后，CAN

总线电压电位置于隐性电压（约 2.5V）。实际测量两条 CAN 导线的电压，会发现始终在 2.5V 左右，基本不变化，如图 5-41 所示。

通过插拔 CAN 总线上的控制模块（节点），可以判断是由节点引起的短路还是导线连接引起的短路。逐个断开节点，若电压恢复正常，则说明该节点有问题。若断开所有节点后电压还没有变化，说明线路短路。

5．CAN 总线交叉错接故障

当出现 CAN-Low 线与 CAN-High 线互相接反的故障时，一般情况下，接错的那个控制模块将无法通信，其他控制模块通信正常。CAN 总线交叉错接故障如图 5-42 所示。

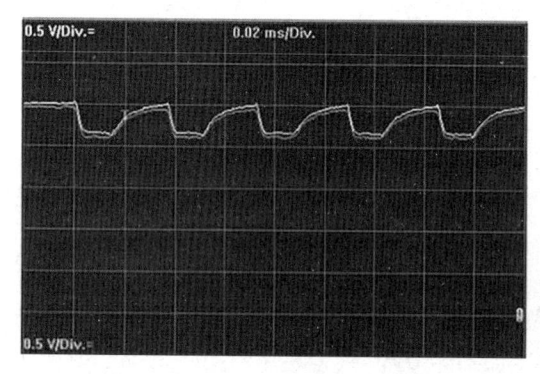

图 5-41　CAN 总线相互短路波形 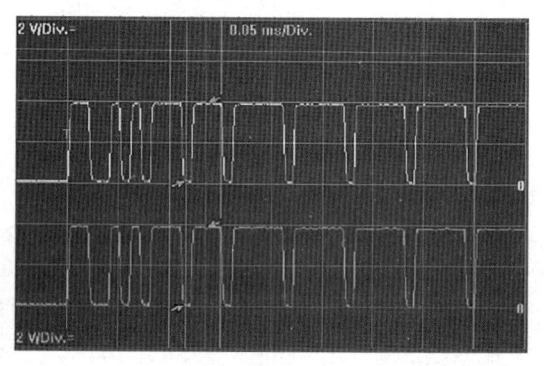　　　　图 5-42　CAN 总线交叉错接故障

任务六　LIN 子总线系统检修

一、LIN 子总线概述

随着汽车内电气设备的增多，市场上对于成本低于 CAN 总线的总线需求日益强烈，不同的车厂相继开发各自的串行通信（UART/SCI）协议，用来在低速和对性能要求不高的场合中取代 CAN 总线。由于不同车厂定义的协议兼容性问题，在 1998 年由欧洲五大车厂（宝马、大众、奥迪、沃尔沃、梅赛德斯-奔驰）成立联合工作组，由火山和摩托罗拉提供技术支持，开发一种定位于车身电子领域传感器（Sensor）和执行器（Actuator）组网的串行通信总线系统，要求该总线系统的协议和时序控制尽可能简单，即使低端多点控制器没有专用通信单元也可以实现基于该总线的通信。

1．起源和发展

LIN 协会成立于 1998 年，LIN 总线的主要目的是提供一种低成本的车用总线，是对 CAN 总线的补充。

LIN 总线已经广泛被世界上的大多数汽车公司及零配件厂商所接受，成为公认的 A 类网络标准。

1999 年 7 月，LIN V1.0 初版发行。

2002 年 12 月，LIN V1.3 发布，其主要对物理层进行了修改，提高了节点之间的兼容性。

2003 年 9 月，LIN V2.0 发布，其支持配置和诊断的标准化，规定了节点性能文件等。

2006 年 11 月，LIN V2.1 发布，其澄清了部分内容，修正了配置部分，将传输层和诊断部分独立成章。

2010 年 12 月，LIN V2.2 发布，其修正了部分内容，弱化位采样规范。

2010 年 12 月，LIN V2.2A 发布，其修正了唤醒信号定义。

2016 年 8 月，LIN 升级为国际标准 ISO 17987 Part 1～7。

SAEJ2602 是美国机动工程师协会的 LIN 标准，它基于 LIN V2.0，但降低了 LIN V2.0 规范的一些软件单元的复杂性，以缩短 LIN 从节点所需要的嵌入式软件代码长度并降低其复杂度。

LIN 总线是在汽车内广泛应用的串行通信协议，它的第一个完整版本 LIN V1.3 发布于 2002 年，在 2016 年 LIN 总线被正式列为国际标准（ISO 17987）。LIN（L-Local）是指总线上所有设备基本处于相邻的物理空间（如车门），由 LIN 总线构建的区域子系统再经 ECU（网关等）接入上层的 CAN 总线。由于 LIN 网络在汽车中一般不独立存在，通常会与上层 CAN 网络相连，形成 CAN-LIN 网关节点，如图 5-43 所示。

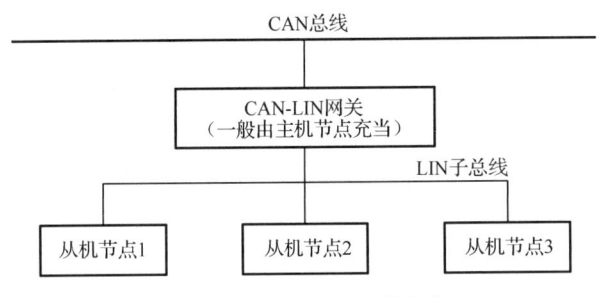

图 5-43　CAN-LIN 网关节点

2. 应用特点

LIN 总线作为低成本的串行通信方案，适用于汽车内远距离节点间的低速通信，它同样适用于工业控制等场合。LIN 总线与 CAN 总线功能、成本互补，综合运用它们，可构造汽车内层次分级的网络架构。简言之，LIN 总线相当于汽车上可靠性较高的串口。

LIN 总线的特征如下。

（1）基于 UART/SCI 的半双工通信，低成本硬件接口。

（2）单主机，多达 15 个从机，主机和从机数量遵循 LIN 协议，以达到符合兼容性的响应。

（3）典型的 LIN 总线中节点小于或等于 12 个，一般不多于 16 个。

（4）SNPD（Slave Node Position Detection）允许在上电后分配节点设备的地址。

（5）通信速度为 10～20Kbit/s。

（6）传输介质为非屏蔽单根电子线。

（7）确定性时延。

（8）短消息传输，数据长度可选 1 字节、2 字节、4 字节、8 字节。

（9）基于时钟同步的广播接收，从机无须晶振或陶瓷谐振器。

（10）数据校验和错误检测功能。

（11）可检测错误节点。

（12）信号电压参考电池电压，约为 12V。

在对带宽要求不高的低速传输场合，LIN 总线具有较高的成本优势，是比 CAN 总线更好的选择，但 LIN 总线并不能完全取代 CAN 总线（在速度和可靠性方面）。一般 LIN 总线主要应用于汽车内对安全和整车性能影响不大的子系统，如图 5-44 所示，如车门窗控制、雨刮器、空调、座椅调整、照明灯等。

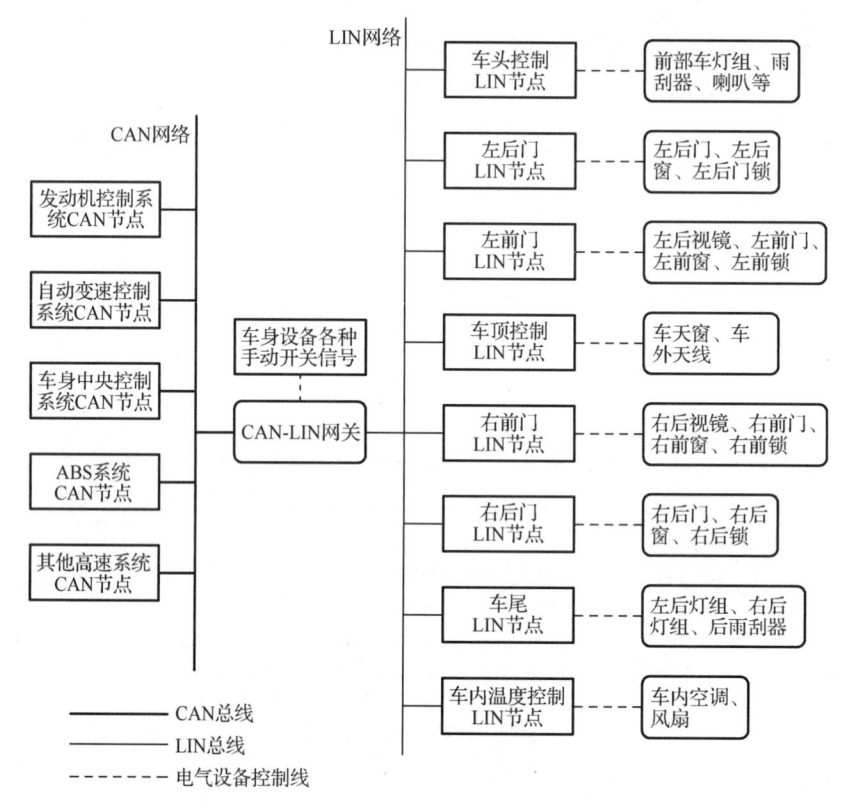

图 5-44 LIN 总线的常见应用

图 5-45 所示为 LIN 总线在车顶、雨刮器区域的应用，在本应用中 Central ECU 是主机，包括车内化妆镜、门锁电动机、雨雾/光线传感器和雨刮器电动机四个从机。主机同时作为网关接入底盘 CAN、车身 CAN 和诊断 CAN。

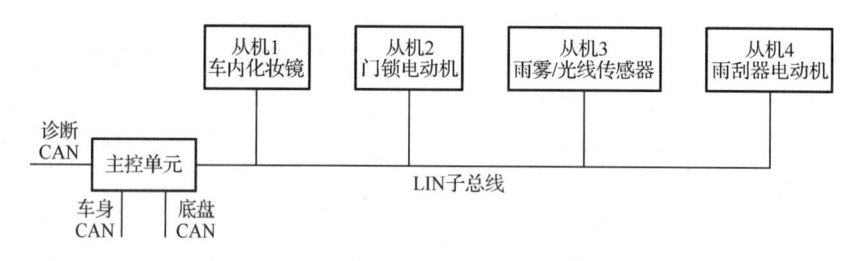

图 5-45 LIN 总线在车顶、雨刮器区域的应用

※结合电路图，举例说明 LIN 子总线通常应用于哪些装置。

二、LIN 子总线结构

1. 主从节点

LIN 总线采用的是单线传输形式，应用了单主机多从机的概念，总线电平一般为 12V。由于物理层的限制，LIN 适用于节点数目小于或等于 16，数据速率在 20Kbit/s 以内的应用场合。通过 LIN 总线可以简单、快速地组网，总线上节点设备分为一个主机和多个从机，主机通常为接入到上层网络的 ECU，从机为执行器、智能传感器或包括 LIN 硬件接口的开关等。主机控制 LIN 总线上的整个通信过程，在通信过程中从机时钟必须与主机时钟同步。LIN 总线拓扑通常为线型，即所有节点设备均通过单线连在一起。

LIN 网络中的节点任务分为主机任务（Master Task）和从机任务（Slave Task）两类。其中，主机任务只在主机节点上运行，而从机任务在主机节点和从机节点上均可运行，如图 5-46 所示。也就是说，主机节点可以实现主机任务和从机任务。

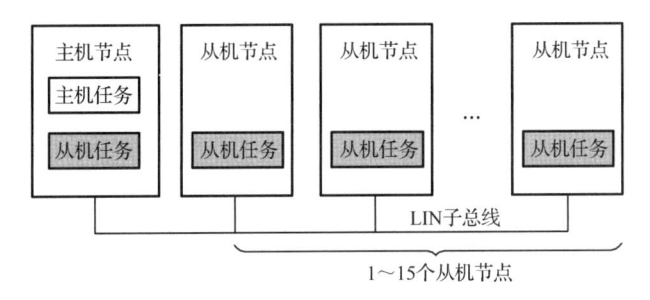

图 5-46　LIN 总线的主从关系

LIN 总线是基于主从模式的通信系统。在 LIN 总线上仅允许有一个主机，主机控制总线上所有通信过程，从机只有在主机许可下才能向总线发送消息。主机通过向总线发送请求（帧头，Frame Header），相关的从机或主机本身据此帧头发送应答（Response），请求和应答构成 LIN 总线的帧（Frame），如图 5-47 所示。

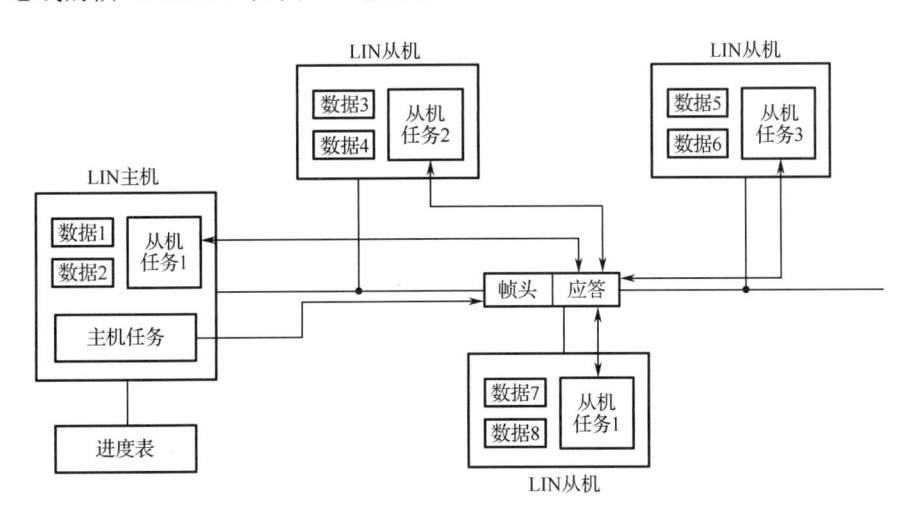

图 5-47　主机任务和从机任务

在 LIN 总线上，主机控制子网内每条消息的传输过程，这种总线访问方式称为授权令牌（Delegated Token）。授权令牌的优点是可以避免消息传输过程的冲突竞争，因为其完全由主机协调控制每条消息的应答请求。LIN 主机可以根据预设好的进度表（Schedule）规划总线上的数据传输。授权令牌总线访问方式因此被归为确定性总线访问方式。授权令牌访问方式的缺点有两点：首先，如果主机失效，则整个总线通信随即失效，因此该方式不适合安全要求高的应用；其次，由于每次通信过程均由主机控制，该方式不适合事件驱动型（Event-Driven）通信，从机无法自主获取总线访问权以发送数据。为弥补这两点缺点，LIN 协议中增补额外的帧类型可以不按授权令牌方式发送消息。LIN 总线共有四种帧类型：无条件帧、事件触发帧、偶发帧和诊断帧。

主机主要执行以下功能。

（1）调度总线上帧的传输次序。

（2）监测数据，处理错误。

（3）作为标准时钟以供从机参考。

（4）接收从机节点发出的总线唤醒命令。

从机任务不能直接向总线发送数据，需要在接收到主节点发送的帧头后，根据帧头所包含的信息来判断是否可以发送。

从机主要执行以下功能。

（1）发送应答。

（2）接收应答。

（3）既不接收也不发送，即忽略应答。

2. 电气连接

LIN 总线的工作电压范围为 9～18V。总线的每个节点都连接至 V_{BAT} 引脚。图 5-48 所示为 LIN 总线物理连接，主机通过 1kΩ 的电阻器端接，而从机通过 30kΩ 的电阻器端接。图 5-48 中，LIN 收发器已经集成了一个内部 30kΩ 端接电阻器，因此从机无须外部端接。最大总线长度设计为 40m。

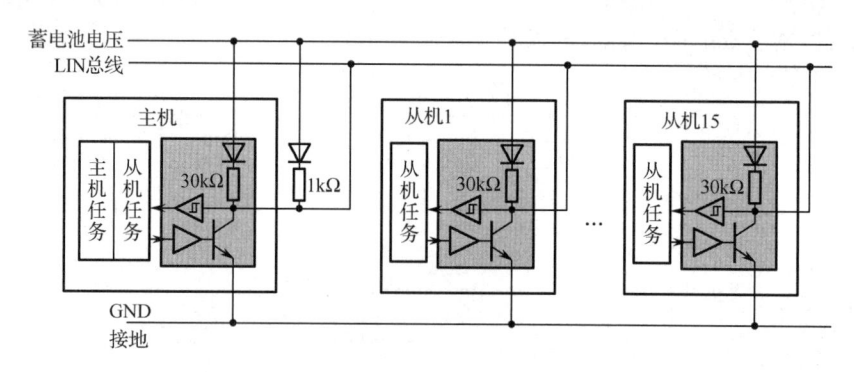

图 5-48　LIN 总线物理连接

三、LIN 子总线信息传输

1. 帧和信号

帧定义为 LIN 总线上传输的实体。一帧可以分为两部分：帧头（Header）和应答（Response），如图 5-49 所示。

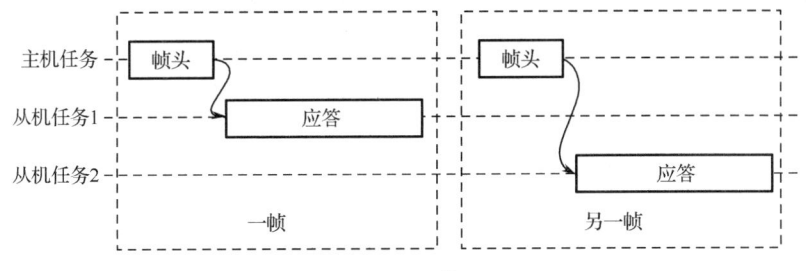

```
主机任务 ──┬─ 帧头 ─────────────┬──┬─ 帧头 ──────────────┬──
          │         ╲          │  │         ╲           │
从机任务1 ──┤          应答     │  │                     │
          │                    │  │                     │
从机任务2 ──┤                   │  │           应答      │
          └────── 一帧 ────────┘  └────── 另一帧 ────────┘
```

图 5-49　帧

一个完整的 LIN 总线报文帧（Message Frame）包含帧头和应答，主机负责发送帧头；从机负责接收帧头并对帧头所包含信息进行解析，然后决定是发送应答、接收应答，还是忽略应答。

每一个串行数据字节都始于开始（Start）位（显性信号），止于停止（Stop）位（隐性信号）。当信号为逻辑 0 时，称为显性信号；当信号为逻辑 1 时，称为隐性信号。帧结构如图 5-50 所示。

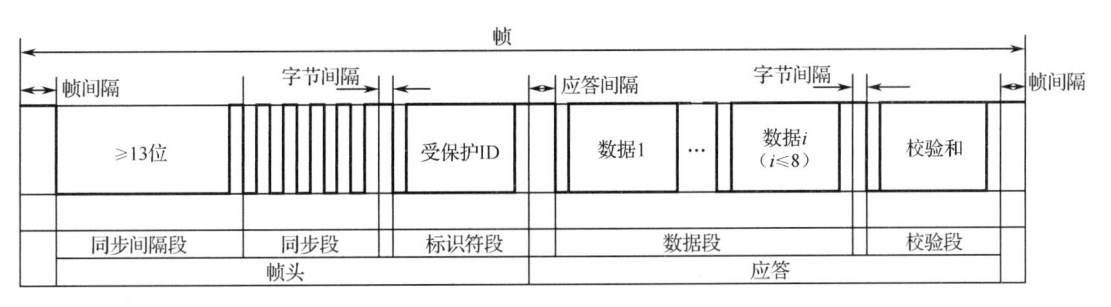

帧间隔	字节间隔		应答间隔	字节间隔	帧间隔
≥13位		受保护ID	数据1 … 数据i ($i\leq 8$)	校验和	
同步间隔段	同步段	标识符段	数据段	校验段	
帧头			应答		

图 5-50　帧结构

帧头始终由主机发送，包括同步间隔段（Break Field）、同步段（Sync Field）和标识符段（Protected Identifier，PID）。

同步间隔段由至少 13 位时间长度的显性信号后接间隔定界符组成。间隔定界符至少是 1 位时间长度的隐性信号。由于帧中的所有间隙或总线空闲时，都保持隐性电平状态，因此同步间隔段可以标志一个帧的开始。随后是一个同步段，以下降沿为判断标志，数据为 0*55（01010101b）。间隔段时序可让从机识别新帧的开始。在从机节点上可以不采用高精度的时钟，由此带来的偏差，可通过同步段进行调整。

标识符段由 6 个帧标识符位和 2 个奇偶校验位组成。帧 ID 表示唯一的消息地址，但不一定决定消息的目的地。MCC LIN 协议栈包含自动计算帧 ID 奇偶校验的算法。从机会根据帧头 ID 做出反应（接收应答、发送应答、忽略应答）。LIN 总线根据帧 ID 的不同，把报文分为信号携带帧、诊断帧、保留帧。

帧响应可以来自主机本身，也可以来自任意从机。从图 5-51、图 5-52 可以看出，无论什么时候，LIN 总线通信的帧头都由主机节点发布，当主机节点要发布数据时，整个帧全部由主机节点发送（见图 5-51）。当从机节点要发布数据时，帧头部分由主机节点发布，应答由从机节点发布（见图 5-52），这样其余节点都能收到完整的报文。

所以，LIN 总线的通信都是由主机节点发起的，只要合理地规划好每个节点的配置，就不会存在总线冲突的情况。仅具有 ID 匹配的节点才会发送应答。应答包括数据段（Data Field）和校验段（Checksum Field）。

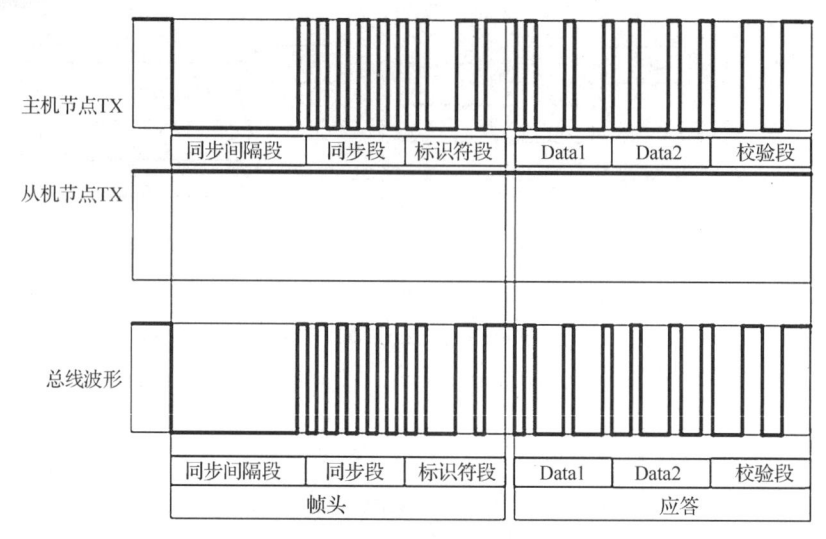

图 5-51　主机节点作为发布节点时的总线波形

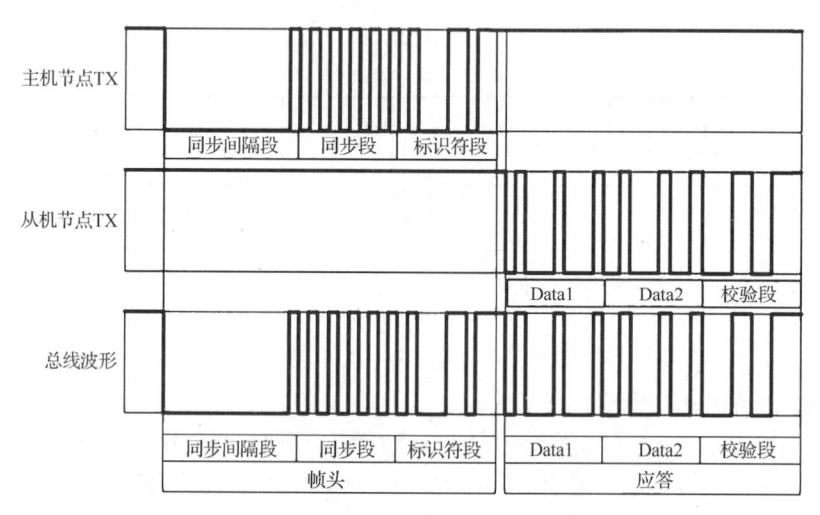

图 5-52　从机节点作为发布节点时的总线波形

数据段可以包含 1～8 字节，其中包含两种数据类型，信号（Signal）和诊断消息（Diagnostic Messages）。信号由信号携带帧传递，诊断消息由诊断帧传递。

协议中并没有规定哪一部分显示数据长度的信息（这点与 CAN 总线不同），数据的内容与长度均是由系统设计者根据帧 ID 事先约定好的。

总线上的数据是以广播形式发出的，任何节点都可以收到，但并非对每个节点都有用（这点与 CAN 总线相同）。具体到发布与接听由哪个节点完成，这取决于应用层的软件设置，一般情况下，对于一个帧中的应答，总线上只存在一个发布节点，否则就会出现错误。但事件触发帧例外，可能出现 0 个、1 个或多个发布节点。

校验段对帧传输的内容进行校验。校验分为标准型校验与增强型校验。采用标准型校验还是增强型校验由主机节点决定，发布节点和收听节点根据帧 ID 来判断采用哪种校验方式。

在一帧信息中，字节间距离等于从上一个字段停止位到下一个字节开始位之间的时间；响应距离等于帧头与响应字段之间的时间；帧间距离等于帧结束与下一帧开始之间的时间。

2. 帧信号波形

LIN 总线的实测波形如图 5-53 所示，是 0~12V 的方波信号。LIN 总线节点（包括主机节点、从机节点）没有应答时，在模块通电的情况下，模块内的 LIN 信号收发控制器维持 LIN 线路高电平，如果没有信息发送到 LIN 总线上，或者发送到 LIN 总线上的是一个隐性信号，那么数据总线上的电压就是蓄电池电压，此时电平为隐性电平。

LIN 总线节点（包括主机节点、从机节点）在应答时，模块内的 LIN 信号收发控制器根据需要输出信息格式，拉低电平，为了将显性信号传输到 LIN 总线上，发送节点内的收发控制器将数据总线接地，此时为显性电平。需要注意的是，若收发控制器的型号不同，则显性电平是有差异的。

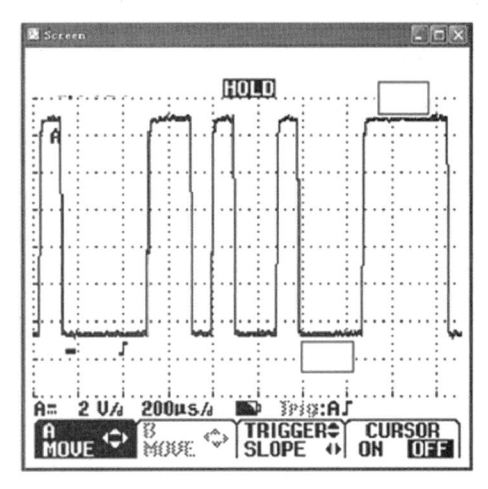

图 5-53 LIN 总线的实测波形

※根据上述描述，请在上图方框中标注出"显性电平""隐性电平"及其数值。

3. 信号公差

在收发隐性信号和显性信号时，通过预先设定信号公差保证数据传输的稳定性。为了在有干扰信号的情况下，仍能收到有效信号，接收的允许电压要稍高一些。

预设公差：发送信号电压必须满足其显性电平小于电源电压的 20%，其隐性电平大于电源电压的 80%。为了在有干扰信号的情况下仍能收到有效信号，接收的允许电压要稍高一些：接收信号电压必须满足其显性电平小于电源电压的 40%，其隐性电平大于电源电压的 60%。

※请根据上述内容总结出发送信号电压范围和接收信号电压范围。

发送信号电压显性电平范围：_____。
接收信号电压显性电平范围：_____。
发送信号电压隐性电平范围：_____。
接收信号电压隐性电平范围：_____。

4. 睡眠唤醒

LIN 主机可以使 LIN 从机由正常模式进入睡眠模式，LIN 主机发送主请求帧使处于工作状态的 LIN 从机进入睡眠模式，这帧报文称为睡眠指令。LIN 从机在接到睡眠指令后，也可以选择不进入睡眠模式而继续工作，这根据应用层协议而定。当总线空闲 4~10s 时，所有从机必须进入睡眠状态。所谓空闲是指没有显性电平和隐性电平之间的转换。

在一个处于睡眠状态的 LIN 中，任何一个节点都可以发送唤醒信号，表明希望 LIN 从睡眠模式切换至正常模式。唤醒信号是一个 250μs~5ms 的显性电平。当 LIN 从机发出唤醒信号 150ms 后，LIN 主机仍未发送报头时，LIN 从机可以再次发送唤醒信号。当 LIN 从机连续发送了 3 次唤醒信号后，如果 LIN 主机仍未发送报头，LIN 从机要等待 1.5s 以后才可以再次发送唤醒信号。

5. LIN 子总线信息传输过程

LIN 总线是一种单线通信方式，采用单主机、多从机的概念。主机发送信息，从机根据信息帧中的地址判断是否响应。从机不能主动发送信息，只能接收并响应主机的请求。主机和从机之间的连接是点对点的，因此每个从机都需要单独连接至主机。

　　LIN 总线中，主机负责发送报文帧，从机根据报文帧中的地址信息进行响应。报文帧包括帧头、应答部分和数据段。帧头包含源地址和目标地址，应答部分包含从机对接收到的帧的确认和错误检测，数据段包含传输的实际数据。从机接收到帧头后，会根据地址信息判断是否是自身发送的请求，如果是则响应并发送确认信息，否则忽略该报文帧。

　　由于 LIN 总线为单线传输，因此采用单线电阻来平衡线路中的电阻和电容。同时，LIN 总线还采用了信号电压偏置技术，通过在信号线上偏置一个固定的电压来提高信号的稳定性和抗干扰能力。

　　现在以某品牌汽车空调系统的鼓风机控制为例说明信息的传递过程。图 5-54 所示为带有从机反馈的空调装置 LIN 信息，从机向 LIN 总线反馈温度和鼓风机的实际转速，LIN 从机会根据识别码给这个回应提供信息。其信息传递流程如下。

（1）空调装置在 LIN 总线上发送信息标题——查询温度和鼓风机转速。
（2）传感器 G395 读取标题，进行数据转换，然后将当时的温度发送到 LIN 总线上。
（3）温度和鼓风机转速被空调装置识别。

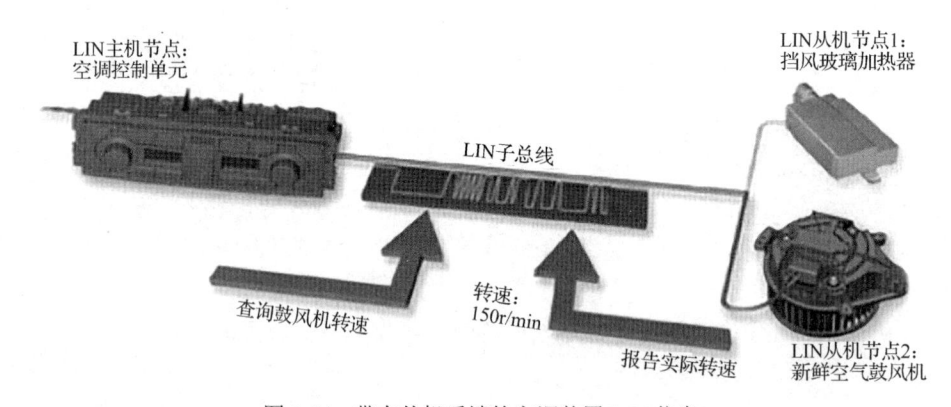

图 5-54　带有从机反馈的空调装置 LIN 信息

　　图 5-55 所示为带有主机反馈的空调装置 LIN 信息，主机向 LIN 总线发送鼓风机转速信号，LIN 主机提供应答。根据识别码的情况，相应的 LIN 从机会使用这些数据执行各种功能。

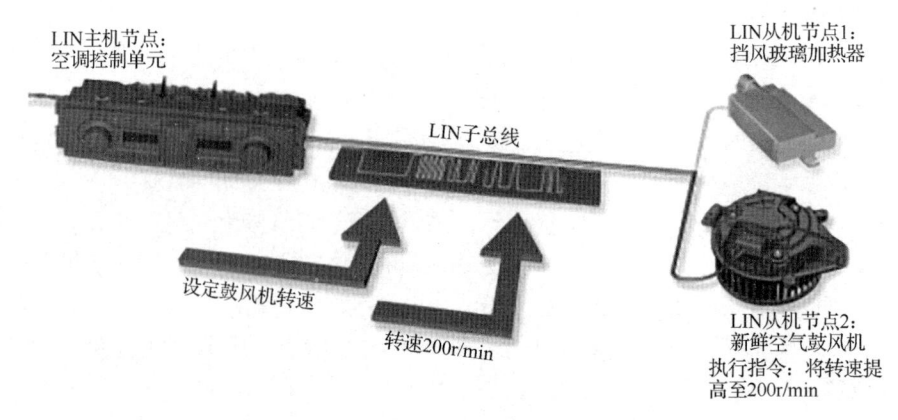

图 5-55　带有主机反馈的空调装置 LIN 信息

四、LIN 子总线故障检测

在检修时，一般比较常见的故障为 LIN 总线断路及 LIN 总线短路，通常采用示波器检测 LIN 总线波形来判断故障类型。还可以使用万用表测试电压的变化，在测量 LIN 总线时要注意，LIN 总线在不传输信号时，电压为直流平均电压（也称为 LIN 休止电压，不同车型的直流平均电压有所差异，一般在 12V 左右），用万用表检测电压是否变化；当 LIN 总线上传输信号时，电压信号会有微小的变化。

如果发生对电源正极或对电源负极短路，如图 5-56、图 5-57 所示，LIN 总线都会关闭，无法正常工作。

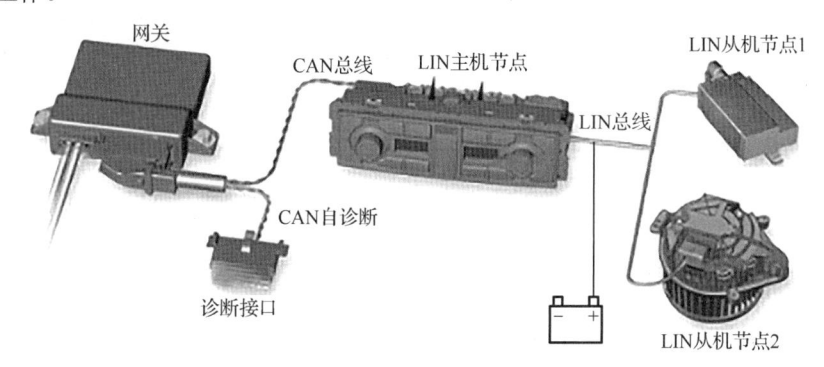

图 5-56 LIN 总线对电源正极短路

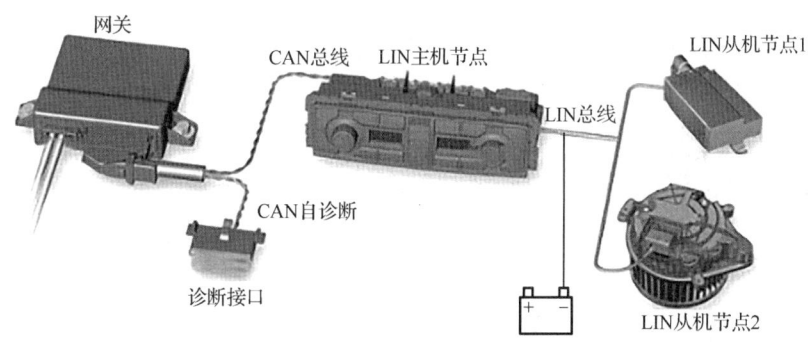

图 5-57 LIN 总线对电源负极短路

LIN 总线发生断路故障如图 5-58 所示，其功能丧失情况视发生断路故障的具体位置而定。一般来说，根据 LIN 总线发生故障时其功能的丧失情况，结合 LIN 总线控制关系并参阅电路图，就可以判断出发生断路故障的大致位置。

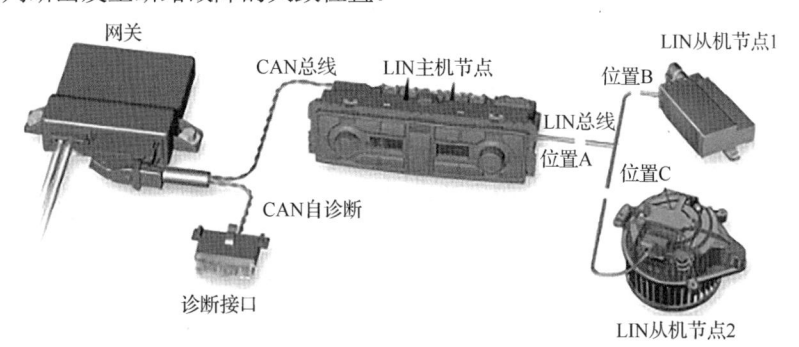

图 5-58 LIN 总线发生断路故障

汽车电气系统及检修

※分析当位置 A、B、C 三处分别发生断路故障时，LIN 总线功能的丧失情况。

_____
_____
_____
_____

※请按照维修手册，拆下迈腾汽车的车灯开关 EX1，根据电路图识别开关后连线。

工作任务

说明

学习领域	汽车电气系统及检修
学习情境	车载网络系统检修
客户委托	车载网络系统检修
姓名	班级
成绩	教师签名

问题或情境说明

某 4S 店服务顾问接到客户电话，客户反映汽车右后车窗无法工作，到店后，维修技师通过检查发现故障原因是网络通信问题，要求服务顾问能向客户解释清楚故障原因。

学习任务

学习任务 1

主题	车载网络系统基础知识
说明	● 在您的技术信息系统中使用现有的专业文献和信息 ● 在工作组内准备学习作业 ● 参考工作环境中车辆的结构类型 ● 在工作表中输入信息

工作表：舒适系统功能及组成

1. 车载网络系统由哪几部分组成。

2. 请画出车载网络的结构形式并写出结构名称。

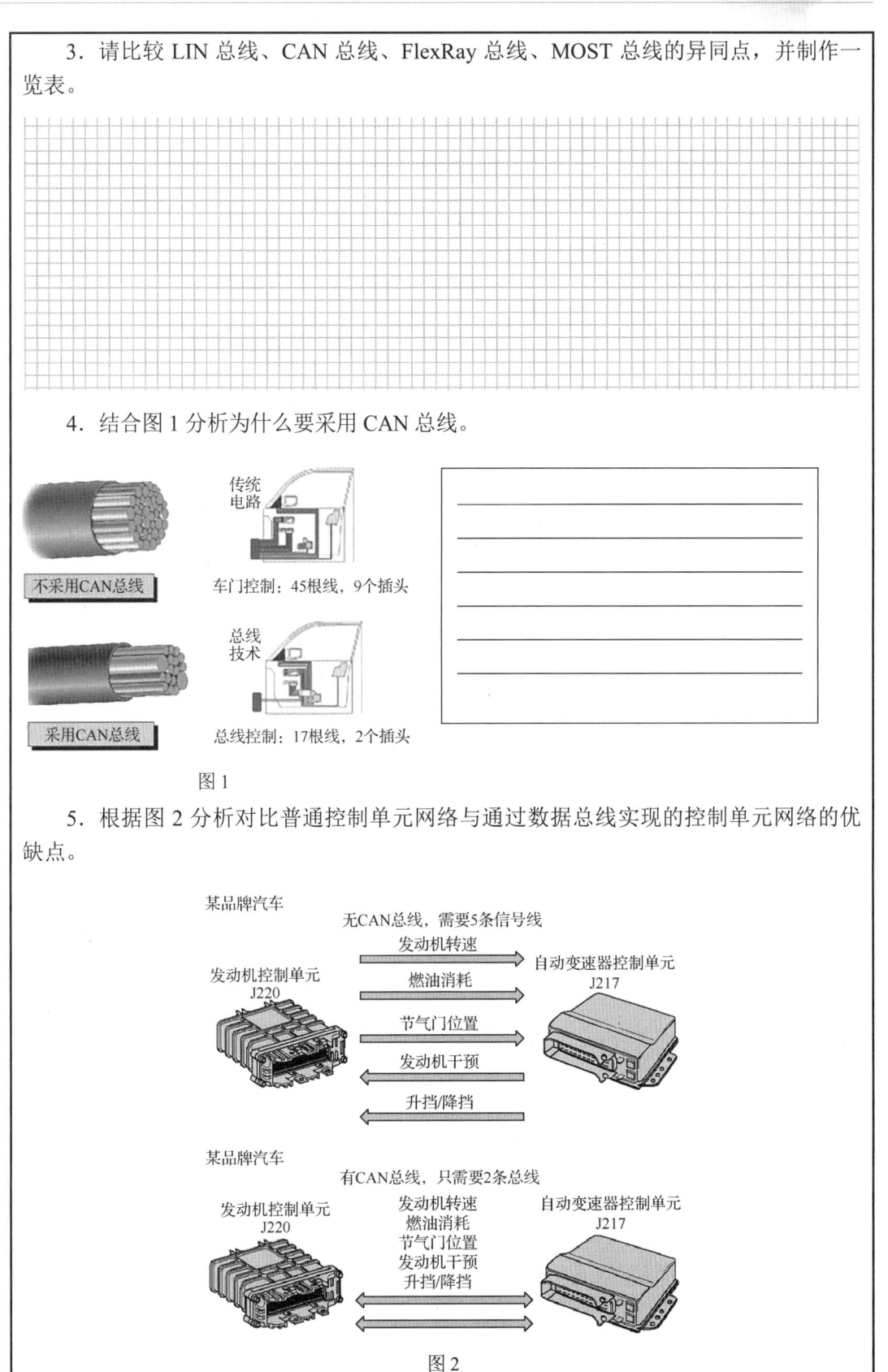

3. 请比较 LIN 总线、CAN 总线、FlexRay 总线、MOST 总线的异同点，并制作一览表。

4. 结合图 1 分析为什么要采用 CAN 总线。

传统电路
不采用CAN总线
车门控制：45根线，9个插头

总线技术
采用CAN总线
总线控制：17根线，2个插头

图 1

5. 根据图 2 分析对比普通控制单元网络与通过数据总线实现的控制单元网络的优缺点。

某品牌汽车　无CAN总线，需要5条信号线
发动机控制单元 J220
　发动机转速
　燃油消耗
　节气门位置
　发动机干预
　升挡/降挡
自动变速器控制单元 J217

某品牌汽车　有CAN总线，只需要2条总线
发动机控制单元 J220
　发动机转速
　燃油消耗
　节气门位置
　发动机干预
　升挡/降挡
自动变速器控制单元 J217

图 2

6. 汽车数据总线相当于_____。数据总线的速度通常用_____来表示。

7. 请写出三个属于驱动 CAN 的控制单元，并说明动力传动系统 CAN 是高速 CAN 还是低速 CAN。

8. 网关有什么作用？

9. 终端电阻的作用：_____。

10. 车载网络 CAN 分为动力传动系统 CAN、_____CAN、_____CAN、_____CAN 等。

11. 请写出图 3 中各总线系统的名称，并说明其作用。

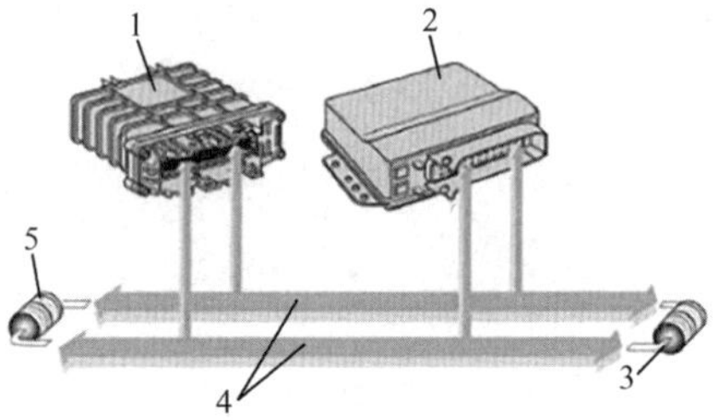

图 3

学习任务 2

主题	CAN 总线数据传输
说明	● 在您的技术信息系统中使用现有的专业文献和信息 ● 在工作组内准备学习作业 ● 参考工作环境中车辆的结构类型 ● 在工作表中输入信息

工作表：基本构成及工作原理

1. 结合图 4 说明总线上的数据是如何传输的。

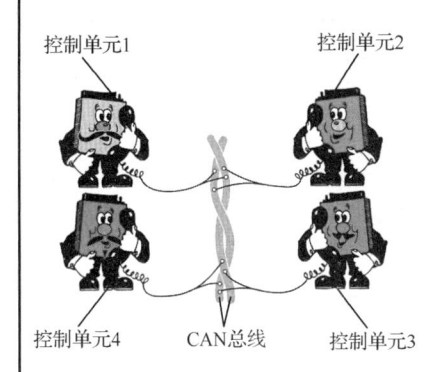

图 4

2. 根据总线信息结构，在图 5 中标注出各区域的名称及长度。

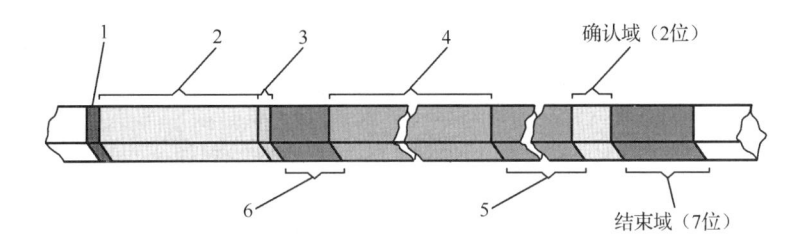

图 5

3. 某总线上有三个收发器，将收发器的开关状态与总线电平的关系填入表 1。

表 1

收发器 A	收发器 B	收发器 C	总线电平
1	1	1	
1	1	0	
1	0	1	
1	0	0	
0	1	1	
0	1	0	
0	0	1	
0	0	0	

结论：

4. 请根据维修资料，在实车上查找迈腾汽车发动机控制单元和舒适系统控制单元的位置，查找发动机控制单元 CAN 和舒适系统控制单元 CAN 的引脚及总线颜色。

187

5. 请描述数据传输的仲裁机制。

6. 请画出舒适系统 CAN 差动处理后的总线波形。
7. 根据图 6 回答问题。
（1）该舒适系统 CAN 是（   ）CAN（填"高速"或"低速"）。
（2）动力传动系统 CAN 由（   ）线激活，舒适系统 CAN 由（   ）线激活。
（3）CAN-High 线的显性电平为（   ）V，隐性电平为（   ）V。
（4）CAN-Low 线的显性电平为（   ）V，隐性电平为（   ）V。
（5）CAN 总线传送的两个逻辑状态分别为（   ）和（   ）。
（6）请计算 CAN 总线的数据传输速率。

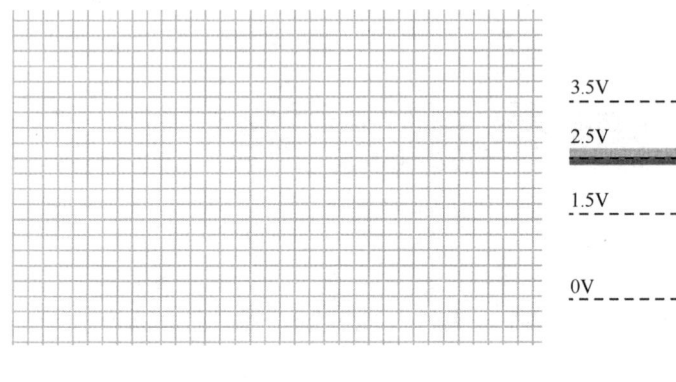

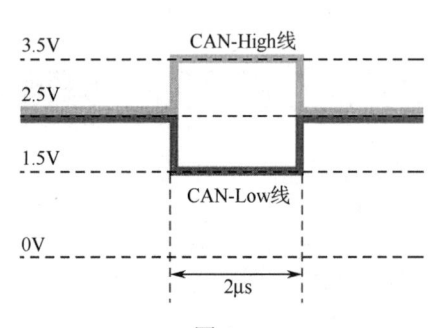

图 6

8. 请描述 CAN 总线数据保真的常用措施有哪些。

9. 请描述差动处理的优点。

10. 判断题。
（1）车载网络系统的目的是进行信息资源共享。（   ）
（2）CAN 总线一般使用一根铜质导线作为数据传输的载体。（   ）
（3）车载网络系统的出现与应用减少了导线和传感器的数量。（   ）
（4）CAN 总线是屏蔽线。（   ）

学习任务 3

主题	CAN 总线故障检测
说明	● 在您的技术信息系统中使用现有的专业文献和信息 ● 在工作组内准备学习作业 ● 参考工作环境中车辆和车窗控制的类型 ● 在工作表中输入信息

工作表：CAN 总线故障检测

1. 图 7 所示为 16 引脚的 OBD 诊断接口示意图，请回答下列问题。

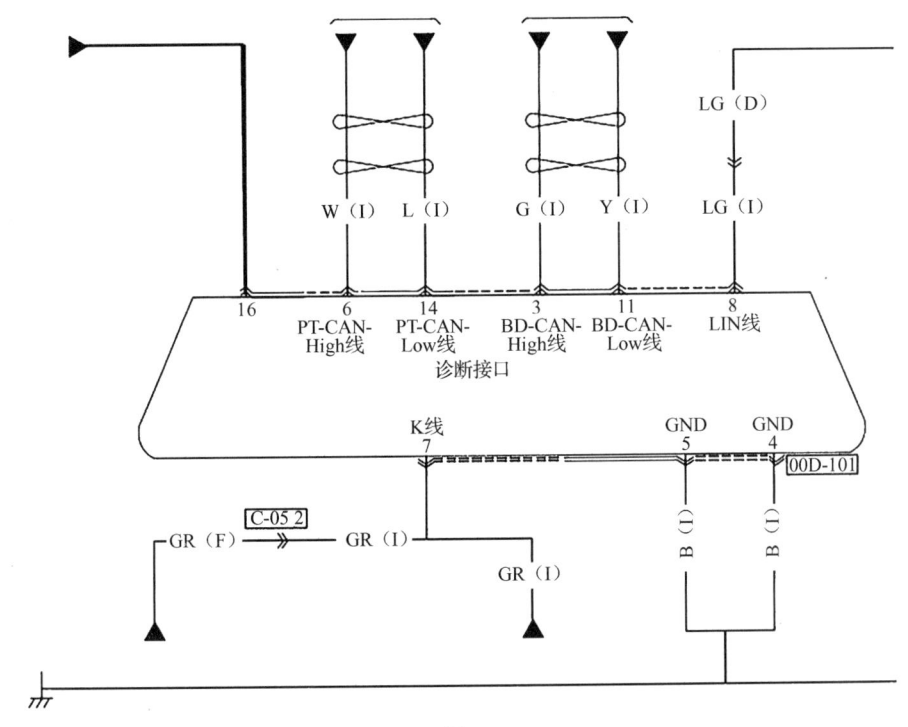

图 7

（1）请写出端子 3、6、11、14 的含义。

_____

_____

（2）请写出搭铁端子的数字代号。

_____

_____

（3）请描述检测动力传动系统 CAN 的常用方法和所使用的工具、设备。

_____

_____

_____

_____

2. 请描述如何检测终端电阻，在图 8 中合适的位置画上欧姆表，观察并记录检测值，并说明终端电阻的作用机理。

图 8

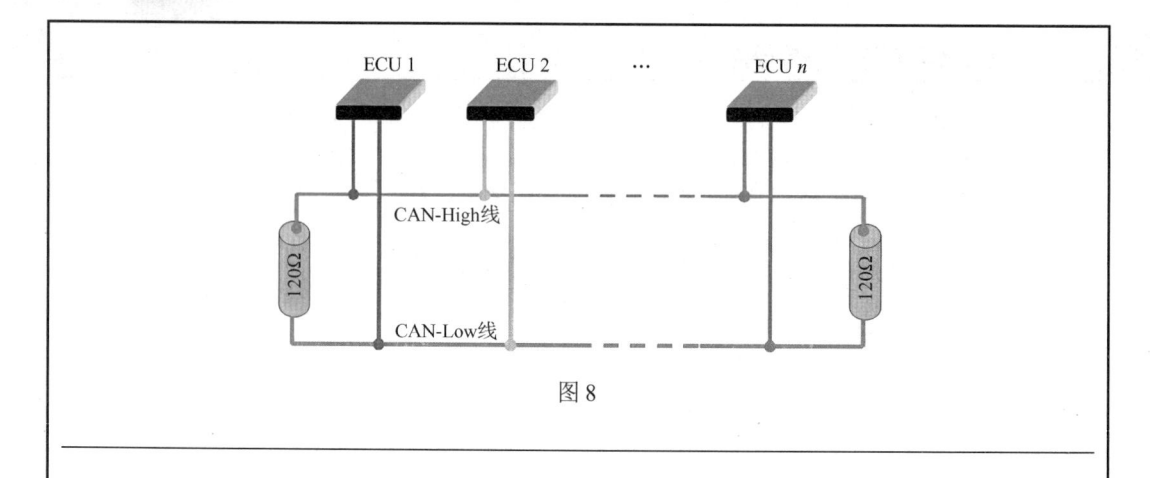

3. 请在图 9 中标注出舒适系统 CAN 的显性电平与隐性电平，并计算其数据传输速率。

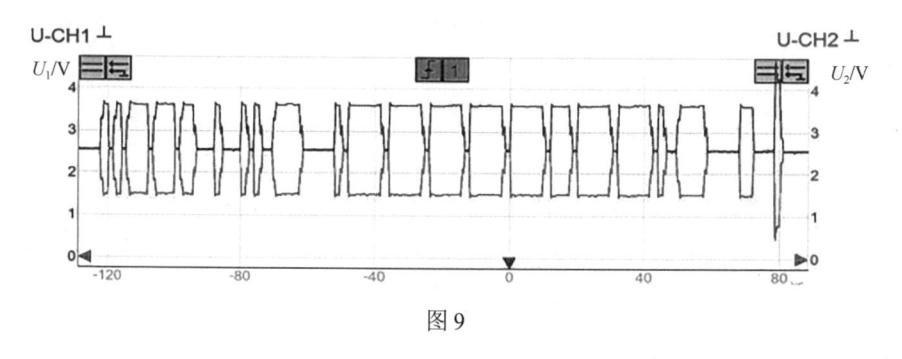

图 9

4. 图 10 所示为由 ECU 控制的电动车窗的电路原理图，读图并回答问题。

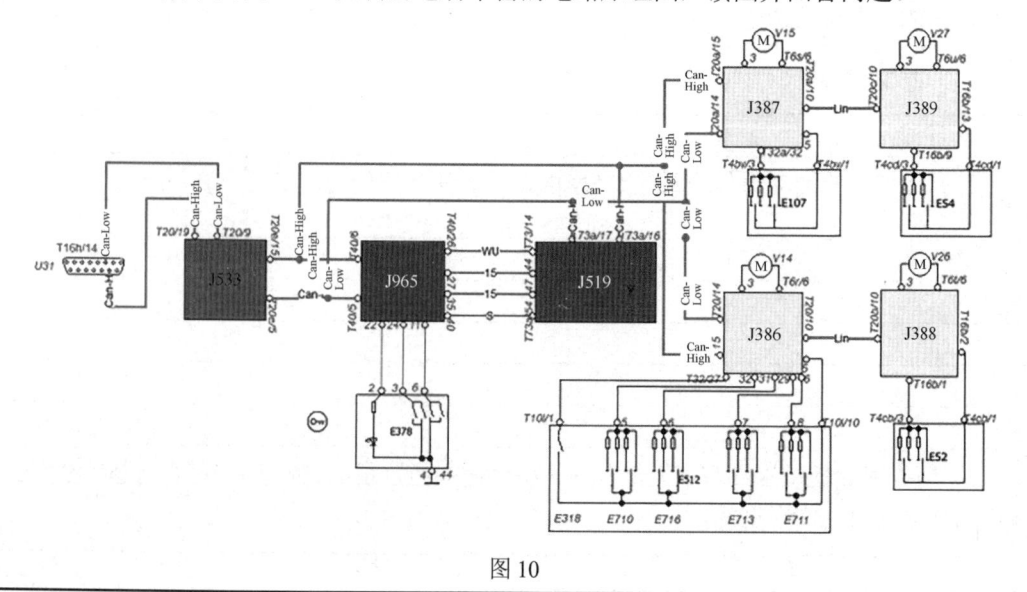

图 10

（1）请说明电动车窗电路的控制模式。

（2）请写出图中的控制单元有哪些。

（3）请在图 10 中标注出 CAN 总线，并说明总线传输速率是多少。

（4）请在图 10 中标注出各控制单元的信号输入端和指令执行端，并说明信号输入端是什么，指令执行端是什么。

（5）副驾驶侧的车窗通过哪些导线从控制计算机中得到指令实现车窗升降？写出控制计算机的引脚并在图 10 中标出。

（6）请分析右前车窗的工作原理。如果右前电动车窗无法升降，可能存在哪些故障？

5．小组讨论制订发动机控制单元 CAN 总线的检测工作计划，补充完整表 2 所示的工作列表中的信息。

表 2

车辆信息表			
制造商		品牌	
车辆车型		制造日期	
车辆识别代号		发动机型号	
总质量		发动机功率	
乘坐人数		发动机排量	
燃料类型		燃油型号	
计划工作范围			

序号	检测项目	工具	检测步骤	检测结果	正常值或正常值范围	结论
1						
2						
3						
4						
5						
6						
7						
8						
9						

6. 更换好开关后，根据就车检测结果，评估本次工作任务。

_____
_____
_____
_____

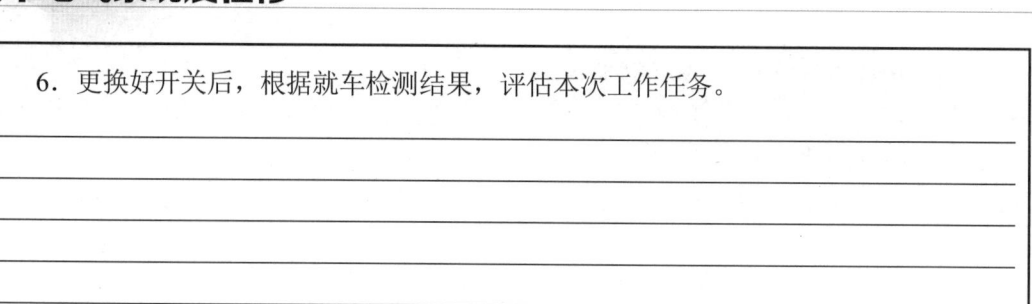

学习任务 4

主题	LIN 子总线检测
说明	● 在您的技术信息系统中使用现有的专业文献和信息 ● 在工作组内准备学习作业 ● 参考工作环境中车辆的结构类型 ● 在工作表中输入信息

工作表：LIN 子总线及其检测

1. 概括 LIN 总线技术主要用在汽车哪些领域的控制中。

_____
_____
_____

2. 观察图 11 说明 LIN 子总线最显著的结构特点是什么，说明各节点之间的关系，并用彩色笔画出车载网络中的 LIN 总线。

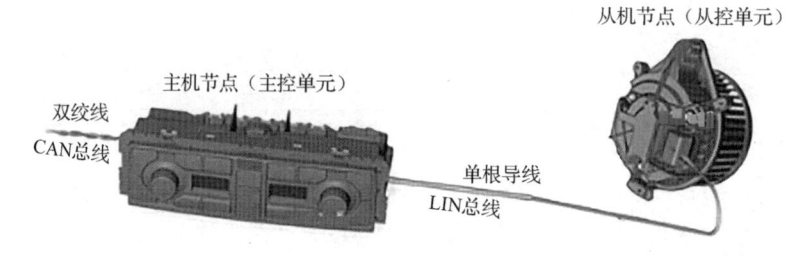

图 11

_____
_____
_____

3. 结合图 11 说出 LIN 系统的主要构成。

_____
_____
_____

4. 请在图 12 中标注出 LIN 总线波形的隐性电平和显性电平，说明数据帧的分区有哪些，并计算其数据传输速率。

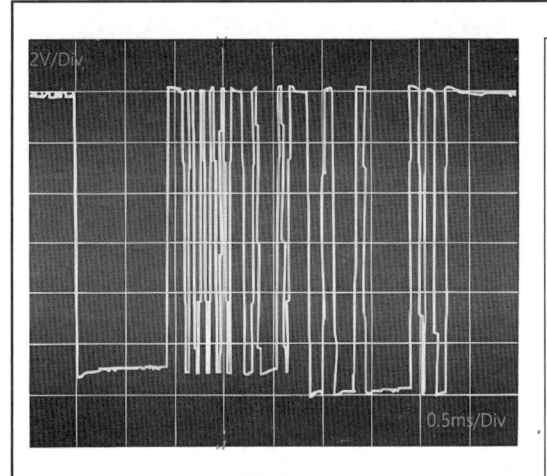

图12

5．LIN总线的从节点数为何不能太多？

6．图13所示为某品牌汽车雨刮器的网络结构，请结合图13回答下列问题。

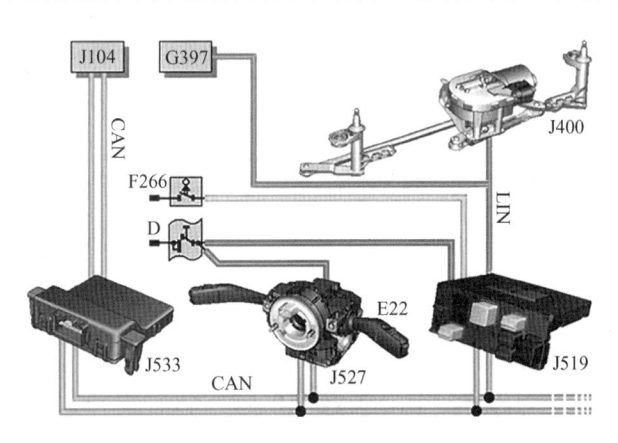

D—点火开关；E22—雨刮器开关；F266—发动机室盖接触开关；G397—雨量和光照识别传感器；J104—ABS控制模块；J400—雨刮器电动机控制模块；J519—车身控制模块；J527—转向柱控制模块；J533—网关。

图13

（1）请用红色线画出数据交换时使用的导线。

（2）请说明图13中分别有哪些总线。

（3）请说明雨刮器的工作过程。

7. 图 14 所示为某品牌汽车电动遮阳卷帘的控制网络结构，请结合图 14 回答下列问题。

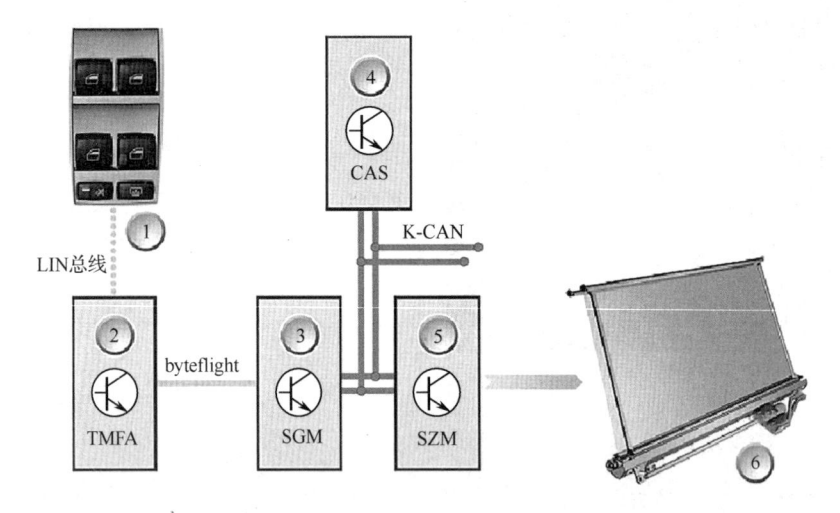

1—驾驶员侧开关组；2—驾驶员侧车门模块（TMFA）；3—安全和网关模块（SGM）；
4—便捷进入及起动系统（CAS）；5—中柱开关控制中心（SZM）；6—遮阳卷帘。

图 14

（1）图 14 中采用了哪几种总线？

（2）请说明电动卷帘的控制过程。

学生笔记：

请结合车载网络的特点，阐述对"车载网络总线控制——世恒变，e 网通，学有思，可持续"的理解。

成绩评测

编号	测试形式	测试加权
1	理论知识查询 ● 10 道测试题 ● 每题 2 分，总分数为 20 分 ● 最长处理时间：10min ● 试题已在学习平台上传	20%

续表

编 号	测试形式	测试加权
2	工作计划 ● 制订关于"车载网络 CAN 总线检测"主题的工作计划,时间为 30min ● 根据评估矩阵进行评价 	编号	评估标准	1	2	3	4	5
---	---	---	---	---	---	---
1	工作步骤的系统顺序					
2	遵守安全					
3	必要的工具和设备清单					
4	完整且及时							30%
3	实际工作任务 ● 按照工作计划实施电路检测及 CAN 波形检测 ● 工作任务时间:45min ● 根据评估矩阵进行评价 	编号	评估	1	2	3	4	5
---	---	---	---	---	---	---
1	专业和安全地操作设备和工具					
2	遵守安全说明					
3	正确地操作工具和设备(5S)					
4	专业且及时地完成任务							50%

笔试测试

学习领域	汽车电气系统及检修
学习情境	车载网络系统检修
客户委托	车载网络系统通信故障
姓名		班级		日期	
成绩		教师签名	

测试题或任务

1. 选择题

(1) 关于 CAN 总线,下列说法正确的是(   )。

A. 汽车上所有的电控系统都纳入了车载网络系统
B. 树形结构是 CAN 总线的常用网络结构
C. CAN 总线都需要用 15 号线激活
D. CAN 总线上各系统的信息可以互相直接交换共享

(2) CAN 总线的优点有(   )。

A. 数据传输速度快   B. 减少了线束及节点
C. 减轻了质量   D. 便于功能拓展

(3) 以下不是 LIN 从机控制单元的是(   )。

A. 发动机 ECU   B. 鼓风机   C. 雨量传感器   D. 防盗蜂鸣器

（4）一条 LIN 总线上的节点一般不超过（　　）个。
A．16　　　　　B．24　　　　　C．36　　　　　D．120

（5）车载网络系统中应用最广泛的是（　　）。
A．LIN 子总线　　B．MOST 总线　　C．CAN 总线　　D．以太网

（6）CAN 总线使用双绞线的原因是（　　）。
A．传递不同的信号　B．提高传输速度　C．抑制电磁干扰　D．实现信息互补

2．判断题

（1）各控制单元对所连接的 CAN 总线进行实时监测，如出现故障该控制单元会存储故障码。　　　　　　　　　　　　　　　　　　　　　　　　　　　　　　　　　（　　）

（2）CAN 收发器由发送器和接收器组成。　　　　　　　　　　　　　　　（　　）

（3）如果多个控制单元要同时发送各自的数据，具有最高优先级的数据首先发送。
　　　　　　　　　　　　　　　　　　　　　　　　　　　　　　　　　（　　）

（4）LIN 从机可以通过发送唤醒信号来唤醒主机。　　　　　　　　　　　（　　）

项目六

汽车照明系统检修

任务情境描述

某 4S 店接到电话求助，客户反映，汽车一侧前照灯不亮，来店检测维修，服务顾问大致向客户解释了可能的原因，并开出工单给车间，经检查后发现是前照灯总成故障所致，由服务顾问向客户说明故障原因，并开出更换前照灯总成的工单。

所属课程

学习领域	汽车电气系统及检修
学习情境	汽车照明系统检修
客户委托	更换前照灯

学习目标

行动目标（培训目标）	更换前照灯		
学习内容	照明系统与信号系统分类 前照灯的功能与结构 前照灯类型 各类灯具 照明系统与信号系统电路分析 更换前照灯并对其进行检测与调整		
学习成果	绘制照明系统与信号系统的组成一览表 画出两灯制与四灯制的布置图 绘制灯具种类及其优点一览表 制订更换前照灯的工作计划 更换灯泡 制订前照灯检测与调整的工作计划		
能力	专业能力： 行有规，执事敬 描述前照灯的结构和功能 能识别照明系统与信号系统各部件的安装位置 能画图描述两灯制与四灯制 能分辨各类灯具并描述其优缺点 描述前照灯的配光形式 更换前照灯并完成前照灯检测与调整	社会能力： 尚和合，重民本，守诚信 善解人意 诚实守信 友好沟通 团队合作	个人能力： 志于学，学有思 有责任心 追求成功 有自我反省的意识 努力学习

任务一　汽车照明系统概述

一、照明系统分类

照明系统分为车内照明系统和车外照明系统，主要用于夜间照明、车内照明、仪表照明及检修照明。

外部照明系统通常包括前照灯、驻车灯、尾灯、示宽灯和牌照灯。独立线路控制着外部的灯光系统，包括制动灯、转向信号灯、倒车灯和危险报警灯。其中前照灯是最重要的照明装置。

车内照明系统包括仪表灯、门灯、阅读灯等，杂物箱灯、发动机罩下的灯、行李箱灯和后视镜灯，都各自由其电路进行控制。

整车照明系统组成如图 6-1 所示。

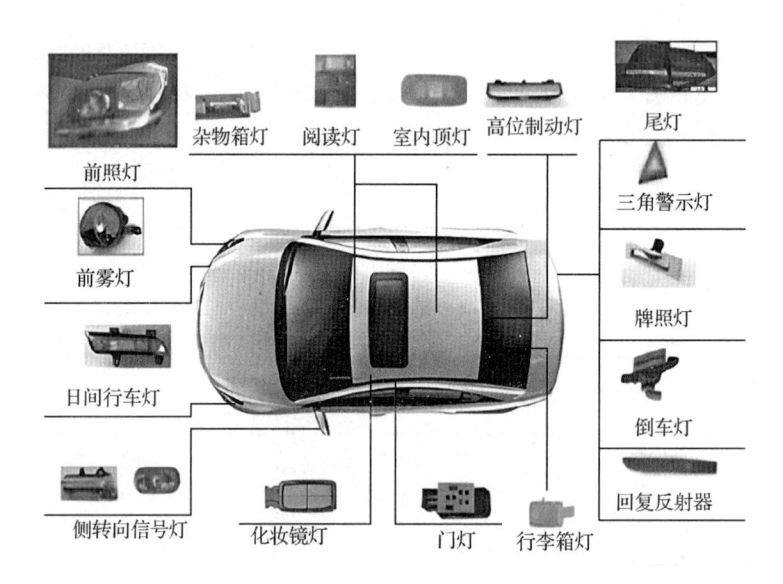

图 6-1　整车照明系统组成

二、照明系统及灯光信号组成

1. 前照灯

前照灯又称为大灯或头灯，是汽车照明前方道路的主要灯具，其功率为 40~60W，其用途是在夜间行车时，照亮车前的道路和物体，以确保行车安全。前照灯可同时发出远光和近光交替变换的灯光信号，以便夜间超车及避免会车时使对方驾驶员眩目。前照灯有两灯制和四灯制之分。

2. 小灯

小灯又称为示廓灯、停车灯或示位灯，它装在汽车前后两侧四个边角上，其主要用途是在汽车夜间行车或停车时，标示其轮廓和存在。前小灯的灯光为白色或橙色，功率一般为 10W 左右。

3. 转弯照明灯

转弯照明灯，就是在汽车转弯方向上提供附加照明，增加前照灯的照明范围且与转向系统联动。当汽车转弯时，相应的转弯照明灯就可以对照射不到的或亮度不足的地方补充照明，从而提高夜间行车的安全性。

4．转向信号灯

转向信号灯又称为方向指示灯，简称转向灯。安装在汽车前后左右四个角及车外后视镜边缘。

转向信号灯的作用是在汽车转弯时，发出明暗交替的闪光信号，使前后车辆、行人、交通警察知晓其行驶方向，转向信号灯的灯光为橙色，后转向信号灯的灯光也可以是红色，灯泡功率一般不小于 20W。

国家标准对转向信号灯的射角范围有明确要求，即偏离灯具轴线左、右 5°时，可指示 35m 远的距离；当偏角为 30°时，应指示 10m 远的距离。

5．尾灯

尾灯又称为后灯，装在汽车后面。目前各类车型均采用组合式尾灯，其作用是夜间行驶时，在车后发出灯光信号，以提示尾随的车辆、行人。后灯的灯光多为红色，功率为 8～10W。组合式尾灯采用双丝灯泡，一根为大电流灯丝，电流约为 2.1A，用于发出转向和制动信号；另一根为小电流灯丝，电流约为 600mA，其发光强度低一些，用于发出停车和尾灯信号。

6．雾灯

雾灯每车装一只或两只，用来在雨天、雾天、雪天行车时照明，它的扩散角大，配光稳定，安装位置较低，一般装在保险杠两端，离地高度约为 50cm。雾灯灯光一律为黄色，因为黄色光线波长较大，有良好的穿透雨雾的能力，灯光功率为 35W。

7．制动灯

制动灯又称为制动信号灯，俗称"刹车灯"，装在汽车尾部。

制动灯的用途是在汽车制动停车或减速行驶时，在车后发出红色灯光信号，以警告尾随的车辆或行人。国家标准要求该灯在夜间应明显照亮 100m 以外的距离。光束射角在水平面为轴线左右各 45°，垂直面为上下各 15°，灯泡功率应在 20W 以上。

8．倒车灯

汽车倒车灯有两个作用：一是向其他车辆和行人发出倒车警告；二是提供夜间倒车时照明，避免撞车。

9．牌照灯

牌照灯一律装在汽车尾部的牌照上方。其用途是夜间照亮汽车牌照。牌照灯的标准要求光束不应外射，保证在 25m 内能认清牌照上的号码。故不仅要求其亮度好，还要求其光线均匀。根据牌照的大小，也有用两盏牌照灯照明的。牌照灯的灯光为白色，功率为 5～15W。

10．仪表灯

仪表灯均装在汽车仪表盘上，一般采用表壳式或罩壳式灯具，仪表灯用于照亮仪表。
※观察实车，写出所观察到的照明灯及信号灯。

三、前照灯的照明要求和布置形式

1．前照灯的照明要求

前照灯的照明效果直接影响夜间行车安全，因此，世界各国的交通管理部门都以法律的形式对汽车照明标准做出了规定。基本要求如下。

（1）前照灯应保证夜间车前有明亮而均匀的照明，使驾驶员能辨明 100m 以内道路上的任何物体。随着汽车行驶速度的提高，对前照灯的要求也越来越高，现代高速汽车的前照灯的照明距离能达到 200～250m。

（2）前照灯应具有防眩目装置，以免夜间车辆会车时造成对方驾驶员眩目而引发事故。

为满足第一个要求，根据光路的可逆性原理，前照灯由反射镜、配光镜和灯泡组成。

为满足第二个要求，对前照灯的使用做了必要的规章制约，同时对灯泡结构进行了合理的设计。

2．前照灯的布置形式

前照灯布置有两种：两灯制和四灯制。

（1）两灯制。这种结构所采用的灯泡包含两个分开的光源，通过一个反射镜投射近光和远光。每只前照灯都能分别发出近光和远光，通常用于轿车。两灯制分为两种，一种开远光时近光灯会同时亮，另一种开远光时只亮远光灯。

（2）四灯制。一对前照灯产生远光和近光或仅产生近光，而另一对前照灯仅提供远光照明。远、近光可以同时使用。常用于重型卡车和大型客车及中高档轿车。

※请根据上面的文字描述，分别画出两灯制和四灯制的布置形式。

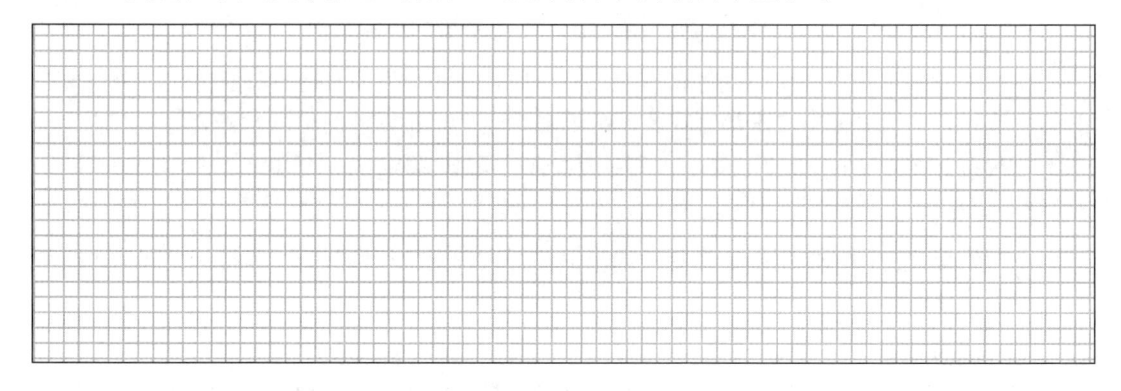

任务二　前照灯

一、前照灯的结构

前照灯主要由反射镜、配光镜和灯泡三部分组成。

1．反射镜

反射镜多采用热固性塑料注射成型，其外形多为旋转抛物面，内表面多镀铝，也可能镀银或镀铬。反射镜的作用是将灯泡的光线聚合并导向前方，使光照强度增强几百倍甚至上千倍，达 $(2\sim4)\times10^4$cd，从而保证汽车前方 150～400m 范围内有足够的照明。例如，50W 的灯泡，无反射镜时只能照亮 6m，而经反射后照亮的距离可达 150m。反射镜如图 6-2 所示。

灯丝位于焦点 F 上，灯丝的绝大部分光线向后射在立体角 ω 范围内，如图 6-3 所示，经反射镜反射后将平行于主光轴的光束射向远方，使光强增强几百倍，甚至上千倍，从而使车前 150m，甚至 400m 内的路面照得足够清楚。而从灯丝射出的位于 $4\pi-\omega$ 范围内的光线则向各个方向散射，其中射向侧方和下方的部分光线可照亮车前 5~10m 的路面范围。

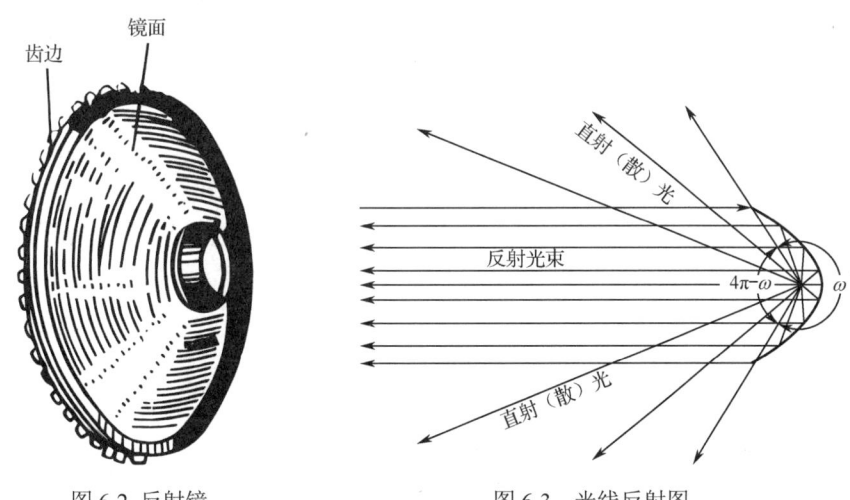

图 6-2 反射镜　　　　图 6-3 光线反射图

早期的反射镜几乎都是抛物面反射镜。后来出现了各种不同的设计形式，如多级反射镜、椭圆面反射镜、自由曲面反射镜等。

1）抛物面反射镜

抛物面是由抛物线绕其轴线旋转形成的曲面，旋转轴线也是反射镜的光学轴，反射镜内有一个焦点。抛物面反射镜适用于单丝灯泡和双丝灯泡。远光灯的灯丝位于抛物面反射镜的焦点上。近光灯灯丝位于抛物面反射镜焦点的前上方。

2）多级反射镜

多级反射镜的镜面由多个不同焦距的抛物面反射镜的不同部分组成，形成了多焦点反射镜，其照明效率高、照明效果好。

3）椭圆面反射镜

椭圆面反射镜的曲面是由椭圆绕其轴线旋转一周而制成的。椭圆的轴线也是反射镜的光学轴。该反射镜有两个焦点，适用于单灯丝的近光灯和雾灯。

在此基础之上发展而来的椭圆面反射镜则是由两个有着相同顶点、相同长轴但不同短轴的椭圆面组成。采用双焦点形式，光源经过反射镜反射后，不用配光镜就能实现符合法规要求的光形。车灯的反射镜纵、横截面由长、短轴变化的椭圆组成，形成复合椭球，根据椭球面的聚光性质，在椭球第一个焦点处放置光源，光源发出的光线经椭球面反射后形成经过椭球第二个焦点的反射光线。

由于椭圆面反射镜具有特殊的几何形状，故照明效率非常高，散射的光线很少。一般适用于单灯丝灯泡或气体放电灯制成的近光灯或雾灯。采用椭球面作为反射镜，使灯具具有可利用光束多、体积小、效率高等特点。

4) 自由曲面反射镜

自由曲面反射镜具有无限多变化的焦点,在空间上没有固定的形态,反射镜镜面上的每个点都对应着道路上需要照明的某个区域,所以反射镜镜面上几乎所有的点都可以用于反射近光,反射镜所有部位反射的光都会向下照到路面上。

自由曲面反射镜可用于所有带有单灯丝灯泡或气体放电灯的前照灯。在近光灯中,不需要使用罩盖,产生的所有光都可用于照亮道路。此外,配光镜也不再需要折射部分,只需使用没有条纹的玻璃板或塑料片覆盖反射镜即可。这类前照灯可以有更大的照明范围,以及对道路边缘有更高的照明亮度,光线大部分集中在明暗分界线附近。

2. 配光镜

配光镜由透明玻璃压制而成,是由棱镜和透镜组合而成的散光玻璃,其外形一般为圆形或方形。配光镜的外表面平滑,内侧精心设计成由许多特殊的凸透镜和棱镜组成的组合体,其作用是弥补反射镜光束太窄导致照明范围太小的缺陷,将反射镜反射出来的光线进行散射与折射,以扩大光照范围,在路面上形成所期望的光型图案,使前照灯在 100m 以内的路面和路缘有均匀的照明,照射区域的光照度分布符合标准要求。

现代的多维反射镜配套使用了一种内外光滑的"透镜",一般来说,透镜用高纯度玻璃制造而成,必须绝对没有气泡或条纹,为减轻质量,现在也有塑料透镜,其外表面加了一层罩光漆,以防透镜老化和刮擦,它最大的优点是成本低。

1) 多棱镜

多棱镜可将反射镜反射出的光加以折射、扩散和会聚。在配光镜内部对聚集单元和棱镜单元有着精细的布置,与平面区共同组合成整体,保证近光照射的范围,并且使远光照射距离加大。在制造过程中,优先考虑的是表面质量,必须保证表面无瑕疵,否则配光镜射出光束时会使对面来车的驾驶员产生眩目,造成危险。配光镜的外表面必须是光滑的,以免积累灰尘。

如图 6-4 所示,配光镜将反射镜反射出的平行光束在水平方向扩散,以扩大光线的照射范围;在竖直方向向下折射,使车前 100m 内的路面各处都有良好而均匀的照明。

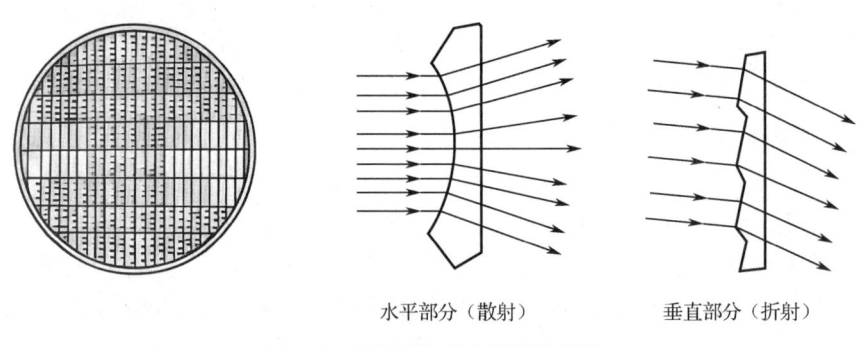

水平部分(散射)　　垂直部分(折射)

图 6-4　配光镜及其光线照射范围

2) 透镜

按照结构不同,透镜大致可分为两种:一种是自由曲面透镜;另一种是菲涅尔透镜。自由曲面透镜对近光灯的光线利用率高于 90%,但其制造难度大、成本高,不适合大量生产。菲涅耳透镜主要用于聚焦和准直,其最显著的优点是收集光线的能力,加上厚度薄、质量轻、成本低、制作方便。通过优化透镜结构,从而提高配光镜的配光效果。

※根据图 6-5 说明配光镜的作用。

_____
_____
_____
_____

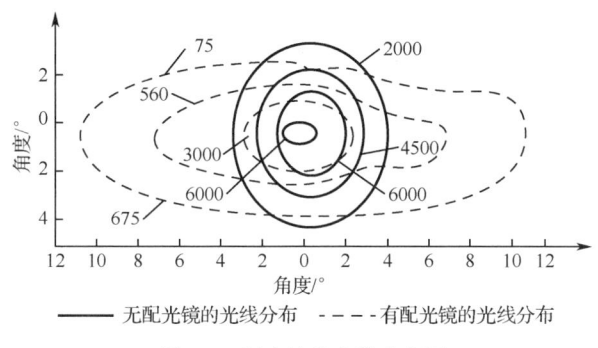

图 6-5　配光镜的光线分布图

3. 灯泡

1) 充气灯泡

充气灯泡如图 6-6（a）所示，从玻璃灯泡中将空气抽出，再充以由 86%的氩气和 14%的氮气所组成的混合惰性气体。灯泡通电后，灯丝发热，惰性气体受热膨胀而使灯泡内压力大幅度增加，这样可以减少灯丝材料钨的蒸发，延长灯泡的使用寿命。即便如此，仍不能避免钨丝受热后的蒸发，蒸发出来的钨会沉积在灯泡玻璃内壁，使灯泡变黑，光线变暗，照明效果变差，因此逐渐被淘汰。

2) 卤钨灯泡

卤钨灯泡如图 6-6（b）所示，在充入的惰性气体中加入了某种卤族元素，如溴、碘等，利用卤钨循环作用来防止钨丝蒸发。卤钨循环过程：当灯泡通电后，灯丝由于受热而蒸发出气态单质钨，与卤素发生化合反应形成具有挥发性的卤化钨。当卤化钨扩散到钨丝附近的高温区时，受热分解，使钨以单质的形态回到钨丝，而释放出的卤素又参与到下次循环反应中。如此循环，钨反复在单质或化合物之间进行转化，钨微粒就不会沉积到灯泡内壁，同时，灯泡内充入的是高压气体，也抑制了钨的蒸发。

3) 气体放电灯

气体放电灯如图 6-6（c）所示，其由弧光灯组件（引弧及稳弧部件）、电子控制装置和功率输出级三大部分组成。这种灯的灯泡里没有灯丝，取而代之的是装在石英管内的两个电极，管内充有氙气及微量金属（或金属卤化物）。升压器将蓄电池 12V 的直流电压，经过一系列的转换、控制、保护、升压、变频后，在电极上加上 15～20kV 的电压，气体开始电离从而导电。此时气体原子处于激发状态，使电子发生能级跃迁而发光，并使电极间少量水银蒸汽产生弧光放电，使卤化物弧光灯工作。点亮弧光灯后会维持 85V 的交流电压，启动电流为 8A 左右，工作电流为 4A 左右。

气体放电灯的灯泡光色和日光灯相似，亮度是卤钨灯泡的 2.5 倍，寿命是卤钨灯泡的 5 倍，灯泡的功率为 35W，可节能 40%。

4）LED

LED 如图 6-6（d）所示，是一种能将电能转化为光能的固态半导体元件，其实质就是一个 PN 结。LED 在汽车上的应用也从警示灯、工作灯、制动灯等扩展到前照灯。LED 有亮度高、寿命长、发光单位小、造型丰富等优点，目前 LED 前照灯配备有自适应功能。近年，结合汽车外形设计、空气动力学的要求及美观的需求，低侧面流线型外形颇受欢迎，前照灯的形状也朝着异型化、一体化、贯穿式的方向发展。

5）激光前照灯

激光是通过半导体激光器（也称为激光二极管）将电能转换为光能的。激光具有非常纯净的颜色，几乎没有发散方向，并且具有极高的发光强度。

激光前照灯如图 6-6（e）所示，除了与 LED 一样具有效率高、寿命长、发光强度高等优点，还有响应速度快，体积小等优点。激光前照灯作为目前最先进的汽车照明技术，其最大的缺点是成本太高，这也制约了该技术在前照灯上的普及应用。

（a）充气灯泡　　（b）卤钨灯泡　　（c）气体放电灯

（d）LED　　（e）激光前照灯

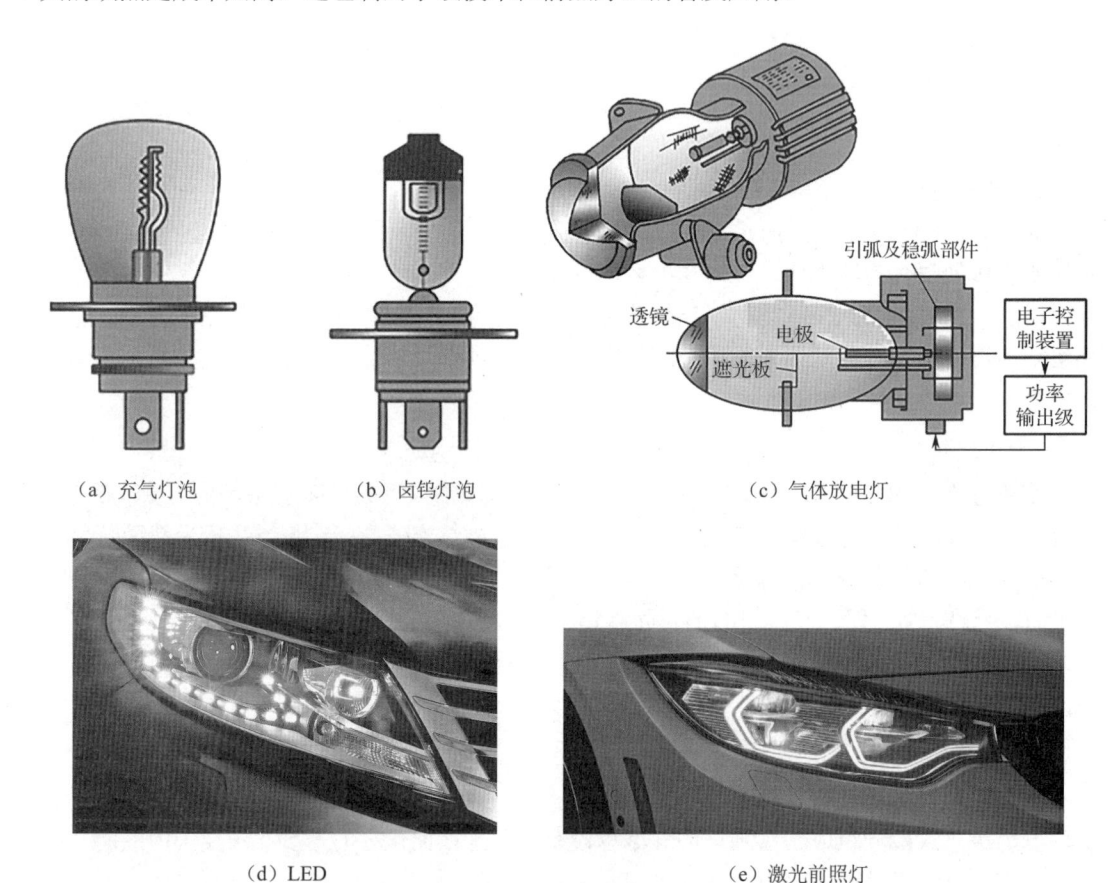

图 6-6　灯泡

※请总结各类灯具的优缺点，并填写表 6-1。

表 6-1　各类灯具的优缺点

类　型	优　点	缺　点
卤钨灯泡		
气体放电灯		
LED		
激光前照灯		

小贴士：如何鉴别汽车灯泡

汽车灯泡的鉴别要点如下。

（1）检查灯泡的内外包装上有无生产厂名、地址、电话、执行标准、商标牌号，包装设计、印刷是否精美，了解该品种牌号是否与汽车配套。

（2）检查外观：目测灯丝、灯头、泡壳装配正确对称；焊点应光滑牢固，灯头光亮、无划痕；泡壳透明度好，无明显气线、气泡；灯丝规矩、整齐，无变形；灯芯整齐，歪斜不超过5°；泡壳与灯头连接的黏接剂不外露，黏接均匀；灯头钢印打字清晰，有牌号、规格，有的产品还有产品批号。

（3）检查机械强度：用左、右手（戴手套）分别拿灯头和泡壳拧一下（用力不超过15N），检查灯头和泡壳黏接是否牢固；将泡壳在木桌上面轻碰并逐渐用力，判断泡壳的厚度和强度；用手指甲按灯头表皮和卡脚，看它们是否变形，判断灯泡的机械强度。

（4）检查光电参数：有条件的可用仪器、仪表检测灯泡的电流、光通量和寿命是否达到有关标准规定的参数指标，判断灯泡合格与否。

一般消费者购买灯泡时，掌握前三项灯泡的鉴别要点即可买到合格品。

劣质灯泡的特点如下。

（1）包装设计及制作粗糙、印记不清，无厂名、地址、电话、执行标准等。

（2）外观污浊，灯丝发黑、扭曲，内导线氧化发黑或呈暗红色，灯头有锈、无光泽，有明显的歪头、歪肩或歪芯，灯头无钢印打字或打字只有规格没有牌号。

（3）机械强度低，泡壳薄、易碎，灯头薄，灯头表皮和卡脚用指甲一按就会塌陷，灯头和灯泡壳体黏接剂外露或不均匀。

（4）大部分光电参数不合格。

二、前照灯的分类

前照灯按反射镜的结构形式不同可分为可拆卸式前照灯、封闭式前照灯、半封闭式前照灯和投射式前照灯。

1. 可拆卸式前照灯

可拆卸式前照灯的配光镜、反射镜和灯泡都可自由拆卸，这虽然给维修带来了方便，但会导致前照灯气密性不良，反射镜易受潮和灰尘污染从而降低其反射能力，严重影响照明效果，现已被淘汰。

2. 封闭式前照灯

封闭式前照灯（又叫真空灯）的反射镜和配光镜用玻璃制成一体，形成灯泡，里面充以惰性气体。灯丝焊接在反射镜底座上，反射镜的反射面真空镀铝，其结构如图6-7（a）所示。

由于封闭式前照灯完全避免反射镜被污染及受大气的影响，因此其反射率高、照明效果好、使用寿命长，普及很快。但当灯丝烧断后，需要更换整个总成，成本高，因此限制了它的使用范围。

3. 半封闭式前照灯

半封闭式前照灯的结构如图6-7（b）所示，其配光镜靠卷曲反射镜外缘齿紧固在反射镜上，二者之间垫有橡皮密封圈，灯泡只能从反射镜后端装入。当需要更换损坏的配光镜时，应撬开反射镜外缘齿，安上新的配光镜后，再将其复原。

由于这种灯具减少了对光学组件的影响因素，灯泡可从反射镜后端进行拆装，维修方便。因此得到广泛的应用。

4. 投射式前照灯

投射式前照灯的结构如图6-7（c）所示。投射式前照灯的反射镜近似于椭圆形，它有两个焦点。第一焦点处放置灯泡，第二焦点是由光线形成的，凸形散光镜将光线汇聚成第二焦点，再通过配光镜将聚集的光投射到前方，投射式前照灯所采用的灯泡为卤钨灯泡。第二焦点附近设有遮光板，可遮挡上半部分光，形成明暗分明的配光。由于它的这种配光特性，也可用于雾灯。投射式前照灯的光束横向分布好，结构紧凑，经济实惠。

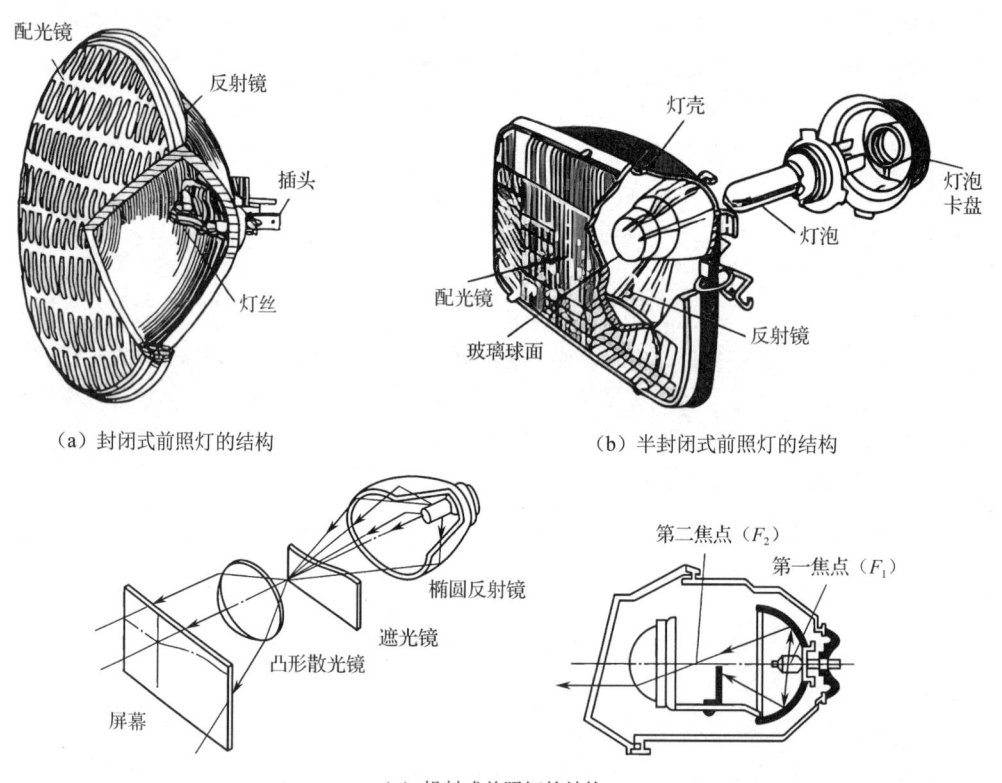

（a）封闭式前照灯的结构　　（b）半封闭式前照灯的结构

（c）投射式前照灯的结构
图6-7　前照灯的结构形式

※观察实训车辆前照灯的结构形式并记录。

_____

_____

_____

_____

三、实施更换前照灯

1. 更换前照灯的步骤

不同车型的前照灯的更换步骤会有所不同，有的汽车在更换前照灯之前，必须拆卸转向信号灯总成。但总的来说，与典型的前照灯的更换步骤相差不大。

更换前照灯前，要确认更换的前照灯的类型和配件编号，更换步骤如下。

（1）断开点火开关的所有用电器，取下点火钥匙。

（2）拆下灯泡后部的防护罩。

（3）断开插头。

（4）松开灯泡后的压簧。

（5）将灯泡拉出。

（6）安装过程与拆卸过程相反。安装好后，除了要检查前照灯的功能，还要检查一下前照灯的设置，如有必要，应调整前照灯。

注意：更换前照灯时不能用手接触灯泡玻璃壳部分，要拿住灯泡的底部或插座，如图 6-8 所示。

图 6-8　更换前照灯时的正确拿法

2. 更换前照灯的注意事项

（1）确认好车辆前照灯的型号再进行购买和更换。

（2）确保车辆熄火且处于凉车状态下再进行更换前照灯操作，以免烫伤皮肤。

（3）安装前照灯时，确保其定位正确。

（4）在安装前照灯时不要接触前照灯玻璃壳，应拿住前照灯底座。手指会在前照灯玻璃上留下油脂痕迹，在接通前照灯时蒸发，并使前照灯玻璃变得混浊。手指的污渍还可能会使玻璃表面的热胀不均，造成前照灯破碎。

任务三　前照灯的检测与调整

一、前照灯的防眩目措施

夜间会车时，前照灯发出的强光束会使迎面来的汽车驾驶员眩目，很容易发生交通事故，所以必须采取措施。眩目是指人眼睛突然受强光照射，由于视觉神经受刺激而失去对眼睛的控制，本能地闭上眼睛或产生看不清暗处物体的生理现象，这种现象很容易导致发生交通事故。因此，防止前照灯眩目对保证夜间汽车安全行驶非常重要。

我国的交通法规对此进行了强制约束：夜间会车时必须距对方来车 150m 以外互闭远光灯，改用防眩目近光灯。

从结构上来说，汽车上一般采用具有远光和近光的双丝灯泡来避免眩目，远光灯丝光束照射距离远且照向远方，一般用于夜晚在高速公路行驶时，给道路照明，照明距离比较远，发光强度比较高，改善了夜车照明，可保障夜间高速行驶车辆的照明条件；车辆晚间行驶在照明条件比较差的路面，如乡村道路、没有路灯的道路时，也可以使用远光灯。需要注意的是，在这些路面条件下会车时，需切换为近光灯。近光灯丝光束照射距离近且射向路面时不会产生眩目，可在城市道路条件下行车时使用。

远、近光灯的功能切换由变光开关实现，这样会车时通过及时切换远、近光灯可避免使对方驾驶员眩目；行车时如需提示前车进行超越、催促前车适当提高车速或者提示对面来车，均可通过变灯进行提示。

双丝灯泡有如下三种形式。

1．普通双丝灯泡

普通双丝灯泡中，远光灯丝位于反光镜旋转抛物面的焦点，而近光灯丝位于焦点的前上方，如图6-9（a）所示。故远光灯丝通电时，灯泡光线经反射镜反射后平行射向远方，可获得较大的照射距离和较小的散射光束。而近光灯丝通电时，经反射镜反射后的光线多照向路面，从而使其对迎面来车的驾驶员的眩目影响大为减弱。

2．具有配光屏的双丝灯泡

普通双丝灯泡仍有一部分光线偏上照射，防眩目作用不是很理想。为了克服上述缺陷，在近光灯丝的下方装有一块配光屏，当使用近光灯时，遮光罩能将近光灯丝射向反射镜下部的光线遮住，这样就可消除向上的反射光线，有效防止夜间两车交会时对驾驶员造成的眩目，其光形如图6-9（b）所示。

3．非对称配光的双丝灯泡

这种防眩目前照灯，安装时将配光屏偏转一定的角度（配光屏单边倾斜15°），将近光灯右侧光线倾斜升高15°，如此，近光灯丝发出的光线经反射镜和配光镜后就可以得到非对称光形，如图6-9（c）所示。这种配光特性符合联合国欧洲经济委员制定的ECE标准，所以又称为ECE方式，是比较理想的配光，已被世界所公认，我国现已采用。

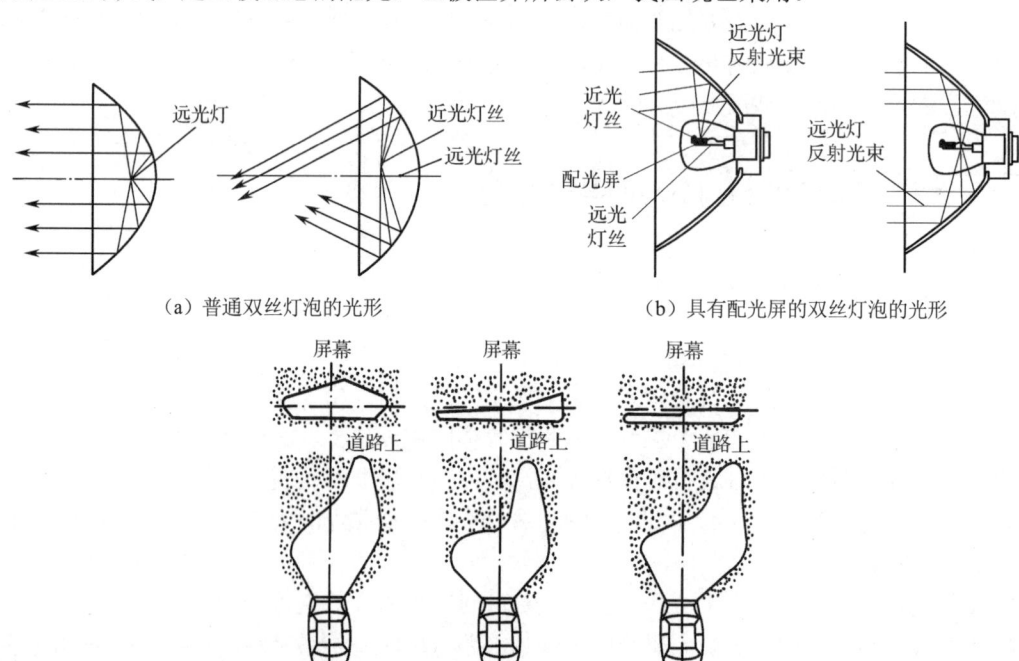

（a）普通双丝灯泡的光形　　　　（b）具有配光屏的双丝灯泡的光形

（c）非对称配光的双丝灯泡的光形

图6-9　双丝灯泡的光形

后来，又发展了一种更为优良的光形，根据其光形分布特点，称为 Z 形配光。它不仅可以避免迎面汽车驾驶员眩目，还可以防止车辆右边的行人和非机动车辆驾驶员眩目。

※汽车的防眩目措施有哪些？

_____
_____
_____
_____

注意：夜间行车一定要合理使用远、近光灯。

二、前照灯校准规范

夜间行车安全的重要保障在于前照灯具有明亮均匀的照明和良好的防眩目功能，因此，前照灯的检测是汽车安全检查的必要项目之一。我国对前照灯的检测与调整主要依据 GB 7258—2017《机动车运行安全技术条件》的规定进行。

1．前照灯灯光光束的要求

（1）机动车在检验前照灯近光光束的照射位置时，车辆空载，允许乘坐一名驾驶人，轮胎气压应符合汽车制造厂的规定。前照灯在距离屏幕 10m 处，光束明暗截止线转角或中点的高度 H_2 应为 $0.7H\sim0.9H$（H 为前照灯中心高度），其水平方向位置向左偏移量不得大于 170mm，向右偏移量不得大于 350mm。

（2）四灯制前照灯其远光单光束灯在前照灯距离屏幕 10m 处，要求光束中心离地面高度对乘用车为 $0.9H\sim1.0H$，对其他机动车为 $0.8H\sim0.9H$。水平位置要求左灯向左偏移量不得大于 170mm，向右偏移量不得大于 350mm；右灯向左偏移量或向右偏移量均不得大于 350mm。

（3）机动车装有远光和近光双光束灯泡时，以调整近光光束为主。对于只能调整远光光束的前照灯，则调整远光单光束。

2．发光强度

机动车每个前照灯的发光强度要求如表 6-2 所示。测试时，其电源系统应该处于充足电的状态。

表 6-2　机动车每个前照灯的发光强度要求（单位：cd）

车辆类型	检查项目					
	新注册车			在用车		
	一灯制	两灯制	四灯制[①]	一灯制	两灯制	四灯制[①]
最高时速小于 70km/h 的汽车		10 000	8000		8000	6000
其他汽车		18 000	15 000		15 000	12 000
三轮汽车	8000	6000		6000	5000	
摩托车	10 000	8000		8000	6000	
轻便摩托车	4000			3000		

注：① 四灯制是指前照灯具有四个远光光束，采用四灯制的机动车其中两只对称的灯达到两灯制的要求即视为合格。

三、前照灯检测与调整的准备工作

前照灯必须保持在能够产生最佳照明的调整状态，保持光束的偏转角度能够照明适当范围，使驾驶员具有适当的夜间视野。在调整汽车的前照灯之前，应进行以下检查，确保汽车处于水平状态。

前照灯检测仪有手动式前照灯检测仪和全自动式前照灯检测仪两种。其中手动式前照灯检测仪比较常用，如图6-10所示。

1. 前照灯检测仪的准备工作

（1）在前照灯检测仪不受光的状态下，检查光度计和光轴偏斜指示计的指针是否能对准机械零点。若指针失准，可用零点调整螺钉将其调整到零点上。

（2）检查聚光透镜和反射镜的镜面有无污物或模糊不清的地方。若有，可用柔软的布或镜头纸将其擦拭干净。

（3）检查水准器的技术状况。若水准器无气泡，则进行修理，若气泡不在红线框内，则用水准器调节器或垫片进行调整。

（4）检查导轨是否沾有泥土或小石子等杂物，若有杂物要清理干净。

图6-10 手动式前照灯检测仪

（5）调整前照灯检测仪与车辆之间的距离。

（6）调整前照灯检测仪与车辆之间的平行度。

（7）调整前照灯检测仪的高度刻度线至与被测灯泡同样的高度。

（8）调整前照灯检测仪的对中线与被测前照灯直线对中度。

2. 车辆的准备

（1）如果汽车的底部粘有很厚的雪、冰或泥，要用高压水流将汽车底部冲洗干净，因为附加质量会改变汽车的离地高度。

（2）仔细清除前照灯上的油污及灰尘。

（3）检查轮胎气压，应符合汽车制造厂的规定，将所有轮胎充气到推荐气压水平（要考虑轮胎的冷热状况）。

（4）检查车辆弹性元件及减振器的状况，磨损或断裂的悬架部件会影响调整前照灯。

（5）检查汽车蓄电池，蓄电池应处于充足电状态，必要时请接上充电器。

（6）在调整前照灯之前要确认车轮定位和后桥的追踪路径是正确的。

（7）检查车辆油表，并按规定进行配重。

四、前照灯检测与调整的步骤

打开车辆近光灯，光束通过前照灯检测仪的受光透镜，在前照灯检测仪内的屏幕上会出现一个光斑，检查光斑的明暗分界线与屏幕上的明暗分界刻度线是否重合，如果重合，说明近光灯光型符合要求，如果不重合，则需进行调整。

调整时，先遮住汽车右侧的前照灯，调整左侧前照灯。垂直方向要调整垂直方向调整螺栓，水平方向要调整水平方向调整螺栓，使其射出的光束中心对准屏幕上前照灯光点中心，然后以同样的方法调整右侧前照灯。要找到调整螺栓需要打开发动机盖，由于不同的车型其前照灯设计不一样，所以调整螺栓的位置也不同，不过绝大多数车型都在前照灯总成的后方。多数车型的调整螺栓采用内六角调整螺栓，也有采用内六角+十字螺丝刀槽，或采用外六角螺母，如图6-11所示。

(a) 内六角调整螺栓　　　　(b) 内六角+十字螺丝刀槽　　　　(c) 外六角螺母

图 6-11　不同类型的调整螺栓

任务四　前照灯电路分析

一、前照灯电路

基本的前照灯电路通常由前照灯开关、变光开关、近光灯、远光灯、远光指示灯、熔断器、电路配线和插接器等组成。前照灯开关一般安装在仪表盘左侧靠近 A 柱处或安装在方向盘下的转向柱上，如图 6-12 所示。

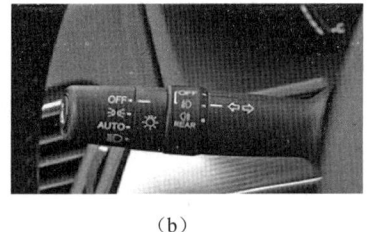

(a)　　　　(b)

图 6-12　前照灯开关位置

当前照灯开关位于"HEAD"位置时，电流流向变光开关，变光开关通常处于近光灯位置，电流流向前照灯的近光灯丝；如果变光开关处于远光灯位置，电流则流向前照灯的远光灯丝，如图 6-13 所示。

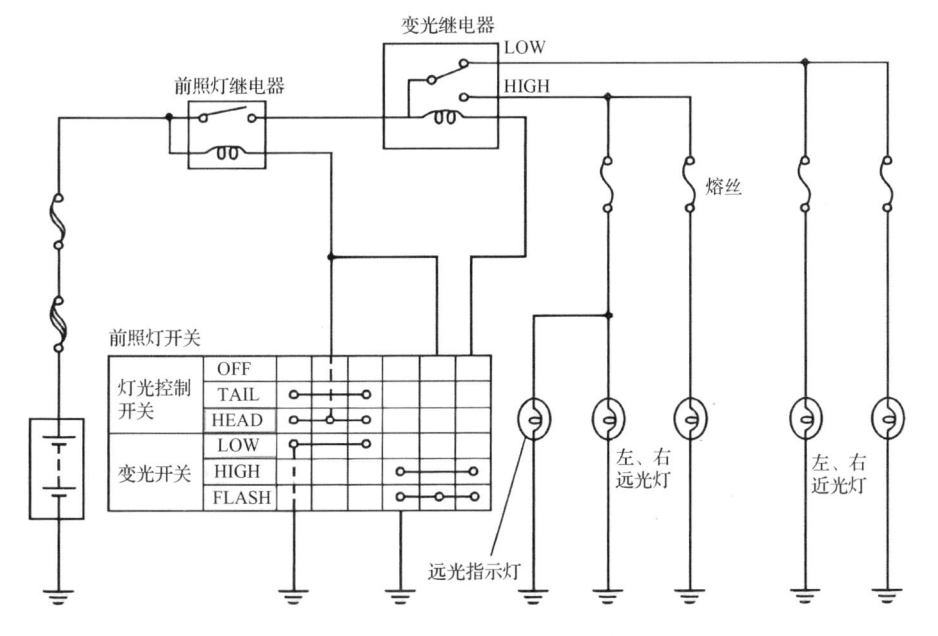

图 6-13　前照灯控制电路

传统照明系统的控制电路是并行结构,即一个用电器配一根电力线和一个开关,开关置于驾驶员旁,由驾驶员控制开关通断,从而控制灯(或其他用电器)的工作状态。

在现代汽车上,灯光的控制以控制单元为中心,驾驶员按下相应的车灯开关后,车灯开关信号首先送到汽车照明系统的控制单元,在汽车照明系统中将该信号经过计算机分析后,控制相应的灯具工作。图 6-14 所示为计算机控制灯光电路简图。

※绘图说明以控制单元为中心的照明灯电路的控制逻辑。

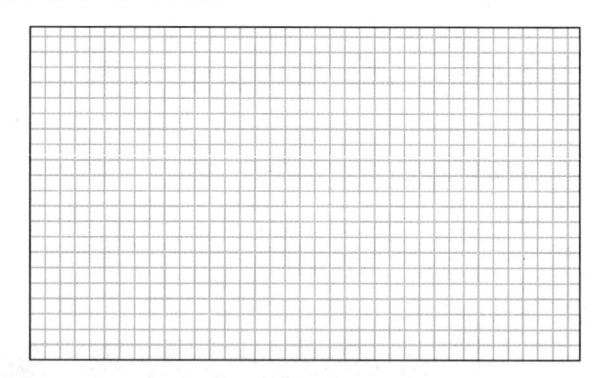

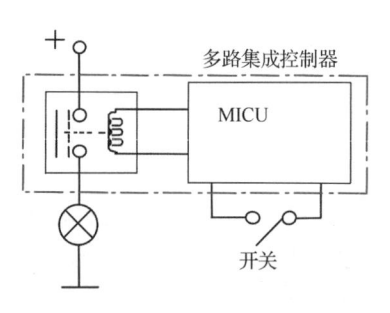

图 6-14　计算机控制灯光电路简图

如图 6-15 所示,大众帕萨特 B5 室内的门灯、室内顶灯、右化妆镜灯、后阅读灯及行李箱灯均由舒适系统控制单元 J393 为 18 号引脚提供 12V 电源,并由对应的接触控制开关控制接地。四扇车门将接触开关组合在闭锁单元中,车门闭锁单元由车门的开关情况控制接地。

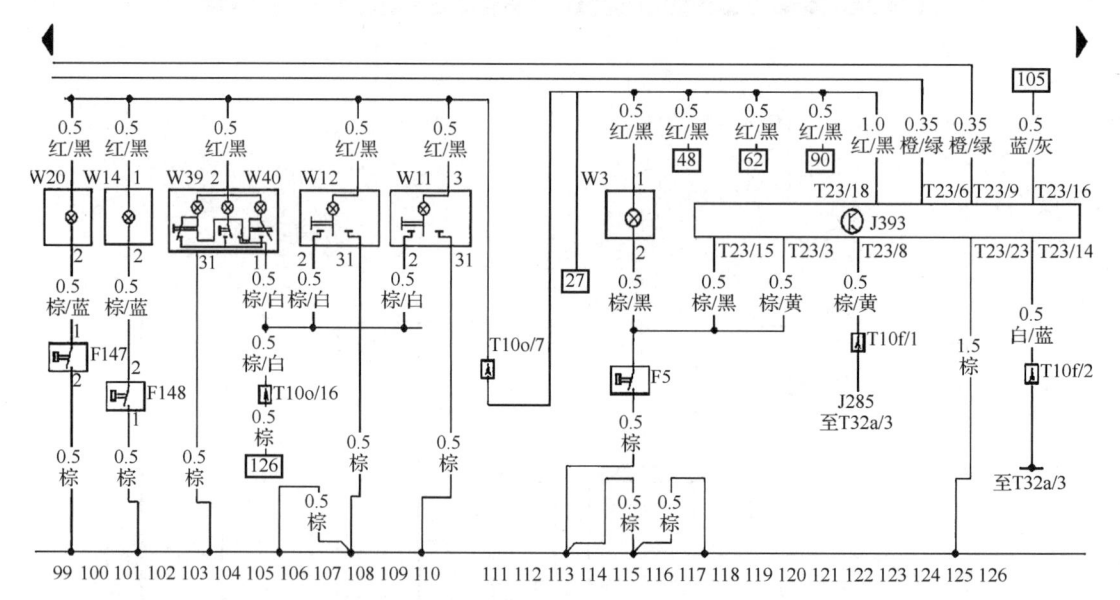

F147—驾驶员侧化妆镜灯接触开关；F148—右化妆镜灯接触开关；F5—行李箱灯开关；J285—组合仪表控制单元；J393—舒适系统控制单元；T10f—10 号引脚插头,蓝色,在左 A 柱处(6 号位)；T10o—10 号引脚插头,淡绿色,在左 A 柱处(3 号位)；T23—23 号引脚插头,在舒适系统控制单元上；W—室内顶灯；W11—左后阅读灯；W12—右后阅读灯；W14—右前化妆搭铁灯；W20—驾驶员侧化妆镜灯；W3—行李箱灯。

图 6-15　大众帕萨特 B5 室内灯控制电路

二、前照灯控制系统

为了提高汽车行驶的安全性，减轻驾驶员的劳动强度，前照灯还实现了自动控制，使前照灯控制系统能根据汽车行驶环境的光照强度、气象条件、汽车速度和水平高度等因素自动控制。

1. 自动感光控制系统

自动感光控制系统可以对车灯进行感光通断的自动控制。当汽车在昏暗环境下行驶，系统自动将前照灯的电路接通，以确保行车安全，同时还有延时关灯的作用。自动感光控制系统电路主要由光电传感器和控制元件及晶体管、放大器组件两大部分组成，如图6-16所示。

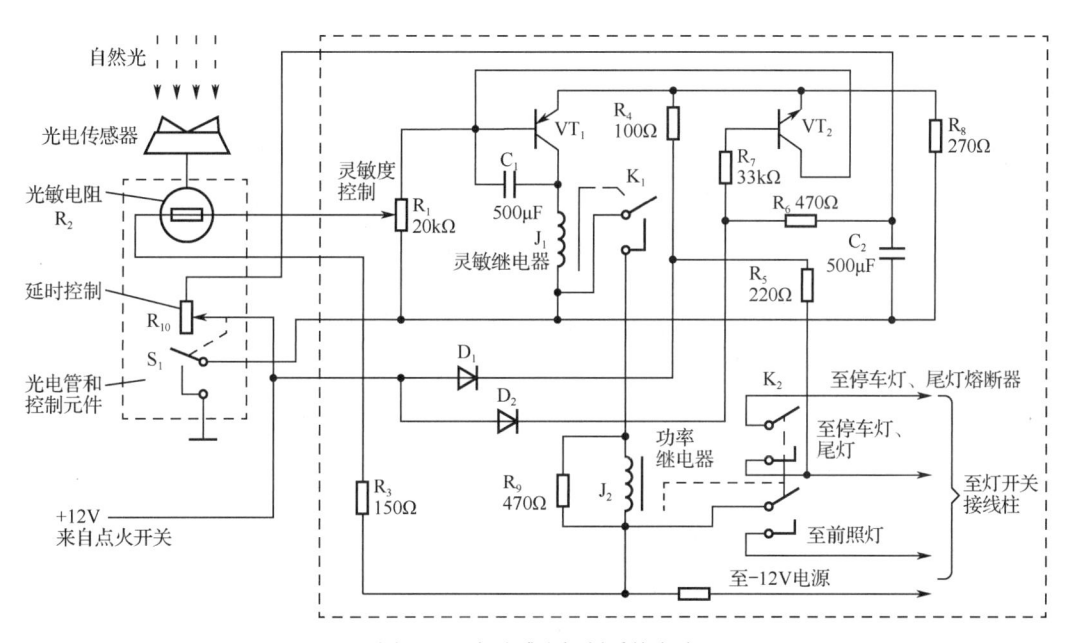

图6-16 自动感光控制系统电路

自动感光控制系统主要采用微机自动检测、分析进行智能控制，经光电传感器检测环境光线和汽车行驶的状态进行分析、判断，根据环境光线的强弱自动开闭示宽灯、仪表灯、近光灯或远光灯，实现光电感应的最佳智能转换，使汽车在行驶过程中，可以根据环境光线强度的变化，实现自动的功能切换和各种状态下的自适应。

通常，光电传感器及放大器安装在仪表盘上的一组孔洞的下方，或者安装在除霜栅格板槽孔的下方，使其暴露在环境光中。当环境光变暗时，光电传感器的电阻增大。当电阻增大到预设值时，放大器向前照灯继电器线圈供电，将前照灯和仪表灯都点亮。当自动灯光系统关闭或环境光变亮后，这些灯才会熄灭。有些系统采用两个传感器监测环境光，这两个光电传感器分别监测汽车上方大角度范围内的光照强度和汽车前方小角度范围内的光照强度。

2. 自动延时控制系统

多数自动感光系统还有前照灯延时功能，可以在汽车停驶且点火开关拨至"OFF"挡后，前照灯会继续点亮一段时间，为驾驶人员下车离去提供一段时间的照明，以免驾驶员摸黑离开停车地点。

图 6-17 所示为前照灯延时控制电路，其工作原理如下。当汽车停止行驶切断点火开关时，三极管 VT_1 处于截止状态，此时电容器 C_1 立即经电阻器 R_3、R_4 开始充电，当电容器 C_1 上的电压达到单结晶体管 VT_2 的导通电压时，电容器 C_1 通过其发射极、基极和电阻器 R_7 放电，于是在电阻器 R_7 上产生一个电压脉冲，使三极管 VT_3 瞬时导通，消除加于晶闸管 VS 上的正向电压，使晶闸管 VS 截止。前照灯继电器 K 经 VT_3 实现接地，前照灯点亮。随后，三极管 VT_3 很快恢复截止，晶闸管 VS 还来不及导通，前照灯继电器 K 失电而使其触点打开，将车头照灯电路切断，实现自动延时关灯的功能。

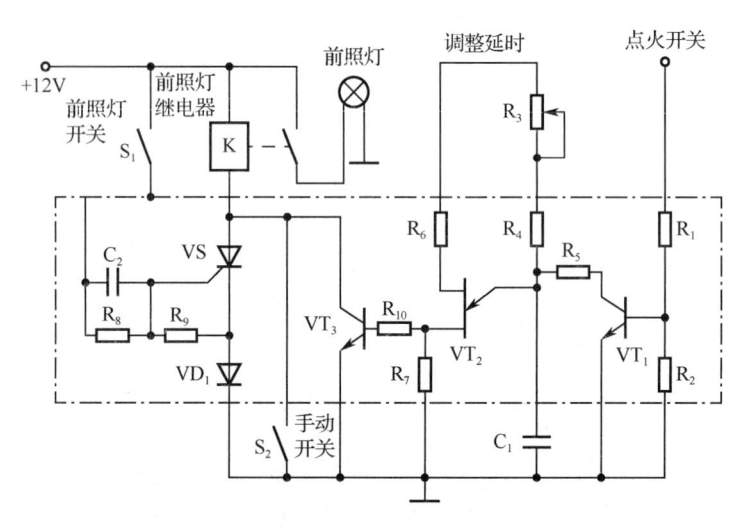

图 6-17　前照灯延时控制电路

3. 自动变光控制系统

前照灯的自动变光功能可使汽车在夜间行车、会车时，能自动将前照灯的远光变为近光，或是由近光变为远光，不再需要驾驶员手动控制变光。

在夜间行车时，一般两车相会距离达 150～200m 时，迎面驶来车辆的灯光照射到本车的感光元件上，自动变光系统根据感光元件的信号，做出判别和决策，并发出指令，将前照灯原来的远光变为近光，从而有效避免远光给对面车辆驾驶员带来的眩目困扰，待两车交会后，该车又恢复为远光。自动变光控制系统的优点是实现了自动变光控制，不需要驾驶员操纵，此外其体积小，性能稳定可靠，且灵敏度高。有光敏二极管的前照灯自动变光电路如图 6-18 所示。

图 6-18 中，前照灯的初始状态是远光灯工作，此时在继电器 K 作用下将电源正极与远光灯丝的接线柱"1"连通。当迎面来车的灯光照射于光敏电阻 R_1 上，R_1 的阻值将减小，三极管 VT_1 获得正向偏压而导通，三极管 VT_2 亦导通，三极管 VT_3 截止而三极管 VT_4 导通，并把低电平信号送至三极管 VT_5 的基极，三极管 VT_5 导通，使继电器 K 得电动作，断开远光灯丝接线柱而接通近光灯丝接线柱，这时由远光照明转换成近光照明。

当两车交会之后，光敏电阻 R_1 上的光信号消失，R_1 的阻值增大，三极管 VT_1 截止，三极管 VT_2 亦截止；多谐振荡器翻转一次，三极管 VT_3 导通，三极管 VT_4 截止，输出高电平至三极管 VT_5 的基极，三极管 VT_5 截止，切断继电器 K 线圈中的电流，其触点恢复接通远光灯丝接线柱，即恢复远光照明。

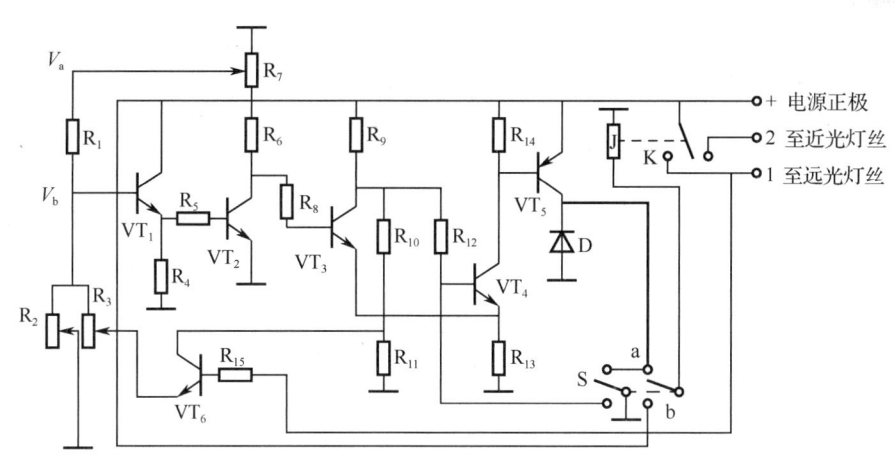

图 6-18　有光敏二极管的前照灯自动变光电路

如果前照灯在远光灯模式工作时，按下变光开关 S 时，S 就由 "a" 位置转到 "b" 位置，此时继电器 K 的线圈可由电源正极→"b" 位置→变光开关 S 而获得电流，于是继电器 K 得电动作，使远光变为近光。与此同时，三极管 VT_4 的基极直接接地，使多谐振荡器停止，不再振荡。

注意：当带有自动变光控制功能的前照灯开关拨至常规前照灯功能位置时，将切断自动变光控制系统，换言之，只有在常规前照灯开关断开，开关拨至 "AUTO" 位时，自动变光控制系统才能起作用。

4．自适应前照灯系统

自适应前照灯系统（Adaptive Front Lighting System，AFS）是一种智能灯光调节系统。通过感知驾驶员的操作、车辆的行驶状态、路面的变化及天气、环境等信息，自动控制前照灯实时进行上下、左右照明角度的调整，为驾驶员提供最佳道路照明效果。

有的自适应前照灯系统还附加全球定位系统和数字道路图控制的功能，这样在驾驶员开始转动方向盘之前，控制单元已可从数字道路图中获取了预测弯道情况所需的相关数据信息，进行分析并做出决策，发出指令，前照灯的伺服电动机产生相应的动作，使前照灯以最佳亮度和角度照亮弯道。

任务五　信号系统电路分析

信号系统主要用于向他人或其他汽车发出示意和警告信号，主要信号设备如下：倒车灯、转向信号灯、危险报警灯、制动灯、小灯、挂车标记灯、驻车灯、喇叭。

一、倒车灯

倒车灯系统的主要组成部件是倒车灯开关和倒车灯，通过熔断器供电。当变速器处于倒车挡时，倒车灯开关接通，电流流向倒车灯。倒车灯电路如图 6-19 所示。

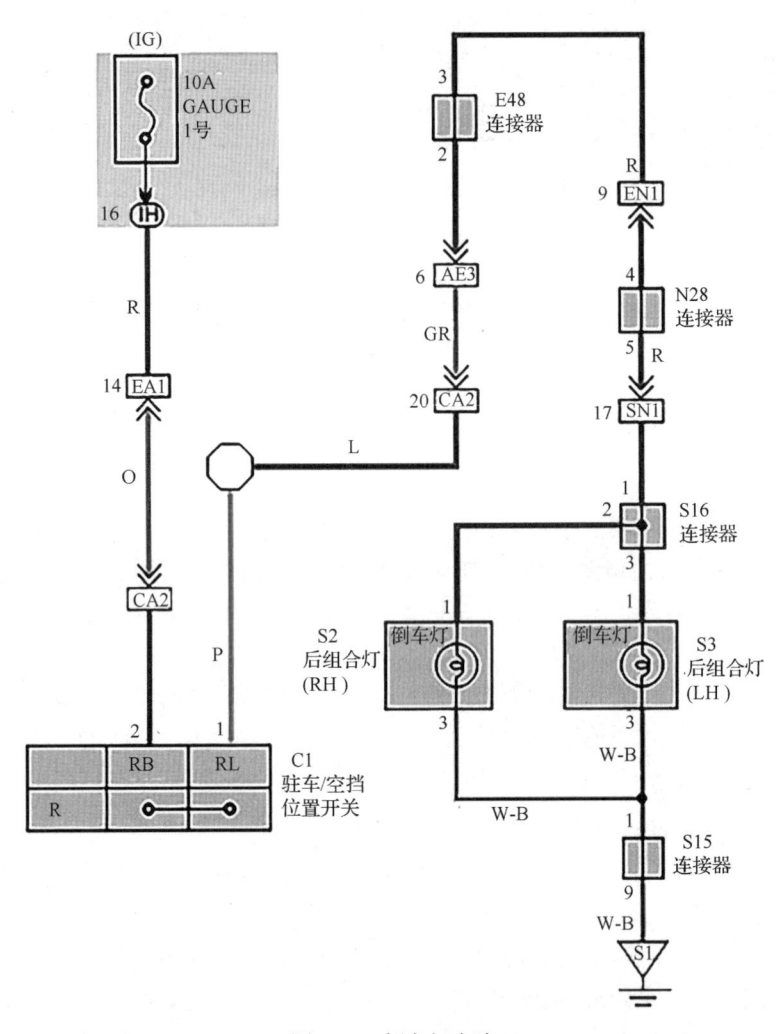

图 6-19 倒车灯电路

一般来说，手动变速汽车上设有单独的倒车灯开关，自动变速汽车则采用空挡起动及倒车灯组合开关。自动变速汽车上的空挡起动及倒车灯组合开关实际上是将两个开关装在一个壳体内，当变速器处于驻车挡或空挡时，来自点火开关的电流通过空挡起动开关流向起动系统，当变速器处于倒车挡时，来自熔断器的电流通过倒车灯开关流向倒车灯。

倒车灯系统的故障相对较容易排除，对于用一个熔断器保护转向信号灯和倒车灯的汽车，可以通过检查熔断器进行故障诊断。如果倒车灯不能点亮，则检查转向信号灯的工作情况；如果转向信号灯能够点亮，证明熔断器是好的，检测倒车灯开关是否有电压输入，以及变速器处于倒车挡时是否有电压输出（检测时要确认变速杆已置于驻车制动挡）。如果倒车灯开关是正常的，或者倒车开关中无电压输入，则检查导线的连接器。如果变速器未处于倒车挡而倒车灯仍然点亮，可能是倒车灯开关发生短路故障。

二、转向信号灯与危险报警灯

转向信号灯系统由转向信号灯、转向指示灯、转向开关、闪光器等组成。汽车要向左或向右转向时，通过操纵转向开关，使车辆左边或右边的转向信号灯经闪光器得电而闪烁发光；

转向后，方向盘回正，可使转向开关自动复位，转向信号灯熄灭。驾驶员按下危险报警开关后，转向信号灯全部闪烁，发出警示。转向信号灯与危险报警灯电路如图 6-20 所示。

转向信号灯一般具有一定的频闪，我国国标规定为 60~120 次/min。转向信号灯灯泡烧坏或线路出现故障后，当转向信号灯开关接通时，转向信号灯的闪光频率将发生明显改变（通常闪光频率加快或不闪），以警示驾驶员。

现在多数车型的转向信号灯由车身控制单元来驱动，驾驶员操控转向信号灯开关，转向信号灯开关发送信号至车身控制单元，车身控制单元根据接收到的开关信号发出指令，按一定的频率驱动转向信号灯闪烁。

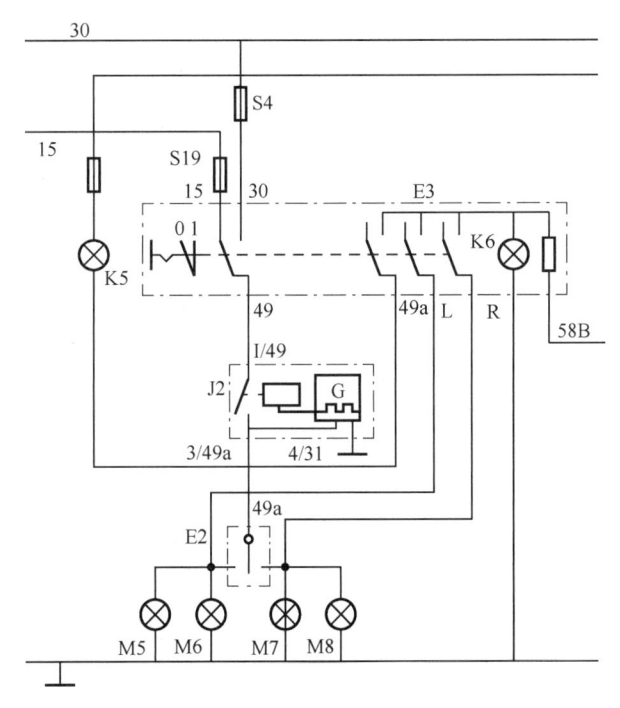

E2—转向信号灯开关；E3—危险报警灯开关；J2—闪光灯；K5—转向指示灯；
K6—危险报警指示灯；M5，M6，M7，M8—转向信号灯。

图 6-20　转向信号灯与危险报警灯电路

三、制动灯

制动灯安装在汽车的尾部，当汽车制动时，红色制动灯点亮，给尾随其后的车辆发出制动警告信号，以免造成追尾事故。高位制动灯装在后窗中心线上靠近窗户底部。这样，当前后两辆车靠得太近时，后面汽车驾驶员就能从高位制动灯的工作情况判断前面汽车的行驶状况。安装高位制动灯的汽车可提供更加醒目的制动警告信号，对于防止发生追尾事故，有非常好的效果，能有效降低追尾碰撞事故的数量和严重程度。

制动灯通常由固定在制动踏板臂上的制动灯开关控制，踩下制动踏板时制动开关闭合，电流流向制动灯，使制动灯一直点亮，直到松开制动踏板制动灯才熄灭。制动灯电路如图 6-21 所示。常见的制动灯开关有以下几种：液压式制动灯开关、气压式制动灯开关和弹簧式制动灯开关。

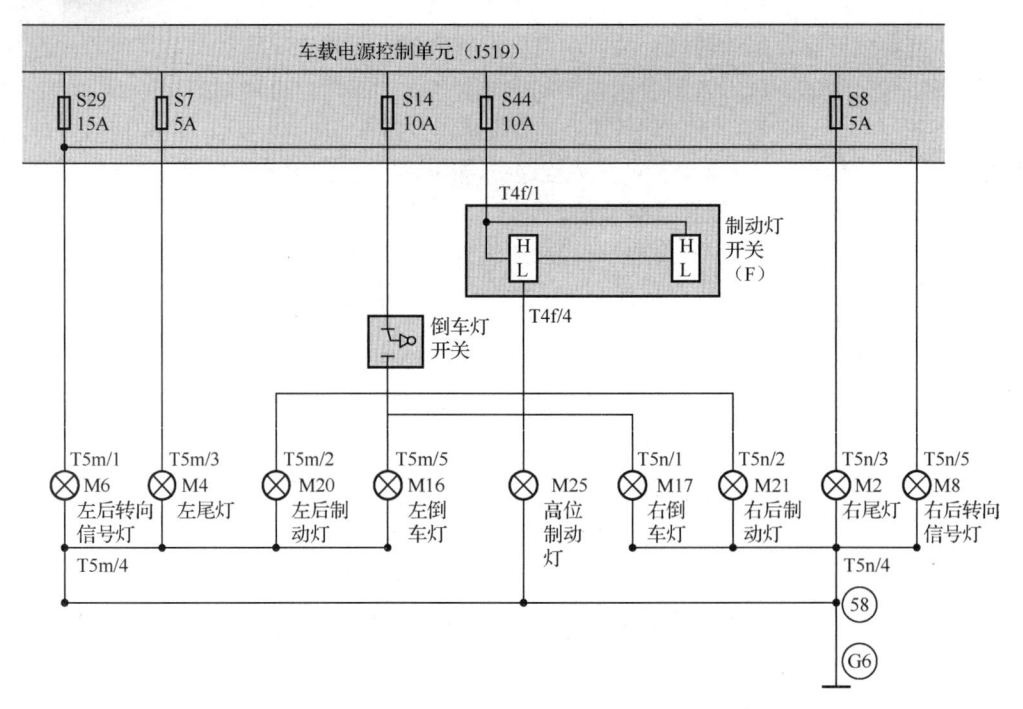

图 6-21　制动灯电路

工作任务

说明

学习领域	汽车电气系统及检修	
学习情境	汽车照明系统检修	
客户委托	检查、更换前照灯	
姓名		班级	
成绩		教师签名	

问题或情境说明

某 4S 店接到电话求助，客户反映，一侧前照灯不亮，来店检测维修，服务顾问大致向客户解释了可能的原因，并开出工单给车间，经检查后发现是前照灯总成故障所致，由服务顾问向客户说明故障原因，并开出更换前照灯总成的工单。

学习任务

学习任务 1

主题	描述灯光系统的功能、分类
说明	● 在您的技术信息系统中使用现有的专业文献和信息 ● 在工作组内准备学习作业 ● 参考工作环境中车辆的结构类型 ● 在工作表中输入信息

工作表：灯光系统的功能及分类

1. 请观察实车的照明系统，找出实车上的各种灯并记录。
_____
_____
_____

2. 请对第 1 题中的灯进行分类。
_____
_____
_____
_____

3. 下列灯属于照明装置的有（　　），属于信号装置的有（　　）。
A．前照灯　B．转向信号灯　C．刹车灯　D．仪表灯　E．雾灯　F．倒车灯　G．示宽灯　H．双跳灯

4. 汽车外部灯光的颜色一般有_____、_____和_____。

5. 观察实车的照明系统，完成表 1。

表 1

类　型	车 灯 名 称	数　量	颜　色	功率/W

6. 请在图 1 中写明灯光开关各部分的作用是什么。

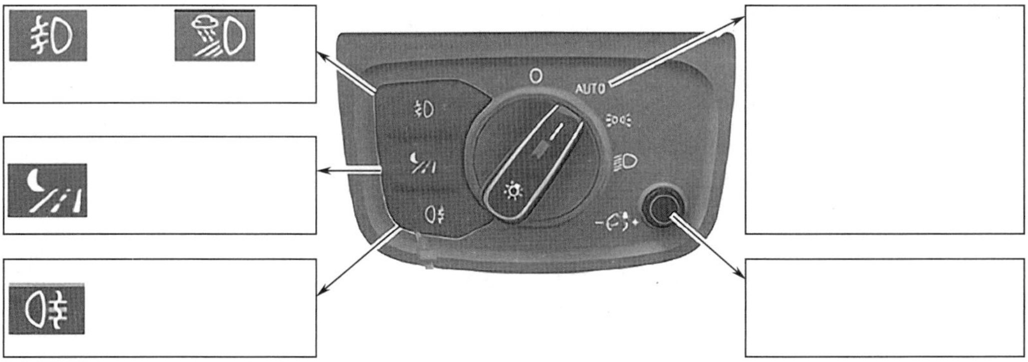

图 1

7. 请回答应急报警灯的相关问题。
（1）应急开关"⚠"的操作方法和作用：_____
_____。
（2）符号"⇦⇨"的含义：_____。

（3）应急报警灯的使用场合：_____。

8. 转向信号灯的操作方法如图 2 所示，请结合图 2 回答下列问题。

图 2

（1）请说明转向信号灯的操作方法。
_____
_____

（2）请说明"⇦""⇨"的含义。
① ⇦：_____
② ⇨：_____

9. 请说明雾灯的作用，阅读电路图，说明雾灯开关与前照灯开关之间有何关系。
_____
_____
_____

学习任务 2

主题	描述前照灯结构
说明	● 在您的技术信息系统中使用现有的专业文献和信息 ● 在工作组内准备学习作业 ● 参考工作环境中车辆的结构类型 ● 在工作表中输入信息

工作表：基本构成

1. 汽车前照灯主要由三部分组成，请在图 3 中标注出来，并解释它们各有什么作用。
第一部分：_____
第二部分：_____
第三部分：_____

2. 图 4 中的灯泡类型为（   ）。
   A. LED   B. 卤钨灯泡   C. 氙气灯   D. 充气灯泡

3. 请仔细观察图 4 并与实物对照，区分"远光灯丝"和"近光灯丝"。

4. 请找出图 4 所示灯泡中的配光屏，说明其作用。

5. 请观察灯泡实物，说明安装该灯泡时是如何定位的。
6. 请说明远光灯的适用场合。

7. 图 5 所示为一个双丝灯泡，请对照实物，说明该类灯泡适用于（   ）。
   A. 前照灯　　　　B. 制动灯　　　　C. 尾灯　　　　D. 转向信号灯

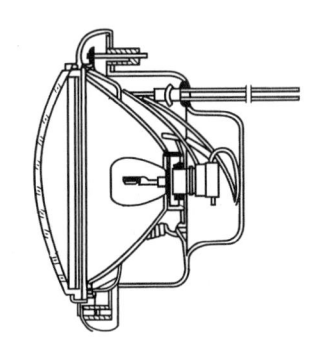

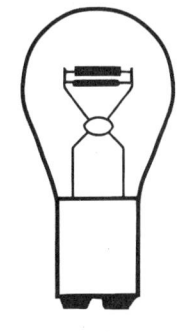

图 3　　　　　　　　　　　图 4　　　　　　　　　　　图 5

8. 请说明图 5 中灯泡底部两个凸起是什么？
9. 请指出图 5 中灯泡的接地端。
10. 请观察图 5 中灯泡的底部有无定位点，并说明其类型（平脚、高低脚、高低斜脚）。

11. 请查阅资料，说明前照灯的配光形式有哪几种。

12. 图 6 所示为气体放电灯，请分析其工作原理。

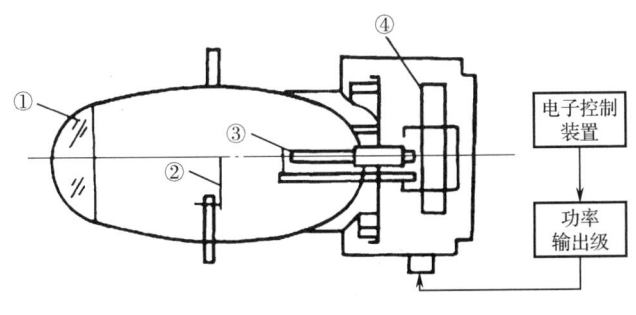

图 6

（1）请写出各组成部件的名称。
① _____；② _____。
③ _____；④ _____。

（2）气体放电灯的激发电压为（　　）。
A．220V　　　　　　B．12V　　　　　　C．20kV 左右　　　D．85V
（3）气体放电灯激发后产生电弧，发出白光，此后所需的持续工作电压为（　　）。
A．220V　　　　　　B．12V　　　　　　C．20kV 左右　　　D．85V

13．LED 的优点有（　　）。
A．亮度高　　　　　　　　　　　　B．省电
C．寿命长　　　　　　　　　　　　D．造型设计更灵活、美观

14．（　　）需要有冷却装置。
A．卤素灯　　　　　B．气体放电灯　　　C．LED　　　　　　D．激光前照灯

15．图 7 所示为某品牌汽车更换远光灯灯泡的步骤图，请在图片下方写出相应的步骤，并回答问题。

图 7

更换灯泡时有哪些注意事项？
_____
_____
_____

16．请总结汽车前照灯检测与调整的准备工作。
_____
_____
_____
_____
_____

学习任务 3

主题	前照灯电路与信号灯电路
说明	● 在您的技术信息系统中使用现有的专业文献和信息 ● 在工作组内准备学习作业 ● 参考工作环境中车辆和发电机的结构类型 ● 在工作表中输入信息

工作表：前照灯电路及信号灯

1. 读图 8 并回答问题。

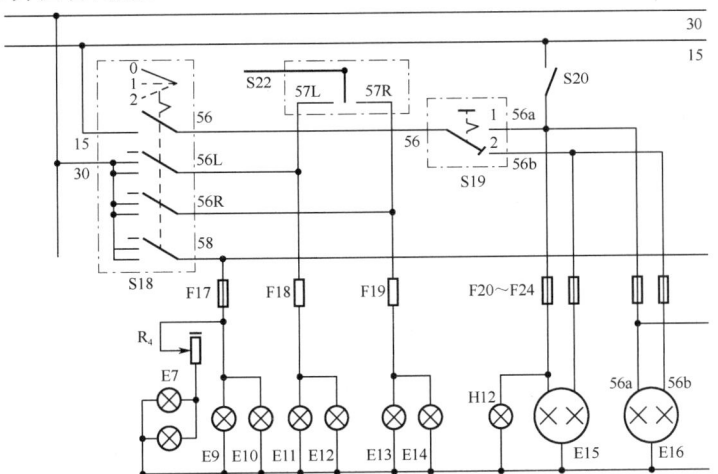

F—熔断器；S22—小灯开关；S18—车灯开关；S19—近光灯开关；E7—仪表灯；E9/E10—左右牌照灯；
E11/E13—左、右示宽灯；E12/E14—左、右尾灯；E15/E16—左、右远光灯和近光灯；H12—远光指示灯。

图 8

（1）当车灯开关 S18 处于"1"位置时，有哪些车灯点亮？

（2）当车灯开关 S18 处于"2"位置时，有哪些车灯点亮？

（3）请写出近光灯开关 S19 分别处于"1""2"位置时的电流路径。

（4）请描述电阻器 R_4 的作用是什么。

2. 图 9 所示为转向信号灯与危险报警灯电路，请读图并回答下列问题。

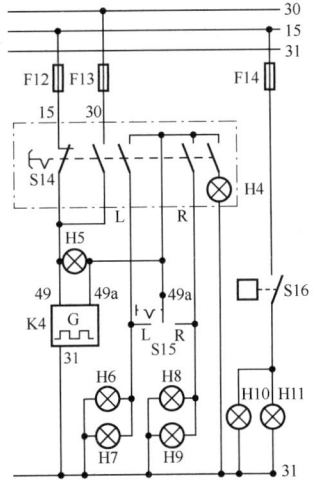

S14—危险报警灯开关；S15—转向信号灯开关；H4—危险报警指示灯；H5—转向信号指示灯；
H6/H7—左侧转向信号灯；H8/H9—右侧转向信号灯；K4—危险报警灯传感器。

图 9

（1）请画出危险报警灯开关闭合时的电流走向。

（2）请说明图9上方"30""15""31"的含义。

（3）请结合图9并观察实车，找出转向信号灯和危险报警灯的电源有何不同。

3．图10所示为大众某款车型的制动灯电路，请根据电路图回答下列问题。

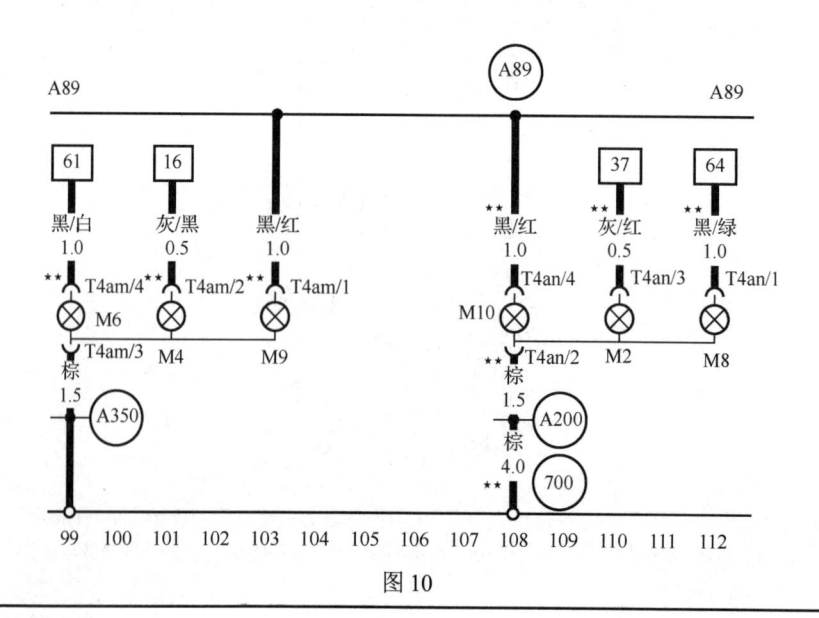

图10

汽车照明系统检修 项目六

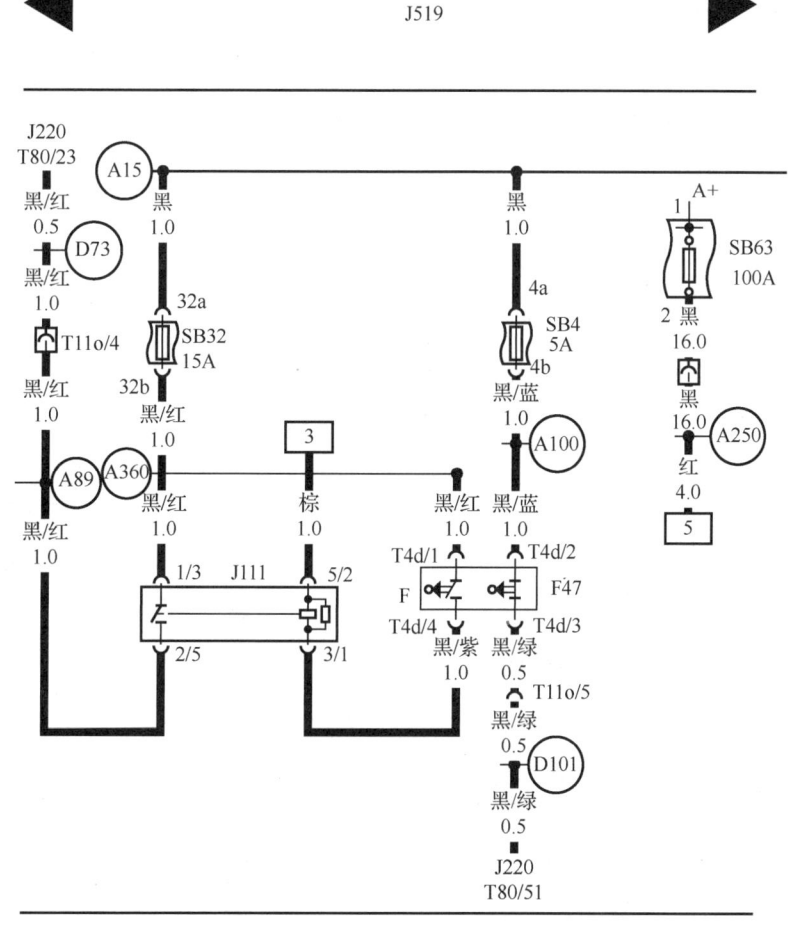

```
                              J519
```

113 114 115 116 117 118 119 120 121 122 123 124 125 126

J519—车载网络控制单元；SB4—熔断器 4，5A，制动踏板开关、离合器踏板开关熔断器；SB32—熔断器 32，15A，制动灯开关、制动灯、高位制动灯熔断器；F—制动灯开关，在制动踏板上；F47—制动踏板开关；J111—制动灯继电器；M9—左制动灯；M10—右制动灯；A15—正极连接线，在仪表盘线束内。

图 10（续）

（1）请在图 10 中标注出左制动灯 M9 的搭铁线，并说明该搭铁线的颜色。

（2）请在图 10 中用"Δ"标注出制动灯 M9、M10 的电源线。

（3）继电器 J111 是什么类型的继电器，简述 J111 的工作原理。

（4）制动灯电路的控制类型是（　　）。

A．直接控制式　　　B．间接控制式　　　C．端子控制式

（5）踩下制动踏板后，制动灯亮起，请写出此时制动灯 M9 电路的电流走向。

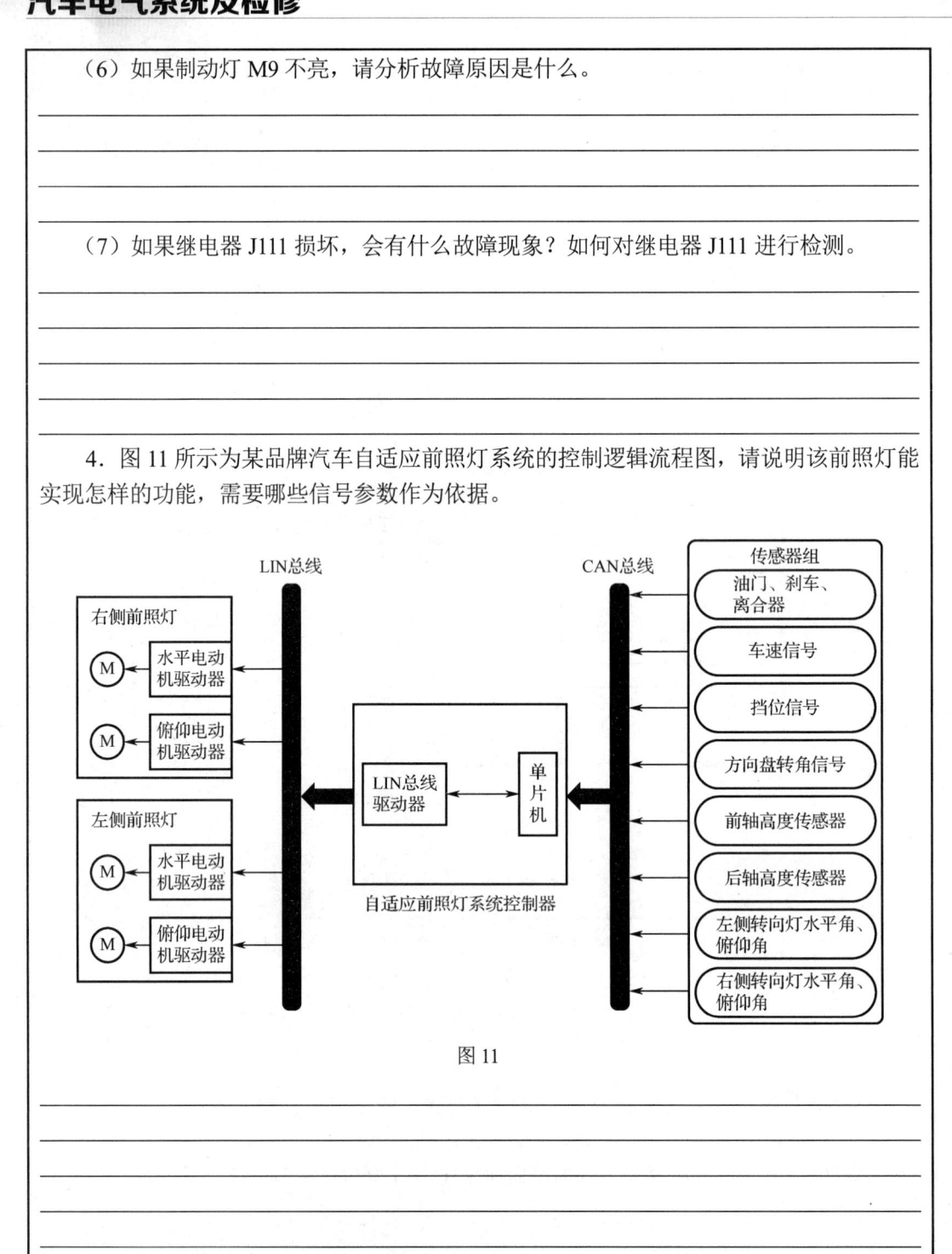

（6）如果制动灯 M9 不亮，请分析故障原因是什么。

_____
_____
_____

（7）如果继电器 J111 损坏，会有什么故障现象？如何对继电器 J111 进行检测。

_____
_____
_____
_____

4．图 11 所示为某品牌汽车自适应前照灯系统的控制逻辑流程图，请说明该前照灯能实现怎样的功能，需要哪些信号参数作为依据。

图 11

_____
_____
_____
_____

5．图 12 所示为某品牌汽车外部灯光照明网络控制图，请回答下列问题。

```
  ┌─────┐     ┌─────┐     ┌─────┐     ┌─────┐     ┌─────┐     ┌─────┐    ┌──────┐     ┌─────┐    ┌─────┐
  │E17/24│────│N69/4│─────│E17/23│────│N69/3│─────│E17/7│─────│N69/1│────│M21/1 │─────│N28/1│────│ X58 │
  └─────┘     └─────┘     └─────┘     └─────┘     └─────┘     └─────┘    │M21/1e1│    └─────┘    └─────┘
                                                                          │E6/5  │
                                                                          └──────┘
```

图12 中有几种总线图（示意）

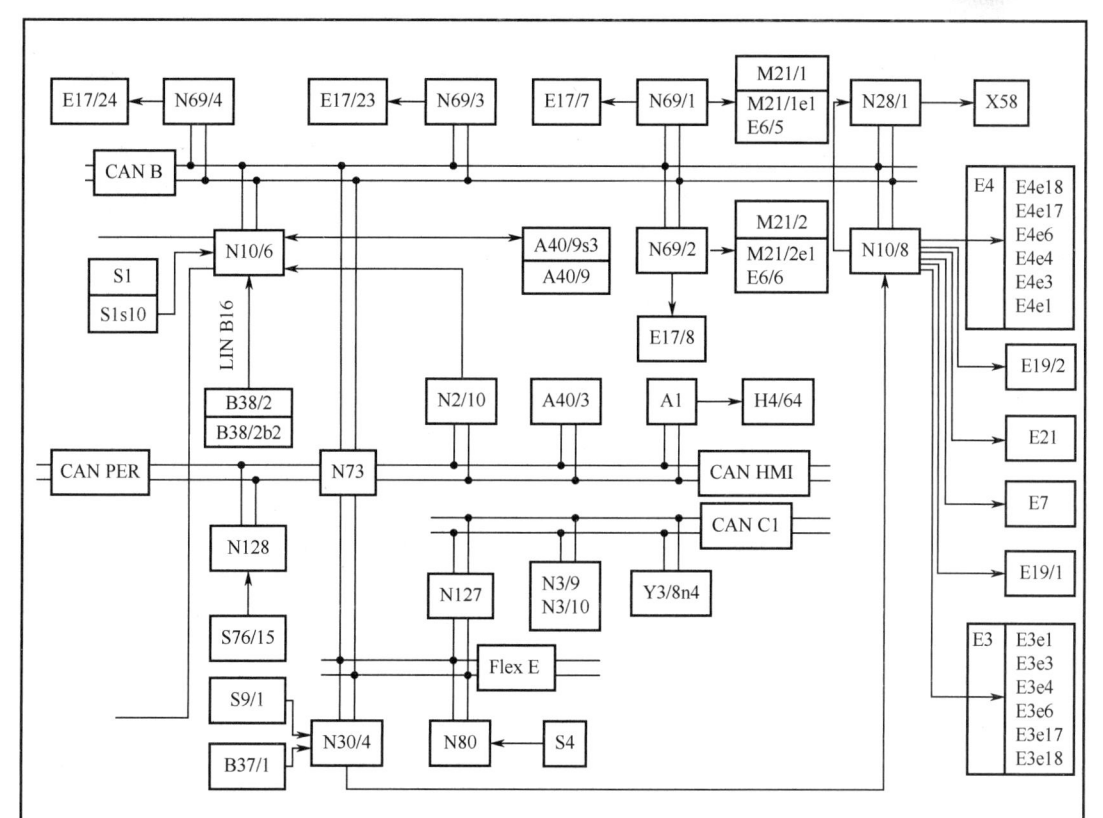

CAN B—车内控制器区域网络；CAN C1—传动系统控制器区域网络；CAN HMI—用户接口控制器区域网络；CAN PER—外围装置控制器区域网络；LIN B16—雨量、光线传感器局域互联网；Flex E—底盘 FlexRay；N80—转向柱模块控制单元；S76/15—电动驻车制动器开关；B37/1—制动踏板角度传感器；S9/1—制动灯开关；N30/4—车辆稳定行驶系统（ESP）控制单元；N73—电子点火开关控制单元；E4e4—右侧制动灯；E3e4—左侧制动灯；N10/8—后信号采集及促动控制模组（SAM）控制单元。

图 12

（1）图 12 中有几种总线，分别是哪些？请在图 12 中标注出车辆动态控制区域网络 CAN H。

（2）请找出图 12 中的 LIN 总线，并说明 B38/2 的名称和作用。

（3）请说明制动灯的工作过程。

学习任务 4

主题	更换前照灯
说明	● 根据制造商的规范准备必要的工具和工具 ● 遵守安全规定，保持工作场所整洁 ● 以现有车辆的实际配置为准 ● 注意：发动机运转及车辆起动过程中存在意外伤害的危险

工作表：向客户解释发电机检测项目

1. 向客户说明更换前照灯的必要性。

2. 小组讨论制订更换前照灯的工作计划。

3. 小组讨论制订前照灯回路检测工作计划，补充完整表 2 所示的工作列表中的信息。

表 2

车辆信息表			
制造商		品牌	
车辆车型		制造日期	
车辆识别代号		发动机型号	
总质量		发动机功率	
乘坐人数		发动机排量	
燃料类型		燃油型号	
计划工作范围						
序号	检测项目	工具	检测步骤	检测结果	正常值或正常值范围	结论
---	---	---	---	---	---	---
1						
2						
3						

续表

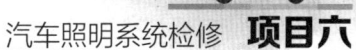

序 号	检测项目	工 具	检测步骤	检测结果	正常值或正常值范围	结 论
4						
5						
6						
7						
8						
9						

4．更换好前照灯后，根据回路检测结果，评估本次工作任务。

学生笔记：

请结合前照灯的作用与要求，阐述对"前照灯控制——照有界，变守规，控有LIN，安无恙"的理解。

成绩评测

编 号	测 试 形 式	测 试 加 权
1	理论知识查询 ● 10道测试题 ● 每题2分，总分数为20分 ● 最长处理时间：10min ● 试题已在学习平台上传	20%
2	工作计划 ● 制订关于"进行前照灯就车检测"主题的工作计划，时间为20min ● 根据评估矩阵进行评价 | 编号 | 评估标准 | 1 | 2 | 3 | 4 | 5 | |---|---|---|---|---|---|---| | 1 | 工作步骤的系统顺序 | | | | | | | 2 | 遵守安全 | | | | | | | 3 | 必要的工具和设备清单 | | | | | | | 4 | 完整且及时 | | | | | |	30%

续表

编号	测试形式						测试加权
3	实际工作任务 ● 按照工作计划实施灯光开关检测 ● 工作任务时间：40min ● 根据评估矩阵进行评价						50%
	编号	评估	1	2	3	4	5
	1	专业和安全地操作设备和工具					
	2	遵守安全说明					
	3	正确地操作工具和设备（5S）					
	4	专业且及时地完成任务					

笔试测试

学习领域	汽车电气系统及检修
学习情境	汽车照明系统检修
客户委托	前照灯失效
姓名	班级	日期
成绩	教师签名	

测试题或任务

1. 选择题

（1）普通双丝灯泡前照灯的近灯丝位于反射镜焦点的（　　）。

　　A．下方　　　　　B．上方　　　　　C．右方　　　　　D．左方

（2）打开前照灯后，灯光暗淡的原因是（　　）。

　　A．熔断器断开或熔丝熔断　　　　　B．灯丝烧断

　　C．接头松动或锈蚀　　　　　　　　D．调节器电压过高

（3）技师甲说："在校准前照灯之前，应当检查汽车弹簧和减振器的状况。"技师乙说："在校准前照灯之前，汽车的燃油箱必须是满的。"谁说的对？（　　）

　　A．只有甲对　　　　　　　　　　　B．只有乙对

　　C．甲、乙都对　　　　　　　　　　D．甲、乙都不对

（4）前照灯的自动控制功能有（　　）。

　　A．自动延时功能　　　　　　　　　B．照明距离调节

　　C．转向随动功能　　　　　　　　　D．自动清洗功能

（5）（　　）具有非常纯净的颜色，几乎没有发散方向。

　　A．LED　　　　　B．气体放电灯　　C．激光前照灯　　D．充气灯泡

（6）前照灯的布置形式有（　　）。

　　A．二灯制　　　　B．三灯制　　　　C．四灯制　　　　D．五灯制

（7）前照灯防眩目措施有（　　）。

　　A．采用双丝灯泡　　　　　　　　　B．近光灯丝下安装配光屏

C．不对称式配光　　　　　　　　　　D．Z 形配光

2．判断题

（1）转向信号灯的闪光器闪光频率一般为 80～150 次/ min。　　　　　　　　（　）

（2）机动车装用远光和近光双光束灯时，以调整远光光束为主。　　　　　　（　）

（3）前照灯采用屏幕检验法时只能检验前照灯光束的照射方向，无法检验其发光强度。

（　）

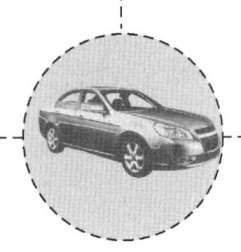

项目七

辅助电气系统检修

任务情境描述

某 4S 店接到电话求助,客户反映,汽车右前车窗玻璃无法工作,来店检测维修。服务顾问要大致向客户解释一下可能的原因,并开出工单给车间,经检查是驾驶员侧的车窗玻璃升降控制开关故障所致。由服务顾问向客户说明故障原因,并开出更换驾驶员侧的车窗玻璃升降控制开关的工单。

所属课程

学习领域	汽车电气系统及检修
学习情境	辅助电气系统检修
客户委托	更换驾驶员侧玻璃升降开关总成

学习目标

行动目标(培训目标)	更换驾驶员侧玻璃升降电动机		
学习内容	舒适系统组成 舒适系统功能检查 电动雨刮器的工作原理 电动车窗工作原理		
学习成果	绘制舒适系统的组成(功能单元)一览表 描述各装置的作用和功能 制订工作计划,就车检查舒适系统各装置的功能并评估其工作状态 制订工作计划,按照规范,更换驾驶员侧玻璃升降电动机		
能力	专业能力: 行有规,执事敬 描述舒适系统的结构和功能 解释电动雨刮器的工作原理 解释电动车窗的工作原理 完成电动车窗就车检测并记录检测结果 按照工作计划更换车窗升降电动机	社会能力: 尚和合,重民本,守诚信 善解人意 诚实守信 友好沟通 团队合作	个人能力: 志于学,学有思 有责任心 追求成功 有自我反省的意识 努力学习

任务一　辅助电气系统概述

一、舒适系统的作用

为了让驾驶员更舒适地驾驶汽车，汽车舒适系统各装置可以为使用者提供更多的便捷性与舒适性。随着技术的发展，现代汽车上舒适系统的配置越来越齐备，包括可电动调节的多功能方向盘、带记忆功能的通风电动座椅、电动吸合门、电动尾门、电动车窗、电动后视镜、全自动雨刮器、人机交互的多媒体信息系统、全自动空调、无钥匙进入的中央电控门锁等，一应俱全。

为了保证上述系统的可靠运行，实现数据交换和管理，这些系统都配有 ECU 进行管理，ECU 和 ECU 之间通过 CAN 或 LIN 互联，进行数据信息共享。

二、舒适系统的常见组成

1. 电动调节方向盘和多功能方向盘

电动调节方向盘是指通过电动机来调节方向盘的位置，可改变方向盘与驾驶员之间的相对距离与倾角，提高驾驶员操控方向盘时的使用感。多功能方向盘则是指方向盘上方或下方集成了一些功能键，可以更便捷地操控相应的汽车功能。多功能方向盘包括音响控制装置、空调调节装置等。驾驶员可以直接在方向盘上操控车内很多的电子设备，不需要去中控台上寻找各类按钮，可以更专心地注视前方，大大提高行车的安全性。图 7-1 所示为电动调节方向盘和多功能方向盘。

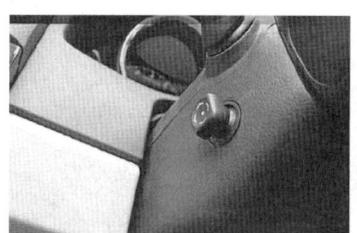

图 7-1　电动调节方向盘和多功能方向盘

（1）方向盘前后调节：调节方向盘轴线的长短，目的是满足不同身材的驾驶员对方向盘与自身距离的需要，使驾驶员调节座椅与方向盘的距离，从而保持舒适的腿部空间，保持驾驶员与方向盘距离合适。

（2）方向盘上下调节：调节方向盘的垂直距离，目的是满足不同身材的驾驶员对方向盘与驾驶员上下空间上的需要，使驾驶员调节座椅与方向盘的距离而保持舒适的腿部空间，保持与方向盘上下方向上距离合适。

（3）在方向盘两侧或下方设置有功能键，包括音响控制、空调调节、车载电话等，也可将巡航控制按键设置在方向盘处。

2. 电动座椅

1）电动智能座椅

电动智能座椅如图 7-2 所示，通过座椅内的电动机来调节座椅的前后位置、上下高度、靠背角度、大腿支撑、腰靠高低等，并且可对座椅信息参数实现智能化管理，座椅状态设定好后，可由计算机保存并调取。有些座椅还配有按摩、加热和通风功能。

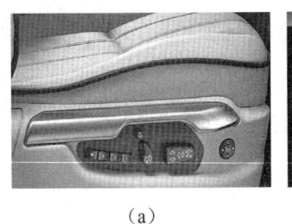

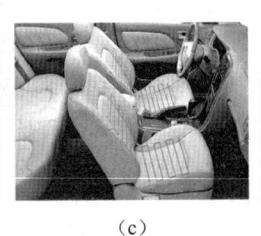

图 7-2　电动智能座椅

2）电动座椅结构

电动座椅通常由座椅调节开关、电动机、传动装置、骨架等组成。电动机采用永磁式双向直流电动机，若要完成 8 个方向的调节，则需要 4 个电动机来完成。电动座椅前后方向位移调节量一般为 100~160mm，座位前部和后部的上下调节量为 30~50mm。图 7-3 所示为电动座椅结构，带记忆加热和通风功能。

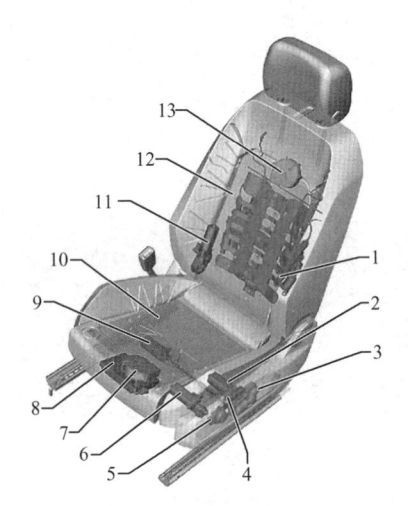

1—腰部支撑；2—座椅高度调节装置；3—座椅调节操作单元；4—座椅记忆功能操作单元；5—腰部支撑调节开关；6—倾斜度调节装置；7—座椅风扇；8—控制单元；9—座椅前后调节装置；10—座椅加热元件；11—靠背调节装置；12—靠背加热元件；13—座椅靠背风扇

图 7-3　电动座椅结构

一般一个座椅调节系统包括由 4 个电动机驱动的两套齿轮机构，其中，一套负责高度调节，另一套负责综合调节高度和前后位置。简单座椅的设计不含调节座椅高度装置。电动座椅主要是为了增加驾驶的舒适性，多方位调节及空间的局限和其他控制方面的困难限制了手动调节机构的使用。以下功能需要使用 7 个电动机来完成：前、后坐垫高度调节；座椅纵向调节；坐垫倾斜角调节；座椅靠背倾斜用调节；腰部支撑高度、弯曲度调节；肩部支撑倾斜角调节；头枕高度调节。

现代化座椅（特别是赛车）不仅将腹部安全带安装在座椅架上，还将肩部安全带和它的高度调节器、惯性卷筒和收紧器装在座椅靠背上。这种座椅设计使各种不同身材的驾驶员和乘客坐在任何位置都能保证最佳安全带定位，因此，对驾驶员和乘客的安全十分有利。在这类设计中，必须加强座椅架的强度，也应加强齿轮机构和与座椅架的连接机构的强度。

选装的可编程座椅调节器（记忆座椅）能预先设置几种不同的座椅位置，同时利用电位计和霍尔传感器检测座椅当前的状态。座椅调节器能将前排座椅移到最靠前的位置，方便后排乘客进入汽车。

※请描述电动座椅有哪些功能。

_____
_____
_____
_____

3. 多媒体信息系统

1）人机交互系统

人机交互系统如图 7-4 所示，该系统能实现人与车之间的对话，可以查询车辆运行的相关信息。同时，它具备蓝牙电话、地图导航等功能。有些高档车型还可以对车辆的一些参数进行调整，如车内氛围灯、音响、空调、座椅功能等，可选择的控制功能丰富且实用。

2）倒车影像系统

倒车影像系统如图 7-5 所示，当挂倒车挡时，该系统会自动接通位于车尾的高清倒车摄像头或全车外部的摄像头（全景倒车影像系统），将车后的状况或车辆四周的状况清晰地显示在车内的液晶显示屏上，即使在晚上，通过红外线摄像头也能看得一清二楚，让驾驶员准确把握路况。

图 7-4　人机交互系统　　　　图 7-5　倒车影像系统

4. 电动吸合门和电动尾门

1）电动吸合门

电动吸合门属于自动软关闭系统，可以温和地关闭车门，减少汽车关门时产生的振动与降低关门声音。技术背后的研发理念很简单：只需轻合上任意一扇车门，该系统就会自动完成剩下的事情，没有任何噪音。

电动吸合门又叫作磁力吸合门，主要是通过电源的通断来控制门的闭合。通电产生电磁力，门闭合；断电，电磁力消失，门打开。门框（或门板边缘）上装有电磁线圈，当车门打开时，线圈中就会有电流通过，从而形成电磁力。由于电磁力，当车门关到与门框距离较近时，车门就会被自动吸上。电动吸合门如图 7-6 所示。

电动吸合门的两大重点部件就是传感器与电动机。只要关门的动作不过于猛烈，传感器都能检测到。例如，当门合到一半（距离门锁约 6mm）时，传感器就会检测到这一情况。传感器检测到驾驶员或乘客关门的意图，一旦车门锁锁定把手，电动机（安装在每扇车门上，包括车尾行李箱）就会开启。电动机的主要任务是将门牢牢拉合，过程中几乎不产生任何噪音。

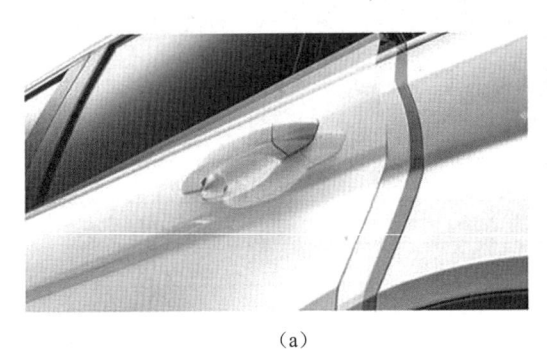

(a)　　　　　　　　　　　　　　　(b)

图 7-6　电动吸合门

2）电动尾门

电动尾门如图 7-7 所示，电动尾门的解锁、闭锁及打开、关闭全部由电动机来完成。通过操作车内尾门开启按钮或遥控钥匙上的开启按钮或接近车尾的感应传感器均可开启尾门，长按遥控钥匙上的闭锁按钮或后备厢内的闭锁按钮可关闭后备厢，后备厢关闭后会自动闭锁。

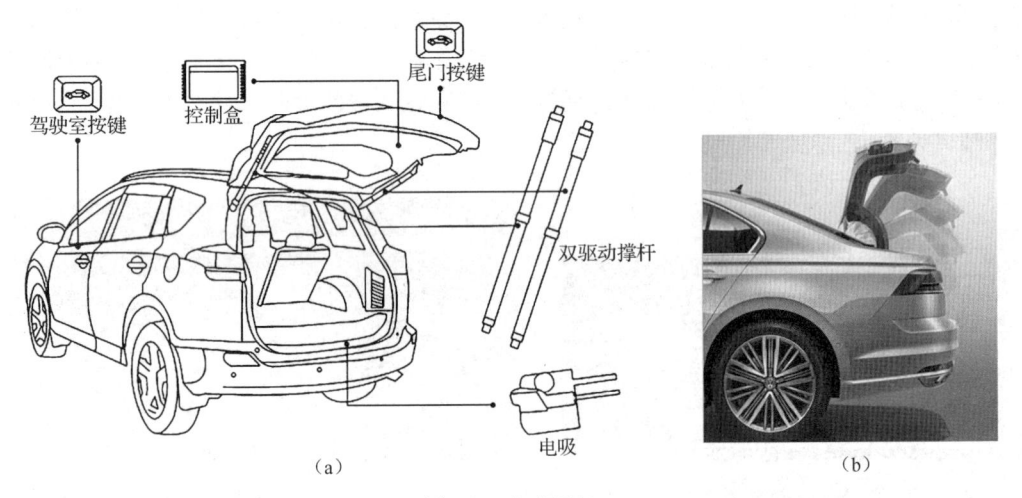

(a)　　　　　　　　　　　　　　　(b)

图 7-7　电动尾门

※请描述电动座椅、电动车窗、电动后视镜、电动雨刮器这些装置的执行元件是什么。

_____
_____
_____

三、辅助电气系统的常见电动机

现代汽车的很多辅助电气系统基本都由车身控制模块（BCM）进行操作或控制，车身控制模块采集到传感器的信号及驾驶员或乘客通过功能开关所发出的开关信号后，对信号进行分析处理，发出指令控制相应的直流电动机动作。

1. 永磁式电动机

汽车辅助电气系统使用的小型直流电动机大多为永磁式电动机，如雨刮器电动机。永磁式电动机主要有四个元件：电枢、电刷、换向器和永磁体，如图7-8所示。电流通过电刷、换向器到达电枢绕组，电枢绕组产生的电磁场与永磁体的永磁场相互作用，使电枢产生旋转运动，该旋转运动由电枢轴直接输出传动或通过齿轮输出传动。

2. 励磁式电动机

励磁式电动机分可反转的励磁式电动机和不可反转的励磁式电动机两种类型，这主要取决于电枢中的电流方向是否改变。

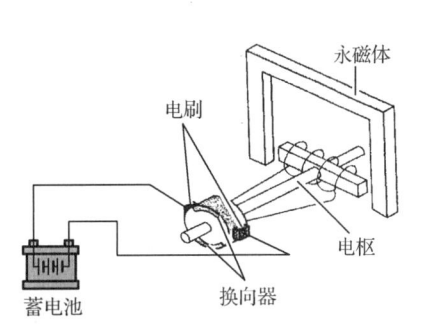

图7-8 永磁式电动机的工作原理图

电磁场的极性取决于电流方向。不可反转的励磁式电动机中，当电动机的一个电刷直接接地时，电动机就不可反转，通电以后，电枢中的电流方向保持不变，这就意味着磁场方向不变，因此电枢的旋转方向不变，不可反转的励磁式电动机通常用于雨刮器，在发动机的燃油泵、风扇上采用的也是不可反转的励磁式电动机，如图7-9所示。

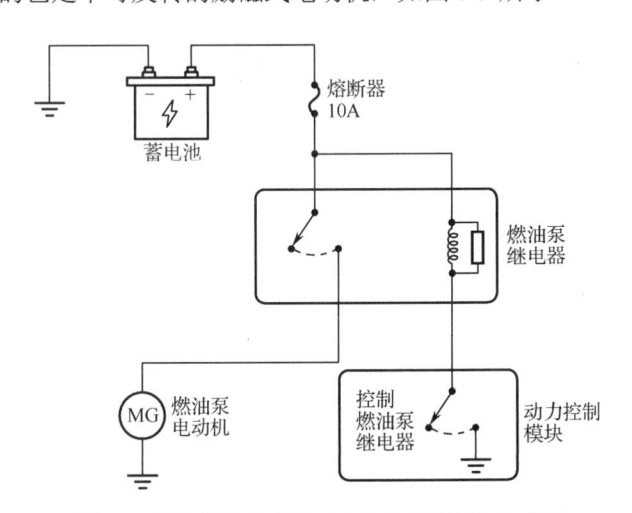

图7-9 不可反转的励磁式电动机在油泵上的应用

如果改变电枢中的电流方向，则电磁场的极性也随之改变，电枢就随之反转，这种电动机就是可反转的励磁式电动机，其中的电枢不直接接地，电路中增加了一个控制开关，改变控制开关的位置，就可改变电流方向，这样电枢就实现了正、反向的旋转。这种电动机通常用于车窗、座椅和天线等的控制，如图7-10所示。

绝大多数汽车在驾驶员侧的车窗处还安装了主控开关，可控制所有车窗的升降，驾驶员通过控制单元来控制该电路。

有的辅助电气电路中使用了不止一个可反转的励磁式电动机。例如，电动后视镜，有内外倾角和上下倾角的调节，就各采用了一个励磁式电动机，每个励磁式电动机控制一对方向上的角度调节；再如，电动座椅，每个励磁式电动机可实现双向位移控制，电动机的数量由座椅的调节功能的多少而定，如图7-11所示。

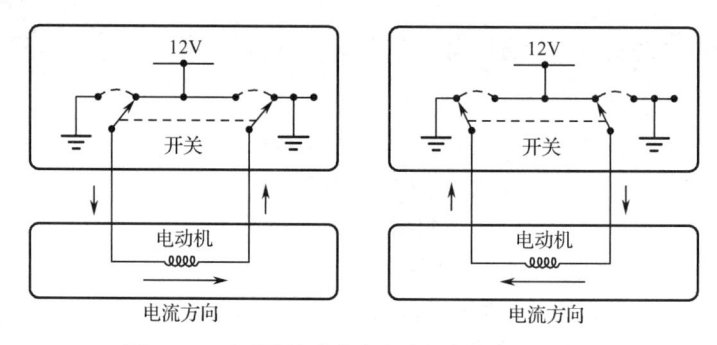

图 7-10 可反转的励磁式电动机在车窗上的应用

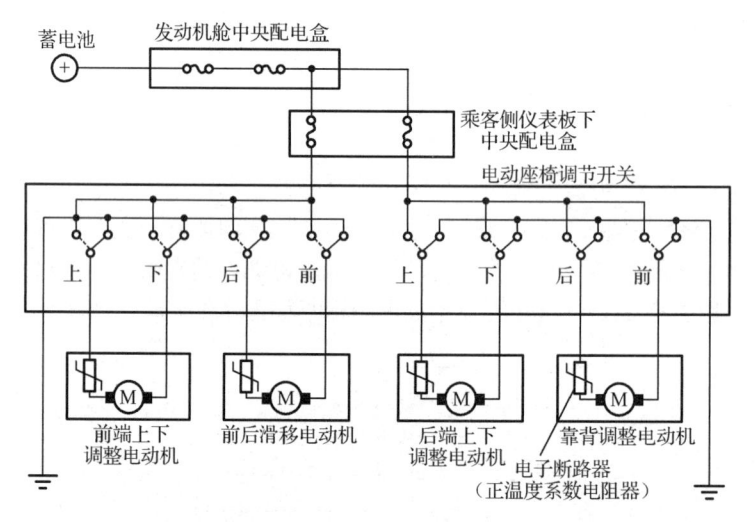

图 7-11 可反转的励磁式电动机在汽车座椅上的应用

※请描述电动座椅、电动车窗、电动后视镜、电动遮阳帘所使用的电动机有什么共同的特点。

_____
_____
_____
_____

任务二　中央控制电动门锁系统电路分析

为方便驾驶员和乘客开关车门，大部分现代轿车均安装了中央控制电动门锁系统。

中央控制电动门锁可以实现以下功能：驾驶员在锁住或打开驾驶员侧车门的同时，锁住或打开其他车门（开门或锁门的方式包括用钥匙、门锁开关和无钥匙方式）；在车内打开个别车门的同时，可分别拉开各自的锁扣；配合防盗系统，实现防盗。

一、中央控制电动门锁系统的组成

中央控制电动门锁系统通常由控制器、位置开关、门锁、锁芯、电动机等组成，如图7-12所示。

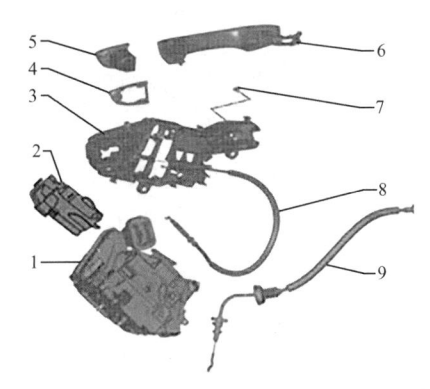

1—车门锁总成；2—防撬锁盖板；3—门锁支架；4—垫片；5—锁芯（用于钥匙开关车门）；6—车门把手（内装有天线和触摸传感器）；7—门锁支架固定螺栓；8—拉索（用于钥匙开关车门）；9—拉索（用于车门内部拉手开门）。

图 7-12 中央控制电动门锁组成（单扇车门）

二、中央控制电动门锁系统的工作原理

中央控制电动门锁系统的形式较多，常见的有继电器式中央控制电动门锁系统、ECU 控制式中央控制电动门锁系统。

1. 继电器式中央控制电动门锁系统

继电器式中央控制电动门锁系统如图 7-13 所示。

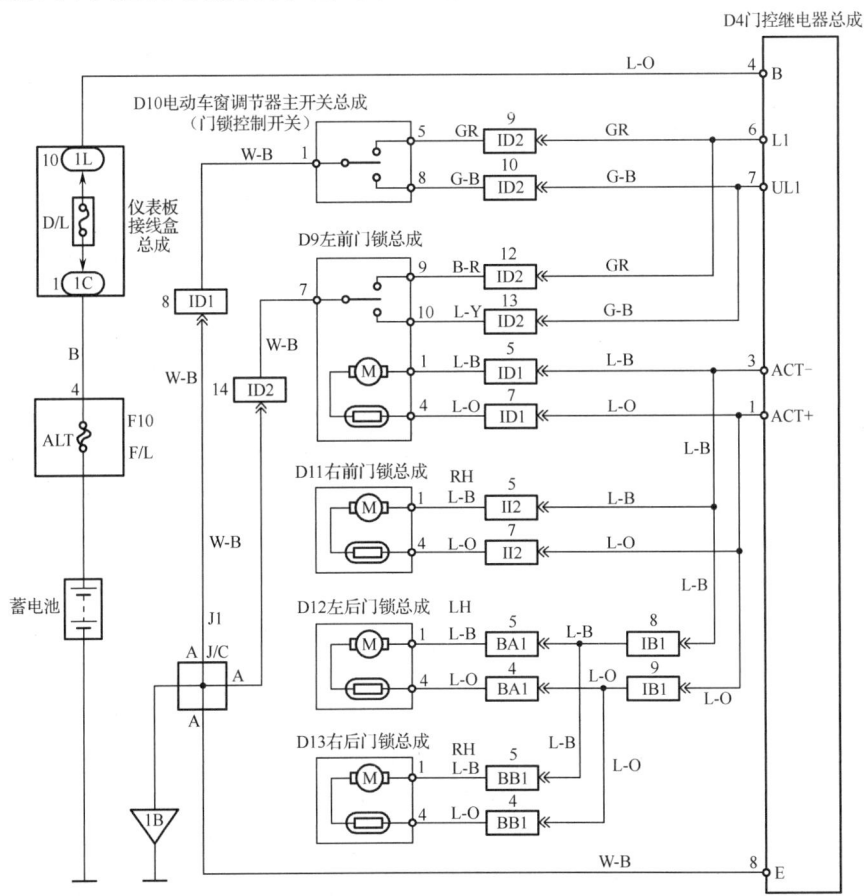

图 7-13 继电器式中央控制电动门锁系统

驾驶员或乘客按压门锁开关,发出解锁或闭锁信号,使得对应的门控继电器总成信号电路形成回路,门控继电器总成给4扇车门的门锁电动机提供相应方向的电流,使车门解锁或闭锁。

2. ECU控制式中央控制电动门锁系统

图7-14所示为无钥匙进入功能的中央控制电动门锁系统的控制原理图。其中,左前门锁总成VX21内含有解锁电动机V56、闭锁电动机V161,车门位置开关F2及门锁位置开关F241和F243,其余门锁总成与VX21结构类似;左前门把手总成EX6内含有触摸传感器G415和扫描钥匙的低频天线R134;R47为接收钥匙高频信号的接收天线,安装在车身计算机J519内。

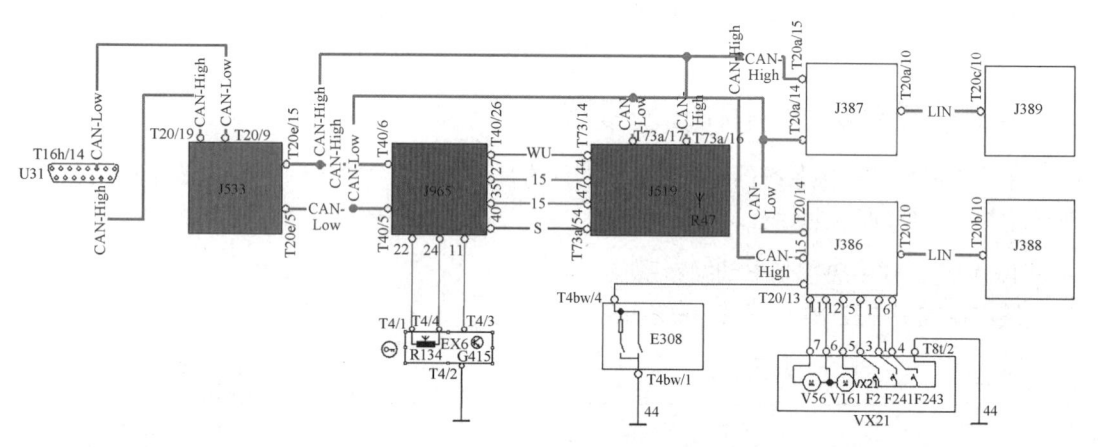

U31—OBD诊断接口;J533—网关;J965—进入及起动接口模块;J519—车身计算机;J386—左前门控制模块;J388—左后门控制模块;E308—驾驶员侧车内门锁按钮;J387—右前门控制模块;J389—右后门控制模块;VX21—左前门锁总成;EX6—左前门把手总成;44—接地点,在左侧A柱下方。

图7-14 无钥匙进入功能的中央控制电动门锁的控制原理图

1)遥控解锁或闭锁车门

按压遥控钥匙上的解锁或闭锁按钮,钥匙发射一个解锁或闭锁车门的高频信号(433MHz或315MHz),该信号由车身计算机J519内的高频信号接收天线R47接收后,通过舒适系统CAN总线给左前门控制模块J386、右前门控制模块J387发出相应的指令,左、右前门控制模块J386、J387收到指令后,通过LIN总线给左后门控制模块J388、右后门控制模块J389发出相应的指令,车门控制模块驱动左前门锁总成VX21等门锁总成执行相应的动作,全部车门解锁(未设置单一车门解锁模式)或闭锁。

2)无钥匙解锁或闭锁车门

触摸左前车门把手总成EX6,左前车门把手总成EX6内的接近传感器G415将触摸信号提交给进入及起动接口模块J965,进入及起动接口模块J965接收到信号后,唤醒睡眠状态下的车身计算机J519和舒适系统CAN总线,同时驱动左前车门把手总成EX6内的低频天线R134发出低频信号(125kHz)扫描车钥匙。当车钥匙被扫描到后,车钥匙会发出一个含有钥匙编码信息的高频信号(433MHz或315MHz),该高频信号由车身计算机J519内的高频天线R47接收,必须注意的是车身计算机J519本身无法判别该钥匙的合法性,因此,车身计算机J519接收到钥匙编码信息后,需将该信号整理后通过舒适系统CAN总线传给进入及起动接口模块 J965，该信号由进入及起动接口模块 J965 进行判别。假如该信号合法，进入及起动接口模块 J965 会通过舒适系统 CAN 总线给车身计算机 J519 一个反馈信号，车身计算机 J519 将通过舒适系统 CAN 总线给左前门控制模块 J386、右前门控制模块 J387 发出相应的指令，左、右前门控制模块 J386、J387 收到指令后通过 LIN 总线给左后门控制模块 J388、右后门控制模块 J389 发出相应的指令，车门控制模块驱动左前门锁总成 VX21 等门锁总成执行相应的动作，全部车门解锁（未设置单一车门解锁模式）或闭锁。

3）机械钥匙解锁或闭锁

机械钥匙只能通过左前车门锁芯实现车门解锁或闭锁。

将机械钥匙插入锁芯并转动，此时，左前门锁解锁或闭锁，同时，左前门锁总成 VX21 内的门锁位置开关 F241 或 F243 将锁芯动作转换成电信号传给左前门控制模块 J386。于是，左前门控制模块 J386 收到一个相应的解锁或闭锁指令，将指令通过舒适系统 CAN 总线转发给右前门控制模块 J387，左、右前门控制模块 J386、J387 再将此解锁或闭锁指令通过 LIN 总线传送给左后门控制模块 J388 和右后门控制模块 J389，车门控制模块收到解锁或闭锁指令后驱动各车门门锁总成执行相应的动作，全部车门解锁（未设置单一车门解锁模式）或闭锁。

4）驾驶员侧车内门锁按钮 E308 解锁或闭锁车门

按下车内驾驶员侧车内门锁按钮 E308，左前门控制模块 J386 收到信号，发出解锁或闭锁指令，驱动左前门锁总成 VX21 执行相应的动作；同时，左前门控制模块 J386 通过舒适系统 CAN 总线将此信号转发给右前门控制模块 J387；左、右前门控制模块 J386、J387 收到指令后通过 LIN 总线给左后门控制模块 J388、右后门控制模块 J389 发出相应的指令，车门控制模块驱动门锁总成执行相应的动作，全部车门解锁或闭锁。

5）车内门拉手解锁车门

车内门拉手与图 7-12 中的拉索 9 相连接。拉动车内门拉手，拉手通过拉索直接拉动左前门锁总成 VX21 内的机械机构使左前车门解锁，无论处于哪一种模式下，都只能解锁拉动拉手的那一侧车门。另外有一种情况，即车辆由遥控钥匙闭锁或由无钥匙闭锁的情况下，此时，通过车门内侧拉手解锁车门，均会触发防盗报警装置，车辆报警。

任务三 电动雨刮器故障分析

电动雨刮器有前风窗雨刮器和后风窗雨刮器之分，工作原理基本相同。按驱动装置不同，雨刮器分为真空式雨刮器、气动式雨刮器和电动式雨刮器三种。目前车辆上广泛使用的是电动式雨刮器。刮刷区域可以通过附加作用于刮片的控制机构（平行四边形机构，一般为四连杆机构）来改变。雨刮器电动机一般采用直流永磁式电动机。

轿车上的雨刮器要在特殊条件下工作 150 万个刮水周期（刮片为 50 万个刮水周期）后还能很好工作。为了形象地说明这个数字，雨刮器清洁的面积约为 200 个足球场面积那么大。载重汽车的雨刮器甚至超过 300 万个刮水周期。因此，对雨刮器提出如下要求。

（1）雨刮器和清洗器必须清除前风窗玻璃上的雨水、积雪和脏污（矿物质脏污、有机脏污、生物脏污）。

（2）刮水面积和清洗的风窗玻璃面积必须符合规定，有一定的大小，以便驾驶员有足够的视野看清行车道边线、交通标志和交通信号灯。

（3）雨刮器质量可靠，尽可能避免驾驶员由于迎面汽车引起的散射光和与此相关的眩目影响。

（4）雨刮器必须能在高温（+80℃）和低温（-30℃）下轻声和长时间地无故障工作。它应能间歇刮水，或能与雨量传感器配合使用。

（5）雨刮器必须有足够的耐腐蚀性，抗酸、碱、盐（240h）、臭氧（72h）的腐蚀，可使用寿命必须通过封闭试验与停位试验。

一、传统电动雨刮器及其工作原理

传统电动雨刮器主要由直流电动机、涡轮、摇臂、拉杆和刮片等组成，如图 7-15 所示。为满足实际使用的要求，电动雨刮器有低速、高速和间歇三个挡位，且在任意时刻刮水结束后，刮片均能回到挡风玻璃的最下端，即自动复位。图 7-16 所示为传统电动雨刮器的调速原理。电动雨刮器的电动机工作时，在电枢内所有小线圈中同时产生相等的反电动势，电动势的方向与电枢电流的方向相反。若要电枢转动，外加电压必须克服反电动势的作用。当电动机转速升高时，反电动势增大，只有当外加电压等于反电动势时，电枢的转速才能稳定。

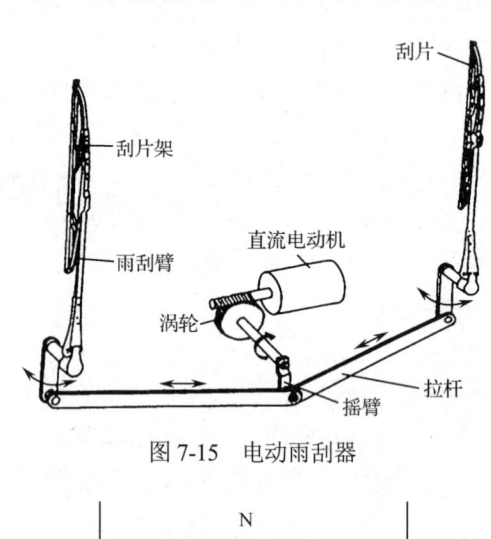

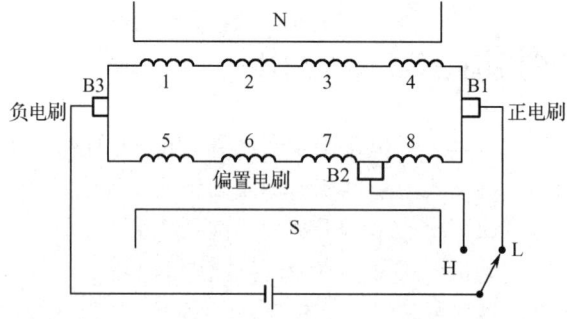

图 7-15 电动雨刮器

图 7-16 传统电动雨刮器的调速原理

1. 电动雨刮器低速运转

将雨刮器开关拨向"L"（低速）挡时，蓄电池电压加在电刷 B1 和 B3 之间，在电刷 B1 和 B3 之间的两条并联支路中，每条支路中各有四个线圈串联，反电动势的大小与支路反电动势的大小相等。由于外加电压需要平衡 4 个线圈所产生的反电动势，故电动机转速较低。

2. 电动雨刮器高速运转

将雨刮器开关拨向"H"（高速）挡时，蓄电池电压加在电刷 B2 和 B3 之间。线圈 1、2、3、4、8 在同一条支路中，其中线圈 8 的反电动势与线圈 1、2、3、4 方向相反，相互抵消后，使每条支路变为 3 个线圈。由于电动机内部的磁场方向和电枢的旋转方向没有变化，所以各线圈内反电动势的方向与低速时相同。但是，外加电压只需平衡 3 个线圈所产生的反电动势，因此电动机的转速升高。

3. 电动雨刮器自动复位

图 7-17 所示为铜环式雨刮器的控制电路。雨刮器开关有 3 个挡位，它可以控制雨刮器的速度和自复位。0 挡为复位挡（停止挡），Ⅰ 挡为低速挡，Ⅱ 挡为高速挡。四个接线柱分别接复位装置、电动机低速电刷、搭铁、电动机高速电刷。复位装置是在减速涡轮上嵌入铜环，铜环分为两部分，与电动机的外壳相连（搭铁）。触点臂用磷铜片或其他弹性材料制成，一端铆有触点。由于触点臂具有弹性，因此当涡轮转动时，触点与涡轮端面的铜环保持接触。

（1）当雨刮器开关处于 Ⅰ 挡时，电流从蓄电池的正极→点火开关→熔断器→电刷 B3→电枢绕组→电刷 B1→雨刮器开关接线柱 X2→接触片→雨刮器开关接线柱 X3→搭铁→蓄电池负极，电动机以低速运转。

（2）当雨刮器开关处于 Ⅱ 挡时，电流从蓄电池的正极→点火开关→熔断器→电刷 B3→电枢绕组→电刷 B2→雨刮器开关接线柱 X4→接触片→雨刮器开关接线柱 X3→搭铁→蓄电池负极，电动机以高速运转。

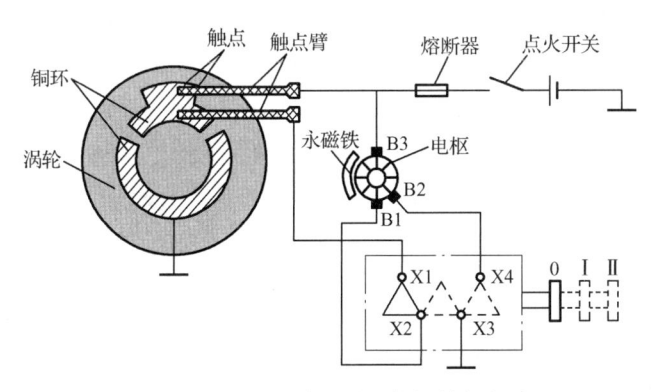

图 7-17 铜环式雨刮器的控制电路

（3）当将雨刮器开关退回到 0 挡时，如果刮片没有停在规定的位置，由于触点与铜环相接触，则电流继续流入电枢。其电路为蓄电池正极→点火开关→熔断器→电刷 B3→电枢绕组→电刷 B1→雨刮器开关接线柱 X2→接触片→雨刮器开关接线柱 X1→触点臂→铜环→搭铁。电动机低速运转至涡轮旋转到规定位置，即触点都和铜环接触，电动机电枢绕组短路。但是，若电枢由于惯性而不能立刻停下来，则电枢绕组通过触点与铜环接触而构成回路，电枢绕组产生感应电流，产生制动扭矩，电动机将迅速停止转动，刮片停在规定的位置。

4. 电动雨刮器间歇控制

现代汽车雨刮器上均配有间歇控制系统，使雨刮器能按照一定的周期刮水和停止，如此在小雨或雾天行驶时，不至于在玻璃上形成发黏的表面，从而使驾驶员获得更好的视线。电动雨刮器的间歇控制有可调式和不可调式。图 7-18 所示为传统电动雨刮器的间歇控制。

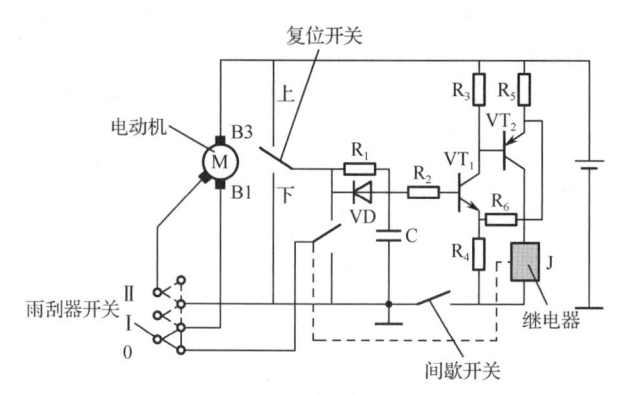

图 7-18 传统电动雨刮器的间歇控制

当雨刮器开关处于间歇挡（开关处于 0 挡，且间歇开关闭合）时，电源将通过自动复位开关向电容器 C 充电，其电路为蓄电池正极→电源开关→熔断器→自动复位开关常闭触点（上）→电阻器 R_1→电容器 C→搭铁→蓄电池负极，随着充电时间的增长，电容器两端的电压逐渐升高。当电容器两端的电压升高到一定值时，晶体管 VT_1 和 VT_2 先后由截止状态转为导通状态，从而接通继电器电磁线圈的电路，其电路为蓄电池正极→电源开关→熔断器→电阻器 R_5→晶体管 VT_2→继电器电磁线圈→间歇开关→搭铁→蓄电池负极。在电磁力的作用下，继电器常闭触点打开，常开触点闭合，从而接通了雨刮器电动机的电路，其电路为蓄电池正极→电源开关→熔断器→电刷 B3→电刷 B1→雨刮器继电器常开触点→搭铁→蓄电池负极，此时，电动机低速运转。

当复位装置将自动复位开关的常开触点（下）接通时，电容器通过二极管 VD 与自动复位装置的常开触点迅速放电，此时雨刮器电动机的通电回路不变，电动机继续转动。随着放电时间的增长，晶体管 VT_1 的基极电位逐渐降低。当晶体管 VT_1 的基极电位降低到一定值时，晶体管 VT_1、VT_2 由导通状态转为截止状态，从而切断了继电器磁化线圈的电路，继电器复位，常开触点断开，常闭触点闭合。此时，由于自动复位开关的常开触点处于闭合状态，电动机仍将继续转动，其电路为蓄电池正极→电源开关→熔断器→电刷 B3→电刷 B1→继电器常闭触点→搭铁→蓄电池负极。只有当刮片回到原始位置（不影响驾驶员视线的位置），自动复位开关的常开触点断开，常闭触点闭合，电动机停止转动。继而电源将再次向电容器充电，重复上述过程，实现雨刮器的间歇动作。调节电容器的容量或在电容器的放电回路上加装一个可调电阻可实现间歇时间可调。

二、自动雨刮器

大多数现代汽车上都配置了自动雨刮器，自动雨刮器能够根据雨量的大小自动开闭，并自动调节间歇时间，其控制原理如图 7-19 所示。

图 7-19 中 S_1、S_2 和 S_3 是安装在风窗玻璃上的雨量检测电极，雨滴落在两检测电极之间，电极的阻值相应减小，雨量越大，阻值越小。电极 S_1、S_3 之间的距离较近，因此，晶体管 VT_1 首先导通，继电器 J_1 通电，在电磁吸力作用下，P 点闭合，电动机低速运转。当雨量增大时，电极 S_1、S_2 之间的电阻减小到使晶体

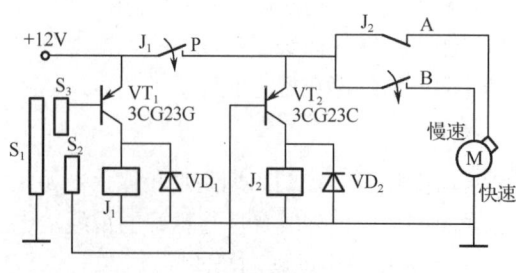

图 7-19 自动雨刮器的控制原理

管 VT$_2$ 也导通，于是继电器 J$_2$ 通电，在电磁吸力的作用下，A 点断开，B 点接通，电动机高速运转。雨停时，检测电阻之间的阻值均增大，晶体管 VT$_1$、VT$_2$ 截止，继电器复位，电动机自动停止工作。

三、ECU 控制的电动雨刮器

ECU 控制的电动雨刮系统由电动机、摆臂、连杆、雨量传感器、雨刮器控制模块、雨刮器开关等组成，雨刮的摆动是通过电动机的正反转来实现的。图 7-20 所示为 ECU 控制的电动雨刮器；其控制原理如图 7-21 所示。

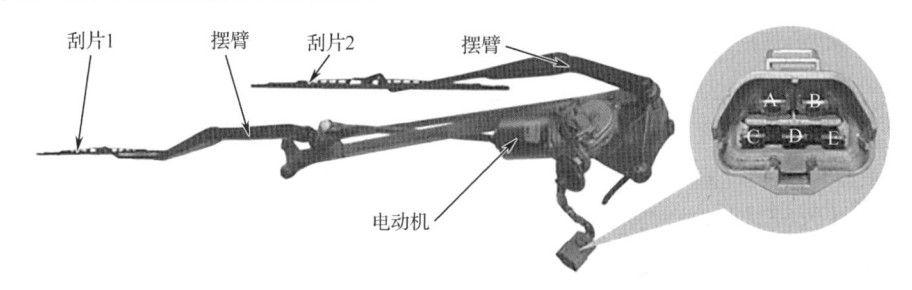

图 7-20 ECU 控制的电动雨刮器

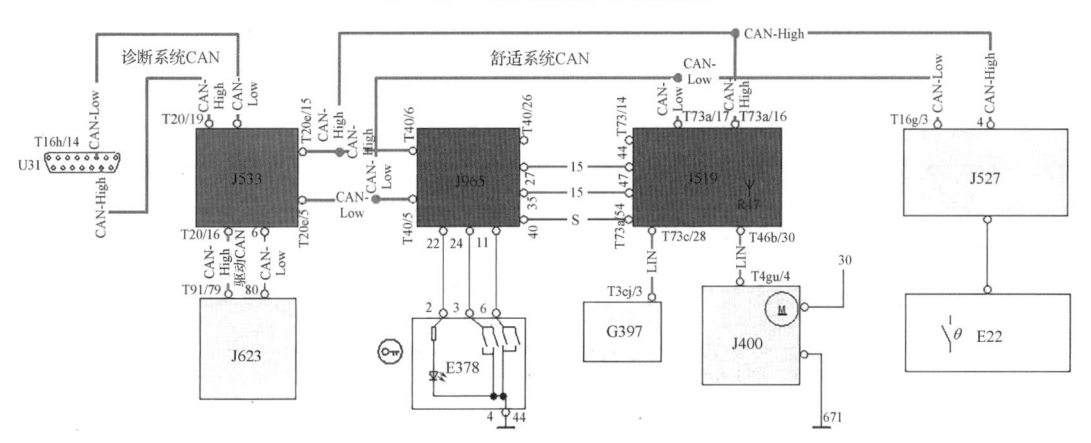

U31—OBD 诊断接口；J533—网关；J965—进入及起动接口模块；J519—车身计算机；E378—启动按钮；J527—转向柱电子装置控制单元；J400—雨刮器控制单元；J623—发动机控制单元；E22—间歇式雨刮器开关；G397—雨量与光线传感器；44—44 号接地点，在左侧 A 柱下方；671—671 号接地点，在左前纵梁上。

图 7-21 ECU 控制的电动雨刮器控制原理

1. 高速运行

按下启动按钮 E378，打开点火开关或起动发动机，将间歇式雨刮器开关 E22 拨至高速挡，转向柱电子装置控制单元 J527 识别到间歇式雨刮开关 E22 的开关位置信号并将此信号通过舒适系统 CAN 总线传送至车身计算机 J519，车身计算机 J519 根据此信号将指令通过 LIN 总线发送给雨刮器控制单元 J400，雨刮器控制单元 J400 驱动电动机工作，使雨刮器快速运行；如果此时车速降至 20km/h 以下，车速信号通过驱动系统 CAN 总线、网关 J533、舒适系统 CAN 总线发送给车身计算机 J519，车身计算机 J519 收到该信号后，通过 LIN 总线发送指令给雨刮器控制单元 J400，雨刮器控制单元 J400 收到指令后驱动雨刮电动机由高速运行转为低速运行；当车速再次超过 20km/h 时，雨刮器又由低速运行转为高速运行。

2. 低速运行

将间歇式雨刮器开关 E22 拨至低速挡，转向柱电子装置控制单元 J527 识别到间歇式雨刮器开关 E22 的开关位置信号并将此信号通过舒适系统 CAN 总线传送至车身计算机 J519，车身计算机 J519 根据此信号通过 LIN 总线将指令发送给雨刮器控制单元 J400，雨刮器控制单元 J400 收到指令后驱动电动机工作，雨刮器低速运行；如果此时车速降至 20km/h 以下，车速信号通过驱动系统 CAN 总线、网关 J533、舒适系统 CAN 总线发送给车身计算机 J519，车身计算机 J519 收到该信号后，通过 LIN 总线发送指令给雨刮器控制单元 J400，雨刮器控制单元 J400 收到指令后驱动电动机由低速运行转为间歇运行；当车速再次超过 20km/h 时，雨刮又由间歇运行转为低速运行。

3. 自动运行

将间歇式雨刮器开关 E22 拨至自动挡，转向柱电子装置控制单元 J527 识别到间歇式雨刮器开关 E22 的开关位置信号并将此信号通过舒适系统 CAN 总线传送至车身计算机 J519，车身计算机 J519 同时接收来自雨量与光线传感器 G397 的信号，车身计算机 J519 根据此信号通过 LIN 总线将指令发送给雨刮器控制单元 J400，雨刮器控制单元 J400 收到指令后驱动电动机工作，雨刮器运行；此时，雨刮器的运行模式由车身计算机 J519 根据雨量与光线传感器 G397 传输来的信号决定。

※请描述图 7-21 中转向柱电子装置控制单元 J527 的作用，并分析雨刮器故障的原因可能有哪些。

_____
_____
_____
_____

任务四 电动车窗及电动后视镜检修

一、电动车窗的组成

电动车窗以电为动力使车窗玻璃实现自动升降。它由驾驶员或乘客操纵开关接通相关电路，使电动机产生动力并通过一系列的机械传动将车窗玻璃按要求进行升降，其优点是操作简便，有利于行车安全。

电动车窗主要由电动机、控制开关、车窗玻璃升降器、车窗玻璃等组成。

1. 电动机

电动机为车窗玻璃的升降提供动力。一般采用双向转动的电动机，有永磁型电动机和双绕组型电动机两种。永磁型电动机是外搭铁，双绕组型电动机则是各绕组搭铁。这两种电动机都是通过改变电流方向实现正反转的，从而实现车窗玻璃的升降。在每扇车门内都安装了一个电动机，通过开关或控制模块控制电动机中的电流方向，从而控制玻璃的升降。

2. 控制开关

控制开关用来控制电动机中电流的方向或向控制模块提供动作信号。控制开关一般有两套，一套为总控制开关，装在仪表盘或驾驶员侧的车门上，驾驶员可以控制每扇车门车窗玻璃的升降；另一套为分控制开关，分别安装在每扇车门上，以便乘客对每扇车门的车窗玻璃进行升降控制。

3. 车窗玻璃升降器

车窗玻璃升降器由电动机驱动，带动安装在上面的玻璃夹持器实现玻璃升降。常见的有绳轮式电动车窗玻璃升降器、交叉臂式电动车窗玻璃升降器和软轴式电动车窗玻璃升降器。

二、电动车窗的工作原理

1. 开关控制的电动车窗

开关控制的电动车窗的控制方式有手动控制和自动控制两种。手动控制是指抬拉或按压住相应的手动按钮，车窗玻璃可以上升或下降，若中途松开按钮，车窗玻璃上升或下降的动作立即停止，这就是手动点升、点降。自动控制是指用力抬拉一下或按压一下车窗按钮，松开手后车窗会一直上升至最高处或下降至最低处，这就是通常所说的一键升降。图 7-22 所示为开关控制的电动车窗的控制电路。

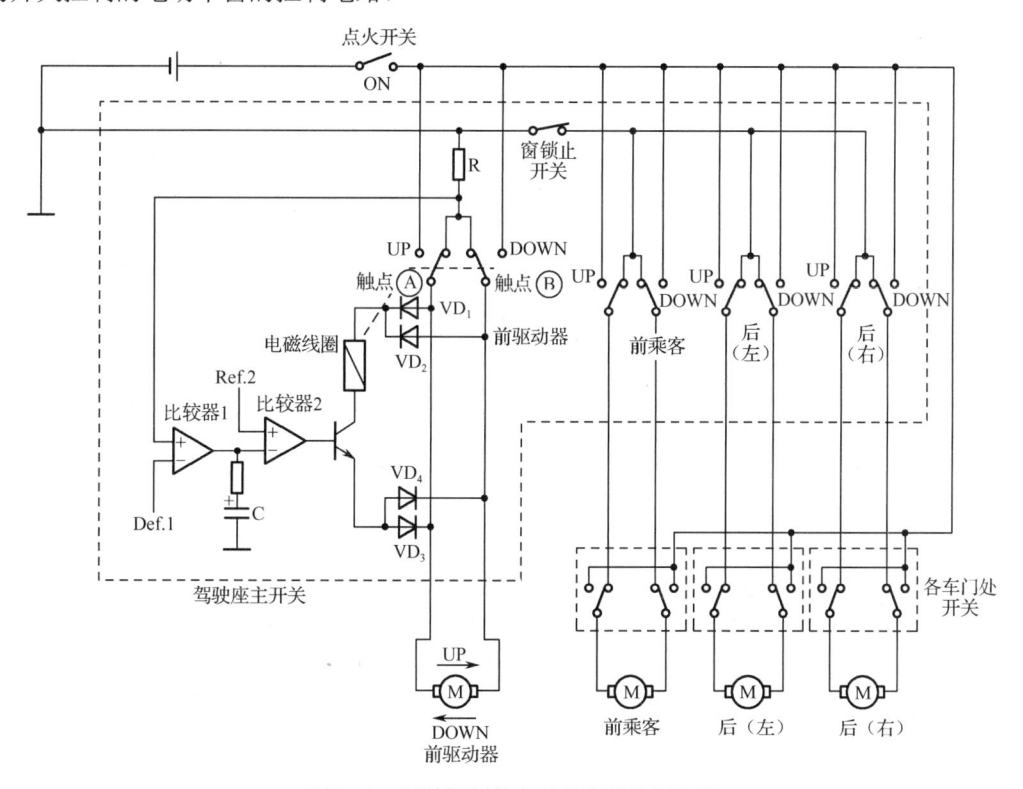

图 7-22 开关控制的电动车窗的控制电路

1）**手动控制玻璃升降**

手动按钮的前端向上轻轻抬拉，触点 A 与开关的"UP"接点相连，触点 B 处于原来的状态，电动机按"$\xrightarrow{\text{UP}}$"箭头方向通过电流，车窗玻璃上升，当手松开按钮时，利用开关自身的回复力回到中间位置，电动机停转。若将手动按钮后端向下轻轻按压，触点 A 保持原位不动，而触点 B 与"DOWN"接点相连，电动机按"$\xleftarrow{\text{DOWN}}$"箭头所示的方向通过电流，电动机反转，车窗玻璃下降。

2）自动控制玻璃升降

用力提拉按钮前端，触点 A 与开关的"UP"接点相连，触点 B 处于原来状态，电动机按"$\xrightarrow{UP}$"箭头方向通过电流，车窗玻璃上升。与此同时，检测电阻器 R 上的电压降，此电压通过比较器 1 的一端，它与参考电压 Ref.1 进行比较。Ref.1 的电压设定为相当于电动机停止时的电压，通常情况下，比较器 1 输出的电位为负电位，而比较器 2 的基准电压 Ref.2 设定为小于比较器 1 的输出电位，所以比较器 2 的输出电压为正电压，晶体管导通，电磁线圈中通过较大的电流，其路径为蓄电池正极→点火开关→"UP"接点→触点 A→二极管 VD_1→电磁线圈→三极管→二极管 VD_4→触点 B→电阻器 R→搭铁。线圈通电后产生较大的电磁吸力，吸引驱动器的开关柱塞，于是将开关内部的止板向上顶压，越过止板凸缘的滑销将按钮锁定。此时，即使将手移开自动旋钮，开关仍会保持原来的状态。

当玻璃上升至终点位置，锁止电流流过电动机，检测到电阻器 R 上的电压降增大，当电压超过参考电压 Ref.1 时，比较器 1 对外输出低电位，此时，电容器 C 开始充电。当电容器两端的电压上升至超过比较器 2 的参考电压 Ref.2 时，比较器 2 则对外输出低电位，三极管立即截止，电磁线圈中的电流被切断，止板被弹簧通过滑销压下，自动旋钮自动回复到中立位置，触点 A 搭铁，电动机停转。

在自动上升过程中，若想中途停止，则向反方向扳动手动旋钮，然后立刻放松，触点 B 将短暂地脱离搭铁，使电动机因回路被切断而自动停转。同时，通过电磁线圈的电流已被切断，止板弹簧通过滑销压下，自动旋钮自动回复到中立位置，触点 A、B 均搭铁，电动机停转。电动车窗自动下降的工作情况与上述情况相反。

※请在图 7-22 中标注出驾驶员侧的车窗控制开关，在图 7-22 中画出驾驶员升起左前车窗及乘客降下右后车窗时的电流走向。

2．ECU 控制的电动车窗

1）控制开关

在 ECU 控制的电动车窗中，驾乘人员抬拉或按压车窗控制开关时，控制开关将该动作反映为车窗升、降的电信号，该电信号传给车门控制模块，车门控制模块分析处理该电信号，判断出驾乘人员的控制意图，做出决策，发出指令，为车窗电动机供以相应方向的电流，驱动车窗电动机工作，实现玻璃的升、降。图 7-23 所示为单车门的车窗玻璃升降控制开关。

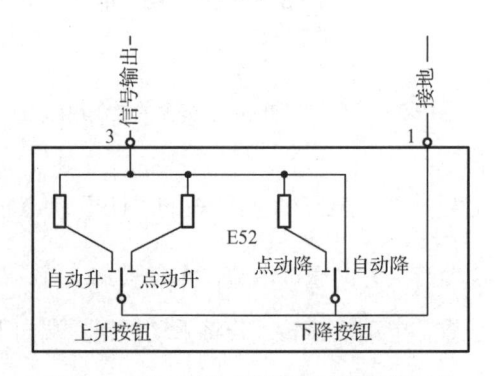

图 7-23 单车门的车窗玻璃升降控制开关

2）工作原理

图 7-24 所示为 ECU 控制的电动车窗工作原理图。

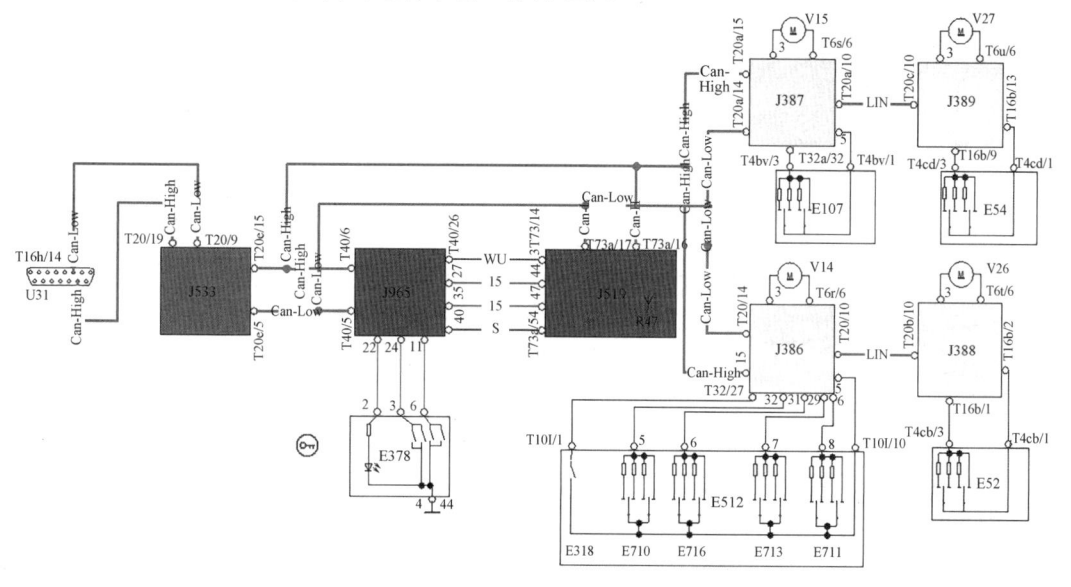

U31—OBD 诊断接口；J533—网关；J965—进入及起动接口模块；J519—车身计算机；E378—启动按钮；J386—左前门控制模块；V14—左侧车窗升降器电动机；E512—驾驶员车门中的车窗升降器操作单元；E318—儿童安全锁按钮；E710—驾驶员侧前部车窗升降器按钮；E711—驾驶员侧后部车窗升降器按钮；E713—副驾驶员侧后部车窗升降器按钮；E716—副驾驶员侧前部车窗升降器按钮；J388—左后门控制模块；E52—左后车门内的车窗升降器开关；V26—左后车窗升降器电动机；J387—右前门控制模块；E107—副驾驶员车门中的车窗升降器开关；V15—右侧车窗升降器电动机；J389—右后门控制模块；V27—后右车窗升降器电动机；E54—右后车门车窗升降器开关；44—44 号接地点，在左侧 A 柱下方。

图 7-24　ECU 控制的电动车窗工作原理图

（1）按下启动按钮 E378 打开点火开关或起动发动机，按下任意一个车窗升降开关，车门控制模块自动识别开关位置，并根据开关的位置驱动车窗电动机动作，除非按下了儿童安全锁按钮 E318。如果按下了儿童安全锁按钮 E318，那么，除了驾驶员车门中的车窗升降器操作单元 E512 中的开关可以控制车窗玻璃升降外，其余车门上的车窗升降器开关均无法控制车窗升降。

（2）按下遥控器上的解锁或闭锁按钮并保持住，车身计算机 J519 中高频天线 R47 接收到遥控信号后将该信号通过舒适系统 CAN 总线发送给车门控制模块，车门控制模块接收到指令后驱动电动机使车窗升降，除非关闭了便捷车窗开启功能。

（3）用机械钥匙开启或关闭车窗，机械钥匙插入锁芯后，向解锁或闭锁位置旋转并保持住，左前车门锁总成 VX21 中的门锁位置开关将信号发送给左前门控制模块 J386，左前门控制模块 J386 收到该信号后驱动左前门车窗升降电动机工作，同时将该信号通过舒适系统 CAN 总线和 LIN 总线转发给其他车门控制模块，各控制模块再为车窗电动机供以相应方向的电流，并形成回路，全部车窗开启或关闭。

※请实车验证儿童安全锁的功能，并说明其作用。

三、电动后视镜

驾驶员调整后视镜的角度比较困难，特别是乘客车门一侧的后视镜。电动后视镜很好地解决了这一难题。

电动后视镜一般由镜片、调整电动机、控制电路及控制开关等组成。在每个后视镜镜片的背后均有两个可双向运动的永磁电动机，可操纵其上下、左右运动。通常垂直方向的倾斜运动由一个电动机控制，水平方向的倾斜运动由另一个电动机控制。通过改变经过电动机的电流方向，就可完成对后视镜的上下或左右方向的调整。电动后视镜的结构如图 7-25 所示。有的电动后视镜还有伸缩功能，通过伸缩开关按钮控制电动机工作，使整个后视镜回转伸出或缩回。

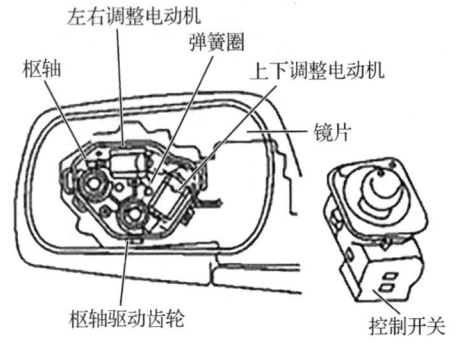

图 7-25 电动后视镜的结构

1. 传统电动后视镜的工作原理

图 7-26 所示为传统电动后视镜的工作原理图。由图 7-26 可知，该电动后视镜的控制电路分为两部分，一部分是用来调整后视镜镜面角度的控制电路，驾驶员可以通过开关选择调整左、右后视镜的角度，按下四方向调整开关，镜面便随之做出调整，直到符合驾驶员的要求；另一部分是停车时电动后视镜折叠控制电路，驾驶员可以在需要时（如停车）让两侧电动后视镜折叠起来。

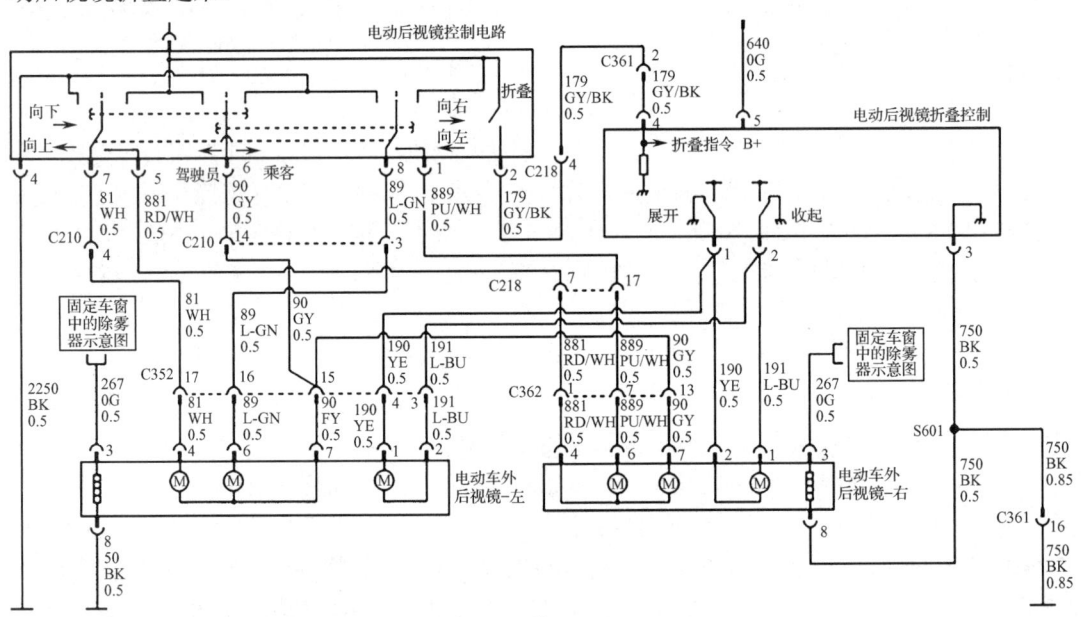

图 7-26 传统电动后视镜的工作原理图

2. ECU 控制的电动后视镜工作原理

在传统电动后视镜控制原理图中，通过开关控制流经调节电动机的电流方向来实现电动后视镜的各项功能，而 ECU 控制的电动后视镜，开关只是提供一个反映驾驶员意图的动作信号。图 7-27 所示为驾驶员侧 ECU 控制的电动后视镜工作原理图，副驾驶员侧的工作原理与驾驶员侧一致。

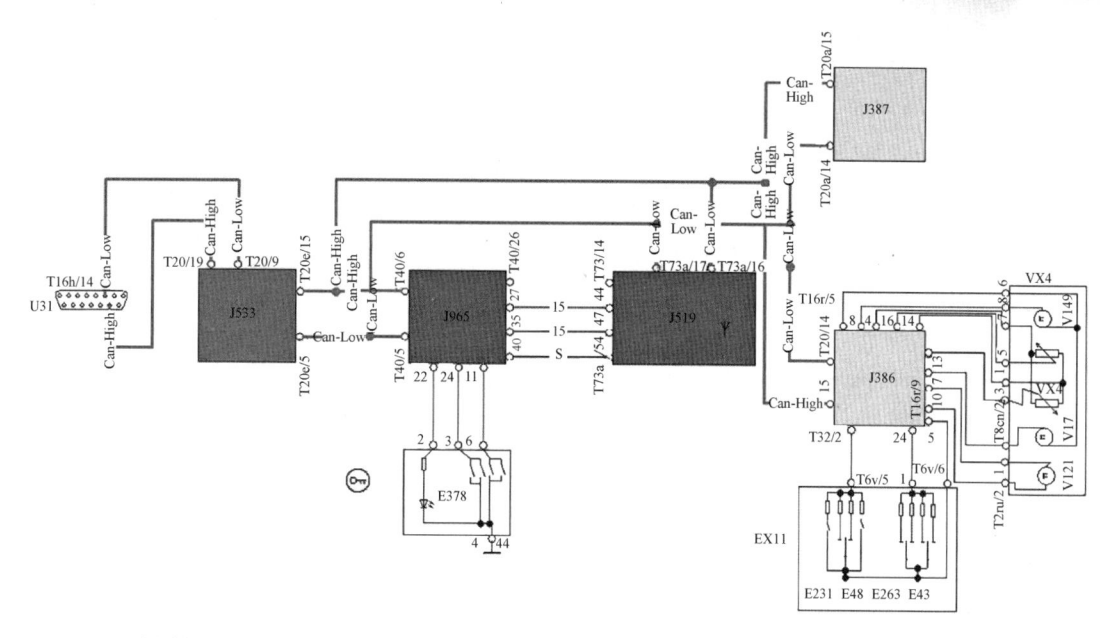

U31—OBD 诊断接口；J533—网关；J965—进入及起动接口模块；J519—车身计算机；E378—启动按钮；J386—左前门控制模块；J387—右前门控制模块；EX11—车外后视镜调节操作单元；E231—车外后视镜加热按钮；E48—后视镜调节转换开关；E263—后视镜内折开关；E43—后视镜调节开关；VX4—驾驶员侧车外后视镜总成；V17—驾驶员侧后视镜上下调节电动机，安装在 VX4 内；V149—驾驶员侧后视镜左右调节电动机，安装在 VX4 内；V121—驾驶员侧后视镜内折电动机，安装在 VX4 内；44—44 号接地点，在左侧 A 柱下方。

图 7-27 驾驶员侧 ECU 控制的电动后视镜工作原理图

（1）按下启动按钮 E378 打开点火开关或起动发动机，后视镜调节转换开关 E48 拨至后视镜内折位置，左前车门控制模块 J386 识别到后视镜调节转换开关 E48 开关位置信号并根据此信号驱动驾驶员侧后视镜内折电动机 V121 动作，同时，将此信号通过舒适系统 CAN 总线发送给右前门控制模块 J387，右前门控制模块 J387 收到此信号后驱动副驾驶侧后视镜内折电动机工作。

（2）按下启动按钮 E378 打开点火开关或起动发动机，后视镜调节转换开关 E48 拨动至驾驶员侧后视镜位置，拨动后视镜调节开关 E43，左前车门控制模块 J386 识别到 E48 开关位置信号和后视镜调节开关 E43 的信号后，根据此信号驱动驾驶员侧车外后视镜总成 VX4 内的驾驶员侧后视镜上下调节电动机 V17 或驾驶员侧后视镜左右调节电动机 V149 动作；同时，驾驶员侧车外后视镜总成 VX4 内的后视镜镜片位置传感器将镜片位置信号反馈给左前车门控制模块 J386，确认镜片位置。如果在舒适系统内开启了同步调节功能，那么，左前车门控制模块 J386 还会通过舒适系统 CAN 总线将后视镜调节开关 E43 的位置信号发送给右前门控制模块 J387，右前门控制模块 J387 收到此信号后驱动副驾驶侧后视镜内折电动机同步工作。将后视镜调节转换开关 E48 拨至副驾驶侧后视镜位置，拨动后视镜调节开关 E43，调节副驾驶侧后视镜，调节原理与驾驶员侧一致。

（3）副驾驶侧后视镜倒车自动下翻（如果开启），挂入倒车挡后，倒车挡位信号经动力传动系统 CAN 总线、网关 J533、舒适系统 CAN 总线传送至右前车门控制模块 J387，右前车门控制模块 J387 收到此信号后，驱动副驾驶侧后视镜上下方向的调节电动机向下运动至最底部，便于驾驶员观察车辆右后侧下方的路面情况。

汽车电气系统及检修

工作任务

说明

学习领域	汽车电气系统及检修		
学习情境	辅助电气系统检修		
客户委托	更换驾驶员侧玻璃升降控制开关总成		
姓名		班级	
成绩		教师签名	

问题或情境说明

某 4S 店接到电话求助,客户反映,汽车右前车窗玻璃无法工作,来店检测维修。服务顾问要大致向客户解释一下可能的原因,并开出工单给车间,经检查是驾驶员侧的车窗玻璃升降控制开关故障所致。由服务顾问向客户说明故障原因,并开出更换驾驶员侧的车窗玻璃升降控制开关的工单。

学习任务

学习任务 1

主题	舒适系统功能检查
说明	● 在您的技术信息系统中使用现有的专业文献和信息 ● 在工作组内准备学习作业 ● 参考工作环境中车辆的结构类型 ● 在工作表中输入信息

工作表:舒适系统功能及组成

1. 请观察实车,指出舒适系统各部件的位置。查阅维修手册及电路图,说出该车型舒适系统电气控制是哪种类型("传统单线控制"或"基于 ECU 控制")。

2. 图 1 所示的儿童锁的作用是什么?请实车验证并写出如何启用和关闭儿童锁。

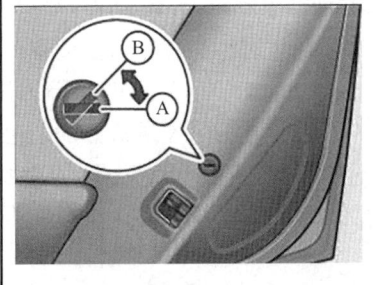

作用:_____

启用和关闭儿童锁的操作方法:_____

图 1

3. 请观察实车,说明该车型电动雨刮器的传动装置有哪些机构。

4. 请观察图 2~图 4,注明这些系统的名称、作用及每个系统的基本组成部件。

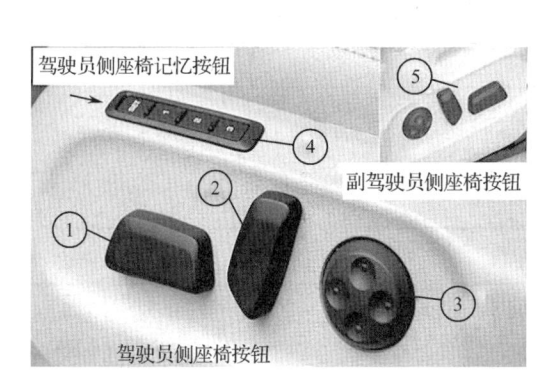

驾驶员侧座椅记忆按钮

副驾驶员侧座椅按钮

驾驶员侧座椅按钮

图 2

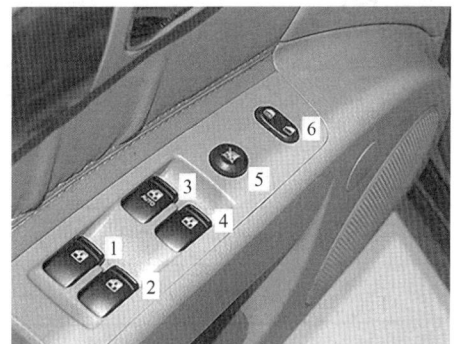

图 3

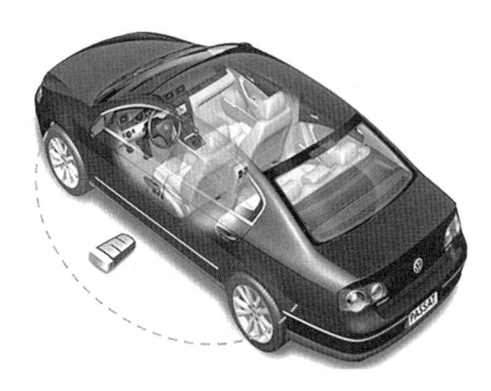

图 4

序　号	部件或系统名称	作　　用
图 2		
图 3		
图 4		

5. 请描述如图 5 所示的汽车钥匙上图标的含义。

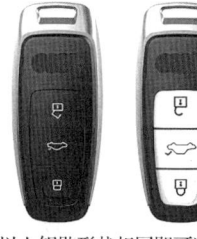

以上钥匙形状相同即可通用

图 5

6. 请查阅相关资料，说出迈腾汽车上舒适系统熔断器代号及所在的位置，写出各熔断器的额定电流。

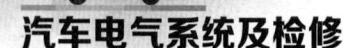

学习任务 2

主题	电动门锁和电动雨刮器电路分析
说明	● 在您的技术信息系统中使用现有的专业文献和信息 ● 在工作组内准备学习作业 ● 参考工作环境中车辆的结构类型 ● 在工作表中输入信息

工作表：基本构成及工作原理

1. 图 6 所示为继电器式中央控制电动门锁的电路原理图，读图并回答下列问题。

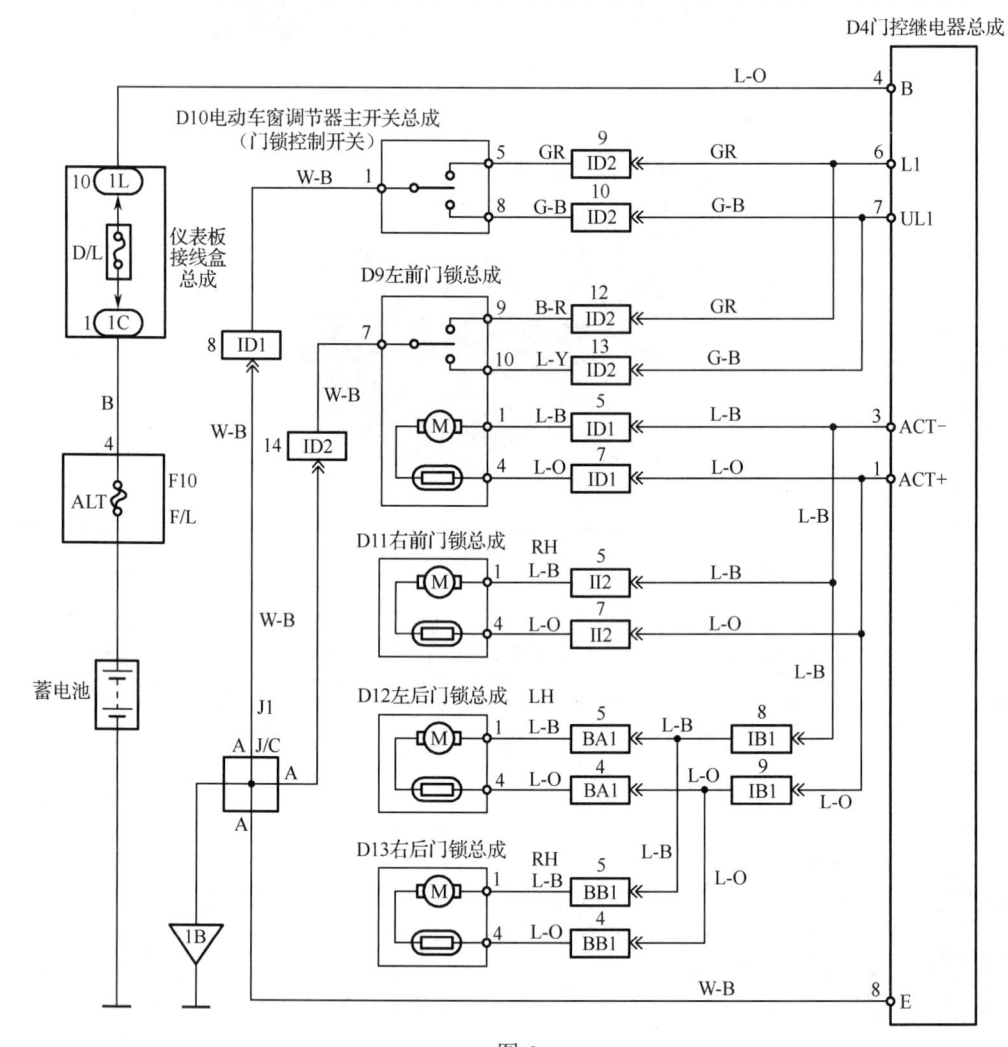

图 6

（1）观察实车的左前车门处的开关，说明图 6 中 D10 对应的是哪个开关，其作用是什么。

（2）图 6 中，D4 门控继电器总成的 1、3 端子分别为 ACT+ 和 ACT-，这代表什么意思？

（3）请在图6中标注出门锁继电器总成的电源端与搭铁端。
（4）请描述左前门锁电动机的工作过程。
_____
_____
_____

2. 车门落锁功能是指_____
3. 当车辆遭遇一定强度碰撞，安全气囊爆开后，要求车门能够_____。
4. 在讨论电动门锁时，技师甲说："如果门锁都不起作用，应先检查每扇车门的执行器"。技师乙说："如果车锁不能全锁上或全打开，应检查与主开关相连的继电器和导线"。你认为谁说的是正确的？为什么？
_____
_____
_____
_____
_____

5. 请查找资料，说明无钥匙解锁、闭锁功能。
_____
_____

6. 一把有效的汽车钥匙在汽车的接近范围内，无钥匙系统会将访问权限授予该钥匙，该接近范围是指汽车钥匙与各车门处的车外天线之间符合（   ）及（   ）的要求。
   A．距离 高度   B．发射频率 发射强度
   C．距离 发射频率   D．高度 发射强度
7. 请说明车门拉手处电容传感器的作用是什么。
_____
_____

8. 请描述如何无钥匙闭锁车门。
_____
_____

9. 请实车操作电动雨刮器，检查其功能，并描述电动雨刮器有哪几个功能。
_____
_____

10. 图7所示为某品牌汽车电动雨刮器的网络通信示意图，读图并回答下列问题。
（1）雨刮器电源来自（   ）线。
   A．15   B．30   C．X
（2）该电路中的总线有（   ）。
   A．LIN   B．CAN B   C．CAN D   D．CAN E

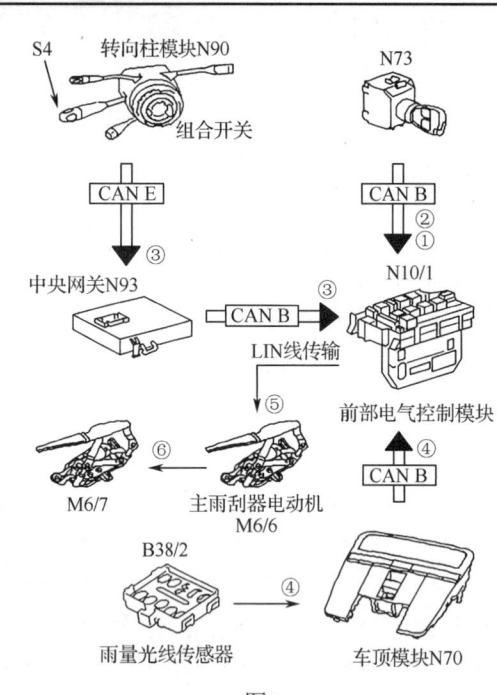

① 端子 15，状态
② 端子 50，状态
③ 组合开关，状态
④ 雨量光线传感器，状态
⑤ 主雨刮电动机，促动
⑥ 副雨刮电动机，促动
B38/2 雨量光线传感器
CAN B 车内控制器区域网络
CAN E 底盘控制器区域网络
M6/6 主雨刮器电动机
M6/7 副雨刮器电动机
N10/1 前部带熔断器和继电器模块的信号采集及促动控制模组（AM）
N70 车顶控制板控制单元
N73 电子点火起动开关（EZS）控制单元
N90 转向柱模块
N93 中央网关控制单元
S4 组台开关

图 7

（3）转向柱模块 N90 可提供什么信号？

___

___

（4）车顶模块 N70 可提供什么信号？

___

___

（5）雨刮器由哪个控制单元来控制？

___

___

（6）该雨刮电路如果要实现自适应控制，还需要哪些信号？

___

___

（7）请写出雨刮器的工作逻辑。

___

___

___

___

（8）请描述雨刮器的促动功能在故障检修中的作用。

___

___

___

11. 请读图 8 并回答下列问题。

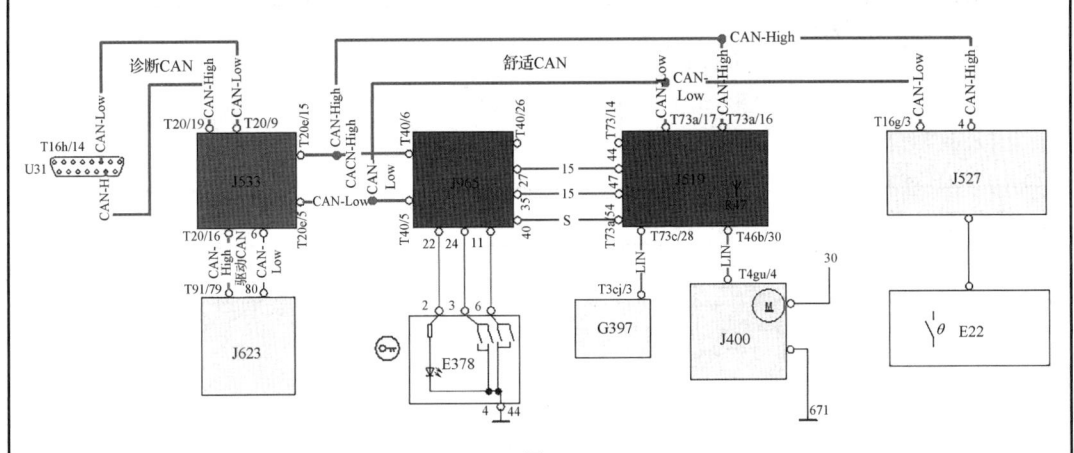

图 8

（1）请分别写出 J533、J965、J519、J527、J623、J400 的名称。

（2）图 8 中采用了哪几种总线？

（3）请在图 8 中标注出雨刮器电动机。

（4）请画出舒适系统 CAN 的波形，标注出隐性电平和显性电平，并画出差动处理后的波形。

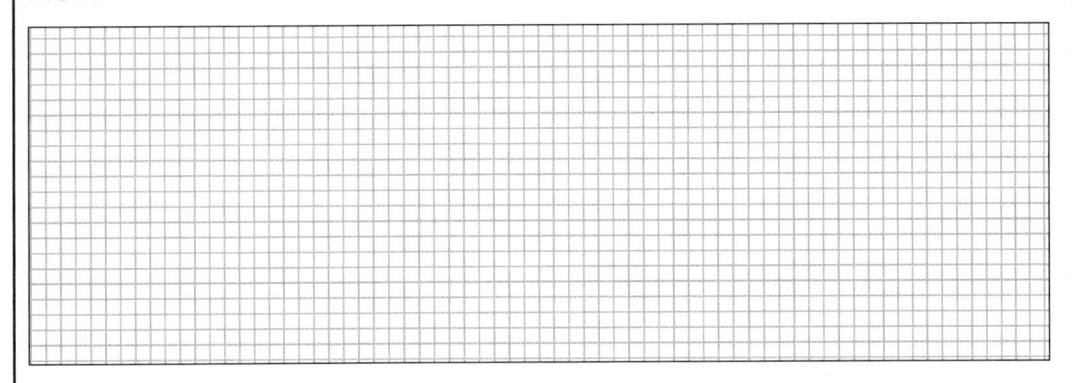

（5）请说明雨刮器电动机控制的工作原理。

（6）请分析雨刮器无法工作的原因。

学习任务3

主题	车窗失效故障检修
说明	● 在您的技术信息系统中使用现有的专业文献和信息 ● 在工作组内准备学习作业 ● 参考工作环境中车辆和车窗控制的类型 ● 在工作表中输入信息

工作表：基本构成及工作原理

1. 请写出图9~图11三种车窗玻璃升降器的类型。

图9

图10

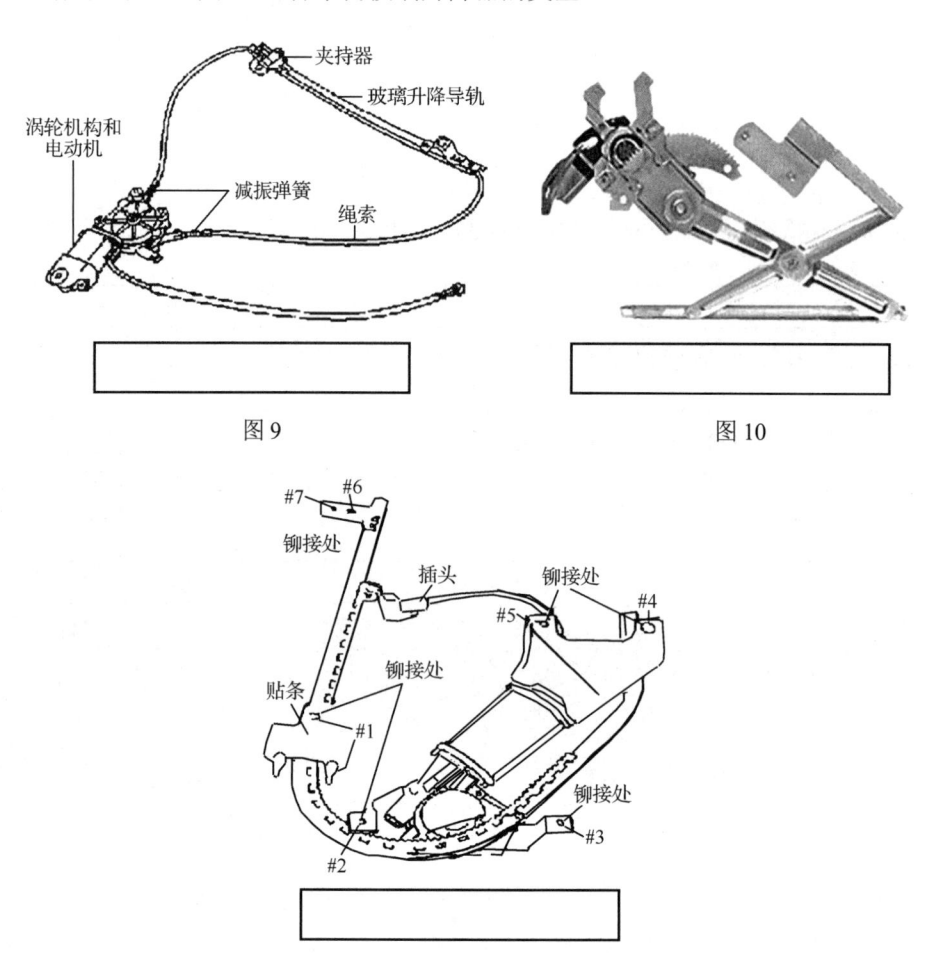

图11

2. 分析图12所示的电动车窗电路，写出驾驶员侧电动车窗工作电路的原理。
（1）请描述"随时通电"与"运行时通电"的含义。

_____

_____

（2）请描述电动车窗继电器的工作原理。

_____

_____

（3）在图12中，用颜色笔标出所有车窗电动机的接地端和电源端。

（4）请说明开关 K1 有何作用。

（5）请在图 12 中标出驾驶员侧控制右后窗下降的电路电流走向。

（6）读图 12 说明电动车窗使用的电动机是双向的还是单向的，电动车窗是如何实现正反转的？

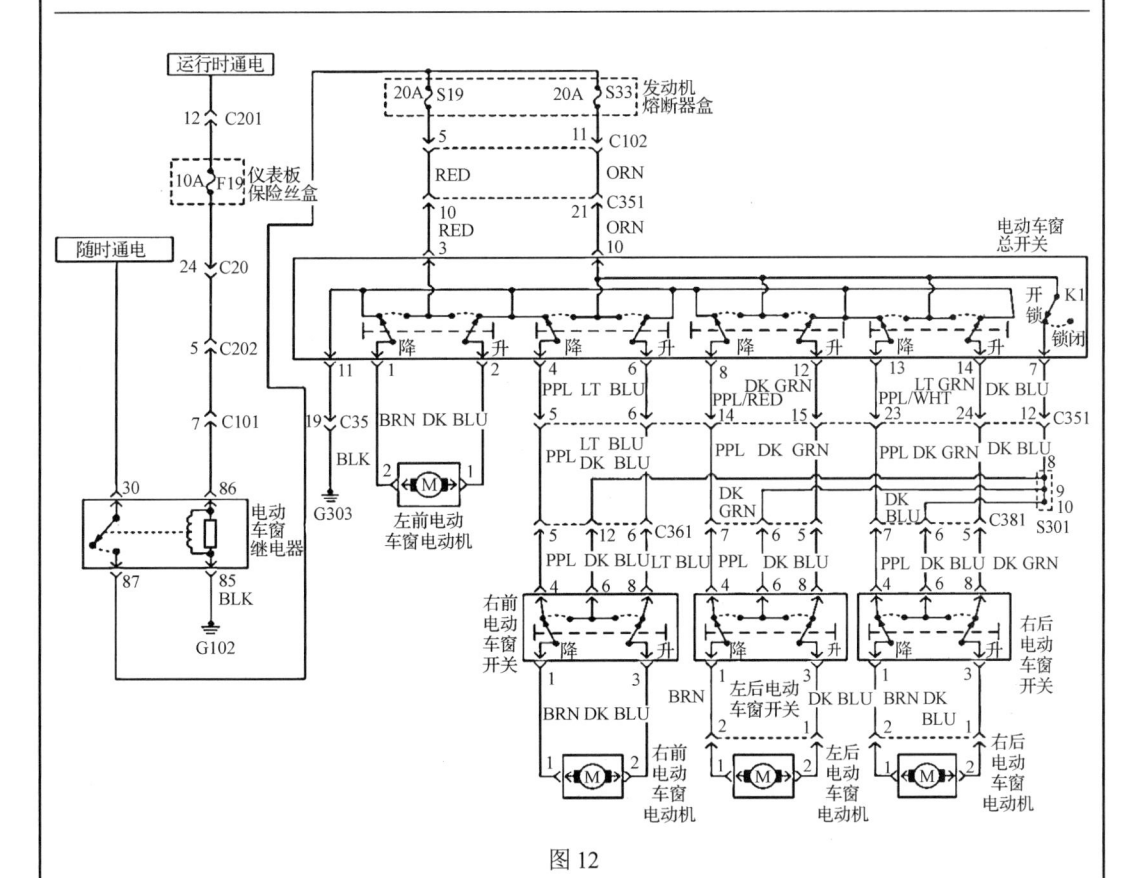

图 12

3. 某车所有电动车窗都不能通过独立开关控制，但主控制开关能控制所有的电动车窗。技师 A 说："可能是车窗锁闭开关处于接通状态。"技师 B 说："电动车窗继电器可能失效。"你觉得谁说的是正确的？为什么？

4. 结合图13回答下列问题。

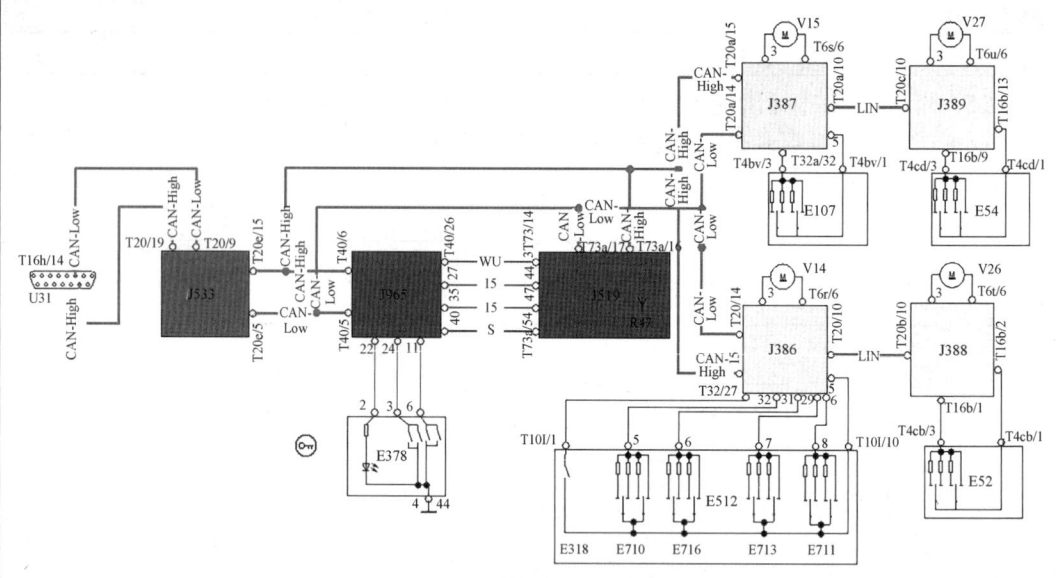

图 13

（1）观察图 13 中的电动车窗开关，说明开关的 4 个接触位代表什么信号。

（2）说明车窗电动机是如何实现正反转的。

（3）请在图 13 中标注出唤醒线。

（4）请说明图 13 中有哪几种总线。

（5）请写出车窗控制的主控单元、从控单元。

（6）请写出 E318 的名称，并描述其控制模式与图 12 中对应的开关控制模式有何不同。

（7）如果左前电动车窗无法升降，可能的故障原因有哪些？

（8）副驾驶侧的车窗通过哪些导线从控制计算机得到指令实现车窗升降？写出控制计算机的引脚并在图 13 中标出该导线。

(9)请根据图 13，写出右前车窗玻璃无法升降可能的原因有哪些。
_____
_____

5. 小组讨论制订右前电动车窗控制电路就车检测工作计划，补充完整表 1 所示的工作列表中的信息。

表 1

车辆信息表			
制造商		品牌	
车辆车型		制造日期	
车辆识别代号		发动机型号	
总质量		发动机功率	
乘坐人数		发动机排量	
燃料类型		燃油型号	
计划工作范围			

序 号	检测项目	工 具	检测步骤	检测结果	正常值或正常值范围	结 论
1						
2						
3						
4						
5						
6						
7						
8						
9						

6. 根据就车检测结果，评估本次工作任务。
_____
_____
_____
_____

学生笔记：
请结合汽车辅助电气电路和发展历程，阐述对"辅助电气控制的总结——CAN 和 LIN，e 网控，思有变，变则通"的理解。
_____
_____

成绩评测

编号	测试形式	测试加权
1	理论知识查询 ● 10 道测试题 ● 每题 2 分,总分数为 20 分 ● 最长处理时间:10min ● 试题已在学习平台上传	20%
2	工作计划 ● 制订关于"进行车窗故障就车检测"主题的工作计划,时间为 30min ● 根据评估矩阵进行评价 | 编号 | 评估标准 | 1 | 2 | 3 | 4 | 5 | |---|---|---|---|---|---|---| | 1 | 工作步骤的系统顺序 | | | | | | | 2 | 遵守安全 | | | | | | | 3 | 必要的工具和设备清单 | | | | | | | 4 | 完整且及时 | | | | | |	30%
3	实际工作任务 ● 按照工作计划实施电路检测及 CAN 波形检测 ● 工作任务时间:45min ● 根据评估矩阵进行评价 | 编号 | 评估 | 1 | 2 | 3 | 4 | 5 | |---|---|---|---|---|---|---| | 1 | 专业和安全地操作设备和工具 | | | | | | | 2 | 遵守安全说明 | | | | | | | 3 | 正确地操作工具和设备(5S) | | | | | | | 4 | 专业且及时地完成任务 | | | | | |	50%

笔试测试

学习领域	汽车电气系统及检修		
学习情境	辅助电气系统检修		
客户委托	更换驾驶员侧电动车窗玻璃升降开关总成		
姓名		班级		日期	
成绩		教师签名			

测试题或任务

1. 选择题

(1) 车辆辅助电气系统电动机的驱动电压为( )V。
A. 5   B. 12   C. 220   D. 1.5

(2) 车载辅助电气设备通常采用的总线技术有( )。
A. LIN 子总线   B. CAN 总线   C. 选项 A 和选项 B   D. 光纤

(3) ( )使用的电动机是不可反转的电动机。
A. 车窗   B. 座椅   C. 雨刮器   D. 后视镜

（4）车门拉手处的天线发射的信号是（　　）信号，识别发射器发出的是（　　）信号。

A．高频　高频　　　　B．低频　低频　　　　C．高频　低频　　　　D．低频　高频

2．判断题

（1）水泵属于汽车舒适系统的电气设备。（　　）

（2）车载辅助电气系统所使用的电动机都是可反转的电动机。（　　）

（3）汽车空调属于汽车舒适系统的设备。（　　）

（4）电动后视镜的背后装有两套电动机和驱动器，可操纵后视镜上下及左右转动。（　　）

（5）电动座椅都有加热功能。（　　）

（6）倒车影像功能仅在倒车时发挥作用。（　　）